# 사회과 창의·인성 수업

설계와 실제

# 사회과 창의·인성 수업
## 설계와 실제

2013년 3월 4일 초판 1쇄 찍음
2013년 3월 20일 초판 1쇄 펴냄

지은이  김영순·모경환 외
펴낸이  윤철호
펴낸곳  (주)사회평론

편집  고하영·김천희
표지 디자인  김진운
본문 디자인  디자인 시
마케팅  박현이·전준구

등록번호  제10-876호(1993년 10월 6일)
전화  02-326-1182(영업), 02-326-1185(편집)
팩스  02-326-1626
주소  서울시 마포구 성산동 114-10
이메일  editor@sapyoung.com

ISBN  978-89-6435-662-3 93370

# 사회과 창의·인성 수업

## 설계와 실제

김영순 · 모경환 외 지음

사회평론

이 책은 교육과학기술부의 2009 개정 교육과정에서 강조하는 '나눔과 배려를 실천하는 창의적 인재 양성'에 맞추어 사회과 창의·인성 수업모델을 제시하려는 데 1차적인 목표가 있다.

창의·인성 교육은 미래형 인재를 키워야 한다는 절박감에서 시작된 미래 교육과정을 대표한다. 이미 우리 사회에서 필요로 하는 인재상에서 가장 절실히 요구되는 특성은 창의성과 인성을 겸비한 인재라고 알려지고 있다. 또한 지식의 폭발적 증가로 지식의 모방과 암기를 통한 지식 습득이 점점 어려워지기에 창의성 교육이 더욱 필요한 것이다.

창의·인성 교육은 '집어넣는 교육에서 끄집어내는 교육'이라는 새로운 변화를 지향하고 있다. 이것은 학생을 바라보는 사고가 변화하고 있음을 의미하는데, 학생에게 지식을 주입하는 것이 교육의 핵심이라는 생각으로부터 학생들이 이미 갖고 있는 창의성과 인성을 끄집어내는 방향으로 교육이 변화해야 한다는 것이다.

이런 변화를 위해 집필진들은 2010년 1년간 교육과학기술부·한국과학창의재단의 '사회과 교육 영역 창의·인성 교육 교수학습 자료 개발'에 관한 프로젝트를 수행하였다. 이 책은 바로 이 프로젝트 결과물들의 일부 수업모델들을 학교 현장에 적합한 형태로 수정·보완하였다.

1장과 2장에서는 다양한 창의·인성 수업모델을 제안하기 위한 이론적 토대들인 '사회과 창의·인성 수업모델의 구성 원리'와 '창의·인성 함양을 위한 사회과 교수학습 방법'을 제시하고 있다.

3장~8장까지는 초등학교 사회과를 위한 창의·인성 수업모델로서 프로젝트학습 모델, 시뮬레이션 게임 수업모델, 행동변화학습 모델, 역할놀이 모델 등을 제안한다.

9장~15장까지는 중학교와 고등학교 사회과를 위한 창의·인성 수업모델로서 사회참여 체험학습 모델, 프로젝트학습 모델, 소집단탐구 모델, 생활실천학습 모델, 디베이트 수업모델 등을 제시한다.

이 책의 말미에는 본 사회과 창의·인성 수업모델을 개발하고 이를 적용하여 수업을 진행했던 사회과 교사들의 목소리를 대담 형태로 소개하였다. 이를 통해 사회과 창의·인성 수업 현장 경험을 독자들과 공유하고자 한다.

이 수업모델을 제안하면서 집필진들은 창의·인성 수업활동의 본래 취지에 맞추어 교사에 의해 주도되는 수업이 아니라 학생들이 스스로 기획하고 탐구하도록 설계하였다. 이와 더불어 학습자의 창의성과 인성이 함양될 수 있는 학습자 중심의 학습활동이 수행될 수 있는 모델을 구안하는 데 주안점을 두었다. 또한 이 책에서 제시한 사회과 창의·인성 수업모델을 바탕으로 학교 현장에서 더욱 다양한 사회과 수업이 이루어져서 창의·인성을 겸비한 민주 시민들이 많이 배출되기를 바라는 마음 간절하다.

끝으로 이 책에 제안된 모델들의 아이디어와 기본틀을 연구하는 데 필요한 연구비를 제공해 주신 교육과학기술부·한국과학창의재단에 감사드린다. 아울러 학교 현장에서 적용되고 있기는 하지만 아직 시험적인 내용들인데도 선뜻 출판을 허락해 주신 사회평론 출판사에 감사드린다.

2012년 겨울의 문턱에서
대표 저자 김영순 씀

# 차례

# 1장

# 사회과 창의·인성 수업모델의 구성 원리

김영순

# 1. 창의·인성 교육의 이해

## 1) 창의·인성 교육의 배경

전 세계가 빠른 속도로 지식 기반 사회로 진입하고 있다. 이러한 글로벌 지식사회에서는 인성이 뒷받침된 창의적 인재가 국가 경쟁력을 좌우하게 된다. 우리나라 교육도 이 흐름에 발맞추어 미래 인재의 핵심역량으로 '창의성'과 '인성' 혹은 이들이 '융합된 역량'을 내세우고, '2009 개정 교육과정'(2009.12.23 고시)을 기점으로 학교 교육의 방향을 창의·인성 교육으로 설정하였다. 창의·인성 교육은 이미 미국, 영국, 독일, 뉴질랜드 등의 선진국에서 핵심역량 중심의 교육과정으로 채택되어 운영되고 있다. 우리의 창의·인성 교육이 조금 늦은 감이 있지만, 우리의 교육과정에 도입되었다는 것은 매우 의미 있는 교육의 변화라고 볼 수 있다.

교육과학기술부와 한국과학창의재단(2010)이 「창의·인성 교육 활성화 방안 연구」를 통해 제안한 '창의성(creativity)'은 독창적이면서도 유용한 산물을 산출할 수 있는 사람의 특성이라고 정의되고 있다. 또한 창의적인 사람은 인지적·정의적·동기적 요소를 적절히 조화하는 사람으로 간주된다. '인성(character)'은 신뢰하고 협동하는 인간관계를 맺으면서 만족스럽고 행복한 삶을 사는 생활태도와 품성을 이르는 말이다. 올바른 인성은 사회와 조직 속에 신뢰와 협동의 사회적 자본을 증대시킨다. 이런 창의성과 인성은 구성 요소나 함양 방법 등에 있어 상호유사성과 보완성이 높은 자질—개방성, 적극성, 협동능력 등—로 구성된다. 따라서 창의성을 '새롭고 가치 있는 것을 만들어 낼 수 있는 역량'이라고 정의한다면, 인성은 '창의성을 사회 속에서 의미 있게 발현시킬 수 있는 역량'이라 정의할 수 있다.

창의·인성 교육은 '집어넣는 교육에서 끄집어내는 교육으로'라는 새로운 변화를 지향하고 있다. 이는 곧 학생을 바라보는 시각이 변화하고 있음을 의미한다. 예전에는 학생이 백지 상태와 같기에 지식을 주입하는 것이 교육의 핵심이라고 생각했다. 그러나 이제는 학생들이 갖고 있는 창의성과 인성을 끄집어내는 것으로 교육이 변화해야 한다는 것을 강조한다. 이미 교육선진국가에서는 '핵심역량의 정의와 선택(DeSeCo: Definition and Selection of Competencies)' 프로젝트를 통해 의사소통능력, 문제해결력 등 핵심역량 중심의 교육과정을 채택하고 있다(한국교육과정평가원, 2011: 3~5).

뒤늦은 감은 있지만, 우리나라 교육도 성취 기준 중심의 교육과정에서 역량 중심 교육과정으로 방향이 바뀌기 시작했다. 이것이 바로 창의·인성 교육이며, 미래형 인재를 키워야 한다는 절박감에서 시작된 미래 교육과정으로의 변화로 간주할 수 있다. 기업에서 필요로 하는 인재에게 가장 절실히 요구되는 특성은 창의성이라고 알려져 있다. 지식의 폭발적 증가로 지식을 모방과 암기를 통해 습득한다는 것이 점점 어려워진다는 사실은 이미 잘 알려져 있다. 이는 곧 자기주도적 학습이 가능하고 협동을 할 줄 아는 창의적 인재가 필요하다는 의미이기도 하다. 이러한 맥락에서 암기와 계산에 능한 모방형 인재 양성으로부터 새롭고 독특하며 유용한 것을 만들어 내는 창의성 있는 인재 양성으로 우리 교육의 방향이 바뀌어야 한다는 것은 우리의 미래를 위한 당연한 변화라고 생각된다.

뿐만 아니라 20년 후에 대한민국을 이끌어 갈 지금의 청소년들에게 창의력, 문제해결력, 의사소통력, 정보처리능력, 대인관계능력, 자기관리능력, 기초학습능력, 시민의식, 국제사회·문화이해, 진로개발능력 등의 포괄적 창의성을 지닌 교육과 학습 환경이 매우 중요하다. 우리들과 경쟁하고 있는 세계의 여러 나라들이 이미 핵심역량 중심 교육과정을 선택하여 급변하는 미래를 대비하고 있기 때문이다.

## 2) 창의·인성 교육 요소

2009 개정 교육과정은 '나눔과 배려를 실천할 줄 아는 창의적 인재 양성'을 교육과정의 정신으로 내세우고 있다. 이를 위해 〈그림 1〉과 같은 창의·인성 교육의 기본 틀을 제안하고 있다(교육과학기술부·한국과학창의재단, 2010: 10).

〈그림 1〉 창의·인성 교육의 기본 틀

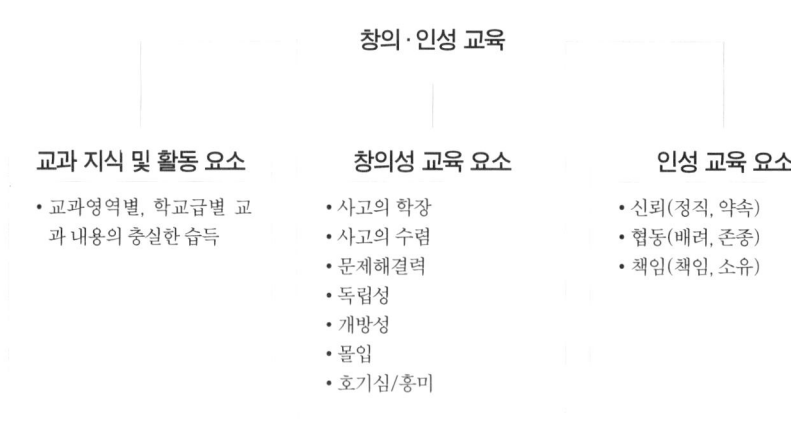

**창의·인성 교육**

| 교과 지식 및 활동 요소 | 창의성 교육 요소 | 인성 교육 요소 |
|---|---|---|
| • 교과영역별, 학교급별 교과 내용의 충실한 습득 | • 사고의 확장<br>• 사고의 수렴<br>• 문제해결력<br>• 독립성<br>• 개방성<br>• 몰입<br>• 호기심/흥미 | • 신뢰(정직, 약속)<br>• 협동(배려, 존중)<br>• 책임(책임, 소유) |

창의·인성 교육이 교육과정에 실질적으로 반영되면서 학교 현장의 일각에서는 교과 지식 함양을 간과하고 있다는 비판의 목소리가 있었다. 모든 교과에서 창의성과 인성을 강조하는 교육을 하라는 것을 각 교과의 독립성을 부인하는 것으로 오해하기도 했다. 이는 창의·인성 교육의 본질을 왜곡하여 이해한 것으로 판단된다. 〈그림 1〉과 같이, 창의성과 인성을 겸비한 인재 양성을 위해서는 교과 지식을 기반으로 한 창의성과 인성의 교육이 요구된다. 이 점은 창의성과 인성을 특정 교과에 한하여 요구하는 것이 아니라 전 교과에 걸쳐 함양해야 함을 시사한다.

먼저 창의성 교육 요소는 크게 인지적 특성, 성향적 특성, 동기적 특성 영역으로 구분해 볼 수 있다. 그리고 창의성의 인지적 특성 영역에는 사고의 확장, 사고의 수렴, 문제해결력 등이 포함될 수 있다(교육과학기술부·한국과학창의재단, 2010: 21ff.). 이를 구체적으로 살펴보도록 하자.

첫째, 사고의 확장은 확산적 사고라고도 칭하며, 한 주제에 대해서 다양한 사고를 할 수 있는 능력을 말한다. 사고의 확장을 위해서는 상상력과 유추·은유적 사고가 뒷받침되어야 한다.

- 확산적 사고: 다양한 각도에서 새로운 가능성이나 아이디어를 다양하게 생성해 내는 사고 능력으로 유창성, 융통성, 독창성 등이 있다. 유창성은 많은 아이디어를 생성하는 능력, 융통성은 다양한 범주의 아이디어를 생성하는 능력, 독창성은 독특한 아이디어를 생성하는 능력이다.
- 상상력·시각화 능력: 이미지나 생각을 정신적으로 조작할 수 있고 마음의 눈으로 사물을 그릴 수 있는 능력이다.
- 유추·은유적 사고: 둘 혹은 그 이상의 사물이나 현상, 또는 복잡한 현상들 사이에서 기능적으로 유사하거나 일치하는 내적 관련성을 알아내는 사고 능력이다.

둘째, 사고의 수렴은 수렴적 사고라고도 한다. 이 사고는 다양한 생각들 중에서 가장 적당한 생가을 가려내는 능력이다. 논리·분석적 사고, 비판적 사고가 여기에 해당된다.

- 논리·분석적 사고: 적절한 것을 찾아내고 합리적인 결론을 이끌어 내는 능력이다. 다양한 생각 중에서 현실적으로 실현 가능한 해결책을 찾을 때 유용하다.
- 비판적 사고: 편견, 불일치, 견해 등을 인식할 수 있는 능력으로 분석적 사고, 반성적

사고, 문제해결 등을 의미한다.

셋째, 문제해결력은 직접 문제를 해결해 나가기 위한 방략과 기법을 의미한다. 앞서 기술한 사고의 확장과 사고의 수렴은 문제를 해결해 나가기 위해 보조적 역할을 하는 지적 특성임에 비해, 문제해결력은 다양한 문제 상황에 직면했을 때 응용할 수 있는 능력을 말한다. 여기에는 문제발견과 문제해결이 해당된다.

- 문제발견: 창의적인 성취나 수행을 하는 데 결정적인 역할을 한다. 많은 창의적 성취나 업적들은 문제해결보다는 창의적인 문제발견의 중요성을 언급한다.
- 문제해결: 문제를 인식하고 현재 상태에서 목표 상태에 도달하기 위해 진행해 가는 일련의 복잡한 사고활동을 말한다.

다음은 성향적 특성이다. 이 성향적 특성의 창의성은 학자들마다 다양한 의견을 내고 있다. 그러나 대부분의 학자들의 이론에서 공통되는 요소는 독립성과 개방성이다(교육과학기술부·한국과학창의재단, 2010: 23ff.).

첫째, 독립성은 자기주도성과 같은 성향적 특성과 독창성과 같은 인지적 특성으로 구분된다. 창의적 산물이 '독창성'을 가지고 있어야 한다는 말은 독립성이 매우 중요한 특성이라는 점을 부각한다. 여기에는 용기, 자율성, 독창성이 포함된다.

- 용기: 모험심이나 개척자 정신이 강하고 위험을 무릅쓰더라도 원하는 것을 성취하려는 성향이다.
- 자율성: 다른 사람의 말에 쉽게 흔들리지 않고 자기 나름대로의 선택과 행동을 하는 성향이다.
- 독창성: 생각이 유연하며 관습적이고 상투적인 것을 거부하는 성향이다.

둘째, 개방성은 관찰을 얼마나 잘 수행할 수 있는가를 결정하는 민감성, 다양한 생각이나 입장을 수용할 수 있는 열린 마음, 모순되는 특성을 동시에 가지고 있는 복합성, 애매모호함에 대한 참을성으로 구분될 수 있다.

- 다양성: 새로운 아이디어나 다른 견해를 잘 수용하고 새로운 경험과 성장에 개방적이

며 편견이 없는 성향이다.

- 복합적 성격: 서로 모순되는 성격을 동시에 가지고 있으면서도 아무런 갈등도 느끼지 않고 똑같은 강도로 두 가지를 모두 경험하게 되는 성향이다.
- 애매모호함에 대한 참을성: 모호함을 잘 견뎌 냄으로써 문제의 어려운 측면이 해결될 수 있는 시간을 충분히 가질 수 있는 성향이다.
- 감수성: 오감을 통해 들어오는 다양한 정보에 대해 민감한 관심을 보이는 성향이다.

동기적 특성에는 성취를 위해서는 자기가 하고 있는 활동에 깊게 빠져드는 몰입, 일상에서 어떤 주제에 대해서 갖고 있는 호기심과 흥미, 아울러 스스로를 동기화하는 요소 등이 있다(교육과학기술부·한국과학창의재단, 2010: 25ff.).

첫째, 호기심과 흥미는 창의적인 사람과 아닌 사람을 구별하는 가장 큰 요인으로, 항상 생동감 있게 주변의 사물이나 현상에 대해 의문을 갖고 끊임없는 질문을 제기하는 성향이다.

둘째, 몰입은 어떤 일에 시간이 가는 줄 모르고 몰두하게 되는 완벽한 주의집중 상태를 의미한다. 구체적인 목표가 있으며, 과제의 난이도가 자신의 능력 수준에 맞으며, 자신이 제대로 하는지 명확하게 판단할 수 있을 때 몰입을 경험한다.

교육과학기술부·한국과학창의재단(2010)의 연구보고서는 인성에 대해 흥미로운 정의를 하고 있다. 인성을 창의성에 실제로 기여할 수 있는 능력의 개념으로 설명하고 있으며, 인간관계 중심의 덕목과 창의적인 인재가 갖추어야 하는 인성의 개념으로 구조화하고 있다. 즉, 인성이 바로 창의성을 발현시킬 수 있는 역량이라는 점을 강조하고 있는 것이다(교육과학기술부·한국과학창의재단, 2010: 16ff.). 특히 모든 학교급별에 적용 가능한 인간관계 중심의 덕목을 여섯 가지(정직, 약속, 용서, 책임, 배려, 소유)로 선정하고 있다. 이를 구체적으로 살펴보면 다음과 같다.

- 정직: 객관적인 기준에 따라 있는 그대로의 결과를 인정하고 받아들일 수 있다. 타인의 문제 및 성과를 있는 그대로 인정하여 보다 사회적으로 기여할 만한 행동으로 이어지게 만드는 바탕이 된다.
- 약속: 자신에게 주어진 역할을 정확하게 이행한다. 자신이 어떤 것을 추구하고자 할 때 타인의 실제적 욕구 충족이 보장되는 범위 내에는 나의 이익 추구를 방해하지 않을 것이라는 사실에 대한 상호합의가 필요하다.

- 용서: 비록 자신의 견해에 반대하거나 비판을 한다고 하더라도 타인의 입장과 견해를 이해하고 받아들일 수 있는 열린 마음을 의미한다. 용서의 덕목은 인간관계를 회복하는 덕목일 뿐 아니라 다양한 관점의 의견과 사고를 받아들이고 수용할 수 있게 만드는 기본 바탕이 된다.
- 배려: 다문화, 다학문 등의 다양성을 받아들이고 상충되는 의견과 합의에 이르는 능력이다. 주변인에 대한 배려에서 타인, 동식물, 사물, 세계로 확장 가능하다.
- 책임: 자신의 능력을 조절하여 임무를 완성하고 나아가 자신의 역할을 다해 세상에 기여하고자 한다.
- 소유: 타인의 지적·물적 능력, 성과 등을 인정하고 자신의 역량에 맞는 결과를 받아들인다. 자신의 결과와 타인의 결과를 구분하고 절제한다.

앞에서 창의·인성 교육의 기본이 되는 창의성 요소와 인성 요소에 대해 설명하였다. 이러한 요소만 있다고 해서 학교 현장의 창의·인성 교육이 제대로 수행되는 것은 아니다. 정신적인 영역에 대한 풍토는 한 시대의 국가 또는 사회의 사고방식과 행동방식의 방향을 결정짓기 때문이다. 따라서 창의성 및 인성을 발현시킬 수 있는 문화 및 풍토 요소가 필요하다 (교육과학기술부·한국과학창의재단, 2010: 12~13).

학교나 학급의 풍토 및 분위기는 학생의 창의성과 인성 배양을 좌우하게 된다. 다시 말해, 학급에서 어떠한 교육 방법을 주로 채택하여 활용하는지가 학생의 창의성과 인성을 향상시키는 데 영향을 미친다고 볼 수 있다. 문제중심학습(PBL) 교육 방법을 채택하는 교실의 학생들은 비판적 사고 능력과 독창성 등의 창의성이 향상되며, 협동학습을 적용하는 학급은 인성이 높아질 수 있다.

아울러 학급 운영에 있어서 교육철학 또한 매우 중요한 풍토 요소가 아닐 수 없다. 교실에서는 학생들의 창의적 사고를 위한 시간이 허용되고 창의적인 아이디어 산출에 대한 보상이 제공되어야 한다. 또한 학생들의 모험적이고 도전적인 시도를 격려하고 실수를 용인하는 학급의 분위기와 풍토가 필요하다. 그렇게 함으로써 학생들은 새로운 아이디어를 산출하고 확산적인 사고를 발현할 수 있게 된다. 뿐만 아니라 독창적인 아이디어를 내놓는 것을 수용하고 격려하는 교실 환경은 학생들의 창의성을 길러 주는 데 기여하게 된다.

## 2. 창의·인성 계발을 위한 수업모델 구상

창의·인성 계발을 위한 교과 수업은 교육 현장의 교사들이 알고 있는 수많은 창의성과 인성 요소를 실현하고자 계획하는 것이 아니다. 이미 교육과학기술부·한국과학창의재단 (2010)에서 가이드라인으로 제시하고 있는 특정한 창의성 교육 요소와 인성 교육 요소를 수업에서 실현해야 한다. 교육과학기술부·한국과학창의재단(2010)은 창의성에 대한 심리학·교육학적 지식을 활용하여 각 수준별 학생들의 창의성을 효과적으로 계발하고 발휘하게 할 수 있도록 구체적인 교육 프로그램과 체제를 제시하고 있다. 다시 말해, 학생들의 창의성 발현을 위해서 창의성을 인지적 특성·성향적 특성·동기적 특성으로 구분하여 각각의 요소를 추출하고, 각 특성에 포함되는 요소를 학령별, 발달별 특징에 따라 교육할 수 있는 내용으로 분석하였다. 여기서 도입한 창의성 요소는 모두 4단계(초등 저학년 단계, 초등 고학년 단계, 중학교 단계, 고등학교 단계)로 구분되어 학령별, 발달단계별 목표로 설정되어 있다(교육과학기술부·한국과학창의재단, 2010: 42ff.).

또한 창의성을 촉진하는 인간관계 중심 덕목들이 있다. 이는 창의성에 실제로 기여할 수 있는 능력의 개념으로 재구조화·재개념화한 것이다. 이들의 하위 요소에는 정직, 약속, 용서, 책임, 배려, 소유가 있다. 이와 같은 인간관계 덕목들 중 먼저 정직의 영역에 해당하는 요소는 '있는 그대로 인정하기'와 '과정에 충실하기' 등이며, 약속의 영역에 해당하는 요소는 '공동체의 약속 존중하기', '먼저 한 약속 우선시하기' 등이며, 용서의 영역에 해당하는 요소는 '타인을 이해하기', '타인과 화해하기' 등이다. 또한 책임의 영역에 해당하는 요소는 '역할 수행하기', '자신의 역할 알기' 등이고, 배려의 영역에 해당하는 요소는 '타인을 존중하기', '서로 신뢰하기' 등이며, 소유의 영역에 해당하는 요소는 '타인의 소유권 존중하기', '올바른 소유 의식 갖기' 등이다.[1]

뿐만 아니라 교육과학기술부·한국과학창의재단은 전국 2,500여 명의 교과 교육 담당 교사에 대한 설문조사와 대학의 교과 교육론 담당 교수들의 표적집단면접법(FGI: Focus Group Interview)을 통해 교과별 중점 창의·인성 교육 요소가 무엇인지를 연구하여 제시하고 있다. 다음 〈표 1〉은 사회 교과와 관련성이 높은 창의·인성 교육 요소를 제시한 것이다(교육과학기술부·한국과학창의재단, 2010: 54).

---

[1] 각 인성 요소에 대해 발달단계별로 요구되는 사항은 교육과학기술부·한국과학창의재단(2010: 34~39) 참조.

| 창의 · 인성 교육 요소 | | 평균 | 창의 · 인성 교육 요소 | | 평균 |
|---|---|---|---|---|---|
| 인성 요소<br>(인간관계 덕목) | 공정 | 5.08 | 창의성<br>(정의적 요소) | 다양성 | 5.12 |
| | 책임 | 4.99 | | 복합적 성격 | 5.07 |
| | 배려 | 4.93 | | 개방성 | 4.92 |
| | 약속 | 4.81 | | 자율성 | 4.79 |
| | 소유 | 4.72 | | 독립심 | 4.77 |
| | 정직 | 4.50 | | 호기심 | 4.74 |
| 창의성<br>(인지적 요소) | 문제해결력 | 5.16 | | 흥미 | 4.73 |
| | 논리 · 분석적 사고 | 5.15 | | 독창성 | 4.66 |
| | 문제발견 | 5.06 | | 용기 | 4.63 |
| | 비판적 사고 | 5.04 | | 끈기 | 4.49 |
| | 확산적 사고 | 4.97 | | 즐거움 | 4.31 |
| | 상상력 | 4.61 | | 열정 | 4.28 |
| | 시각화 능력 | 4.29 | | 애매모호함에 대한 참을성 | 4.26 |
| | 유추 · 은유적 사고 | 4.22 | | 몰입 | 4.05 |
| | | | | 감수성 | 3.78 |

〈표 1〉에서와 같이, 사회 교사들은 인성 요소 중 공정이 사회 교과의 특성과 가장 관련성이 높다(M=5.08)고 응답하였으며, 창의성의 인지적 요소에서는 문제해결력(M=5.16), 창의성의 정의적 요소에서는 다양성(M=5.12)이 관련도가 가장 높다고 보고 있다

사회 교과에서와 같이 특정 교과의 창의 · 인성 교육 요소는 창의 · 인성 수업을 위한 교육 방법 설정에 지표 역할을 한다(교육과학기술부 · 한국과학창의재단, 2010 : 65). 어떤 창의성 및 인성을 정하느냐에 따라 특정 교육 방법이 선택될 수 있고, 이 방법을 선택할 때 특정 창의성 및 인성이 높아질 것이다.

그렇다면 실제 어떤 교육 방법이 어떤 창의성 요소를 함양시키는 데 효율적인 것인가를 살펴보도록 하자. 예를 들어 어떤 교사가 교과 수업에서 '사고의 확장', 즉 '확장적 사고'를 창의성 요소로 선택하여 수업을 진행하고자 할 때 〈표 2〉에서와 같이 토의 · 토론, 협동 교수, 창의적 문제해결학습, 문제중심학습, 창의적 사고기법을 선택해야 할 것이다.[2]

---

2 〈표 2〉, 〈표 3〉, 〈표 4〉는 다양한 창의 · 인성 교육 요소와 교육 방법의 관련성을 나타낸 것으로, '●'는 강한 관계, '◎'는 중간 관계, 'ㅇ'는 약한 관계를 뜻한다.

<표 2> 창의성 요소(정의적 특성)에 따른 교육 방법

| 교육 방법 | 독립성 | 개방성 | 몰입 | 흥미/호기심 |
|---|---|---|---|---|
| 강의 | | | | |
| 토의·토론 | ◎ | ◎ | | ○ |
| 탐구·발견학습 | ◎ | ○ | ● | ◎ |
| 협동학습 | | ● | | |
| 협동교수(Team Teaching) | | ◎ | ◎ | ◎ |
| 프로그램학습 | ● | | ● | ◎ |
| 창의적 문제해결학습(CPS) | ○ | ○ | | ○ |
| 문제중심학습(PBL) | ○ | ○ | ○ | ◎ |
| 프로젝트 수업 | ● | ◎ | ● | ○ |
| 역할놀이 | ○ | ◎ | ○ | ○ |
| 창의적 사고기법 | ○ | ○ | | |
| 문답법(발문법, 대화법) | | | ○ | ○ |
| ICT | | | ○ | ◎ |
| 실험·실습 | | | ◎ | ◎ |

<표 3> 창의성 요소(인지적 특성)에 따른 교육 방법

| 교육 방법 | 사고의 확장 | 사고의 수렴 | 문제해결력 |
|---|---|---|---|
| 강의 | | ○ | |
| 토의·토론 | ● | ● | |
| 탐구·발견학습 | ◎ | ◎ | ● |
| 협동학습 | ○ | ◎ | |
| 협동교수(Team Teaching) | ● | ○ | |
| 프로그램학습 | | ◎ | |
| 창의적 문제해결학습(CPS) | ● | ● | ● |
| 문제중심학습(PBL) | ● | ● | ● |
| 프로젝트 수업 | ◎ | ○ | ● |
| 역할놀이 | ○ | | ◎ |

| | | | |
|---|---|---|---|
| 창의적 사고기법 | ● | ● | ○ |
| 문답법(발문법, 대화법) | ○ | ◎ | |
| ICT | | | |
| 실험·실습 | ○ | ○ | ○ |

앞에서 창의성 요소 선택에 따른 특정 교수 방법 선택을 설명했다면, 다음의 〈표 4〉는 특정 인성 교육 요소 선택에 따른 효과적인 교육 방법을 제시한 것이다. 표에서 제시한 바와 같이, 인간관계 덕목 여섯 가지를 함양하는 데 '딜레마 토론'은 모두 효율성이 높은 것으로 나타나 있다. 그 뒤를 이어 프로젝트 수업, 협동학습, 시나리오 수업, 체험활동 등이 효과가 있다고 본다(교육과학기술부·한국과학창의재단, 2010: 60).

〈표 4〉 인성 요소에 따른 교육 방법

| 교육 방법 | 정직 | 약속 | 책임 | 배려 | 소유 | 용서 |
|---|---|---|---|---|---|---|
| 강의 | ○ | ○ | ○ | ○ | ○ | ○ |
| 딜레마 토론 | ● | ● | ● | ● | ● | ● |
| 프로젝트 수업 | ◎ | ◎ | ● | ● | ◎ | ● |
| 협동학습 | ● | ◎ | ● | ● | ◎ | ◎ |
| 시나리오 수업 | ● | ◎ | ◎ | ● | ◎ | ○ |
| 역할놀이 | ● | ◎ | ◎ | ● | ◎ | ● |
| 모델링 | ◎ | ◎ | ◎ | ◎ | ◎ | ◎ |
| 체험활동 | ○ | ○ | ● | ● | ◎ | ○ |

앞의 〈표 2〉, 〈표 3〉, 〈표 4〉에 제시된 창의·인성 교육 요소를 사회과 수업에 적용해 보자.[3] 우선 사회과를 통해 계발될 수 있는 창의·인성 요소들 중에서 인지적 특성에는 문제해결력, 논리·분석적 사고, 문제발견, 비판적 사고, 확산적 사고가 있고, 성향적 특성에는 다양성, 복합적 성격, 개방성, 자율성, 독립심이 있다. 또한 동기적 특성에는 호기심과 흥미가 해당된다. 또한 사회과를 통해 계발될 수 있는 대표적인 인성 요소는 용서, 책임, 배려임을 알 수 있다.

3 이 부분은 교육과학기술부·한국과학창의재단(2010: 73~74)에 나온 내용이며, 이는 김영순 외(2010) 「사회과 창의·인성 수업모형 연구」에 서 도출된 각 수업모형의 개요를 축약하여 인용한 것이다.

## 3. 창의·인성 계발을 위한 사회과 수업모델 구상

앞 절에서 창의·인성을 함양하는 수업을 위해 학교교육에서 실천할 수 있는 창의성 교육 요소와 인성 교육 요소를 교육과학기술부·한국과학창의재단(2010)의 「창의·인성 교육 활성화 방안 연구」에 근거하여 정리하였다. 그렇다면 이 연구보고서에 적시되어 있는 창의성 교육 요소와 인성 교육 요소 중에 어떠한 요소가 가장 사회과에 적절할까? 이 질문에 대해 대답을 내놓기 전에 우리는 학생들의 발달단계별로 필요한 창의·인성 교육 요소를 생각해 보아야 할 것이다.

예를 들어 중학교에서 사회 교과의 창의·인성 수업을 한다고 가정할 때, 먼저 학생발달 4단계 중 중학교 단계에 필요한 창의성 요소와 인성 요소들의 특성을 염두에 두어야 한다. 그리고 사회과에 요구되는 창의·인성 요소들 중 사회 교과의 해당 단원의 내용에 적합한 요소들을 선택해야 할 것이다. 앞에서 살펴보았듯이, 창의성 요소들 중 인지적 영역에는 문제해결력, 논리·분석적 사고, 문제발견, 확산적 사고, 상상력 등의 순으로 제시되어 있고, 정의적 영역에서는 다양성, 복합적 성격, 개방성, 자율성, 독립성, 호기심/흥미, 독창성, 용기 등의 순으로 중요성을 언급하고 있다. 인성 요소에서는 공정, 책임, 배려, 약속, 소유, 정직의 순으로 중요하다고 이야기하고 있다. 즉, 사회과의 경우 창의성 요소에서는 문제해결력과 다양성, 인성 요소에서는 공정과 책임이 중요하다.

많은 단원 중에서 창의·인성 수업을 하고자 하는 단원을 정하는 것도 창의·인성 수업을 시작하는 교사에게는 고민이 아닐 수 없다. 그 고민은 창의·인성 목표를 정해 놓고 이와 연관되는 단원을 찾을 것인가, 아니면 단원에 관련된 수업지도안을 작성하다가 적절한 창의·인성 요소를 골라서 창의·인성 수업을 준비할 것인가로 나눌 수 있다. 후자의 경우는 교사가 특정한 창의성 요소나 인성 요소를 기획하여 제시하는 것이다. 사실 어떻게 하든 큰 문제는 없다고 생각된다. 중요한 것은 핵심역량으로 정해 놓은 창의·인성의 요소가 수업을 통해 자연스럽게 구현되도록 노력해야 한다는 점이다.

이와 같은 이유로 창의성 요소와 인성 요소를 교수·학습지도안에 포함해야 한다. 기존의 교수·학습지도안은 해당 단원의 학습목표만이 제시된 데 반해, 창의·인성 수업을 위한 교수·학습지도안에서는 교과의 해당 단원의 목표에 덧붙여 창의성과 인성의 목표 설정이 요구된다. 실제로 수업을 위한 목표는 세 가지이다. 창의성 목표 설정은 인지적 영역 요소, 성향적 영역 요소, 동기적 영역 요소의 하위 요소 중 적절한 것을 골라 그 단원의 내용과 맞게 설명식으로 기술하는 것이 적절하다. 즉, 기대되는 창의성 요소가 인지적 요소 중에서 사고의 확산 혹은 사고의 수렴이라면 "사고의 확산", "사고의 수렴"이라고 기술하기보다 "다문화가정의 문제를 인식하고 이들을 돕기 위한 다양한 계획 중에서 실천력 있는 의견을 수렴할 수 있다."라고 기술하는 것이 적절하게 진술된 창의성 수업 목표라고 할 수 있다. 인성적 요소도 창의성 요소의 진술과 같이 인성적 요소들(정직, 약속, 용서, 배려, 책임, 소유)의 단순한 나열보다는 "다문화가정을 돕는 실천을 통해 배려와 존중의 공동체적 사고를 키운다."라고 수업과 연관 지어 기술해야 할 것이다. 다음 〈표 5〉는 위에서 거론한 창의 · 인성 목표 진술방법을 기술한 것이다.

〈표 5〉 특정 단원에 따른 창의 · 인성 목표 진술 방법

| 학교급별 | 중학교 | 관련 교과 | 사회과 | |
|---|---|---|---|---|
| 학 년 | 1학년 | 단 원 명 | 문화의 이해와 창조 | |
| 학습주제 | 올바른 문화 이해를 통한 다문화 교육의 실천 | 소요 차시 | 교과 활동 | 3 |
| | | | 창의적 체험활동 | 5 |
| 학습목표 | 교과 학습목표 | • 다양한 문화를 바라보는 여러 가지 관점들을 찾아서 말할 수 있다.<br>• 문제에 대한 바른 인식과 해결에 필요한 탐구정신을 통하여 문제를 해결할 수 있다. | | |
| | 창의 · 인성 목표 | • 다문화 교육의 필요성을 말할 수 있다.<br>• 다문화가정의 문제 인식, 대책 마련 및 실천을 계획 세워 볼 수 있다.<br>• 올바른 다문화 이해를 통해 세계시민의식을 함양하며, 다문화가정을 돕는 실천을 통해 배려와 존중의 공동체적 사고를 키운다. | | |

이와 같이 창의 · 인성 목표가 설정되면 이 목표를 구성하는 특정 창의성 요소와 인성 요소를 가장 효율적으로 함양할 수 있는 수업 방법을 모색해야 할 것이다. 〈표 5〉에 제시된 바와 같이, 창의 · 인성 수업에 기초가 되는 창의성 요소는 사고의 확장과 사고의 수렴이며 인성 요소는 배려이다. 따라서 사고의 확장을 활성화할 수 있는 수업 방법은 토의 및 토론, 협동학습, 창의적 문제해결학습, 문제중심학습 등이며, 사고의 수렴의 경우 토의 및 토론, 창의적 문제해결학습, 문제중심학습, 창의적 사고기법 등이다. 또한 배려의 경우는 프로젝트 수업, 협동학습, 시나리오 수업, 역할놀이, 체험활동 등이다. 그러므로 교사는 설정한 창의 · 인성 교육 요소를 활성화할 수 있도록 거론한 수업 방법 중 공통된 기법 혹은 융합적인 방법을 활용해야 할 것이다.

또한 수업모델을 개발하면서 가장 고민스러운 부분의 하나가 바로 창의 · 인성에 대한 평가 부분이다. 현재 학교에서 진행되고 있는 평가 방식으로는 학생들의 창의 · 인성을 제대로 평가할 수 없기 때문이다. 창의 · 인성이 수업의 주된 주제 중 하나라고 할 때, 창의 · 인성

에 대한 평가는 반드시 따라야 한다. 창의·인성 교육의 평가 방향은 세 가지(수행평가 확대실시, 교사의 학력평가 전문성 제고, 그리고 절대평가 체제로의 단계적 전환)로 나누어진다. 사회과의 경우 수행평가의 확대 실시를 통해 창의·인성을 평가하는 것이 현단계에서 가장 적절하다. 특히 고등학교 과정에서 사회과 수행평가의 영역이 지필평가의 주관식으로 대체되는 일이 많은데, 이에 대한 개선이 필요하다. 그리고 적절한 창의·인성의 평가를 위해서 단답형의 주관식 평가문항은 서술형 혹은 논술형 평가문항으로 바뀌어야 한다.

이외에도 사회과에서 사용할 수 있는 수행평가를 통한 창의·인성 교육에 대한 평가의 방법에는 어떤 방법이 적절한가? 체험학습, 토론법, 보고서법, 포트폴리오법, 그리고 프로젝트법 등이 사회과에서 많이 쓰일 수 있는 수행평가의 방법이 될 것이다. 위의 평가 방법으로 학생들이 창의·인성 수업을 진행하였다면 어떤 기준으로 평가할 수 있을까? 예를 들어, 사회과에서 많이 사용되는 프로젝트학습법을 사용한 경우에는 다음의 기준으로 평가할 수 있을 것이다. 목적에 대한 초기 진술이 정확한지의 여부, 문제를 정확히 설명하고 있는지의 여부, 자료의 적정성과 다양성, 수준이 어느 정도 되는지의 여부, 논리적인지의 여부, 그리고 이 프로젝트가 행동으로 나타나기에 적절한지의 여부를 점수화함으로써 학생들의 프로젝트를 평가할 수 있을 것이다. 그러면 교사만 창의·인성을 평가할 수 있는가? 평가자의 부분도 다양화할 수 있다고 생각한다. 즉 수행평가에 대하여 교사가 평가할 수도 있지만, 연구자(수행평가 제출자) 본인의 자기평가 혹은 동료(학급 혹은 다른 모둠원들)에 의한 평가로도 이루어질 수 있을 것이다.

지금까지 논의한 사회과 창의·인성 수업을 기획하기 위한 절차를 정리하여 제시하면 다음 〈표 6〉과 같다.

〈표 6〉 사회과 창의·인성 수업 기획 절차

| 단계 | 교사 활동 |
|------|-----------|
| 1 | 수업을 하고자 하는 단원의 창의·인성 교육 요소 추출<br>(만약 해당 단원에 창의·인성 교육 요소가 없을 경우 교사가 임의로 기획한다.) |
| 2 | 학생의 발달단계별 창의·인성 교육 요소의 특성 고려 |
| 3 | 사회과에서 요구되는 창의성 요소 및 인성 요소 고려 |
| 4 | 1, 2, 3단계에서 창의성 요소 및 인성 요소 각각 1~2개 추출 |
| 5 | 단원의 학습목표와 더불어 4단계에서 추출한 창의성 요소 및 인성 요소를 반영한 창의·인성 교육 목표 설정 |
| 6 | 4단계에서 추출한 창의성 요소 및 인성 요소를 높일 수 있는 수업 방법 선택 |

| 7 | 5단계의 목표 설정에 따른 창의·인성 교육 평가 계획 수립 |
|---|---|
| 8 | 6,7단계에서 정해진 수업 기법과 평가 계획에 따라 수업지도안 작성 |
| 9 | 7,8단계에서 작성한 평가 계획 및 수업지도안에 적합한 평가활동지 작성 |

끝으로 〈표 6〉에 의한 사회과 창의·인성 수업을 위한 교수·학습지도안이 작성될 수 있다. 이때 다음과 같은 점이 강조된다.

첫째, 사회과 수업모형을 설계하는 데 단원과 연관되는 적절한 수업모델을 개발하는 것이 필요하다. 단원과 적절히 연관되는 프로젝트학습 모델이나 사회참여 체험학습 모델의 설정만으로도 창의·인성 수업의 설계가 훨씬 용이해진다.

둘째, 그동안 진행되었던 사회과 수업 내에서 창의·인성 수업이 없었던 것은 아니다. 단지 창의·인성을 구체적으로 표현하지 않았을 뿐이다. 이제는 창의·인성을 수업 설계 초반에 구상하며, 그 창의·인성의 목표를 구체적으로 설정·진술함으로써 수업 전체를 그에 맞추어 디자인하는 노력이 필요한 것이다.

셋째, 그동안 수업에서 의도하지 않고 자연스럽게 혹은 돌발적으로 창의적인 아이디어의 도출이 있어 왔다면, 이제는 다양한 창의 기법을 동원하여 창의적 사고를 활발하게 표현하도록 하는 교사의 노력이 필요하다. 교사 스스로는 창의 기법을 동원하여 수업을 설계하려는 노력이 필요하며, 아울러 교육청이나 교육연구기관에서는 교사의 창의적 발상을 돕는 연수나 연구 자료의 제공이 필요하다.

넷째, 학생들 스스로 수업을 진행하도록 하는 노력이 필요하다. 교사에게는 이제 지식 전달자의 역할보다는 학생들의 자기주도적 학습을 유도하는 멘토, 조력자로서의 역할이 더 요구되는 것이다. 지식은 이미 엄청나게 집적되어 있기에 학생들은 언제든지 그 지식을 꺼내 올 수 있는 시대가 되었다. 이제 사이버 교육에 의해 대체될 수 없는 실험 및 체험 중심의 교육, 인성 및 가치관을 키우는 것과 연관된 공동체 의식 함양 등이 교사의 몫으로 남게 될 것이다.

2장

# 창의·인성 함양을 위한 사회과 교수학습 방법

모경환

# 1. 창의·인성과 교과 교육

　글로벌 사회, 지식 기반 사회의 도래와 함께 창의·인성 함양이 학교 교육의 중요한 목표로 제시되고, 이에 따라 교과 학습과 평가를 통한 창의·인성 함양이 과제로 부각되고 있다. 전통적인 시각에서는 창의성을 개인의 특별한 재능으로 이해하였으나, 현대 사회로 올수록 창의·인성은 합리적인 사고가 가능한 모든 인간이 지니고 있는 정신 능력으로 이해되고 있다. 따라서 학교에서는 교과 교육을 통해 창의·인성을 계발 가능한 사고 기능으로 개념화하고 이를 육성하기 위한 방안을 강구하는 것뿐만 아니라, 한 개인에게서 일어나는 전인적 변화에도 주목해야 한다.

　사고는 학습자가 가진 선행 지식을 기초로 하여 이루어지므로 사고와 지식은 서로 불가분의 관계에 있다. 따라서 창의력, 문제해결력, 비판적 사고력 등과 같은 사고 능력은 각 교과 교육과정의 내용과 분리하여 가르쳐서는 실효성을 거두기 어렵다. 대다수 전통적 수업에서와 같이, 사고 과정을 간과한 채 교과 내용 전달에 치중하는 것은 주입식 교육이 될 가능성이 높다. 반대로 내용을 간과한 채 사고 기능의 교수학습을 실행한다면 사고력의 일반적 특성에만 주목하게 되어 전형화 또는 알고리즘화될 가능성이 높다. 이러한 수업 실행은 결과적으로 창의력의 중요한 요소인 사고의 확장을 저해하게 될 것이다.

　다시 말하면, 창의성은 관련된 교과 영역에 대한 기초적인 인식을 전제로 한다. 창의력, 즉 창의성을 담보로 하는 능력은 각 교과 영역의 지식에 기초한 사고의 과정 혹은 기능으로 정의한다. 그렇다면, 창의·인성 교육이 관련 교과 영역의 관점, 탐구의 방법, 축적된 지식에 따라 각기 독자적인 특성을 나타내는 것을 기대할 수 있다. 따라서 교과 영역별로 창의력의 특성을 이론적으로 명료화해야 할 뿐만 아니라 창의·인성의 발달을 위한 교과별 전략을 개발할 필요가 있다.


# 2. 사회과 교육에서의 창의·인성

## 1) 사회과 교육과정에서의 창의력[4]

　현대인들은 자신들의 삶에 심대한 영향을 미치는 사회적 변화와 함께 살아간다. 현대 사회에서는 기술·정보·커뮤니케이션의 혁명, 성역할의 변화, 국가·문화·인종 간 관계의 변화 등이 급격하게 이루어지고 있다. 급격한 변화가 일상화된 사회에서 사회 구성원들은 일상적으로 전례 없는 난제들과 마주치게 된다. 이러한 문제들에 대해서는 사전에 축적된 경험이 존재하지 않거나, 단일한 해결책을 도출하기 힘들거나, 또는 검증된 해법이 존재하지 않을 수 있다. 그렇기에 현대인들에게는 창의·인성, 창의적 문제해결력이 더욱 요구되는 것이다.

사회과 교육과정은 제7차 교육과정부터 교과의 성격, 목표, 교수학습 방법, 평가 부분에서 창의적 사고력이 중점적으로 육성해야 할 사고력의 요소라는 점을 일관되게 강조하고 있다. 2009 개정 사회과 교육과정의 '성격' 부분에서는 사회과가 "다양한 정보를 활용하여 사회 현상에 관한 지식을 발견하고 문제를 해결하는 데 필요한 비판적 사고력, 창의력, 판단 및 의사결정력 등의 신장을 강조"하는 교과임을 밝히고 있다. 특히 초등학교 사회과의 주안점을 기술하면서, "초등학교에서는 학생들이 주변의 사회적 사실과 현상에 대하여 관심과 흥미를 가지며, 생활과 관련된 기본적 지식과 능력을 습득하고, 창의적인 자세로 일상생활을 할 수 있도록" 해야 한다고 명시하고 있다. 또한 교과의 '목표' 부분에서는 "다양한 정보를 활용하여 현대 사회의 문제를 창의적이며 합리적으로 해결하고, 공동생활에 스스로 참여하는 능력"의 육성을 강조하고 있다.

이외에도 '교수학습 방법' 부분에서는 "학생들의 사고력을 자극할 수 있도록 적절한 탐구 상황을 설정하고 다양한 발문 기법을 활용"하도록 강조하고 있으며, '평가의 방법' 부분에서도 "사고력 신장이나 가치, 태도의 변화를 평가하기 위하여 양적 자료와 더불어 질적 자료를 수집하여 평가하도록" 권장하고 있다(교육과학기술부, 2009).

## 2) 사회과 고차사고력으로서의 창의력

사회과에서의 창의력 논의는 주로 고차적 사고력(higher-order thinking 또는 higher-level thinking)이라는 맥락 속에서 이루어져 왔다(차경수·모경환, 2008: 274~275). 사회과 교육은 성립 초기부터 사고력의 함양을 기본적인 목표로 강조해 왔고, 그런 흐름은 반성적 사고력, 문제해결력, 탐구사고력, 최근의 고차사고력 등으로 계속 이어져 왔다. 초기 사회과에서는 듀이의 영향을 받아 반성적 사고력과 문제해결력을 중요시하였으며, 1960년대 이후에는 학문 영역의 지식 구조와 특유의 탐구 양식을 강조하는 시대적 분위기 탓에 탐구력을 강조하기도

---

4  1장에서 창의성은 '새롭고 가치 있는 것을 만들어 낼 수 있는 역량', 인성은 '창의성을 사회 속에서 의미 있게 발현시킬 수 있는 역량'으로 정의하였다. 여기에서는 이 정의에 따라 창의·인성을 창의력이라는 차원으로 통합하여 논의한다.

하였다. 1990년대 이후 들어서는 사회 변화의 복합성과 다양성, 그리고 예측의 어려움 등과 같은 현대 사회의 변화 경향을 반영하여 고차사고력을 강조하기에 이르렀다(노경주, 1994; 이광성, 1997; 조국남·박성혁, 2005; 차경수·모경환, 2008).

최근 사회의 급격한 변화에 적절하게 대처하지 못한다면 국가 차원에서는 경쟁에서 살아남기가 어렵고, 개인 차원에서는 사회의 구성원으로서 온전히 자기 역할을 다하지 못하는 것은 물론이거니와 충만한 삶을 사는 것이 불가능하다는 인식이 확산되었다. 이러한 맥락에서 현대 사회가 요구하는 사고 기능은 고차사고력으로 개념화되었다.

고차사고력은 학습자의 능동적이고 독창적인 정신 작용을 통해 불확실한 상태를 극복해 가는 것이라 할 수 있다(Resnic, 1987: 3). 사회과 교육 분야에서 고차사고력의 개념을 학문적으로 다룬 대표적인 학자는 뉴먼이다. 뉴먼은 저차사고력(lower-level thinking)과 고차사고력(higher-level thinking)을 개념적으로 구분하였는데, 그에 따르면 저차사고력은 기존에 획득한 지식을 기계적이고 습관적으로 적용하는 것이다. 반면, 고차사고력은 "학생들로 하여금 정보를 해석하고, 분석하고, 조작해 보도록 하는 도전적 사고"(Newmann, 1990: 44)이다. 이러한 고차사고력은 구체적으로 비판적 사고, 창조적 사고, 문제해결력, 의사결정력 등을 포함한다(Newmann, 1991; Woolever & Scott, 1988: 286~287).

고차사고력의 범주화는 다양한 방식으로 이루어질 수 있다. 사회과에서 강조되고 있는 고차사고력에는 탐구력, 의사결정력, 창의력, 비판적 사고력, 메타인지 등이 있다(차경수·모경환, 2008). 물론 이들 사고 기능은 상호배타적이거나 독립적인 것이 아니며, 각 사고 기능의 개념적 속성은 중첩되는 부분이 많다. 서로 밀접한 관련 속에서 상보적인 기능을 한다. 따라서 어느 한 사고 기능이 충분히 발휘되기 위해서는 다른 기능과의 통합이 필요하다.

다만 사회과에서 창의력이 다른 사고 기능과 개념상 구분되는 가장 두드러진 특징은 첫째, 새로움이라고 할 수 있다. 창의력은 문제 상황에 직면하여 사태를 새로운 시각으로 보게 함으로써 탐구의 출발점을 제공한다. 또한 문제를 다양한 관점에서 볼 수 있도록 사고의 도약을 가능하게 하고, 문제의 명료화나 문제 설정에 도움이 된다. 둘째, 창의력은 대안의 모색이나 가설의 설정, 인지 전략의 탐색 등에서 적절하고 풍부한 대안의 생산을 가능하게 한다. 궁극적으로 창의력은 위에 언급한 다양한 고차사고력과 통합적으로 발휘되는 가운데 새로운 지식의 창출에 기여하게 된다(Maxim, 2006: 360~368; 차경수·모경환, 2008: 274~276).

# 3. 사회과 창의·인성의 특성

그렇다면 사회과 교육을 통하여 함양되어야 하는 창의·인성이란 무엇을 의미하는가? 사회과의 창의성은 모든 학생들에게 기대되는 중요한 정신 기능으로서 사회과 교과 내용과 밀접한 관련을 맺고 있다. 사회과 창의성의 특성을 상세히 살펴보면 다음과 같다.

## 1) 통합적인 심리적 과정이다

사회과에서의 창의성은 우선 '창의적인 사고의 과정'이라 할 수 있다. 고전적이고 협소한 의미에서의 창의력은 이전에 없던 독창적인 산물을 만들어 내는 것과 동일시되었다. 이러한 관점에서는 창의력을 선천적으로 주어지는 능력으로 신비화되거나, 절대적 기준에 따라 평가되거나, 고정된 산물에 의해 대변되는 것으로 보았다. 이는 교육에는 큰 함의를 갖지 못하였다.

사회과의 창의력은 미래의 시민 모두에게 기대되고 요구되는 일반적인 능력이다. 또한 사회과의 창의력은 내적으로 통합되어 있는 동시에 외적으로도 다른 사고 기능과 불가분의 관계를 갖고 있다. 저차적 사고를 기초로 하여 고차적 창의성이 육성되며, 탐구력, 비판적 사고력, 문제해결력과 같은 다른 사고력들과 함께 작용하는 사고력이다.

## 2) 문제해결이라는 수행을 통해 발현된다

창의력은 문제해결 과정 혹은 문제해결의 결과로 지식의 생산을 가능하게 하는 일련의 실행 능력이다. 따라서 사고 과정으로서 창의력은 수행을 통해 발현된다. 특히 사회과에서 창의력의 발현은 '문제해결'의 과정에서 이루어진다. 일반적으로 '문제'는 특정한 해법이 현재 존재하지 않고, 대안을 떠올리기 어려운 과제 혹은 상황을 가리킨다. 사회과에서 다루는 문제는 최선의 정답이 존재하지 않거나 복수의 정답이 존재할 수도 있고, 오답의 위험성 또한 존재한다. 그리고 '문제'는 다양한 양태를 갖는다. 이성교제, 직업선택, 거주지 결정 등과 같은 개인적인 사안에서부터 빈곤문제, 환경오염문제, 범죄문제와 같은 공적 문제가 있으며, 삶의 목표, 내세와 구원, 행복의 정의 등과 같은 형이상학적인 주제가 문제로 다루어질 수도 있다. 즉, 개인으로 하여금 심리적 모호함을 유발하는 주제나 상황은 모두 문제의 성격을 갖는다고 할 수 있다(Beal, Bolick & Martorella, 2009: 176).

사회과에서 문제해결력 과정으로서의 창의력에 주목하는 이유는 사회과 교육의 목표에 있다. 사회과는 시민적 자질의 함양을 그 목표로 한다. 그런데 시민성은 관념과 실천의 화합물이라 할 수 있다. 즉, 단순히 축적된 지식 혹은 기계적인 반응이 아니라 구체적인 상황에서 실천을 통해 구체화되는 성향이자 능력이라 할 수 있다. 또한 시민성 교육은 궁극적으로 개인의 공동체적 삶에서의 변화와 발전을 추구한다. 따라서 사회과에서의 창의력은 공동체 일원으로서의 책임과 의무를 수행하는 과정에서 문제를 발견하는 통찰력, 그리고 과거 경험과 지식을 기초로 그 문제에 대한 대안을 모색할 수 있는 독창적인 사고를 강조한다.

따라서 사회과 교육과정에서의 창의력은 사회 현상에 대한 사실·개념·이론을 토대로 논리적·합리적 사고와 더불어 발휘되어야 비로소 의미가 있으며, 개인 및 사회의 변화와 발전이라는 생산적인 속성을 지니고 있음을 알 수 있다. 따라서 사회과에서 창의력은 독창성과 아이디어의 양산과 더불어 사고의 결과물이 사회적으로 공유될 수 있고 활용될 수 있어야 한다는 사회적 측면이 상대적으로 두드러진다.

### 3) 사회적 문제를 대상으로 한다

다른 교과 영역과 구분되는 사회과의 창의력은 사회과의 본질 내지는 성격에서 찾을 수 있다. 사회 교과에서 발휘되는 창의적 사고력이 다른 교과 영역에서 발휘되는 창의적 사고력과 다른 근본적인 차이점은 학습 대상에 있다. 즉 사회과 교과의 창의력은 바로 '사회적 문제'를 이해하고 해결하는 과정에서 발휘되는 창의적 성향과 특성을 가진 사고력이라는 점이다.

사회과 교육에서 '사회적 문제'란 사회문제(social problem) 혹은 시사문제(current issue)에 한정되는 개념이 아니라, 인간의 사회적 삶과 관련된 영구적인 주제들로 확장될 수 있는 다양한 내용들을 포괄하는 개념이다. 즉, 사회과 수업에서 제시되는 사회적 문제나 딜레마 상황을 대상으로 하여 기존에 검증된 방법을 기억 속에서 재현하는 것이 아니라 새로운 시각의 제시, 새로운 해결방법의 구안 등을 통하여 창의성이 육성되고 발현된다.

### 4) 사회과학적 탐구를 전제로 한다

앞서 논의한 것처럼 사회과의 창의력은 개인의 공동체적 삶을 통해 발현된다. 따라서 사회과의 창의력은 사회 현상에 대한 종합적인 이해를 토대로 한다. 사회 현상에 대한 정치학, 경제학, 사회학, 철학, 역사학, 지리학 등과 같은 제학문의 연구 성과와 탐구 방법 및 논리를 전제로 한다. 즉, 사회과의 창의력은 제학문의 관점과 지식을 주어진 문제 상황에서 종합하여 적용할 수 있는 능력을 의미한다고 할 수 있다.

이러한 의미에서 사회과학적 지식과 탐구 방법의 숙달은 사회과의 창의력 발현에 기여한다고 할 수 있다. 메펙(MePeck, 1981), 메이어(Meyers, 1987) 등도 고차사고력의 육성을 위해서 교과 지식의 중요성을 강조하고 있다(박민정 외, 2010: 184에서 재인용). 요컨대 사회과의 '내용'으로서의 지식은 전달에 치중하는 주입식 교육으로 전락할 때 비판을 받을 수 있지만, 사고의 과정에 통합되어 사고의 확장을 가져오고 고차사고력을 육성하는 중요한 기초가 된다.

## 4. 사회과 창의 · 인성 수업의 저해 요인

창의 · 인성을 함양하기 위해서는 창의 · 인성의 계발을 저해하는 요인을 제거하는 일이 매우 중요하다. 넓게는 학교 교육 전반에서, 좁게는 사회과 수업에서 창의성의 육성을 방해하는 요인들을 분석하고 이를 시정하는 것은 학습자의 창의 · 인성의 함양을 위한 장애를 제거하는 요소가 될 수 있다. 여기서는 사회 탐구의 부족, 낡은 수업 관행, 그리고 교사의 태도에 대해 살펴보고자 한다.

### 1) 사회과학적 탐구의 부족

앞서 살펴본 바와 같이 사회과에서의 창의성은 주로 사회적 문제의 해결 과정에 발현되며, 이때 사회과학적 지식은 필수적이다. 예컨대, 경제생활에서 합리적 선택을 위한 의사결정능력을 키우려는 수업에서는 문제 상황에 대한 사회과학적 지식과 문제의 해결을 위한 다양한 가치의 탐구를 기초로 하여 의사결정이 이루어진다. 이 과정에서 만약 사회과학적 지식이 부족하다면 바람직한 의사결정을 할 수가 없으며, 문제해결을 위한 창의성이 발휘되기 힘들다.

즉, 사회과 수업에서는 관련된 사회적 문제에 대한 사실적 정보와 지식, 그리고 문제를 둘러싼 다양한 가치들에 대한 분석과 탐구를 기초로 하여 정교하고 독창적인 해결방안을 마련할 수 있다. 또한 선택 가능한 문제해결의 대안들을 설정하고 이러한 대안들이 가져올 결과에 대한 예측을 바탕으로 각 대안을 평가하여 최종 선택에 이르게 된다. 이러한 대안의 설정과 평가의 과정에서도 사회과학적 지식이 없이는 합리적인 결론을 도출하기 어렵다.

## 2) 전통적 수업의 관행

전통적 수업의 관행은 창의·인성 수업을 방해하는 많은 요소를 내포하고 있다. 사회과학적 지식이 창의력 발휘의 전제 조건임은 사실이지만, 전적으로 단순 지식의 습득에 치우친 수업의 관행이나 문제해결의 과정에서도 거의 동일한 방법으로 해결하려는 관행 등은 시정되어야 한다. 전통적인 교사 위주의 일제식 지식 습득 수업은 대규모 인원의 수업이 용이하고, 시간이 절약되며, 교사의 노력에 의한 부분적 동기 유발이 가능한 측면이 있었다. 그러나 학습자의 특성이 다양해지고 있는 현대 사회의 수업 상황에는 적합하지 않다.

현대의 사회과 수업 상황은 학급 규모의 감축과 함께 영재아, 학습부진아, 다문화가정 아동 등 학습자의 특성이 훨씬 다양해진 것이 특징이다. 즉, 다양한 배경을 가진 학습자들이 각자의 독특한 창의성을 계발할 수 있도록 도와주어야 하는 책무성을 교사들은 갖게 되었다. 이러한 상황은 당연히 새로운 수업 관행을 필요로 한다. 즉, 단순 지식과 통상적인 이해를 넘어 지식을 새롭게 해석·분석·조작하는 사고력을 육성해야 한다. 따라서 일제식 수업 관행을 지양하고, 다양한 학습자의 특성을 인정하고 그에 따른 수업 전략을 구안해야 하며, 이와 함께 다양한 문제해결의 방식도 존중되어야 한다.

## 3) 교사 태도의 문제

창의·인성 함양을 위한 수업을 저해하는 요인으로서 전통적 수업의 관행과 가장 밀접한 연관을 맺고 있는 것이 수업에 임하는 교사의 태도이다. 전통적 수업에서 광범위한 내용의 피상적 접근에 익숙해진 교사들은 학습자들의 창의력을 이끌어 낼 수 있는, 소수 주제의 심층적 접근을 취하기 어렵다. 또한 창의성 함양을 위한 수업 전략의 구안에는 많은 시간이 소요되는데, 수업 준비 시간의 부족 또한 문제이다.

창의·인성의 함양을 위한 수업에서 교사는 학생의 사고력을 자극하는 도전적인 질문을 던진 후 답변에 충분한 시간을 허락해야 하며, 또한 도전적인 수행과제를 조직하여 부여해야 한다. 이 과정에서 교사는 학생들의 생각에 관심을 보이고, 대안을 제시하며, 과제해결의 어려움에 공감을 표시하는 태도가 필요하다. 교사는 역할모델로서 긍정적인 영향을 미칠 수도 있고 부정적인 영향을 미칠 수도 있음을 유념해야 한다. 무엇보다도 수업이 일관성과 계속성을 유지하면서 학생들이 자신의 결론에 대하여 설명과 근거를 제시하도록 수업을 조직해야 한다.

## 5. 창의·인성 함양을 위한 사회과 교수학습법

사회과 수업에서 창의·인성을 육성할 수 있는 교수학습 방법에는 다양한 모형들이 존재한다. 창의·인성 함양을 위한 사회과 수업은 어느 한 가지 수업모형이나 교수학습법에 의해 실행되기보다는 다양한 방법을 적절히 통합하면서 실행될 수 있다. 여기서는 사회과 수업에서 창의·인성 계발을 위해 적용할 수 있는 주요한 교수학습 방법들을 살펴보고자 한다.

### 1) 탐구학습 모형

탐구학습 모형은 교사 주도의 전통적 수업 방식과 대비되는 수업모형으로서 학생이 능동적으로 문제해결에 참여하는 특징을 갖는다. 탐구학습은 듀이(Dewey, 1910)가 문제 상황에 직면하여 객관적 절차에 의하여 해결해 나가는 반성적 사고를 탐구라고 칭하며 강조한 이후에 사회과 수업에 본격적으로 등장하였다.

탐구학습의 절차는 학자마다 조금씩 다르게 설명하지만, 대체적으로 문제해결을 위해 가설을 설정하고 이를 검증하기 위해 자료를 수집하고 분석하여 결론을 내리는 일련의 과정으로 정리할 수 있다. 즉, '문제 제기 → 가설의 설정 → 자료 수집 → 자료 분석 → 가설 검증 및 이론 도출' 이라는 과정을 따른다.

1단계는 문제의 제기 또는 문제 설정의 단계이다. 탐구의 과정은 학생들이 해결해야 할 문제에 민감성을 갖고 의문을 갖는 데서 시작한다. 따라서 다루는 문제가 학생들의 현재의 관심사와 연관되어 있을 때 학생들의 관심과 참여도는 높아진다. 2단계는 가설 설정의 단계로서, 여기서 가설은 처해진 문제 상황에 대한 잠정적 해답을 의미한다. 이 단계에서 주어진 문제에 대한 최대한의 설명과 해답을 제시하도록 노력하게 되는데, 학생들은 이 과정에서 독창성과 상상력을 발휘하게 된다. 교사는 학생들이 찾아내는 가설들에 대해서 가치 판단을 내리지 말고 학생들이 자유롭게 가설을 설정할 수 있도록 도와주어야 한다. 3단계는 학생들이 자신이 세운 가설을 검증하기 위해 필요한 자료를 수집하는 단계이다. 이 단계에서 교사는 학생들이 쉽게 구할 수 있는 일부의 자료에만 국한되지 않고 다양한 자료를 수집하도록 지도한다. 4단계는 수집된 자료를 분석하는 단계로서, 먼저 적절한 자료인지를 판단하고 자료의 정리와 분석을 실행한다. 가설을 검증하기 위해 다양한 자료를 수집하고 분석하는 3단계와 4단계에서는 엄밀한 절차에 따라 탐구를 수행하는 정교함이 요구된다. 5단계는 학생들이 다양하게 수집한 자료의 분석에 근거하여 결론을 도출하는 과정이며, 2단계에서 설정한 가설을 기초로 해답을 확정하는 과정이다. 이 마지막 단계에서는 자신의 연구 계획을 검증하거나 결론을 정당화하는 과정이 수반된다.

## 2) 의사결정 모형

변화가 급속한 현대 사회에서 개인이나 집단은 매순간 중요한 의사결정을 해야 하는 상황에 직면하게 된다. 그래서 의사결정은 최근 사회과 교육에서 매우 중요시되고 있다. 의사결정을 위한 수업모형은 다른 고차사고력의 함양과도 매우 밀접한 연관을 맺고 있으며, 심지어 의사결정력의 함양을 사회과의 가장 중요한 목표라고 주장하는 학자도 있다(Banks, 1999). 의사결정은 선택이 가능한 여러 대안 중에서 자신이 추구하는 목표에 적합한 어느 하나를 선택하는 것을 말한다.

의사결정을 위한 수업에는 다음 두 가지 요소가 필수적이다. 첫째, 사회과학이 창조한 지식을 획득하는 탐구의 과정을 거치는 것이 필요하다. 의사결정을 위해서는 적절한 지식과 정보가 필요하기 때문이다. 둘째, 가치 탐구의 과정이 필수적으로 요청된다. 의사결정은 자신이 바람직한 가치를 무엇으로 보느냐에 따라서 크게 영향을 받기 때문이다. 특히 등장하는 대안 모두 바람직할 경우에 가치의 탐구는 더욱 필요하며, 실제로 의사결정문제의 대부분이 그렇다.

이러한 사회 탐구와 가치 탐구의 과정이 끝나면 가능한 대안을 모두 검토하여 그러한 대안을 선택하였을 때 나타나는 결과를 예측한다. 의사결정 과정에서 대안의 검토와 결과의 예측은 매우 중요하다. 개인적·사회적 문제의 많은 부분이 행동의 결과를 미리 예측하고 그 장·단점을 충분히 검토하였더라면 충분히 예방할 수 있는 것들이다. 따라서 현명한 의사결정은 교육 일반에서 강조해야 할 중요한 교육 목표임에 틀림없고, 바람직한 시민의 자질 육성을 목표로 하고 있는 사회과가 이러한 교육의 중핵 교과라고 할 수 있다.

마지막으로 각 결과의 장·단점을 분석하여 의사결정을 하고, 그것에 따라 행동으로 실천하도록 격려한다. 요컨대 합리적인 의사결정을 위한 학습은 '문제제기 → 지식과 가치문제의 확인 → 사회 탐구에 의한 지식 획득 → 가치 탐구에 의한 가치 분석 → 대안 탐색과 결과 예측 → 선택 및 결론 → 행동' 등의 과정을 거치는 것이 그 핵심이라고 할 수 있다(차경수·모경환, 2008). 의사결정 모형은 사회과학 탐구와 가치 탐구의 서로 다른 두 과정을 모두 요청하는 종합적인 수업모형으로서, 사회문제나 논쟁문제의 학습을 통해 학생들의 창의·인성을 함양할 수 있는 매우 유용한 학습 모형이다. 이와 같은 의사결정 수업모형을 도식화하면 〈그림 2〉와 같다.

〈그림 2〉 의사결정 수업모형

(출처: 차경수·모경환, 2008, p.187.)

## 3) 협동학습 모형

학습목표의 달성을 위한 수업의 구조를 분류해 보면 i)경쟁이 있는 개별학습, ii)경쟁이 없는 개별학습, iii)집단적으로 보상이 있고 서로 협동하게 되어 있는 협동학습 등 셋으로 나누어 볼 수 있다. 현대의 자본주의 사회에서 학습자의 경쟁력을 향상시키는 것은 교육의 주요한 목표 중의 하나이다. 그러나 지나치게 경쟁적인 학습 구조는 승자와 패자를 양산하고, 학습자의 잠재력을 실현시키기보다는 변별의 수단으로 전락하는 경우가 많아 학습자의 성장에 많은 문제점을 가지고 있다.

한편, 경쟁이 없는 개별학습 구조는 경쟁을 지양하고 학습자의 개별적 특성에 적절한 학습 환경의 제공에 초점을 두었다. 그러나 경쟁이 완전히 배제된 상황은 학습자에게 적절한 지적 자극을 제공하기 힘들며, 따라서 학습자의 성장을 견인하는 데 많은 한계를 가질 수밖에 없다. 마지막으로, 협동학습 모형은 전통적인 개별학습 모형이나 경쟁학습 모형보다 지적 성장이나 정서적 성장에 더 효과적이라는 것이 밝혀지면서 최근에 사회과에서 커다란 관심을 불러일으키고 있다.

협동학습은 의사결정학습처럼 명백하게 사회 탐구와 가치 분석의 과정을 거치는 것은 아니지만, 지식의 습득 같은 인지적 목표와 협동심, 관용성 함양 같은 정의적 목표를 종합적으로 달성할 수 있는 수업이라는 측면에서 매우 유용한 종합적 학습 모형이다. 협동학습을 위해서 다양한 학습 모형들이 개발되었는데, 여기서는 사회과에서 가장 널리 사용되고 있는 STAD 모형과 직소 모형을 살펴보기로 한다.

첫째, 가장 간단한 협동학습 모형으로는, 4~5명으로 조직된 소집단에게 하나의 학습과제를 주고 각 집단 내에서 서로 나누어 학습하게 한 후 종합하여 각 집단으로 하여금 그 결과를 학급에 보고하게 하는 형태의 수업이 있다. 보고의 결과에 따라 집단 전체에 보상을 줄 수 있으며, 학생 각자는 개별적인 형성평가를 치른다. 이렇게 하면 각자의 책임을 수행하게 되고, 각자는 자신의 점수를 과거 점수와 비교하여 성공의 기회를 체험하며, 집단적 경쟁과 보상의 기회도 갖는다. 이것이 슬라빈(Slavin, 1978)의 '학생집단학습 모형(STL: Student Team Learning)'이다. 슬라빈의 모형 중 학업성취를 중심으로 한 '학생집단성취 모형(STAD: Student Team Achievement Division)'은 학업성취도 측면에서 전통적인 학습 방식보다 우수하다는 연구 결과가 국내에서도 보고되었다(정문성, 2006).

둘째, 사회과에서 많이 쓰이는 '조각맞추기(Jigsaw)'라는 협동학습 모형은 원래 1970년대에 아론슨과 그의 동료들(Aronson et al., 1978)이 '직소 I(Jigsaw I)'을 개발한 데서 시작되었다. 그 후 슬라빈(Slavin, 1986)이 새롭게 '직소 II(Jigsaw II)'를 개발하여 보다 정교한 모형으로 발전시켰다. 직소 II는 집단 목표와 개인의 책임, 성공 기회의 체험 등 위에서 제시한 협동학습의 과정이 비교적 잘 나타나 있는 학습 모형이다. 이와 같은 직소 II 모형의 단계를 요약해 보면 다음과 같다(Martorella, 1991: 120~122; 차경수·모경환, 2008: 187~189에서 재인용).

- 성별, 학업성적, 가정환경 등이 서로 다른 이질적인 4명이 한 팀이 되도록 학급을 소집단으로 나눈다.
- 하나의 주제를 정하고, 그 주제를 4개의 소주제로 다시 구분한다. 한 집단의 4명에게 각각 그 소주제들을 분배해 준다. 예컨대, 청소년 문제라는 주제를 다시 개념, 실태, 이론, 대책 등으로 나누어 한 집단의 4명에게 하나씩 분배한다.

- 같은 소주제를 맡은 학생들끼리 만나서 공동으로 그 소주제를 연구한다. 예컨대, 청소년 문제의 '개념'을 맡은 학생들은 그들끼리 만나서 집단을 구성하고 연구한다. 이것을 전문가 집단이라고 한다.
- 이들은 소주제 연구가 끝나면 전문가 집단을 떠나서 원래 소속되었던 모집단으로 돌아가 모집단 내의 다른 구성원들에게 연구한 바를 교수한다.
- 팀의 소속원은 모두 이 학습을 기초로 하여 자기가 맡은 소주제뿐만 아니라 청소년 문제 전체에 대해서 형성평가를 치른다. 평가에서는 출발점의 성적을 기준으로 하여 향상 점수를 계산하여 성취감을 고취한다.
- 평가 결과에 따라서 집단 보상이 주어진다.

협동학습 모형은 다양한 주제를 다룰 수 있으며, 개인 간의 지나친 과열경쟁이 문제되는 우리의 교육 현장에서 매우 유용한 학습모형이라고 할 수 있다. 또한 협동적 태도의 발전과 함께 창의·인성, 그리고 학업 성취의 향상에 매우 효과적인 방법이라고 할 수 있다.

### 4) 프로젝트학습 모형

프로젝트학습 모형은 1920년대 초반 킬패트릭(Kilpatrick)이 교수학습 방법의 하나로 소개하면서 유용한 수업 방법으로 널리 전파되었다. 프로젝트학습은 그것을 사용하는 환경이나 사용의 필요에 따라 다양한 의미를 가지고 있는데, 일반적으로 프로젝트학습이란 학습자들이 복합적이고 실제적인 질문과 신중히 고안된 과제를 중심으로, 학습자 간의 활발한 상호작용을 통하여 탐구의 과정을 거치면서 지식과 기능을 습득하도록 하는 체계적인 교수학습 방법이다. 즉, 프로젝트학습은 실제적인 문제 상황으로부터 스스로 학습주제를 설정하고 다양한 형태의 탐구활동을 통하여 문제를 해결해 나가는 학습자 중심의 교수학습 방법이다. 프로젝트학습은 한 과목 내에서 이루어지는 2~3주의 단기간의 과업에서부터 한 학기 또는 일 년에 걸친 장기 과업까지 다양한 형태로 이루어질 수 있으며, 학생들이 협력하여 공동의 학습목표를 성취해 가는 학습 방법이다.

효과적인 프로젝트학습은 다음과 같은 특징을 가지고 있다(Buck Institute for Education, 2003: 4~5).

- 학생들의 내적 학습동기, 과업을 성취할 수 있는 능력, 그리고 학습의 과정에 주체로

참여해야 한다는 것을 인정한다.

- 프로젝트 과제는 학생들로 하여금 교과의 핵심적인 개념이나 원리를 다루도록 해야 한다. 즉, 과제는 교육과정의 중심적인 내용을 다루어야 한다.
- 학생들의 흥미나 호기심을 불러일으킬 수 있는 주제를 제시하여 현실적이고 중요한 문제를 심층적으로 탐구할 수 있도록 해야 한다.
- 과제를 수행하는 과정에서 학습, 자기 관리, 프로젝트 관리를 위해서 테크놀로지를 포함한 학습 도구와 기술 등을 사용할 수 있도록 해야 한다.
- 과제 산출물을 구체적으로 적시해야 하는데, 예컨대 문제를 해결하거나, 딜레마 상황을 해결하거나, 조사·연구·추론을 통해 얻어진 정보를 제시하는 것 등이다.
- 빈번한 피드백이 가능하고 학생들이 경험을 통해 학습할 기회를 계속해서 가질 수 있는 구체적인 학습 산출물을 포함해야 한다.
- 학생 성취에 대한 교사의 높은 기대를 전달하고, 엄밀한 과제 수행을 요구하며, 다양한 지식과 기능을 사용하도록 하는 수행평가를 사용해야 한다.
- 소집단 활동, 학생 주도의 과제 발표, 과제 결과물에 대한 학급전체의 평가활동 등을 통하여 학생들 간의 협력과 협동을 증진시키도록 해야 한다.

프로젝트학습을 위해서는 수업의 효과를 높이고 학생들의 참여를 격려하기 위해 치밀한 준비와 계획이 필요하다. 효과적인 프로젝트 수업의 절차에는 그 목적에 따라 다양한 형태가 있는데, 여기서는 가장 널리 사용되고 있는 두 가지 모형을 소개하고자 한다. 『효과적인 프로젝트 기획(*Designing effective project: planning projects*)』(Intel Education, 2008)에서는 효과적인 프로젝트학습을 위해서 네 가지 단계로 구분하여 수업모형을 제시하였다. 첫째, 교육과정에 나타난 내용의 학습과 아울러 고차적 사고력을 계발할 수 있는 구체적인 학습목표를 설정한다. 둘째, 수업을 이끌어가는 질문을 개발한다. 셋째, 평가 계획을 수립한다. 넷째, 구체적인 학습활동을 설계한다.

한편 『프로젝트기반학습(*Project-based learning*)』(Buck Institute for Education, 2003)에서는 사회과에 적용할 수 있는 보다 정련된 모형을 제시하고 있다. 첫째, 프로젝트에 대한 아이디어를 개발한다. 둘째, 프로젝트의 범위를 결정한다. 셋째, 교육과정 중에서 프로젝트 관련 내용을 추출한다. 넷째, 지식뿐만 아니라 기능·가치·태도 관련 학습목표를 구체화한다. 다섯째, 선정 기준에 적합한 프로젝트를 결정한다. 여섯째, 효과적인 프로젝트 학습을 위한 최적의 학습 환경을 제공한다.

이러한 프로젝트학습 모형은 문제해결력, 비판적 사고력, 창의력, 의사소통능력, 협동성, 문화 간 이해능력, 산술능력, 직업수행능력의 제고에 효과적인 교수학습 방법으로 알려지면서 사회과 수업에서도 창의·인성을 육성하는 데 매우 유용한 방법으로 부각되고 있다.

## 5) 사회참여학습 모형

사회참여는 좁은 의미에서 시민들이 정치과정에 영향력을 행사하는 행위를 의미하지만 넓은 의미에서는 공동체의 의사결정에 자발적으로 관여하고 체험하는 행위로서, 사회 체험과 서비스 제공까지를 포함하는 광범위한 활동이다. 사회참여학습은 이러한 사회참여를 수업활동의 일부로서 수행하여 학습자들의 시민성 발달에 필요한 인지적·정의적·행동적 특성을 습득해 가는 과정이라고 할 수 있다. 사회참여학습에는 다양한 유형이 있는데, 이를 분류하면 다음 〈표 7〉과 같다.

〈표 7〉 사회참여학습의 유형

| 주도자 | | 선택 가능성 | 특징 | 사례 |
|---|---|---|---|---|
| 학교형 | 교과형 | 필수적 | • 학교 교육과정 내에 포함<br>• 교과, 재량활동, 특별활동과 연계 | • 교과 수행과제활동<br>• NGO반, 법 탐구반 활동 |
| | 비교과형 | | | |
| 사회형 | | 임의적 | • 시민단체, 전문가단체, 지역사회 등이 주도<br>• 방과 후 자유 선택 | • NGO 회원으로 참여<br>• 봉사활동 프로그램 |
| 혼합형 | | 필수적<br>임의적 | • 학교와 사회 공동 주도<br>• 교육과정 요소와 지역사회 전문 인력 자원 동시 고려 | • 지역 변호사와 연계한 법률 교실<br>• 학교와 지역사회 공동 캠페인 활동 |

(출처: 김영인, 2002, p.54.)

이 같은 사회참여학습은 사회과의 성립 초기부터 주요한 교수학습 방법으로 활용되어 왔다. 20세기 초에 미국에서 사회과가 학교의 교과로 자리를 잡아가는 과정에서 학생들이 지역사회의 실제적인 문제에 관심을 갖고 이를 해결하도록 하는 목적으로 편성한 과목이 지역 시민학(Community Civics)이다. 이를 통해 학생들로 하여금 다양한 시민 활동을 경험하게 하고 이들이 민주적인 문제해결의 과정을 경험함으로써 시민성을 함양하도록 하였다(온정덕, 2009).

사회참여를 수업활동으로 진행하는 참여학습은 다음과 같은 효과를 가지고 있다. 첫째,

교실이나 강의실에서 이루어지고 있는 교수학습 방법의 한계를 극복하여 학문적 지식이나 기능을 현실에 적용하고 검증함으로써 학습을 향상시키는 기회를 갖게 된다. 둘째, 사회과에서 다루는 사회문제나 쟁점을 해결하는 탐구와 의사결정의 과정은 교실 내에 국한되어서는 한계를 지닐 수밖에 없으며, 사회적 참여를 통해 실제적 문제를 다룸으로써 학생들의 책임감과 능동적 참여 성향을 제고할 수 있다. 셋째, 참여학습은 관련된 교육과정의 내용이 심층적 학습 이외에도 광범위한 교육적 효과를 가지고 있다. 참여의 과정에서 경험하는 광범위한 사회적 접촉과 상호작용으로 인해 자기 계발과 사회성 발달, 집단적 성찰 경험을 갖게 된다. 결국 이와 같은 긍정적 효과는 사회참여학습이 시민성 발달에 매우 효과적인 방법이라는 것을 말해 주고 있다.

사회참여학습은 그 목적과 수업의 맥락에 따라 다양한 형태를 가질 수 있지만, 대체적으로 다음과 같은 다섯 단계를 통해 이루어진다(김영인, 2002: 54~56). 1단계는 동기를 부여하고 학습팀을 구성하는 단계이다. 참여에 대한 다양한 사례를 제시하여 학생 스스로 참여학습에 대한 내적 동기를 갖도록 하는 것이 중요하다. 팀당 인원을 3~5명 정도로 구성하되, 학생들의 흥미, 능력, 친밀도 등을 고려하여 다양한 특성을 가진 학생들로 팀이 구성되게 한다. 2단계는 문제발견 및 계획의 단계이다. 학습팀 내의 자유로운 토론을 통해 참여학습의 주제가 될 문제를 인식하는 단계이다. 다음으로는 공유된 문제를 해결하기 위한 구체적인 참여학습 계획을 세워야 한다. 학습 계획에는 각자의 역할, 과제해결의 구체적 절차, 장소와 시간 등이 제시되도록 한다. 3단계는 조사 및 분석의 단계이다. 이 단계는 구체적인 실천 과정에 속한다. 현장을 방문하여 문제의 실태를 파악하는 현장 조사와 도서관, 인터넷 등을 이용하여 문제와 관련된 이론을 탐구하는 이론적 조사로 나뉘며, 이러한 조사를 통해 취득한 자료를 토대로 문제를 분석한다. 4단계는 해결책 모색과 실천의 단계이다. 문제에 대한 분석이 이루어지면, 이제 문제를 해결할 수 있는 다양한 대안을 모색하며 학생으로서 실천 가능한 것을 선택하여 직접 실행에 옮기도록 한다. 실천은 다양한 형태로 이루어질 수 있으며, 실천 과정을 기록으로 남겨 이후의 참여학습의 자료로 활용할 수 있게 하여 실천학습(action learning)이 이루어지도록 해야 한다. 5단계는 평가 및 발표의 단계이다. 실천까지의 참여학습이 이루어지면 다시 교실로 돌아와 학습팀별로 학습의 전 과정에 대해 평가를 실시한다. 마지막으로, 평가를 종합하고 전체 학급에서 각 학습팀의 경험을 발표함으로써 사회참여학습 과정을 마친다.

## 6) 역할놀이와 시뮬레이션

역할놀이는 학생들로 하여금 가상의 상황에서 다른 사람의 역할을 경험하게 함으로써 다양한 학습 효과를 거두려는 학습 방법의 하나이다. 인지적인 내용의 학습보다 정의적인 내용, 특히 가치와 태도의 학습에 효과적이다. 역할놀이는 학생들이 흥미를 가지고 적극적으로 참가할 수 있고, 강의에서 느끼지 못했던 것을 체험할 수 있다는 장점이 있다.

예컨대 운전사와 교통경찰관, 보행인은 서로 갈등을 느낄 때가 많다. 자기가 운전을 할 때는 교통경찰관이나 보행인이 운전을 방해한다고 생각하기 쉽지만, 반대로 보행인이 되었을 때는 자동차가 무법천지로 운행한다고 생각하기 쉽다. 이런 경우 세 가지 역할을 서로 교대로 해 봄으로써 그러한 갈등이 편견에서 나올 수도 있다는 것을 인식할 수 있다. 그러나 이 학습 방법은 학생들이 사전에 철저한 준비를 하지 않고 단지 흥밋거리로만 생각할 때는 사고력의 향상 등 수업의 진정한 목표를 달성하기 어렵다.

역할놀이는 타인의 역할에 대한 이해를 통해서 문제해결력을 길러 주며, 타인에 대한 이해와 공감 능력을 향상시키는 효과가 있다. 일반적으로 이루어지는 역할놀이의 수업 단계를 제시하면 다음과 같다.

- 문제제기와 기본 방향 지도
- 시나리오 쓰기와 검토
- 역할의 배당
- 실제의 연기 수행
- 보고 및 평가

시뮬레이션은 역할놀이와 비슷하게 학생들이 다른 사람의 역할을 하는 것이지만, 시뮬레이션에서는 실제 상황을 모의적으로 만들어 진행하면서 학생들이 문제를 해결해 보는 일종의 게임 형태의 수업이다. 즉, 사건이나 문제, 상황 등을 실제로 재연하거나 새로 만들어서 실제 상황처럼 진행한다는 특징이 있다. 학생들은 흥미를 가지고 적극적으로 참여할 수 있고, 또 실제의 어려운 상황을 모의적으로 체험하여 문제를 해결하도록 하는 것이 이 수업의 장점이다.

시뮬레이션에는 크게 세 가지 형태가 있다(박건호, 1997). 첫째, 물리적 시뮬레이션으로 비행기와 같은 기계의 작동법이나 과학실험 기구의 사용법을 학생들이 학습할 수 있도록 제시하는 형태이다. 둘째, 절차 시뮬레이션으로 작업 공정과 같이 일정한 절차에 의해 이루어지는 과정의 모의 상황을 제공하는 형태이다. 셋째, 상황 시뮬레이션으로 학생들에게 어떤 상황을 제공하고 그 상황에 따라 취할 수 있는 문제해결방법을 습득하도록 하는 형태이다.

시뮬레이션 학습의 운영에 대하여 조이스 등(Joyce, Weil & Calhoun, 2004)은 다음과 같이 네 가지 단계로 구분하였다. 첫째, 학생들에게 시뮬레이션을 소개하고 활동에 대한 전반적인 개요를 제공하는 '오리엔테이션' 단계. 둘째, 학생들이 시뮬레이션 학습의 과정과 목표뿐만 아니라 규칙을 알 수 있도록 훈련시키고 참가자들의 역할을 설명하는 '참가자 훈련' 단계. 셋째, 학생들이 시뮬레이션 활동에 참가하고 의사결정 과정에 대한 평가 및 피드백이 요구되는 '시뮬레이션 조작' 단계. 넷째, 시뮬레이션 과정이 끝난 후에 이루어지는 요약의 과정으로 활동에 대한 교사와 학생 간의 토론이 이루어지는 '참가자 보고' 단계이다. 시뮬레이션을 진행하기 위한 유의사항을 제시하면 다음과 같다(Martorella, 1991: 226).

- 시뮬레이션이 대상으로 하는 문제나 상황을 명확하게 제시하라.
- 시뮬레이션의 목적을 명확하고 구체적으로 서술하라.
- 역할을 담당할 사람을 명확하게 정하라.
- 수행할 역할이 어떤 것인지 명확하게 하라.
- 연기자들이 따라야 할 규칙이나 한계를 명확하게 서술하라.
- 의사결정의 과정을 명확하게 정하라.
- 실험적으로 먼저 실시해 보아라.
- 실험 후 결점을 완전히 보완하여 다시 실시하라.

지금까지 사회과 창의·인성 수업을 위하여 탐구학습 모형, 의사결정 모형, 협동학습 모형, 프로젝트학습 모형, 사회참여 모형, 역할놀이 및 시뮬레이션 등의 교수학습 모형을 살펴보았다. 이 수업모형들이 실제 창의·인성 수업을 진행하는 데 밑바탕이 되고 적용될 수 있으리라 기대한다.

# 3장

# 여가생활 뮤직비디오 제작을 통한 프로젝트학습 수업모델

조영철

# 1. 수업모델의 개요

## 1) 수업모델의 이해

이 장에서 다루게 될 창의·인성 수업모델은 미래 사회의 여가생활에 대한 사회적 상상력을 높여 주는 프로젝트 수업 방식으로 구성된 것이다. 수업모델 구축을 위해 선정한 학습내용은 초등학교 4학년 사회의 일반사회 영역이며, 단원은 다음과 같다.

> 대단원: 3. 사회 변화와 우리 생활[5]
> 중단원: 4) 여가생활과 대중매체

이 수업모델은 과거와 미래의 여가생활에 대한 이해를 바탕으로 학생들 스스로 여가생활 뮤직비디오를 만들어 보게 하는 과정으로 구성되어 있다.

많은 자본을 들여 만든 영화는 그 자체로 훌륭한 수업 교재가 될 수 있다. 실제로 영국에서는, 사회 수업은 물론 지리 수업이나 역사 수업에도 영화를 활용하고 있다. 영상세대인 요즘 학생들은 문자로 된 의미 전달에는 느리게 반응하는 반면 영상에 대한 이해는 대단히 빠르다. 하지만 오락 영화의 빠르고 쉬운 영화 문법에 익숙한 아이들은 흥미 위주로 영화를 보는 습관이 있다. 영화의 도입부 5분 이내에 흥미를 못 느끼면 아예 영화에 집중을 하지 않는 경향을 보이기도 한다. 따라서 영화와 관련된 수업을 한다면 감상보다는 제작이 체험활동으로 더 적합할 수 있다. 그러나 초등 4학년 수준에서 영화 촬영 기술을 습득하거나 장비를 마련하는 것은 쉽지 않다. 이러한 점들을 종합적으로 고려하여 실제 영화가 아닌 뮤직비디오 제작으로 방향을 잡고 영화 기법을 적용할 필요가 있다.

이와 같은 주제 선정을 바탕으로 설계한 수업에서 학생들이 성취하도록 의도한 창의·인성 교육 요소는 다음과 같다.

| 수행 단계 | | 창의·인성 교육 요소 |
| --- | --- | --- |
| 주제 선정 | 내용 분석 | 흥미, 문제발견, 논리·분석적 사고 |
| | 주제 선정 | 문제발견, 상상력, 확산적 사고 |

5 2009 개정 교육과정에 따른 사회과 교육과정에서는 초등학교 3~4학년군 '(12) 사회 변화와 우리 생활'에 해당한다.

| 프로젝트<br>환경 구성 | 모둠 구성 | 다양성, 열정, 공정 |
|---|---|---|
| | 계획 수립 | 협동, 몰입, 비판적 사고, 논리·분석적 사고 |
| | 역할 분담 | 협동, 몰입, 비판적 사고, 수렴적 사고 |
| 프로젝트<br>활동 | 자료 수집 | 흥미, 몰입, 수렴적 사고 |
| | 현장 견학 | 흥미, 개방성, 수렴적 사고 |
| | 학습활동 | 다양성, 비판적 사고 |
| | | 상상력, 시각화 능력 |
| 정리 및 평가 | 결과물 발표 | 논리·분석적 사고, 수렴적 사고 |
| | 정리 및 평가 | |
| 수업 중 규칙 | | 공정, 약속, 정직 |
| 자신의 역할 | | 책임, 협동, 자부심 |
| 친구와의 관계 | | 배려, 존중, 공정 |

이와 같은 창의·인성 교육 요소를 실제 수업에서 어떻게 구현할 수 있을까?

먼저 과거 우리 조상들의 여가생활을 이해하고, 현재의 여가생활과 비교해 보는 활동을 통해 여가생활의 의미와 중요성을 이해하는 과정으로 수업을 시작한다. 그 다음, 이를 토대로 미래의 여가생활을 상상해 뮤직비디오로 만들어 봄으로써 사회 교과 수업 목표와 창의·인성 목표를 달성해 보는 체험활동을 한다. 특히 '뮤직비디오 제작'이라는 영상세대 아이들에게 흥미와 관심을 불러일으킬 수 있는 체험활동을 통해 즐거운 수업이 될 수 있도록 한다. 뮤직비디오 제작 관련 '계획 수립 – 제작 실행 – 시연'의 각 단계마다 생각그물,[6] 브레인라이팅[7] 등 다양한 창의적 사고기법 전략을 사용하여 창의성 교육 요소의 발현을 돕고, 모둠별 역할 분담 및 개인 책무 수행 과정을 통해 인성 교육 요소의 내면화를 강화할 수 있도록 한다. 이러한 수업 내용을 차시별로 정리하면 다음과 같다.

---

6 생각그물은 읽고 생각하고 기억하는 그 모든 것들을 중심 이미지와 핵심 단어, 그리고 색, 부호, 상징기호를 사용해 표현함으로써 좌·우뇌의 기능을 유기적으로 연결하여 우리 두뇌의 능력을 최대한 발휘할 수 있게 하는 정보 관리 및 활용 기법이다. 개념의 중심 이미지에서 시작하여 세부적인 이미지로 확산시켜 나가는 활동을 통해 유창성과 융통성을 신장한다.

7 브레인라이팅(Brain writing: BW)은 '침묵의 브레인스토밍'이라는 별명처럼 참가자들이 발상 결과를 말하지 않고 자신의 생각을 종이에 기록한 후에 발표하게 하는 창의적 사고기법이다. 브레인스토밍 기법에서는 다른 사람의 사고의 영향을 받아 자신의 독창적인 사고에 방해를 받는 사람이 생길 수 있지만, 이 방법을 활용하면 모두 다 자신의 생각을 자신 있게 진술할 수 있다. 브레인라이팅은 브레인스토밍처럼 초·중등 모든 교과에 적용 가능하며, 학습자들의 아이디어가 고착되어 있을 때 아이디어를 확장시키고 학습자들의 유창성과 융통성을 키우는 데 효과적인 기법이다.

| | |
|---|---|
| 1차시<br><br>주제 선정 및<br>프로젝트<br>환경 구성 | • 주제 선정 토의<br>　- 우리 조상들의 여가생활 이해하기<br>　- 사회과 학습주제와 관련지어 브레인스토밍하기<br>• 모둠별 역할 분담<br>　- 프로젝트 수행 관련 모둠원 역할 나누기<br>• 선정 주제 관련 자료 수집<br>　- 과거, 현재, 미래의 여가생활 관련 자료 수집하기 |

⇩

| | |
|---|---|
| 2~6차시<br><br>프로젝트<br>활동 및 평가 | • 뮤직비디오 제작 준비<br>　- 수집 자료 분석 및 정리하기<br>　- 사회과 관련 주제를 뮤직비디오로 만들기 위한 스토리보드 작성하기<br>• 뮤직비디오 제작(미래의 여가생활 계획)<br>　- 여가생활 뮤직비디오 제작하기(촬영/편집)<br>• 뮤직비디오 상영<br>　- 사회과 학습 관련 결과물 전시 및 뮤직비디오 상영하기<br>• 평가<br>　- 개인 및 모둠 학습활동 반성하기<br>　- 자기평가 및 상호평가하기<br>　- 학습 결과 보상하기 |

　여가생활은 학생들의 실생활과 밀접한 관련이 있는 소재이다. 또한 교사에겐 삶의 여유를 상기시키고 아이들에겐 삶을 즐겁게 영위할 수 있다는 희망을 제시해 줄 수 있다. 아이들은 이 수업을 통해 자신들이 자연스럽게 접하는 여가생활을 좀 더 심도 있게 바라보게 되며, 우리 조상들의 여가생활과 미래의 여가생활을 상상해 볼 수 있게 된다. 특히 뮤직비디오를 만들어 봄으로써 전통적 여가생활을 현재와 미래에 맞게 변형시켜 보는 활동을 하게 된다. 이는 영상세대인 아이들에게 전통 계승의 의미를 새롭게 느끼고 인식하게 되는 기회를 제공할 것이다.

　따라서 아이들은 단순히 여가생활을 체험하는 '재미'를 느끼는 데서 끝나지 않고 '사회·경제적으로 서로 어떤 관련성이 있는가?'를 분석하는 데까지 나아가게 된다. 또한 전통 계승을 전승의 개념적 사고에서 벗어나 비판적인 시각으로 현재와 미래에 부합하는 형식으로 변형시키는 활동을 통해 아이들의 창의성과 인성이 발현될 수 있다.

　이를 위해 수업은 교과(사회, 도덕, 미술)를 통합하는 문화예술교육(영화 제작 기법 활용 프로젝트학습)으로 구성하였다. 즉, 사회(4학년 2학기 - 3단원: 사회 변화와 우리 생활), 도덕(4학년 1학기 - 5단원: 자랑스러운 우리나라), 미술(4학년 2학기 - 12단원: 우리 미술 문화) 교과 및 창의적 체험활동(자율활동)을 통합 및 병행할 수 있도록 했다.

| | |
|---|---|
| 연계 학습단원 | • 도덕(4학년 1학기 – 5단원: 자랑스러운 우리나라)<br>• 미술(4학년 2학기 – 12단원: 우리 미술 문화)<br>• 창의적 체험활동(자율활동) |
| 학습목표 | • 도덕(통합 수업)<br>　- 뮤직비디오 제작 및 UCC 활동을 통해 전통문화유산을 보존하고 발전시키기 위해 우리가 할 수 있<br>　　는 일을 꾸준히 실천하려는 자세를 가질 수 있다.<br>　⇨사회와 도덕을 통합한 수업이다.<br><br>• 미술(사회 교과 수업 후 생활화를 위한 체험활동)<br>　- 우리 지역의 전통 미술 및 문화를 감상하고 체험해 본다.<br>　⇨사회 교과 수업 후 체험활동으로 우리 지역의 미술과 문화를 감상하고 체험할 수 있는 박물관을 찾<br>　　아 경험하는 체험활동이다.<br><br>• 창의적 체험활동(컴퓨터 – 뮤직비디오 제작 기본 기능 숙달 수업)<br>　- 디지털카메라 촬영, 캠코더 촬영, 동영상 편집 프로그램 활용 등 뮤직비디오 제작을 위한 기본 기능<br>　　을 숙달한다.<br>　⇨뮤직비디오 제작을 위한 기본 기능 숙달 활동으로 지역 내 미디어센터 및 문화재단의 협조를 받아<br>　　학생들이 전문 영화 제작자로부터 문화예술교육을 제공받을 수 있는 수업이다. |

또한 영화 제작 기술(스토리보드 제작, 촬영, 편집 등) 교육은 학교가 속한 지역의 미디어센터 또는 문화재단의 협조를 받거나, 학교문화예술교육 지원 사업으로 파견되는 예술 전문 강사의 지원을 받도록 계획하였다. 단, 전문 기관이나 강사의 지원이 불가할 경우 각 학교 방송 담당자 등의 전문 교사의 지원을 받을 수 있을 것이다.

창의적 체험활동이 포함된 이 프로젝트 학습의 전체적인 운영 계획은 다음과 같다.

| 주제 | 차시 | 시간 | 교육 내용 |
|---|---|---|---|
| 문화예술교육의 이해 | 1 | 2시간 | 문화예술 개념 이해 |
| | 2 | 2시간 | 문화예술교육의 정규 교과(사회 교과) 적용 방법 |
| 사회 교과 적용을 위한<br>영상 제작 기법 이해 | 3 | 2시간 | 편집의 원리와 무비메이커 툴 이해 |
| | 4 | 2시간 | 디지털카메라 촬영 기술 및 편집 이해 |
| | 5 | 2시간 | 두려움을 표현하는 4칸 만화 |
| | 6 | 2시간 | "과거와 오늘날의 여가생활(놀이)" 8칸 만화 |
| | 7 | 2시간 | 음악과 함께 영상 소스 편집하기(I)<br>- 예제 자료 편집 |
| | 8 | 2시간 | 음악과 함께 영상 소스 편집하기(II)<br>- "과거와 오늘날의 여가생활(놀이)" 편집 |
| 사회 교과 학습 | 9 | 1시간 | "과거와 오늘날의 여가생활(놀이)" 개념 학습 |

| | 10 | 1시간 | "과거와 오늘날의 여가생활(놀이)" 영상 소스 정리 |
|---|---|---|---|
| 사회 교과 학습 | 11~12 | 2시간 | "과거와 오늘날의 여가생활(놀이)" 영상 소스 편집 |
| | 13 | 1시간 | "과거와 오늘날의 여가생활(놀이)" 사회 교과 학습<br>- 뮤직비디오 시연 및 평가 |
| UCC 공유 | 14 | 1시간 | UCC 공유 홈페이지 만들기<br>- MS Office Publisher 프로그램 활용 |
| | 15 | 1시간 | 제작한 뮤직비디오를 UCC 공유 홈페이지 및 학교 등 각종 홈페이지 게시를 통한 UCC 공유 |
| | 16 | 1시간 | UCC 공유 활동 소개 및 자기평가 |

∴ 음영 처리가 되어 있는 부분이 수업모델에 활용된 교육 내용이다.

## 2) 수업의 목표와 평가

사회과 교육과정에 고시된 단원의 성취 기준 중 이 수업과 관련 있는 내용은 다음과 같다.

[지식이해] 조상들의 여가생활 내용과 그 의미를 알 수 있다.
[기    능] 우리 조상들이 즐기던 여가생활을 조사할 수 있다.
[가치태도] 바람직한 여가생활을 제시하고 이를 실천할 수 있다.

이에 따라 설정한 교과 학습목표와 연관 지어 이 수업에서 중점을 두고 있는 창의·인성 요소를 기를 수 있도록 재구성한 수업의 목표는 다음과 같다.

- 우리 조상들의 여가생활의 종류를 알고, 기준에 따라 분류할 수 있다.
- 전통문화유산을 보존하고 발전시키기 위해 우리가 할 수 있는 일을 꾸준히 실천하려 는 자세를 가질 수 있다.
- 우리 조상들의 여가생활을 알릴 수 있는 뮤직비디오를 창의적으로 제작할 수 있다.
- 뮤직비디오 제작 과정을 통해 협동하는 자세와 팀 프로젝트를 수행할 수 있다.
- 각 개인의 능력에 맞는 역할을 분담하여 운영할 수 있다.

다음은 창의·인성 수업의 평가 계획이다. 평가 계획은 수업의 목표와 밀접하게 연결된 다. 이 수업의 평가 목표는 다음과 같다.

- 프로젝트학습을 통해 여가생활의 중요성에 대해 이해할 수 있다.
- 퓨전 여가생활을 기획하여 뮤직비디오로 창작할 수 있다.
- 활동을 통해 인성적 요소(협동, 배려 등)를 함양할 수 있다.

기존 수업에서는 교과 학습목표만 제시되지만, 창의·인성 수업에서는 창의성 교육 목표와 인성 교육 목표가 부가된다. 다음의 표는 평가 영역과 성취 기준을 제시한 것이다.

| 평가 영역 | 성취 기준 | 평가 척도 | | | | | |
|---|---|---|---|---|---|---|---|
| | | 매우 잘함 | 잘함 | 보통 | 미흡 | 미완성 | 미제출 |
| | | 5 | 4 | 3 | 2 | 1 | 0 |
| 교과 학습 목표 | • 우리 조상의 여가생활의 종류를 5가지 이상 제시할 수 있다. | 별도의 서술형 평가 문항지로 평가한다. | | | | | |
| | • 우리 조상의 여가생활의 우수성을 5가지 이상 제시할 수 있다. | | | | | | |
| | • 개발한 퓨전게임이 실생활에서 적용할 수 있는 것이다. | | | | | | |
| 창의성 교육 목표 | • 퓨전게임을 주제에 맞게 창의적으로 개발하였는가? | | | | | | |
| | • 퓨전게임이 현실성 있는 게임인가? | | | | | | |
| | • 퓨전게임이 많은 사람들의 관심과 흥미를 불러일으킬 수 있는 것인가? | | | | | | |
| 인성 교육 목표 | • 개인의 능력과 적성 등을 배려하여 역할 분담 및 운영을 하였는가? | | | | | | |
| | • 모든 모둠원의 역할 분담과 활동이 협동과 봉사의 과정으로 이루어졌는가?(모둠별 수업활동) | | | | | | |
| | • 느낀 점 발표 등을 통해 인성적 학습 내용이 표현되었는가? | | | | | | |
| | • 그밖에 모둠별 활동 수행 과정에서 추가할 만한 바람직한 인성적 사례가 있는가? | ADHD 학생도 배제하지 않거나 학습 능력이 부족한 학생의 역할을 바꿔 준 경우 가산점을 줄 수 있다. | | | | | |
| 교사 의견 및 채점평 | 예시) 매우 열심히 개발한 퓨전게임이지만, 뮤직비디오를 통해 그 방법이 자세히 설명되어 있지 않고 게임에 대한 흥미와 관심을 유발시키는 데 부족한 부분이 있다. | 합산 | 서술형 평가 + 수행 점수 + 추가 인성적 요소 | | | | |

이와 같은 평가를 할 때 유의해야 할 점은 다음과 같다.

- 평가 목적은 학습목표 도달 정도를 확인하고 반성하는 데 있으므로 아이들의 창의성

을 저해하지 않도록 한다.

- 평가는 학생들의 활동 과정을 교사가 '관찰'하여 이루어지므로 아이들의 발표나 생각을 기록해 두거나 수시로 평가한다.
- 다양하고 기발한 아이디어가 나올 수 있도록 교사는 학습자들을 격려한다.
- 교사의 평가 외에 자기평가를 실시하여 학생들이 스스로 자신을 돌아보고 반성할 수 있는 기회로 삼도록 한다.

## 2. 수업지도안의 실제(9차시~13차시)

### 1) 9차시 : 주제 선정 및 프로젝트 환경 구성

| 학습과정 | 교수-학습 활동 | 창의·인성 교육 요소 | 지도상의 유의점 |
|---|---|---|---|
| 도입<br>[5분] | ① 학습 분위기 조성 및 동기 유발<br>② 학습문제 확인<br>③ 학습 안내 | 호기심과 흥미, 상상력, 논리적 사고, 수렴적 사고 | • 플래시 퀴즈 및 영화 예고편 상영 동안 적절한 발문으로 학생들의 흥미를 유발한다. |
| 전개 1<br>[10분] | ④ 모둠 구성<br>⑤ 계획 수립 및 역할 분담 | 확산적 사고, 상상력, 시각화 능력, 책임감, 협동, 논리적 사고 | • 책임감과 협동심을 가지고 모둠의 역할을 나누고 계획한다.<br>• 논리적인 사고 체계를 가지고 계획을 세울 수 있도록 교사는 안내자의 역할을 한다. |
| 전개 2<br>[15분] | ⑥ 뮤직비디오 관련 자료 정리<br>⑦ 새로운 퓨전 여가생활 창조 | 책임감, 협동, 개방성, 수렴적 사고 | • 뮤직비디오 관련 자료 수집은 과제로 실시한 것이며, 이 과정은 토의 과정을 통해 이루어질 수 있도록 지도한다.<br>• 책임감 없이는 뮤직 비디오 제작 활동이 이루어질 수 없음을 강조한다.<br>• 개방적이고 수렴적인 사고의 과정을 통해 자료를 정리할 수 있도록 한다. |
| 정리<br>[5분] | ⑧ 개념 정리 | 확산적 사고, 수렴적 사고 | • 마인드맵 프로그램을 활용한 사고의 확장과 수렴적 활동을 통해 기본 개념을 정리한다. |

도입

### ① 학습 분위기 조성 및 동기 유발

- 플래시 퀴즈 I(숫자 암호)
  - 화면에 나오는 숫자를 보고 알맞은 숫자를 찾는다.(학생들의 번호가 정답)

- 플래시 퀴즈 II(단어 조합)
  - 지금 화면에 나오는 낱말들을 보고 반 친구 이름을 찾는다.
- 영화 예고편 보여 주기
  - 수업 안내의 내용이 들어 있는 영화 예고편을 보며 수업의 주제를 찾는다.
- 영화 예고편 상영 후 학습주제 발문하기
  - 학습주제: 우리 조상의 여가생활

② 학습문제 확인
- 간단한 마술을 이용하여 학습문제 소개하기
  - "우리 조상들의 여가생활의 종류를 알고, 기준에 따라 분류해 보자."

③ 학습 안내
- 모둠 구성
- 모둠 역할 분담
- 뮤직비디오 제작 계획 수립
- 개념 정리

전개 1

④ 모둠 구성
- 사전에 컴퓨터 조작기능, 뮤직비디오 제작 관련 미술, 촬영 등 개인별 능력을 고려하여 교사가 5개의 모둠을 구성한다.

⑤ 계획 수립 및 역할 분담
- 모둠별로 시나리오, 촬영, 편집, 배우, 기타 스텝 등의 역할을 나누고 일주일간의 뮤직비디오 제작 일지를 작성한다.

※ 뮤직비디오 제작 순서
  1. 역할 분담
  2. 스토리보드 만들기
  3. 촬영 및 편집
  4. 최종 수정
  5. 뮤직비디오 시연

### 전개 2

⑥ 뮤직비디오 관련 자료 정리

- 조상들의 여가생활을 기준에 따라 분류하기
- 음악 선정하기

⑦ 새로운 퓨전 여가생활 창조

- 새롭게 만들 여가생활 아이디어 수집 및 선정하기

### 정리

⑧ 개념 정리

- 마인드맵 프로그램을 이용하여 관련 개념 정리하기(우리 조상의 여가생활의 종류 알기)
- 간단한 보드게임을 하며 여가생활 분류 기준 알기(치킨 차차차 게임 응용)

## 2) 10~13차시: 프로젝트 활동 및 평가(사회+도덕+창의적 체험활동)

| 학습과정 | 교수-학습 활동 | 창의·인성 교육 요소 | 지도상의 유의점 |
|---|---|---|---|
| 도입<br>[5분] | ① 뮤직비디오 예시 자료 상영<br>② 학습문제 확인<br>③ 학습 안내 | 호기심과 흥미, 상상력, 논리적 사고, 수렴적 사고 | • 플래시 퀴즈 및 영화 예고편 상영 동안 적절한 발문으로 학생들의 흥미를 유발한다.<br>• 예시 뮤직비디오는 절대로 학생들의 수준보다 높은 것이 아닌, 한 단계 수준이 낮은 것이어야 한다. |
| 전개 1<br>[140분] | ④ 뮤직비디오 제작 | 확산적 사고, 상상력, 시각화, 책임감, 협동 | • 기발한 아이디어와 상상력으로 뮤직비디오를 제작할 수 있도록 자극한다.<br>• 책임감 없이는 뮤직비디오 제작 활동이 이루어질 수 없음을 강조한다. |
| 전개 2<br>[10분] | ⑤ 뮤직비디오 제작 결과물 발표 | 논리적 사고, 책임감, 협동 | • 평가 척도표를 배부하여 발표와 동시에 자기평가와 모둠별 평가가 이루어질 수 있도록 한다.<br>• 모둠에서 제작한 작품을 책임감을 가지고 발표하게 한다.<br>• 배려하고 존중하는 마음으로 동료 평가를 하게 한다. |
| 정리 및 평가<br>[5분] | ⑥ 평가<br>⑦ UCC 공유 활동을 통한 상호평가 및 의사소통의 장 마련<br>⑧ 차시 예고 | 정직, 책임 | • 정직하게 자기평가를 실시하고, UCC 활동을 통해 책임감 있는 생활을 체험할 수 있노톡 한다.<br>• 이 차시에는 방법만 안내를 하고, 추가로 창의적 체험활동 시간을 활용하여 실제 활동이 이루어지도록 한다. |

① 뮤직비디오 예시 자료 상영

- 플래시 퀴즈(복권 긁기 게임)
  - 화면을 보고 사람을 찾는다.(정답은 옆 반 친구 얼굴)
  - 화면을 보고 단어를 찾는다.(정답은 민속놀이)
- 조상들의 여가생활(민속놀이)을 주제로 한 뮤직비디오 상영하기
  - 옆 반 친구들이 만든 뮤직비디오 예시 자료를 보여 주며 뮤직비디오 제작을 독려한다.

② 학습문제 확인

- 간단한 마술을 이용하여 학습문제 소개하기
  - "전통문화유산을 보존하고 발전시키기 위해 우리가 할 수 있는 일을 꾸준히 실천하려는 자세를 가져 보자."

③ 학습 안내

- 뮤직비디오 제작
- 뮤직비디오 제작물 발표회
- 평가(자기·동료 평가)
- UCC 공유 활동

④ 뮤직비디오 제작

▶ 각 모둠별로 2시간 동안 제작한다.

- 시나리오 창작: 한글 프로그램 이용
- 스토리보드 제작: 4절 크기의 하드보드지와 스케치북을 이용하여 제작하기
- 뮤직비디오 촬영: 디지털카메라 및 캠코더를 이용하여 촬영하기
- 뮤직비디오 홍보물 제작: 퍼블리셔 프로그램 이용, 포스터 그리기 등을 통해 2가지 이상의 홍보물 제작하기

※영상 소스 편집은 Window Movie Maker 프로그램을 이용한다.

⑤ 뮤직비디오 제작 결과물 발표

- 시나리오 발표
  - 여기에서 말하고자 하는 것은 무엇일까요?
  ⇨ 주제 탐색 발문(우리 조상들의 여가생활)
- 스토리보드 발표
  - 가장 인상에 남는 부분은 어디인가요? 그 이유는 무엇인가요?
  ⇨ 주제 탐색 발문(우리 조상들의 여가생활)
- 뮤직비디오 홍보물 발표
  - 이 홍보물로 인해 뮤직비디오를 보고 싶은 생각이 들었나요?
  ⇨ 공유 및 확산(여가생활 전파)의 필요성 탐색 발문
- 뮤직비디오 상영
  - 뮤직비디오의 공통점과 차이점은 무엇인가요?
  ⇨ 주제와 여가생활의 분류 기준 탐색 발문

정리 및 평가

⑥ 평가
- 지금까지의 프로젝트 수행 과정 동영상을 시청하며 평가서를 작성한다.
- 평가에서 개인 평가 기준을 통과하지 못한 학생에게는 보충과정 학습지를, 통과한 학생에게는 심화과정 학습지를 과제로 내준다.
⑦ UCC 공유 활동을 통한 상호평가 및 의사소통의 장 마련
- 학교 홈페이지 및 각종 UCC 관련 사이트에 모둠별 작품을 게시하여 상호평가를 하게 하고 조상들의 여가생활을 홍보하게 한다.
⑧ 차시 예고
- 영화 예고편을 보며 자연스럽게 수업을 마무리한다.
  - 바람직한 여가생활에 대하여 알아본다.
  - 여가생활이 우리 생활에 주는 도움을 생각해 본다.

## 가) 영화 문법 자료

### (ㄱ) 샷과 컷

㉠ 샷(shot): 카메라가 작동을 시작해서 멈출 때까지 얻어진 일련의 화면

㉡ 컷(cut): 한 화면이 다음 화면으로 연결되는 화면의 한 부분

### (ㄴ) 컷의 종류

㉠ 매치 컷

㉡ 점프 컷

### (ㄷ) 가상선(imaginary line)

180도 라인, 시선이나 움직임, 위치 등을 지키기 위한 카메라 위치상의 한계

### (ㄹ) 3일치의 법칙

시선의 일치, 움직임의 일치, 위치의 일치

### (ㅁ) 영화의 프레임

㉠ 프레임(frame): 필름에서 상이 맺힌 하나의 독립된 공간으로서 정사진이나 한 장의 그림에 해당되는 영화의 시간적 최소 단위

- F. P. S.(frame per second): 초당 프레임 수

㉡ 화면의 크기

- 클로즈 업(close-up): 얼굴 전체를 보여 주는 것
- 바스트 샷(bust-shot): 가슴 위를 보여 주는 것
- 웨스트 샷(west-shot): 허리 위를 보여 주는 것
- 미디엄 샷(medium-shot): 허벅지 위를 보여 주는 것
- 니 샷(knee-shot): 무릎 위를 보여 주는 것
- 풀 샷(full-shot): 몸 전체를 보여 주는 것

- 롱 샷(long-shot): 원경

ⓒ 촬영 각도(angle): 피사체를 향한 카메라의 높이

- 하이 앵글(high angle): 부감(피사체보다 높은 위치에서 촬영하는 각도)
- 아이 레벨(eye level): 눈높이(피사체의 높이와 일치하며 가장 많이 쓰임)
- 로우 앵글(low angle): 앙각(피사체보다 낮은 위치에서 촬영하는 각도)

## (ㅂ) 화면의 이동

㉠ 카메라의 이동

- 팬(pan): 카메라의 중심은 고정하고, 카메라의 헤드를 좌우로 움직이며 촬영하는 것
- 틸트(tilt): 카메라의 중심은 고정하고, 카메라의 헤드를 상하로 움직이며 촬영하는 것
- 달리 샷(dolly shot): 트래킹 샷(tracking shot)이라고도 하며, 카메라를 이동차(dolly)에 싣고 레일을 따라 카메라의 중심이 이동하며 촬영하는 것
- 크레인 샷(crane shot): 카메라를 크레인에 싣고 상하좌우로 자유롭게 움직이며 촬영하는 것
- 줌(zoom): 초점거리를 이동하며 촬영하는 것 *포커스(focus)의 이동

㉡ 피사체의 이동

- 프레임 인(frame in): 화면 안으로 피사체가 들어오는 것
- 프레임 아웃(frame out): 화면 밖으로 피사체가 나가는 것

㉢ 카메라와 피사체의 동시 이동

- 팔로잉(following): 카메라가 움직이는 피사체를 따라 이동하며 촬영하는 것

## (ㅅ) 씬과 시퀀스

㉠ 씬(scene): 동일한 시간과 장소에서 일어나는 일련의 상황이나 사건

㉡ 시퀀스(sequence): 연극의 '막', 소설의 '장'에 해당하는 것으로 하나의 씬 또는 여러 개의 씬으로 구성된 하나의 에피소드

## (ㅇ) 장면 전환의 기법

㉠ 컷(cut): 가장 일반적으로 쓰이는 것으로, 광학적인 작용 없이 장면이 전환되는 기법

ⓒ 디졸브(dissolve): 앞의 장면과 뒤의 장면이 겹쳐지면서 장면이 전환되는 기법

ⓒ 페이드(fade): 어두운 화면에서 점점 밝아지는 것을 페이드 인(F.I.)이라고 하고, 밝은 화면에서 점점 어두워지는 것을 페이드 아웃(F.O.)이라고 한다.


**(ㅈ) 콘티뉴티(continuity)**

감독(촬영)이 촬영을 위해서 준비하는 촬영 대본


**(ㅊ) 촬영 장소에 따른 구분(S/L/O)**

㉠ S(set): 실내에 설치된 세트장에서의 촬영

㉠ L(location): 도로, 거리, 공원 등 실내 공간이 아닌 외부·야외 촬영

ⓒ O(open set): 야외에 설치된 세트 촬영장에서의 촬영


**(ㅋ) 샷과 샷의 연결**

㉠ 비가시 편집(불가시 편집): 극영화(줄거리가 있는 이야기 영화)가 상업영화의 주종을 이루면서 편집은 관객들이 줄거리를 이해하고 영화에 몰입하도록 샷을 연결하는 것이 중요한 과제가 되었다. 이것을 가장 효과적으로 해결한 것이 그리피스에게서 비롯되어 미국 영화의 대표적인 편집 방식으로 굳어진 할리우드 스타일이다. 할리우드에서 채택하고 있는 편집 방식은 무엇보다도 눈에 띄지 않는 편집, 즉 비가시 편집을 원칙으로 하고 있다. 영화가 편집되었다는 사실을 눈치 채지 못하게 부드럽고 자연스럽게 연결하는 방식이다. 관객으로 하여금 영화가 필름 조각을 이어서 만든 환영이란 사실을 의식하지 못하게 해서 이야기에 몰입하게 만드는 것이 이상적인 편집이고 그것은 바로 비가시 편집인 것이다.

ⓒ 가상선(180도 규칙): 극영화에서 영화 문법은 이야기를 펼치기 위해서 봉사하며, 관객들이 이야기에 집중토록 하기 위해서 비가시 편집을 원칙적으로 구사한다. 비가시 편집은 샷을 연결할 때 피사체가 되는 인물의 위치, 시선, 움직임을 일치시키는 데 주력한다. 그러한 전략 속에서 촬영 또한 이뤄지며, 가상선은 그럴 때 주요한 기준점이 된다.


**(ㅌ) 몽타주**

㉠ 원 씬 원 컷(1 scene 1 cut): 하나의 장면을 한 번의 컷으로 촬영을 마치는 것

ⓛ 연속편집: 매치 컷

ⓒ 교차편집: 불이난 장면 – 소방차가 달리는 장면

ⓔ 쿨레쇼프 효과: 한 인물의 무표정한 얼굴을 촬영한 다음, 관에서 울고 있는 여인, 소꿉장 난하는 어린이, 식탁의 스프 접시를 연결하여 관객에게 보여 주면 관객은 한 인물의 동일 한 표정이 전후의 각 상황에 따라 다른 표정으로 느낀다.

ⓜ 에이젠슈타인의 몽타주 – 변증법적 몽타주: 샷A와 샷B(정과 반)가 갖는 갈등은 샷A와 샷 B가 아닌 새로운 전체 개념 샷C(합, synthesis)를 낳는다는 것인데, 고전적 편집의 단순한 내러티브 전개를 위한 '연결' 개념이 아니라 새로운 의미를 창출해 내기 위해 서로 다른 샷들을 '병치'시키는 것이다.

**(ㅁ) 그 외**

ⓐ D/N: Day/Night

ⓛ 롱테이크(long take): 하나의 샷을 길게 촬영하는 것

## 나) 효율적인 제작 수업을 위한 교사용 체크리스트

| 구분 | 번호 | 점검 질문 | 비고 |
|---|---|---|---|
| 수업전준비 | 1 | 수업이 없는 일주일 동안 학생들과 소통하는 시간을 가졌습니까? | |
| | 2 | 이번 시간에 진행될 수업 내용을 교사가 사전에 실시해 보았습니까? | |
| | 3 | 이번 시간에 사용할 기자재들을 점검하였습니까? | |
| | 4 | 학생들은 정해진 시간에 도착했습니까? | |
| | 5 | 학생들은 지난 시간에 부과된 과제들을 성실히 수행하였습니까? | |
| | 6 | 수업 전에 학생들의 삶을 이해하고 고민을 들어 주는 시간을 가졌습니까? | |
| 수업시간관련 | 7 | 미디어 교육의 목표를 마음에 두고 수업을 시작하였습니까? | |
| | 8 | 지난 시간과 이번 시간을 이어 주는 시간을 가졌습니까? | |
| | 9 | 오늘의 수업 시간이 전체의 로드맵 속에서 어떤 의미를 지니고 있는지 학생들에게 주지시켰습니까? | |
| | 10 | 미디어 교육의 목표를 이번 수업과 관련지어 학생들의 언어로 설명했습니까? | |
| | 11 | 이번 시간의 수업을 위한 도입은 적절했습니까? | |
| | 12 | 수업 시간에 지켜야 할 약속들에 대해 설명하였습니까? | |
| | 13 | 학생들의 생각과 의도가 오늘의 수업 시간 또는 제작 작품에 잘 드러났습니까? | |
| | 14 | 학생들이 자기주도적으로 한 학습이었습니까? | |
| | 15 | 성급하게 가르치기보다는 학생들의 대답을 기다리려고 노력했습니까? | |
| | 16 | 수업에서 소외되거나 소극적인 학생들을 위해 배려하였습니까? | |
| | 17 | 토론이나 제작에 있어서의 역할 분담은 잘 이루어졌습니까? | |
| | 18 | 학생들끼리 서로 배려하고 소통하려는 노력들이 이루어지고 있습니까? | |
| | 19 | 학생들 간의 갈등이나 분쟁이 있었을 때 교사가 적절히 조정하였습니까? | |
| | 20 | 학생들의 생각과 메시지가 독창적이었습니까? | |
| | 21 | 나타난 메시지가 다른 친구들에게 공감을 얻었습니까? | |
| | 22 | 수업의 마무리는 적절했으며, 다음 시간 예고는 잘 이루어졌습니까? | |
| | 23 | 이번 수업의 내용을 일주일 동안 가슴에 담아 둘 수 있는 과제를 부여하였습니까? | |
| | 24 | 수업 시간에 느끼고 배우고 깨달은 내용을 일주일 동안 학교나 가정에서 다양한 형태로 표현하도록 유도하였습니까? | |
| 수업후점검 | 25 | 학생들이 수업의 내용을 잘 이해할 수 있도록 노력했습니까? | |
| | 26 | 수업에 사용한 기자재(소프트웨어)들은 아이들이 사용하기에 적절하였습니까? | |
| | 27 | 수업의 내용은 아이들이 정해진 시간 내에 소화해 낼 수 있는 적절한 분량이었습니까? | |
| | 28 | 학생들이 학교에서 배우고 있는 교과와의 연계성을 고려한 수업이었습니까? | |
| | 29 | 오늘의 수업을 통해 학생들은 미디어를 바라보는 새로운 눈이 생겼습니까? | |
| | 30 | 오늘의 수업을 통해 학생들은 미디어가 제시하는 다양한 메시지를 잘 이해하였습니까? | |
| | 31 | 이 수업의 결과를 필요로 하는 사람을 위해 오늘 수업 관련 자료들을 체계적으로 잘 정리했습니까? | |
| | 32 | 오늘 수업 시간 중 학생들이 만든 자료들을 잘 보관하였습니까? | |
| | 33 | 오늘의 수업을 통해 학생들이 협동하는 능력, 창의성, 자기표현의 능력들이 신장되었습니까? | |
| | 34 | 학생들이 수업을 좋아하고 즐길 수 있는 오늘의 이벤트를 계획하고 실행하였습니까? | |

| | 35 | 학생들의 변화에 대한 기록들을 개인별로 잘 남기고 있습니까? | |
| | 36 | 상황이나 학생에 맞는 적절한 기록 방법들이 사용되었습니까? | |
| 기 | 37 | 부모님들에게 이 수업을 이해시키고 동참하게 하기 위한 전략을 실천했습니까? | |
| 타 | 38 | 실내수업과 야외수업, 설명수업과 참여수업, 토론수업과 제작 작업 등의 시간 배정이 적절히 이루어지고 있습니까? | |
| | 39 | 오늘의 수업 내용을 동료교사나 전문가에게 피드백 받았습니까? | |
| | 40 | 오늘 수업을 통해 얻은 지혜나 교수 전략을 기록으로 남겨 두었습니까? | |
| 종합 의견 | | | |

## 다) 영화 제작 콘티(스토리보드)

| | | 〈 제목 〉 콘티 | | | |
|---|---|---|---|---|---|
| | | | | 프로듀서 : | |
| | | | | 감독 : | |
| s# | | 장소 | D/N | S/L/O | 내부/외부 |
| | | 실제 촬영 장소 | 씬(scene)의 간단한 내용 | | |
| CUT# | | | | | |
| | 그림 | | 효과 및 카메라 워킹 | 내용 및 대사 | |
| CUT# | | | | | |
| | 그림 | | 효과 및 카메라 워킹 | 내용 및 대사 | |
| CUT# | | | | | |
| | 그림 | | 효과 및 카메라 워킹 | 내용 및 대사 | |

# 4장

# 경제개념 이해를 위한
# 시뮬레이션 게임 수업모델

조재영 · 박순덕

# 1. 수업모델의 개요

## 1) 수업모델의 이해

이 장에서 다루게 될 창의·인성 수업모델은 시뮬레이션 게임으로 재래시장을 경험함으로써 자유와 경쟁을 이해하기 위한 것이다. 수업모델 구축을 위해 선정한 학습 내용은 초등학교 6학년 사회의 경제 영역이며, 단원은 다음과 같다.

<blockquote>
대단원: 1. 우리나라의 경제성장[8]<br>
중단원: 1) 우리나라 경제생활의 특징
</blockquote>

경제는 우리가 생활하는 모든 활동과 연관되어 있다. 초등학교 시절은 기본적인 경제개념을 배우고 합리적인 소비와 선택, 자유와 경쟁을 근간으로 하는 자본주의에 대한 인식의 틀을 형성하는 중요한 시기이다. 따라서 교실을 작은 경제단위로 만들어 학생들에게 '모의 경제활동'을 할 수 있는 기회를 제공해 보자. '따뜻한 경제 마음'을 가진 시민으로 성장해야 할 학생들은 경제 역할놀이를 통해 자유와 경쟁, 소득 재분배 및 복지, 배려하고 책임지는 자세 등을 체득하게 될 것이다.

이와 같은 주제 선정의 취지를 배경으로 설계한 수업에서 학생들이 성취하도록 의도한 창의·인성 교육 요소는 다음과 같다.

| 수행 단계 | 창의·인성 교육 요소 |
|---|---|
| 수업 전 활동 | 흥미, 호기심, 배려 |
| 상황 분석 | 배려, 문제해결력 |
| 게임의 준비 | 확산적 사고, 협동, 문제해결력 |
| 게임의 실시 | 협동, 확산적 사고, 논리·분석적 사고 |
| 결과 토의 | 논리·분석적 사고, 배려, 확산적 사고 |
| | 배려, 책임 |

이와 같은 창의·인성 교육 요소를 실제 수업의 흐름에서 어떻게 발현시킬 수 있을까?

---

8 2009 개정 교육과정에 따른 사회과 교육과정에서는 초등학교 5~6학년군 지리·일반사회 영역 '(2) 우리 경제의 성장'에 해당한다.

시뮬레이션 게임은 역할놀이 및 의사결정이 수반되며, 사회 현상을 단순화시킴으로써 학생이 그 활동을 통해 여러 가지 경험을 할 수 있게 하여 결과적으로 승패를 가를 수 있도록 구성한 것이다. 모의 시뮬레이션 게임의 단계는 준비, 실시, 결과 토의로 이루어지는데, 준비 단계에서는 참가자들의 역할에 대한 안내 및 규칙, 절차 등을 제시한다. 실시 단계는 학습자들이 자기가 맡은 역할에 따라 능동적으로 참가하여 게임을 수행한다. 게임을 통하여 개개인 간 의사교환 및 충돌, 의사결정 등이 이루어진다. 결과 토의 단계에서는 게임 도중에 가졌던 상대방에 대한 느낌, 그들이 게임을 통하여 응용하고자 하는 새로운 개념이나 원리 및 절차 등에 대한 의견을 나눈다. 이를 통해 참가자들이 가진 경험을 명료화하고, 게임 속에 들어 있는 상징적 요소의 분석, 원인과 결과에 대한 상호작용 분석, 게임 경험에서 얻은 결론을 내림으로써 배운 것을 정리하고 실제 환경에서 성공적으로 대처해 나갈 수 있는 방법에 대하여 생각하게 된다. 이러한 수업 내용을 차시별로 정리하면 다음과 같다.

| 사전 활동 | • 사전과제<br>　- 모둠별 재래시장 탐방 및 조사 |
| --- | --- |

⇩

| 1차시<br><br>상황 분석 및<br>게임 준비 | • 재래시장에서의 경제활동 알기<br>　- 자유와 경쟁의 모습 발표<br>　- 손님과 주인의 대화 내용 발표<br>　- 상점 주인이 된다면 하고 싶은 일<br>• 경제 원리 제시<br>• 게임 준비<br>　- 화폐 준비하기, 상품 만들기<br>　- 시뮬레이션 게임 세우기 |
| --- | --- |

⇩

| 2차시<br><br>게임의 실시 | • 1라운드 실시<br>　- 상품 판매 및 소비하기<br>• 게임에서의 경제개념 찾기<br>• 소비활동 결과 확인<br>• 2~3라운드 실시<br>　- 시뮬레이션 게임 세우고 실행하기 |
| --- | --- |

⇩

| 3차시<br><br>결과 토의 및<br>정리 | • 활동 평가<br>　- 활동 결과 발표하기<br>　- 데이터를 바탕으로 상황 예측하기(창의)<br>• 결과에 대한 대책 마련<br>　- 타인의 파산이 나에게 미치는 영향 예측하기(인성)<br>　- 빈부격차 문제점 극복을 위한 각종 노력 제시<br>• 정리 |
| --- | --- |

이 수업모델에서 활용하는 경제 시뮬레이션 게임의 룰은 다음과 같다. 학습자가 경제주체의 역할을 맡아 자유와 경쟁을 바탕으로 창의적인 전략을 세운 후에 생산, 판매, 소비의 경제활동을 하여 그 결과로 나타나는 빈부격차로 게임의 승패를 결정짓는다. 게임이 진행될수록 재산을 잃는 학습자가 나오게 되고, 이를 통해 경제 규모가 줄어들어 게임자 자신의 수입이 감소하는 현상을 체험할 수 있도록 구성되어 있다.

## 2) 수업의 목표와 평가

이 수업모델에서 다루고 있는 구체적인 학습단원은 다음과 같다.

| 대단원 | 중단원 | 차시 | 학습 제재 | 주요 학습 내용 | 수업 형태 |
|---|---|---|---|---|---|
| 1. 우리나라의 경제성장 | 1) 우리나라 경제생활의 특징 | 1 | • 단원 안내 | | |
| | | 2~3 | • 자유와 경쟁 | - 자유와 경쟁의 사례 및 이점 | 전체학습 |
| | | | | - 자유와 경쟁, 창의적 전략 수립 | 시뮬레이션 게임 |
| | | 4~6 | • 우리나라 경제의 발자취 | - 과거와 현재의 생활모습<br>- 산업의 종류와 경제의 변화<br>- 우리 경제의 시련과 극복 | |
| | | 7 | • 선택학습 | - 게임 정리 | 전체학습 |
| | | | | - 사회적 배려 | 개별학습 |
| | 2) 세계로 뻗어 가는 우리 경제 | 8~10 | • 세계 속의 우리 경제 | - 우리의 경제정책 파악하기<br>- 무역의 이점 및 무역활동<br>- 수출 증대를 위해 노력할 점 | |
| | | 11~12 | • 우리 기업의 해외 진출 | - 우리 기업의 해외활동<br>- 경제 발전을 위해 해야 할 일 | |
| | | 13 | • 선택학습 | - 우리 기술의 우수성, 국제 무역 | |
| | 단원정리학습 | 14 | • 단원정리학습 | - 자유와 경쟁, 시대별 무역의 특징, 경제발전을 위해 할 일 | |

∴음영 처리가 되어 있는 부분이 수업모델에 활용된 제재이다.

| 교과서 내용 | | 창의·인성을 위한 재구성 내용 |
|---|---|---|
| 자유로운 경제활동의 사례 찾기 | | 재래시장을 통한 경제활동의 사례 |
| 경쟁의 여러 가지 사례 찾기 | ⇨ | 시뮬레이션을 통한 경제활동하기 |
| 자유와 경쟁이 소비자들에게 주는 이점 | | 자유와 경쟁을 통한 경제의 흐름 알기 |
| 경제를 위한 국가의 역할 | | 경제적 약자를 위한 대책 세우기 |
| 경쟁에서 이기기 위한 기업의 노력 | | 이익 증대를 위한 전략 세우기 |

교과 학습단원의 재구성은 다음과 같은 의도를 갖고 창의적으로 이루어졌다.

- 재래시장은 경제활동에서의 자유와 경쟁이 그대로 반영되어 있다. 또한 고장 사람들의 생활의 터전이자 고향에 대한 향수를 자극하는 정서적 고향이기도 하다. 이러한 점에서 재래시장을 자유와 경쟁의 원리뿐 아니라 정서적인 면도 얻을 수 있는 학습의 장이라고 볼 수 있기에 사전 학습활동으로 재래시장 탐방을 선택하였다.
- 경제생활은 학생들의 일상생활과 밀접하게 연관이 되어 있어 강하게 와 닿을 수 있어야 한다. 그러나 문서로 된 교과서만으로는 개념 획득에 한계가 있다. 따라서 실재 현상을 바탕으로 한 체험활동을 학생들에게 제공하기 위해 경제 시뮬레이션 게임을 선택하였다.
- 자유와 경쟁을 바탕으로 이윤 추구를 위한 전략 구상과 실천방안 등의 창의적 요소와 경제활동의 결과로 나타나는 빈부격차가 낳은 약자에 대한 배려와 협력 등의 인성적 요소를 수업 내용에 추가하여 구성하였다.
- 경제활동의 사례는 재래시장을 탐방하여 체험한 후 자유와 경쟁의 모습을 찾도록 했으며, 시뮬레이션 게임으로 학생들이 개념을 체득할 수 있도록 하였다. 또한 경제활동에 학생들이 주체가 되어 직접 기획하고 대책을 세우고 실행하도록 구성하였다.

다음은 수업모델에서 다루는 교과 연계 사항이다.

| 교과 연계 사항 | 선수 학습 | 본시 학습 | 후속 학습 |
|---|---|---|---|
| | 초등 4학년 사회<br>1. 경제생활과 바람직한 선택 | 초등 6학년 사회<br>1. 우리나라의 경제생활<br>1) 우리나라 경제생활의 특징 | 중등 3학년 사회<br>2. 시장경제의 이해 |

수업의 목표는 기존의 교과 학습목표의 기반 위에 이 수업에서 중점을 둔 창의·인성 요소인 사고의 수렴 및 확산, 문제해결력, 배려, 협동 등을 기르기 위해 설정되었으며, 다음과 같이 나타낼 수 있다.

- 모의 경제활동을 통하여 경제의 원리를 이해하고 경제활동에 따른 사회적 문제점과 그에 대한 해결방안을 제시하여 실천하려는 태도를 가질 수 있다.

평가는 수업의 목표와 밀접하게 연결된다. 다음의 표는 평가 영역과 성취 기준을 제시한 것이다. 기존 수업에서는 교과 학습목표만 제시되지만, 창의·인성 수업에서는 창의성 교육 목표와 인성 교육 목표가 부가된다.

| 평가 영역 | 성취 기준 | 평가 방법 | 평가 척도 | | |
|---|---|---|---|---|---|
| | | | 매우 잘함 (◎) | 잘함 (○) | 보통 (△) |
| 교과 학습 목표 | • 우리 경제생활의 특징을 말할 수 있다. | 평가지 | | | |
| | • 자유와 경쟁의 사례를 세 가지 이상 제시할 수 있다. | 평가지 | | | |
| | • 자유와 경쟁의 이점을 세 가지 이상 말할 수 있다. | 평가지 | | | |
| 창의 인성 교육 목표 | • 수익을 얻기 위한 창의적인 전략을 세울 수 있다. | 활동지 2(창의) | | | |
| | • 결과 데이터를 바탕으로 앞으로의 상황을 예측할 수 있다. | 활동지 4(창의) | | | |
| | • 경제적 약자를 돕는 이유를 제시할 수 있다. | 활동지 4, 활동지 5(인성) | | | |
| | • 경제 현상에 대한 원인을 분석하여 경제적 약자를 돕는 방안을 수립할 수 있다. | 활동지 5(창의·인성) | | | |
| | • 모둠 활동에 열심히 참여한다. | 관찰 및 모든 활동지(인성) | | | |

## 2. 수업지도안의 실제

### 1) 사전 활동

| 학습과정 | 교수–학습 활동 | 창의·인성 교육 요소 | 지도상의 유의점 |
|---|---|---|---|
| 수업 전 활동 | ① 재래시장의 모습 알아보기 ② 재래시장 선정 이유 알기 | 정서적 민감성 | • 보고서 양식을 안내하여 목적에 부합하는 조사가 되도록 한다. |

수업 전 활동

① 재래시장의 모습 알아보기

• 모둠별로 주말이나 방과 후 시간을 이용해 직접 방문하여 주어진 과제를 조사하도록 한다.

– 동종업종의 상점 수

- 장사가 잘되는 상점
- 물건을 팔기 위한 주인의 노력
- 상인과 손님과의 대화 내용(덤, 가격 깎기, 단골손님 대화)

② 재래시장 선정 이유 알기

재래시장은 대형 마트와는 달리 동종업종 간의 경쟁과 협력, 그리고 자유로운 상행위를 볼 수 있는 곳으로, 초등학생에게 자유와 경쟁의 개념을 설명하기 적합하다. 또한 상인과 손님 간에 이루어지는 가격 절충과 덤에 대한 실랑이, 단골손님과의 정겨운 대화 등 우리 사회의 무뚝뚝해 보이면서도 따뜻한 정서를 학생들에게 보여 줄 수 있는 공간이다. 따라서 재래시장 사전 조사는 자유와 경쟁의 개념을 알기 위한 항목 외에도 시장의 정서 및 문화를 알 수 있는 내용이 들어갈 수 있도록 구성하는 것이 필요하다.

이러한 사전 조사는 바로 학생들에게 흥미와 관심을 갖게 하는 동기 유발의 역할을 하고, 곧바로 수업활동과 연계될 수 있는 수업의 중요한 자료가 된다.

## 2) 1차시: 상황 분석 및 게임 준비

| 학습과정 | 교수-학습 활동 | 창의·인성교육 요소 | 지도상의 유의점 |
|---|---|---|---|
| 상황 분석 | ① 학습목표 확인 | | • 재래시장 경제활동 모습을 시뮬레이션 경제 게임과 연결할 수 있도록 한다. |
| | ② 학습활동 안내 | | • 이 게임은 상품의 생산 및 판매, 소비로 활동을 한정하여 라운드별로 소비활동과 판매활동이 이루어지게 함으로써 돈을 많이 버는 것이 목적이다. 학급 인원수에 따라 활동 모둠 수가 달라진다. |
| | ③【활동 1】재래시장에서의 경제활동 알기 | 정서적 민감성, 문제해결력 | • 이 게임은 상품 판매와 판매를 위한 전략 만들기에 목적이 있다. 게임에서 소비활동은 합리적 소비 개념을 설명하고자 하는 것이 아니다. |
| 게임 준비 | ④【활동 2】게임 준비하기 | | • 상품 가격을 고정시킨 이유는 가격 경쟁이 벌어질 경우 학생들의 판매전략이 가격 외에는 소비자에게 통하지 않을 수 있으므로 가격 외의 다른 전략을 활용하도록 하기 위함이다. 단, 세일 및 회원 대상 가격 할인은 판매전략으로 보고 허락한다. |

① 학습목표 확인

모의 경제활동을 통하여 자유와 경쟁을 이해하고, 경제활동에서 나타나는 사회적 문제점과 그에 대한 해결방안을 제시하고 실천하려는 태도를 가진다.

② 학습활동 안내

- 활동 1: 재래시장에서의 경제활동 이해하기
- 활동 2: 게임 준비하기
- 활동 3: 경제 게임 실시하기
- 활동 4: 게임활동 평가하기
- 활동 5: 경제 약자에 대한 대책 만들기

③【활동 1】재래시장에서의 경제활동 알기

- 재래시장 속에서의 자유와 경쟁 찾아보기
  - 자유의 모습을 발표한다.
  - 경쟁의 모습을 발표한다.
  - 자유와 경쟁이 우리에게 주는 좋은 점을 발표한다.
  - 장사가 잘되는 상점과 안 되는 상점의 특징을 발표한다.
  - 물건을 팔기 위한 주인의 노력을 발표한다.
  - 상인과 손님과의 인상적인 대화 내용을 발표한다.
  - 장사가 잘되는 상점과 안 되는 상점의 차이점을 비교한다.
  - 내가 만일 상점 주인이라면 어떻게 할지 발표한다.

④【활동 2】게임 준비하기

- 게임 설명하기(전체학습)
  - 게임은 2인이 모둠이 되어 상점으로 활동한다.
  - 판매와 소비가 동시에 이루어지는 게임이다. 종이에 상품 그림을 그려 상품 생산을 하고, 모둠원 2인 중 1인은 상품을 팔고, 다른 1인은 자신의 모둠을 제외한 다른 모둠에서 상품을 구입한다.
  - 상점들이 서로 자유롭게 상품을 팔기 위한 아이디어로 경쟁하고, 가장 많은 돈을 버는 모둠이 승리하는 게임이다.

- 모둠별 양식 배부하기
  - 게임머니 5만 원, 소비 카드, 활동내역 카드
- 상품 판매에 영향을 주는 요인 토의하기(전체학습)
  - 게임에서 상품 판매에 영향을 줄 수 있는 요인이 무엇일지 토의한다.
  - 상품 가격, 디자인, 홍보, 각종 이벤트, 친절 등
- 상품 가격 책정하기(전체학습)
  - 교사는 상품 1개당 가격을 6,000원으로 정하여 한 개의 상품을 판매할 경우 3,000원의 이익이 남도록 한다.
  - 상품 가격을 고정시키되, 세일 등을 통한 약간의 가격 경쟁은 허용한다.
- 상품 제작하기(모둠학습)
  - 종이에 크기와 디자인을 고려하여 여러 가지 상품 그림을 그려서 상품을 만든다. (5개)
  - 교사에게 상품 한 개당 3,000원을 내고 도장이나 스티커를 받으면 상품을 다른 모둠에 판매할 수 있다.[9] (3,000원 × 5개 = 15,000원)
  - 상품을 다 팔았을 경우 게임 중 추가로 스티커나 도장을 구입할 수 있다. (필요에 따라서 수량을 조절하여 구입할 수 있다.)
- 상품 판매를 위한 작전 짜기(모둠학습)
  - 상품을 팔기 위한 여러 가지 아이디어를 구상한다. (전단지 등 실물을 만들 경우 계획서와 함께 동시에 제작하도록 한다.)

| | |
|---|---|
| 기업, 상점이 상품을 팔기 위해 하는 일 | |
| 게임에서 상품을 팔기 위해 할 수 있는 방법 | |
| 우리 모둠의 선택 방법 | |
| 실천을 위한 계획 | |
| 판매 목표 | |

- 소비활동 안내하기(전체학습)
  - 사람들이 일상생활에서 삶을 유지하기 위해 소비생활을 하는 것처럼 게임에서의

---

9  모둠이 상품을 판매하여 게임이 진행되도록 하기 위한 규칙이다.

※ **3,000원을 내는 이유:** 상품 생산을 위해 필요한 원자재, 물류비용, 인건비 등의 상품 생산 비용을 대체한다. 이후로 명칭은 '세금'으로 한다. (세금을 올리면 가격이 올라가고 내리면 상품 가격이 내려가는 등 게임에서 상품 가격을 조절할 수 있다.)

소비활동은 매 라운드 게임 참여 자격을 유지하기 위해 시행하는 것임을 설명한다.

- 상품의 판매와 동시에 소비를 위한 상품 구매활동이 모둠에서 시행되어야 함을 안내한다.
- 모둠에서의 역할은 라운드마다 바꾸어서 진행할 수 있다.
- 모둠을 제외한 나머지 모둠으로 가서 상품을 1개 구입한다.
- 매 라운드마다 의무적으로 1개 구입하며, 상품을 구입하지 않으면 게임에서 탈락하는 것으로 한다.
- 구입한 상품은 소비한 것으로 간주하여 되팔 수 없고, 소비 카드에 붙여 보관한다.
- 상품 구입을 완료한 모둠원은 모둠으로 돌아가 상품 판매활동을 할 수 있다.
- 세금 15,000원을 제외하고 남은 35,000원으로 소비를 계획한다.

## 3) 2차시: 게임의 실시

| 학습과정 | 교수-학습 활동 | 창의·인성 교육 요소 | 지도상의 유의점 |
|---|---|---|---|
| 게임 실시 | ①【활동 3】 경제 게임 실시하기 | 확산적 사고 | • 자신의 필요와 만족을 위한 소비가 아니고 게임 참여를 위한 의무적 소비임을 학생들에게 인식시킨다. |

### 게임 실시

①【활동 3】 경제 게임 실시하기
- 1라운드 실시
  - 판매와 소비가 끝난 상점은 판매전략 수립을 위한 활동[10]을 할 수 있다.
    예) CF 준비, 이벤트, 상품 개발, 전단지 등
- 개념 요소 추출하기
  - 게임에서 이루어지는 자유의 예를 추출한다.
    예) 자유로운 소비, 상점의 선택, 상품 판매를 위한 아이디어 실행 등
  - 게임에서 이루어지는 경쟁의 예를 추출한다.
    예) 상품을 팔기 위한 전략 실천, 세일 등을 통한 가격 경쟁 등
- 소비활동 결과 확인하기

---

10 회원제 운영, 디자인, 배달서비스, 쿠폰제, 고객 등급별 차등 할인, 상품에 향을 묻힌 향기 나는 상품, 사은품, 전단지, CF 퍼포먼스, 인간관계에의 호소 등.

- 모둠별 판매 소비 현황을 칠판에 기록하도록 한다.

(단위: 원)

|  | 3개 판매 | 2개 판매 | 1개 판매 | 0개 판매 | 계 |
|---|---|---|---|---|---|
| 모둠 수 | 1 | 2 | 6 | 4 | 13 |
| 판매 개수 | 3 | 4 | 6 | 0 | 13 |

(단위: 원)

| 라운드 | 모둠명 | 보유 금액 | 세금<br>(생산 개수) | 소비액 | 판매액(개수) | 남은 금액<br>(보유 금액 −세금 −소비액+판매액) |
|---|---|---|---|---|---|---|
| 1라운드 | A모둠 | 50,000 | 15,000(5개) | 6,000 | 18,000(3개) | 47,000 |
|  | C모둠 | 50,000 | 15,000(5개) | 6,000 | 0 | 29,000 |
|  | G모둠 | 50,000 | 15,000(5개) | 6,000 | 6,000(1개) | 35,000 |

- 상품 구입의 이유에 대해 몇 개 모둠에서 발표하도록 한다.

| 라운드 | 구입 상품 | 거래 모둠 | 상품 구입 이유 |
|---|---|---|---|
| 1라운드 | 과일 | G모둠 | 친절하고 직접 상품을 가져다주었음 |

- 소비자의 상품 구입 이유 및 선호도를 조사한 것을 바탕으로 판매전략을 수정하거나 보완한다.

| 실천할 수정 계획 |  |
|---|---|
| 판매 목표 |  |

• 2~3라운드 실시
  - 라운드가 진행되면 다음과 같은 결과가 나올 수 있다.

(단위: 원)

| 라운드 | 모둠명 | 보유 금액 | 세금<br>(생산 개수) | 소비액 | 판매액(개수) | 남은 금액<br>(보유 금액 −세금 −소비액+판매액) |
|---|---|---|---|---|---|---|
| 2라운드 | A모둠 | 47,000 | 0 | 6,000 | 12,000(2개) | 53,000 |
|  | C모둠 | 29,000 | 0 | 6,000 | 0 | 23,000 |
|  | G모둠 | 35,000 | 0 | 6,000 | 6,000(1개) | 35,000 |

- A모둠은 2라운드까지 5개의 상품을 모두 3라운드 시작 후 세금 9,000원(상품 1
  개당 3,000원의 세금 부과)을 내고 3개의 상품을 새로 제작하였다.

(단위: 원)

| 라운드 | 모둠명 | 보유 금액 | 세금<br>(생산 개수) | 소비액 | 판매액(개수) | 남은 금액<br>(보유 금액 −세금 −소비액+판매액) |
|---|---|---|---|---|---|---|
| 3라운드 | A모둠 | 53,000 | 9,000(3개) | 6,000 | 18,000(3개) | 56,000 |
| | C모둠 | 23,000 | 0 | 6,000 | 0 | 17,000 |
| | G모둠 | 35,000 | 0 | 6,000 | 6,000(1개) | 35,000 |

## 4) 3차시: 결과 토의 및 정리

| 학습과정 | 교수−학습 활동 | 창의·인성 교육 요소 | 지도상의 유의점 |
|---|---|---|---|
| 결과 토의 | ①【활동 4】활동 평가하기 | 논리적 사고, 배려, 책임, 정서적 민감성 | • 1~3라운드의 추세를 고려하지 않은 채 '무조건 잘할 것이다'라고 예측하지 않도록 주의시킨다.<br>• 노숙자 등 사회적 약자에 대한 사례를 제시한다. |
| | ②【활동 5】결과에 대한 대책 마련하기 | 논리·분석적 사고, 확산적 사고 | |
| 정리 | ③ 정리하기 | 책임, 배려, 시민의식 | |

결과 토의

①【활동 4】활동 평가하기

• 활동 기록 카드를 통해 팀의 경제활동 현황을 발표한다.
  - 라운드별 상품 판매 및 수입 현황 발표
• 게임 현황을 보면서 만약 1~3라운드의 패턴대로 게임이 계속되면 8라운드 후 어떤
  일이 벌어질지 예측한다.
  - 활동 결과 예시(C모둠)

(단위: 원)

| 라운드 | 보유 금액<br>(전 라운드 남은 금액) | 세금<br>(생산 개수) | 소비액 | 판매액 | 남은 금액<br>(보유 금액 −세금 −소비액+판매액) |
|---|---|---|---|---|---|
| 1라운드 | 50,000 | 15,000 | 6,000 | 0 | 29,000 |
| 2라운드 | 29,000 | 0 | 6,000 | 0 | 23,000 |
| 3라운드 | 23,000 | 0 | 6,000 | 0 | 17,000 |

| 우리 모둠의 활동 모습을 통해 예상되는 4라운드 이후의 활동 | | | | | |
|---|---|---|---|---|---|
| 예상 활동 모습 | 1~3라운드의 결과로 보아서 앞으로도 상품을 팔기가 힘들 것 같다. | | | | |
| 4라운드 | 17,000 | 0 | 6,000 | 0 | 11,000 |
| 5라운드 | 11,000 | 0 | 6,000 | 0 | 5,000 |
| 6라운드 | 5,000 | | 구입 불가 | 0 | 5,000 |
| 7라운드 | | | | | |
| 8라운드 | | | | | |
| 결과 | 6라운드에서 5천 원이 남지만, 상품을 소비할 수 없으므로 탈락 | | | | |

- 망하는 모둠이 증가하면 수입이 어떻게 될지 토의한다.

| 라운드가 진행될 때마다 1~2개의 모둠이 망하게 된다면 어떤 일이 벌어질까? | | | | | |
|---|---|---|---|---|---|
| | 4라운드 | 5라운드 | 6라운드 | 7라운드 | 8라운드 |
| 상품을 팔 수 있는 예상 소비자 수 | 13명 | 12명 | 11명 | 9명 | 7명 |
| 소비자 수 감소로 예상되는 결과 | 소비자 수가 줄어들면서 상품을 팔기 어렵게 되거나 망하는 상점이 늘어날 것 같다. | | | | |

- 파산자 증가로 매출의 감소가 이루어지는데, 이것을 통해 나 혼자만 잘살고자 하는 것이 결국 나에게 피해가 올 수 있음을 인식시킨다.
- 실제 상황에서 파산했을 경우 당사자는 어떤 생활을 할지 토의한다.

② 【활동 5】 결과에 대한 대책 마련하기

- 개인 파산 및 빈부격차 등으로 벌어지는 문제를 해결하기 위해 국가에서 하는 일이 무엇인지 제시한다.
- 그냥 돈을 줄 경우 회생을 위한 노력을 하지 않고 자유와 경쟁의 시장원리를 거스른다는 면에서 바람직하지 않음을 설명한다.
- 국가 및 사회에서의 구제만으로는 파산자를 해결할 수 없고 당사자의 노력이 필요함을 설명한다.
- 게임에서 파산한 사람의 실패 원인이 무엇일지 게임 경험을 바탕으로 원인을 찾아보도록 한다.
  - 원인을 바탕으로 성공을 위한 판매전략을 제시한다.(성격 변화시키기, 전단지 만들기, 이벤트, 세일 방안 등)

③ 정리하기

- 우리나라 경제의 특징을 설명한다.

- 자유와 경쟁의 예를 설명한다.

- 자유와 경쟁에서 사회적 약자에 대한 배려가 필요한 이유를 설명한다.

- 학생들이 원할 경우 게임을 쉬는 시간 중에 계속하도록 한다.

## 가) 동기 유발 – 수업 전 활동

**교사** (재래시장의 여러 모습을 PPT를 활용하여 제시한다.)

## 나) 학습문제 제시 및 학습활동 안내[2분]

**교사** 오늘 우리는 자유와 경쟁을 바탕으로 경제 게임을 실시하고, 우리나라의 경제 모습을 이
해하는 시간을 갖도록 하겠습니다. 그에 따라서 아래와 같은 사항을 학습하게 됩니다.
- 활동 1: 재래시장에서의 경제활동 알기
- 활동 2: 게임 준비하기
- 활동 3: 경제 게임 실시하기
- 활동 4: 활동 평가하기
- 활동 5: 결과에 대한 대책 마련하기

## 다) 【활동 1】 재래시장에서의 경제활동 알기[8분]

**교사** 지난 시간에 여러분은 재래시장에 대해서 조사했습니다. 여러분은 그곳에서 무엇을
보았나요?(활동지 1의 확인)

**학생** 사람들, 가게, 물건들, 물건을 사고파는 장면을 보았습니다.

**교사** 시장 조사 중에 가장 인상 깊었던 장면이나 손님과 주인과의 대화 내용은 무엇인가요?

**학생** 주인아저씨가 손님아주머니에게 "애들은 잘 크죠?"라고 물어 봤습니다. / 아주머니가
주인한테 덤으로 더 달라면서 "우리 며느리 가져다주게 하나만 더 줘요."라고 말했습
니다. / 아주머니가 깎으려고 하자 주인은 난처해하더니, "에이, 내가 손해를 본다."라
고 하면서 깎아 주셨습니다.

**교사** 그것을 보고 여러분들은 무엇을 느꼈나요?

학생 정이 느껴졌습니다. / 마트와는 다른 정겨운 모습이었습니다.

교사 시장에서는 어떤 자유로운 활동이 있었나요?

학생 사고 싶은 물건을 삽니다. / 여러 가게를 다닐 수 있습니다. / 자유롭게 장사를 해요. / 원하는 가게를 차릴 수 있어요.

교사 시장에서는 어떤 경쟁의 모습이 있나요?

학생 같은 물건을 파는 가게가 여러 개 있어요. / 서로 많이 팔려고 노력합니다.

교사 자유와 경쟁이 우리에게 주는 좋은 점은 무엇일까요?

학생 기업끼리 경쟁해서 질 좋은 제품을 싸게 삽니다. / 더 좋은 서비스를 받습니다. / 맘대로 직업을 선택할 수 있어요.

교사 우리나라의 경제활동에서 가장 중요한 것이 바로 자유와 경쟁입니다. 이렇듯 시장에서는 자유와 경쟁의 모습을 보게 되는데요. 가게 중 장사가 잘되는 가게는 어떤 특징을 갖고 있던가요?

학생 서비스가 좋아요. / 물건의 질이 좋아요. / 세일을 합니다. / 친절해요. / 주인이 적극적입니다.

교사 가게 중 장사가 안 되는 가게는 어떤 특징을 갖고 있던가요?

학생 주인 표정이 어두워요. / 친절하지 않아요.

교사 장사가 잘되는 상점과 안 되는 상점은 어떤 차이가 있을까요?

학생 주인이 많은 노력을 합니다. / 품질이 좋아요.

교사 물건을 팔기 위해서 주인은 어떤 노력을 할까요?

학생 새로운 아이디어를 냅니다. / 서비스를 합니다.

교사 만약 여러분이 상점 주인이라면 물건을 팔기 위해 어떤 노력을 하겠습니까?

학생 전단지를 돌립니다. / 세일을 합니다.

교사 오늘은 여러분들이 직접 시장에서와 같은 경제 게임을 해 보도록 하겠습니다.

라) 【활동 2】 게임 준비하기[30분]

**(ㄱ) 게임 설명하기(전체학습)**

**교사**  게임에 대하여 알아봅시다. 게임은 우리 반 학생 전체를 대상으로 물건을 사고파는 게임입니다. 물건은 매 라운드마다 사고파는데, 1라운드는 10분 정도입니다. 1, 2, 3, 4, …… 라운드가 운영되는데, 그때마다 여러분은 활동을 해야 합니다. 이 게임에서 여러분은 두 명씩 모둠을 짜서 한 개의 상점을 운영합니다. 모둠원 중 한 명은 여러분들이 만든 상품을 판매하고, 다른 한 명은 자기 모둠을 뺀 나머지 모둠에서 상품을 구입해야 합니다. 우리 반은 전체 26명이니까 2명씩 모둠을 짜면 13개의 상점이 운영됩니다. 여러 가지 아이디어를 계획해서 많은 물건을 팔아 가장 돈을 많이 번 모둠이 승리하게 됩니다.

**(ㄴ) 모둠별 양식 배부하기**

**교사**  게임 머니와 소비 카드, 활동지들을 받고 그에 따라서 여러분들은 활동을 하고 그 내용을 기록합니다.

**(ㄷ) 상품 판매에 영향을 주는 요인 토의하기**

**교사**  여러분들이 상품을 판매한다고 한다면 상품을 잘 팔고 못 파는 것에 영향을 주는 것들에는 무엇이 있을까요?

**학생**  상품의 가격, 상품의 품질, 디자인, 서비스, 친절, 이벤트 등이 있습니다.

**(ㄹ) 상품 가격 책정하기**

**교사**  만약 A모둠은 상품을 3,500원에 팔고 B모둠은 5,000원에 판다면 여러분은 어느 모둠에서 상품을 사겠습니까?

**학생**  가격이 싼 A모둠에서 살 것입니다.

**교사**  그렇다면 가격 외에 상품 판매를 위한 노력들은 어떻게 될까요? 디자인, 서비스, 이벤트가 게임에서 제대로 활용될 수 있을까요?

**학생**  제대로 활용되지 않을 겁니다.

교사　그래서 상품 가격은 1개당 6,000원으로 정하도록 하고, 선생님에게 내는 세금은 3,000원으로 하겠습니다. 여러분이 상품을 만들어 가지고 선생님에게 오면 선생님이 도장이나 스티커를 주고 3,000원을 받겠습니다. 왜 선생님에게 세금을 내는 걸까요?

학생　국가에 세금을 내기 때문입니다. / 상품을 만드는 데 재료비가 들어갑니다. / 재료를 사 와야 합니다.

### (ㅁ) 상품 제작하기

교사　상품을 팔기 위해서 여러분은 상품을 만들어야 합니다. 상품은 종이에 그림을 그려서 만듭니다. 실제 상품이 아닌 종이 상품이므로 실제 상품에서의 품질을 종이 상품에서는 어떤 것으로 대신할 수 있을까요?

학생　디자인입니다. / 얼마나 노력해서 그렸느냐가 중요합니다.

교사　제품 개발을 하고 싶으면 어떻게 하나요?

학생　새로운 상품을 그리면 됩니다.

교사　이렇게 만든 상품을 가지고 선생님에게 와서 상품을 보여 주면 선생님이 스티커를 주거나 도장을 찍어 주고 여러분에게 상품당 3,000원을 받을 겁니다. 그렇게 되면 모둠원은 본인 모둠을 제외한 다른 12개 모둠에 상품을 팔 수 있습니다. 상품은 게임 시작 전 5개를 만들고, 만약 다 팔리게 되면 다시 만들어 선생님에게 세금을 내고 판매를 합니다.

학생　(상품을 만든 후 5개×3,000원 =15,000원씩 선생님에게 내고 상품 준비를 마친다.)

### (ㅂ) 상품 판매를 위한 작전 짜기

교사 상품을 팔기에 앞서서 상품 판매를 위한 아이디어를 생각해 봅시다.

| 기업이나 상점에서 상품을 팔기 위해 하는 일 | 1+1행사, 세일, 새로운 상품 개발, 디자인, 사은행사, 광고, 배달, 전단지 |
|---|---|
| 게임에서 상품을 팔기 위해 할 수 있는 방법 | 1+1행사, 세일, 새로운 상품 개발, 디자인, 친구들에게 부탁하기, 전단지 |
| 우리 모둠의 선택 방법 | 전단지, 상품 개발 |
| 실천을 위한 계획 | 종이에 상품 목록과 가격을 써서 교실 곳곳에 붙여 놓는다. 다른 모둠에 없을 만한 상품을 그린다. |
| 판매 목표 | 라운드당 3개 판매 |

**(ㅅ) 소비활동 안내하기**

교사　사람들은 생활을 하기 위해 먹고 마시고 입는 등 소비생활을 합니다. 이 게임에서도 여러분들은 소비생활을 하게 됩니다. 그런 다음 소비활동을 하게 되는데, 매 라운드마다 여러분들을 제외한 12개 모둠의 상점 중 마음에 들거나 원하는 상품이 있는 모둠에서 반드시 한 개 이상 상품을 구입해야 합니다. 이렇게 구입한 상품은 사람이 일상생활에서 산 물건들을 먹고 마시듯이 소비해서 없어지는 것으로 생각하면 됩니다. 따라서 구입한 상품을 다른 곳에 팔 수 없고, 교실 뒤에 마련된 소비 카드에 라운드마다 붙이게 됩니다. 그리고 활동기록 카드에 상점의 수입과 지출을 기록합니다. 소비를 하지 않을 경우 게임에서 탈락합니다. 돈이 없어서 소비를 못하는 경우도 생길 수 있습니다. 상품을 구입하고 남은 35,000원을 가지고 여러분은 매 라운드에 물건을 사야 합니다. 소비를 통해 돈이 줄어들기 때문에 여러분은 상품을 팔아서 돈을 벌어야 합니다. 선생님이 종을 치면 라운드가 시작됩니다. 종이 울리면 상점 운영자 중 1명은 그 자리에서 오는 손님에게 상품을 판매합니다. 또 다른 운영자 1명은 다른 상점으로 가서 상품을 구입합니다. 다음 라운드 전까지 남는 시간은 상품 판매를 위한 아이디어를 팀원과 협의하거나 다음 라운드 상품 판매 준비를 하면 됩니다.

## 마) 【활동 3】 경제 게임 실시하기

**(ㄱ) 1라운드 실시**

교사　1라운드 시작합니다. 땡~~~.

ⓐ 판매활동

　A모둠원 1인은 자리에서 손님을 기다린다. 상품을 사러 온 다른 모둠 손님 4명에게 상품을 소개하고 상품을 잘 팔기 위해 계획했던 아이디어인 '마일리지제'를 안내하였다. 그 결과 상품 3개를 판매하여 18,000원의 수입을 얻었다.

ⓑ 소비활동

　같은 시각 A모둠원의 다른 1인은 여러 모둠을 보면서 상품을 구경한다. C모둠에서 판매하는 상품은 디자인이 마음에 들지만, 판매원이 별로 친절하지 못하다. D모둠은 상품을 사면 복권을 준다고 했다. B모둠은 친한 친구가 상품을 팔고 있긴 하지만, 아무런 혜택이 없다. 결국 D모둠에서 상품을 6,000원에 구입하고 소비 카드에 붙였다.

ⓒ 그 외 활동

- 활동기록 카드에 활동 결과를 기록한다.
- 판매가 잘 되지 않았다면 다음 라운드에 판매를 위한 아이디어를 계획한다.

ⓔ 학생들의 예상 활동 장면

- 이벤트와 세일을 통해 이윤을 추구하는 상점
- 광고물을 만들어 홍보하는 모습
- 몇몇 상점만 장사가 잘되는 상황
- 친하고 사교성 있는 학생들에게 손님이 몰리는 현상

**교사**  1라운드 끝났습니다. 땡~~~.


▶ 활동 결과 예시

(단위: 원)

| 라운드 | 모둠명 | 보유 금액 | 판매액(개수) | 소비액 | 판매액(개수) | 남은 금액<br>(보유 금액-세금-소비액+판매액) |
|---|---|---|---|---|---|---|
| 1라운드 | A모둠 | 50,000 | 15,000(5개) | 6,000 | 18,000(3개) | 47,000 |
| | C모둠 | 50,000 | 15,000(5개) | 6,000 | 0 | 29,000 |
| | G모둠 | 35,000 | 6,000(1개) | 6,000 | 6,000(1개) | 35,000 |

**(ㄴ) 개념 요소 추출하기**

**교사**  게임에서 자유로운 경제활동은 상황은 어떤 것들이 있습니까?

**학생**  (물건 고르는 것, 물건 파는 것, 상점 선택, 상품 만들기 등의 답변 예상이 가능하다.)

**교사**  게임에서 경쟁의 상황은?

**학생**  (새로운 물건 만들기, 다른 모둠보다 많이 팔기 위한 아이디어, 경쟁 모둠이 있는 것, 친절, 서비스 등의 답변 예상이 가능하다.)

**교사**  그 가게에서 상품을 구입한 이유는 무엇입니까?

**학생**  ("다른 곳에는 없는 물건이기 때문입니다.", "직접 상품을 배달해 주었기 때문입니다." 등의 답변 예상이 가능하다.)

**교사**  1라운드를 바탕으로 상품 판매 계획을 수정해 보세요.

**학생**  (활동지 2를 작성한다.)

## (ㄷ) 2~3라운드 실행하기

▶ 활동 결과 예시

(단위: 원)

| 라운드 | 모둠명 | 보유 금액 | 세금<br>(생산 개수) | 소비액 | 판매액(개수) | 남은 금액<br>(보유 금액+판매액−소비액) |
|---|---|---|---|---|---|---|
| 2라운드 | A모둠 | 47,000 | 0 | 6,000 | 12,000(2개) | 53,000 |
| | C모둠 | 29,000 | 0 | 6,000 | 0 | 23,000 |
| | G모둠 | 35,000 | 0 | 6,000 | 6,000(1개) | 35,000 |
| 3라운드 | A모둠 | 53,000 | 9,000(3개) | 6,000 | 18,000(3개) | 56,000 |
| | C모둠 | 23,000 | 0 | 6,000 | 0 | 17,000 |
| | G모둠 | 35,000 | 0 | 6,000 | 12,000(2개) | 41,000 |

## 바)【활동 4】활동 평가하기 [15분]

**교사** 활동 기록 카드를 통해 활동 현황을 발표합시다.

**학생** (라운드별 수입 현황을 발표한다.)

**교사** 8라운드까지 여러분들의 지금 상황대로 게임이 진행된다면 어떤 결과가 나올지 예상해 보세요.

▶ 활동 결과 예시(C모둠)

(단위: 원)

| 라운드 | 보유 금액<br>(전 라운드 남은 금액) | 세금<br>(생산 개수) | 소비액 | 판매액 | 남은 금액<br>(보유 금액−세금−소비액+판매액) |
|---|---|---|---|---|---|
| 1라운드 | 50,000 | 15,000 | 6,000 | 0 | 29,000 |
| 2라운드 | 29,000 | 0 | 6,000 | 0 | 23,000 |
| 3라운드 | 23,000 | 0 | 6,000 | 0 | 17,000 |
| 우리 모둠의 활동 모습을 통해 예상되는 4라운드 이후의 활동 | | | | | |
| 예상 활동 모습 | 예시) 1~3라운드의 결과로 보아서 앞으로도 상품을 팔기가 힘들 것 같다. | | | | |
| 4라운드 | 17,000 | 0 | 6,000 | 0 | 11,000 |

| 5라운드 | 11,000 | 0 | 6,000 | 0 | 5,000 |
|---|---|---|---|---|---|
| 6라운드 | 5,000 | 0 | 구입 불가 | 0 | 5,000 |
| 7라운드 | | | | | |
| 8라운드 | | | | | |
| 결과 | 6라운드에서 5천 원이 남지만 상품을 소비할 수 없으므로 탈락 | | | | |

**교사**  라운드가 진행될 때마다 1, 2개씩의 모둠이 망하게 된다면 어떤 일이 벌어질지 예상
해 보세요.

| 라운드가 진행될 때마다 1~2개의 모둠이 망하게 된다면 어떤 일이 벌어질까? | | | | | |
|---|---|---|---|---|---|
| 라운드 | 4라운드 | 5라운드 | 6라운드 | 7라운드 | 8라운드 |
| 상품을 팔수 있는 예상 소비자 수 | 13명 | 12명 | 10명 | 9명 | 7명 |
| 소비자 수 감소가 우리 수입에 어떤 영향이 있을까요? | 망하는 사람이 늘어나면서 소비할 수 있는 사람이 점점 줄어듭니다. | | | | |
| 실제 상황에서 망했을 경우 당사자는 어떤 삶을 살게 될까요? | 가족들이 뿔뿔이 흩어집니다. / 밥을 굶는 경우가 생길 수 있습니다. / 집에서 쫓겨나게 됩니다. | | | | |

**교사**  여러분들이 망하는 일을 겪는다면 기분이 어떨까요?

**학생**  생각하기도 싫어요. / 아주 슬플 것 같아요.

## 사)【활동 5】결과에 대한 대책 마련하기[18분]

**교사**  이러한 문제점을 해결하기 위해서 국가 및 각종 단체에서는 사회복지 서비스를 실시
합니다. 생활보호 대상자에게 최소한의 생활비나 의료비를 지원해 주고, 노숙자에게
는 식사를 제공하기도 합니다. 또한 낮은 이자로 돈을 빌려 주어 다시 경제생활을 할
수 있도록 도와주기도 합니다. 그런데 무조건 도와준다고 이러한 문제가 해결될까요?

**학생**  돈만 준다면 노력은 하지 않아서 다시 망하게 될 겁니다.

**교사**  가난하거나 실패한 사람들의 원인에는 어떤 것들이 있을까요? 우리가 했던 게임을
떠올려 보세요.

**학생**  적극적이지 못한 성격 때문입니다. / 게으르기 때문입니다. / 다른 사람과 다른 아이 디어가 없기 때문입니다. / 친절하지 못합니다. / 경제활동을 대충합니다.

**교사**  원인 중 한 가지를 선택해서 해결방법을 찾아봅시다. 또 그것을 바탕으로 구체적으로 성공을 위한 계획을 만들어 봅시다.

▶ **학생의 계획 예시**

예시1)
- 원인: 소심한 성격
- 해결방법: 유머 외워 발표하기
- 실행 계획: 유머가 뛰어난 사람을 따라 말하기, 유머 외우고 혼자 연습하기, 부모님께 보여 드리기, 친구들 앞에서 말하기 등
- 예상 결과: 다른 사람을 웃겨서 자신감을 얻어 적극적인 성격이 될 것 같다.

예시2)
- 원인: 재미없는 광고
- 해결방법: 재미있는 광고 패러디하기
- 실행 계획: 재미있는 광고 고르기, 우리 모둠의 상품을 넣어 광고 다시 만들기, 다른 모둠에게 광고하기 등
- 예상 결과: 다른 모둠과는 색다른 광고로 친구들이 우리 상품을 사러 많이 올 것 같다.

## 아) 정리하기[7분]

**교사**  우리나라 경제의 특징은 자유와 경쟁을 바탕으로 합니다. 이러한 자유에는 직업을 선택하는 자유, 원하는 물건을 살 수 있는 자유 등이 있습니다. 자유와 경쟁을 통하여 우리는 창의적이고 편리한 제품을 만들고 판매하고 구입할 수 있습니다. 그러나 약자를 배려하는 마음을 가진 책임 있는 자유, 배려하는 경쟁이 되도록 노력해야 모두가 잘사는 대한민국이 될 수 있을 것입니다.

**학생**  (평가지 1을 실시한다.)

## 가) 활동지 1

### 조사 보고서

| 시장 이름: | 조사자 | 이름 : |
|---|---|---|
| • 시장에서 볼 수 있는 자유의 모습 | | |
| • 시장에서 볼 수 있는 경쟁의 모습 | | |
| • 자유와 경쟁이 우리에게 주는 좋은 점 | | |
| • 장사가 잘되는 상점의 특징 | | |
| • 장사가 안 되는 상점의 특징 | | |
| • 물건을 팔기 위한 주인의 노력(특징적이거나 재미있는 점, '이래서 물건을 많이 파는구나' 혹은 '이래서 물건을 못 파는구나'라고 느낀 점) | | |
| • 상인과 손님과의 대화 내용(개인적인 안부, 덤 달라고 하기, 물건 깎기와 같은 마트나 백화점에서 볼 수 없는 풍경) | | |
| • 잘되는 상점과 잘 안 되는 상점의 차이점 | | |
| • 장사가 잘되게 하려면 어떤 방법을 써야 할까? | | |

(조사 내용)

나) 활동지 2

## 상품 판매를 위한 작전 짜기

| | 학년    반    이름                                상점 이름 |
|---|---|
| 기업이나 상점에서 상품을 팔기 위해 하는 일 | |
| 게임에서 상품을 팔기 위해 할 수 있는 방법 | |
| 우리 모둠의 선택 방법 | |
| 실천을 위한 계획 | |
| 판매 목표 | |

다) 활동지 3

## 1라운드 후 판매 작전 점검하기

| | 학년    반    이름                                상점 이름 |
|---|---|
| 실천 수정 계획 | 예시) 수정할 필요가 없음 / 소비자들이 친절한 것을 좋아하므로 친절하게 대하고 배달서비스를 해야겠음 |
| 판매 목표 | 예시) 라운드당 2개 이상 판매 |

라) 활동지 4

## 활동 기록 카드

| 라운드 | 지출 금액 | | 상품 판매 금액 | 다른 상점의 아이디어 관찰 내용 | 우리 상점 판매 아이디어 | 판매 아이디어 성공 여부 |
|---|---|---|---|---|---|---|
| | 세금 낸 비용 | 상품 소비 | | | | |
| 라운드전 | | | | | | |
| 1라운드 | | | | | | |
| 2라운드 | | | | | | |
| 3라운드 | | | | | | |
| 4라운드 | | | | | | |
| 5라운드 | | | | | | |
| 6라운드 | | | | | | |
| 7라운드 | | | | | | |
| 8라운드 | | | | | | |

학년    반   이름              상점 이름

마) 활동지 5

## 활동 평가하기

| 라운드 | 보유 금액 (이전 라운드 남은 금액) | 세금 | 소비액 | 판매액 | 남은 금액 (보유 금액−세금−소비액+판매액) |
|---|---|---|---|---|---|
| | | 학년　반　이름 | | 상점 이름 | |
| 1라운드 | | | | | |
| 2라운드 | | | | | |
| 3라운드 | | | | | |
| 우리 모둠의 활동 모습을 통해 예상되는 4라운드 이후의 활동 | | | | | |
| 예상 활동 모습 | 예시) 1~3라운드의 결과로 보아서 앞으로도 상품을 팔기가 힘들 것 같다. | | | | |
| 4라운드 | | | | | |
| 5라운드 | | | | | |
| 6라운드 | | | | | |
| 7라운드 | | | | | |
| 8라운드 | | | | | |
| 결과 | 예시) 6라운드에서 5천 원이 남지만 상품을 소비할 수 없으므로 탈락할 것이다. | | | | |

라운드가 진행될 때마다 1~2개의 모둠이 망하게 된다면 어떤 일이 벌어질까?

| 라운드 | 4라운드 | 5라운드 | 6라운드 | 7라운드 | 8라운드 |
|---|---|---|---|---|---|
| 상품을 팔 수 있는 예상 소비자 수 | | | | | |
| 소비자 수 감소가 우리 수입에 어떤 영향이 있을까요? | | | | | |
| 실제 상황에서 망했을 경우 당사자는 어떤 삶을 살게 될까요? | | | | | |

바) 활동지 6

## 성공을 위한 계획 세우기

| | | 학년 반 이름 | 상점이름 |
|---|---|---|---|
| 개인의 실패나 파산으로 인해 사회에서 어떤 문제점이 일어날까요? | | | |
| 게임 활동에서 파산이나 실패가 일어난 원인들은 무엇이 있을까요? | | | |
| 위의 원인들 중 하나를 선택하여 해결방안을 마련하여 성공을 위한 계획을 세워 봅시다. | 원인 | | |
| | 해결방법 | | |
| | 구체적인 실행 계획 | | |
| | 예상되는 결과 | | |

사) 평가지 1

## 우리나라 경제생활의 특징

학년 반 이름

1. 우리 경제생활의 특징은 무엇입니까?

2. 자유와 경쟁의 사례를 세 가지 이상 쓰시오.

3. 자유와 경쟁을 통해 우리가 얻는 혜택을 세 가지 이상 쓰시오.

4. 사회적인 약자에 대한 도움이 필요한 이유는 무엇인지 쓰시오.

아) 게임 머니

자) 소비 카드

| | 학년    반   이름 | 상점 이름 |
|---|---|---|
| 상품 구입 이유 | 상품 구입 이유 | 상품 구입 이유 |
| | | |
| 1라운드<br>구입 상품을<br>붙이세요 | 1라운드<br>구입 상품을<br>붙이세요 | 1라운드<br>구입 상품을<br>붙이세요 |
| 상품 구입 이유 | 상품 구입 이유 | 상품 구입 이유 |
| | | |
| 1라운드<br>구입 상품을<br>붙이세요 | 1라운드<br>구입 상품을<br>붙이세요 | 1라운드<br>구입 상품을<br>붙이세요 |

5장

# 창의적 사고기법을 통한
# 프로젝트학습 수업모델

박마이클 · 김희영

# 1. 수업모델의 개요

## 1) 수업모델의 이해

이번 장에서 다루게 될 창의·인성 수업모델은 창의적 사고기법(PMI)를 통해 역사적 상상력을 높여 주는 프로젝트 수업 방식으로 구성된 것이다. 수업모델 구축을 위해 선정한 교과 내용은 초등학교 6학년 사회의 역사 영역이며, 단원은 다음과 같다.

> 대단원: 1. 우리 민족과 국가의 성립[11]
> 중단원: 1) 하나로 뭉친 겨레

이 수업모델에서 다루고자 하는 수업의 주제는 '신라가 삼국을 통일하지 않았다면?'이다. "역사는 재미없다. 특히 한국사는 더욱더 그러하다." 어쩌면 아이들이 이렇게 생각하는 것도 무리는 아니다. 광대한 역사적 대서사시가 학교의 교실 안에서는 외워야 할 인물과 제도, 잘 기억나지도 않는 수많은 사건들로 인식될 뿐이다. 그러나 반만년의 우리 역사야말로 여느 드라마와도 견줄 수 없는 극적 반전과 재미를 가진 드라마이며, 옛 조상들의 삶을 통해 지혜와 생각을 그대로 엿볼 수 있는 재미있는 자료이자 우리의 국보급 자원이라는 사실을 아이들이 깨닫게 해 주어야 한다. 이를 위하여 초등학교에서의 역사 수업은 말 그대로 '살아 있는 수업'이어야 하며, 교사와 학생 모두 만족할 수 있는 수업이 되어야 할 것이다.

고구려·백제·신라는 모두 우리 역사에서 매우 중요한 부분을 차지하고 있다. 신라가 삼국통일을 하기는 했으나, 고구려·백제 어느 하나도 그에 못지않게 삼국통일의 가능성을 가지고 번창해 온 나라들임은 틀림없는 사실이다. 이에 '신라가 삼국을 통일하지 않았다면?'이라는 의문점을 던져 주어 창의적 사고력과 역사적 상상력을 길러 주고자 한다. 또한 신라의 삼국통일로 우리가 살고 있는 이 세상이 어떻게 달라질 수 있었고, 또 앞으로 어떻게 달라질 수 있는가를 생각해 보는 시간도 갖게 될 것이다. 지금까지의 역사가 변화해 왔듯이, 우리가 오늘 하는 일들이 미래의 역사를 바꾸게 된다는 점을 인식시켜 책임감과 역사적 사명감을 비롯한 인성 요소를 함께 기르고자 이 수업을 구성하였다.

---

[11] 2009 개정 교육과정에 따른 사회과 교육과정에서는 초등학교 5~6학년군 지리·일반사회 영역 '(5)우리 이웃나라의 환경과 생활 모습'에 해당한다.

이와 같은 주제 선정을 바탕으로 설계한 수업에서 학생들이 성취하도록 의도한 창의·
인성 교육 요소는 다음과 같다.

| 수행 단계 | 창의·인성 교육 요소 |
|---|---|
| 준비 | 흥미, 확산적 사고 |
| 주제 결정 | 상상력, 문제발견 |
| 활동 계획 | 다양성, 수렴적 사고, 협동 |
| 탐구활동 | 문제해결력, 협동, 책임감 |
| 표현활동 | 개방성, 배려, 존중, 다양성 |
| 마무리(발표) | 다양성, 열정, 분석적 사고 |
| 반성 및 평가 | 열정, 흥미 |
| 모둠별 급우와의 관계 | 배려, 책임감, 협동 |

이와 같은 창의·인성 요소를 실제 수업에서 어떻게 구현할 수 있을까? 이 프로젝트 수
업은 학생들이 교육활동에 능동적으로 참여하는 교과 관련 자율활동 및 동아리활동으로 창
의적 체험활동과 연계하므로 교과와 창의적 체험활동의 융합형이며, 교과에서 3차시 분량,
창의적 체험활동에서 2시간(선택·심화활동 포함)을 배정하여 운영하도록 설계하였다.

교육과정에서 '교수-학습의 방법'에 대해 언급한 부분을 보면, "학생들의 사고력을 자
극할 수 있도록 적절한 탐구 상황을 설정하고 다양한 발문 기법을 활용하며, 소집단별 협동
학습을 통해 민주 시민의 중요한 자질이라 할 수 있는 집단 구성원으로서의 책무성, 참여의
식, 타인에 대한 존중, 협동심을 함양할 수 있도록 한다. 또한 질문, 조사, 토의, 현장체험 등
다양한 학습 방법을 적절하게 활용한다."고 되어 있다. 따라서 이 사항들을 고려하여 수업에
반영하려 노력하였으며, 특히 학생들의 인성적인 측면을 부각시키려 평가 및 반성 부분에
주안점을 두었다.

프로젝트 수업을 시작하기 일주일 전에 미리 학생들에게 삼국통일에 대한 수업을 예고
하고, 삼국시대(삼국통일) 관련 책을 한 권 이상 읽으면서 수업에 대한 준비를 하도록 지도한
다. 또한 학년(학급) 교육과정을 재구성하여 수학여행과 연계한 수업이 되도록 수학여행 장
소와 날짜를 미리 조정한다.

1차시에 주제를 선정하고, 2~3차시에는 제시된 주제에 대한 탐구를 거친 뒤 아이디어
를 결정하는 단계에서 PMI 기법을 사용하여 냉철하게 판단하는 태도를 기를 수 있도록 구
성하였다. 먼저 드 보노(E. DeBono)가 개발한 CoRT(Cognitive Research Trust) 프로그램 속의

사고기법인 PMI 사고기법을 적용해, 고정된 시각에서 벗어나 특정한 문제의 긍정적인 면 (P-Plus), 부정적인 면(M-Minus), 흥미로운 점(I-Interesting)을 찾아 기록한다. 그리고 나서 이들 각각에 대해 이익이 되는 점을 찾아보고, 생각을 정리하여 아이디어를 결정한다. 이러한 방법으로 냉철한 판단을 통해 사고를 전개하여 역사적 인물의 업적과 관련 사실을 종합적으로 분석하는 능력을 기르도록 한다.

이러한 수업 내용을 차시별로 정리하면 다음과 같다.

| 1차시<br>주제 결정 및<br>모둠 활동 계획 | • 교사와 학생이 함께 주제 정하기<br>  - 브레인스토밍 혹은 브레인라이팅하기<br>• 학습활동을 위한 모둠 구성 및 활동 계획하기<br>  - 창문 만들기 토의·토론, 생선뼈 토의·토론하기 |
|---|---|

⇩

| 2차시<br>탐구 및<br>모둠 표현활동 | • 프로젝트학습을 위한 모둠별 탐구활동하기<br>  - 여러 자료들을 다양한 방법으로 조사한 후 소주제별로 정리하기<br>• 모둠별 프로젝트학습을 위한 표현활동하기<br>  - 창의적 사고기법(PMI)에 맞게 정리하기 |
|---|---|

⇩

| 3차시<br>전체 표현활동 및<br>정리 | • 프로젝트활동 결과 발표하기<br>  - 인터넷 박물관 모의 체험활동 - '나도, 큐레이터!'<br>  - 창의적 사고기법(PMI)을 통한 모둠별 활동 결과 발표<br>  - 모둠별 PMI 결과를 종합하여 별점 주기 활동<br>  - 종합적으로 평가하여 자신의 입장 밝히기<br>• 롤링페이퍼 모둠별 상호 반성 평가<br>• 프로젝트학습 평가 및 반성 |
|---|---|

⇩

| 심화활동 | • 창의체험 동아리활동(보드게임) |
|---|---|

## 2) 수업의 목표와 평가

다음은 이 수업모델에서 다루고자 하는 학습단원이다.

| 대단원 | 중단원 | | 학습 제재 | 주요 학습 내용 |
|---|---|---|---|---|
| 1. 우리 민족과 국가의 성립 | 단원 도입 및 계획 | 1 | • 단원 안내 | - 단원학습 내용의 개괄적 파악<br>- 장기학습과제 선정 및 학습 방법, 자료 소개 |
| | 1) 하나로 뭉친 거레 | 2~3 | • 처음으로 세운 고조선 | - 먼 옛날 조상들의 생활 모습<br>- 최초의 국가 고조선 |
| | | 4~5 | • 힘을 겨루며 성장한 세 나라 | - 고구려, 백제, 신라 세 나라의 성장 과정<br>- 삼국 문화의 특징 |
| | | 6~7 | • 삼국을 통일한 신라, 고구려를 계승한 발해 | - 신라의 삼국통일 과정과 통일후 신라의 발전<br>- 고구려를 계승한 발해 |
| | | 8 | • 선택학습 | - 삼국의 성장 및 발전과 관계되는 역사적 인물을 한 일에 따라 분류해 보기<br>- 삼국의 우수한 문화재 조사하기<br>- 삼국통일기의 왕의 입장이 되어 글로 표현하기 |
| | 2) 민족을 다시 통일한 고려 | 9~10 | • 고려의 건국으로 달라진 정치 | - 고려의 후삼국 통일 과정<br>- 고려의 발전 모습 |
| | | 11~12 | • 역경을 이겨 내며 꽃피운 고려 문화 | - 북방민족 침략의 극복 과정<br>- 고려의 찬란한 문화 |
| | | 13 | • 선택학습 | - 고려 시대에 관한 낱말 맞히기를 해 보기<br>- 고려의 문화재에 관한 홍보 책자 만들기<br>- 고려시대 위인들에게 편지 써 보기 |
| | 3) 유교를 정치의 근본으로 삼은 조선 | 14~15 | • 정치개혁으로 새로운 나라들 | - 조선의 건국 후의 여러 가지 정책<br>- 달라진 백성들의 생활 모습 |
| | | 16~17 | • 문화의 발달과 백성들의 생활 모습 | - 조선의 문화·과학기술의 발전이 백성들의 생활에 미친 영향<br>- 양반과 상민의 생활 모습 |
| | | 18~19 | • 두 차례의 전란 극복 | - 임진왜란의 발생 원인과 극복 과정<br>- 병자호란의 원인과 북벌정책의 배경 |
| | | 20 | • 선택학습 | - 오늘날에도 이어지고 있는 유교적 전통 찾기<br>- 통신사가 되면 무엇을 할지 이야기해 보기<br>- 이성계 때의 관료가 되어 왕에게 건의한 정책을 시무책의 형식으로 써 보기 |
| | 단원정리학습 | 21 | • 단원정리학습 | - 각 시대별로 중요한 내용 정리하기<br>- 임진왜란 당시의 의병이 되어 글쓰기<br>- 도구의 발전이 생활에 미친 영향 알아보기<br>- 고려시대 시무 28조를 통해 오늘날의 모습 생각해 보기 |

∴ 음영 처리가 되어 있는 부분이 수업모델에 활용된 제재이다.

이 수업모델은 특히 사회 교과 내용 중 '삼국의 통일'에 대한 전반적인 흐름을 다루는데, 4~5차시와 6차시 수업 내용 중에서 '신라의 통일 후 신라의 발전 과정'을 제외한 삼국통일까지를 교사가 창의적으로 재구성하는 과정이 필요하다. 이 수업모델에서는 8차시 '선택학습'과 연계하여 삼국의 성장과 발전, 시대적 상황을 아우를 수 있도록 '신라가 삼국을 통일하지 않았다면?'의 시각에서 창의적으로 재구성하였다.

다음은 이 수업모델에서 다루는 교과 연계 사항이다.

| 교과 연계 사항 | • 미술(6학년 1학기 - 11단원: 전시회)<br>• 창의적 체험활동 |
| --- | --- |
| 학습목표 | • 미술(전시회)<br>　- 전시회를 알고 창의적으로 계획을 세울 수 있다.<br>　- 전시회를 관람하는 올바른 태도와 작품을 소중히 여기는 태도를 가진다.<br>• 창의적 체험활동(자율활동, 동아리 활동)<br>　- 학교는 학생 중심의 자율적 활동을 추진하고, 학생은 다양한 교육활동에 능동적으로 참여한다.<br>　- 학생은 자발적으로 집단 활동에 참여하여 협동하는 태도를 기르고 각자의 취미와 특기를 신장한다.<br>　- 학교와 교사, 학생의 요구와 필요에 따라 범교과 학습과 자기주도적 학습을 창의적 활동 영역과 연계하여 운영할 수 있다. |

전통적으로 암기 학습에 의존했던 '역사' 교육에 있어서의 창의·인성 교육은 특히 논리적 사고와 함께 개방적 사고가 필요하다. 수업의 목표는 다음과 같다.

• 삼국의 형성·성장·발전 과정을 개략적으로 파악할 수 있다.
• 삼국의 문화 발전 및 국권 수호에 크게 이바지한 조상들의 업적을 파악할 수 있다.
• 창의적 사고기법(PMI)을 통한 프로젝트학습 활동에 참여하여 다양한 결과물을 만들어 낼 수 있다.
• 조상들의 나라 사랑하는 마음을 본받아 국가와 문화 발전을 위해 노력하는 마음을 갖는다.
• 역사적 인물의 업적과 관련 사실을 활용하여 종합적으로 분석할 수 있다.
• 수업활동 중 나와 다른 의견이 있을 수 있음을 인정하고 배려할 수 있다.
• 각 개인의 능력에 맞는 역할을 분담하여 책임감 있게 학습에 참여한다.

다음은 창의·인성 수업의 평가 계획이다. 평가 계획은 수업의 목표와 밀접하게 연결된다. 이 수업의 평가 목표는 다음과 같다.

- 창의적 사고기법(PMI)을 통한 프로젝트학습을 통해 삼국의 발전과정 및 상호경쟁 구도를 이해하고, 고구려·백제·신라의 시대적 상황을 고려하면서 삼국통일의 과정을 이해할 수 있다.
- 역사적 사건을 다양하게 바라보는 관점을 길러 역사적 통찰력과 사고력을 기르며 다양성을 인정하고 협동하는 태도를 가진다.
- 수업활동 중 나와 다른 의견이 있을 수 있음을 인정하고 배려하면서 협동적으로 활동을 수행하였는가?

다음의 표는 평가 영역과 성취 기준을 제시한 것이다. 기존 수업에서는 교과 학습목표만 제시되지만, 창의·인성 수업에서는 창의성 교육 목표와 인성 교육 목표가 부가된다.

| 평가 영역 | 성취 기준 | 평가 척도 | | | | | |
|---|---|---|---|---|---|---|---|
| | | 매우 잘함 | 잘함 | 보통 | 미흡 | 미완성 | 미제출 |
| | | 5 | 4 | 3 | 2 | 1 | 0 |
| 교과 학습 목표 | • 창의적 사고기법(PMI)에 맞게 내용을 3가지 이상 적고, 삼국통일에 대한 자신의 입장을 표현할 수 있는가? | 별도의 서술형 평가 문항지로 평가한다. | | | | | |
| | • 삼국의 문화 발전 및 국권 수호에 크게 이바지한 조상들의 업적을 말할 수 있는가? | | | | | | |
| | • 삼국의 성장·발전 과정을 개략적으로 이해하고 있는가? | | | | | | |
| | • 과정 평가에 충실히 참여하였는가?(3개) | | | | | | |
| 창의성 교육 목표 | • 상상력: 신라의 삼국통일에 대해 의문을 갖고, 자신이 생각하는 삼국통일에 대해 이야기할 수 있는가? | | | | | | |
| | • 수렴적 사고: 역사적 인물의 업적과 관련 사실을 분석하여 종합적으로 말할 수 있는가? | | | | | | |
| | • 논리적 사고: 삼국의 성장·발전 과정을 개략적으로 파악하고 보고서로 작성할 수 있는가? | | | | | | |
| 인성 교육 목표 | • 배려, 협동심: 수업활동 중 나와 다른 의견이 있을 수 있음을 인정하고 배려하면서 협동적으로 활동을 수행하였는가? | | | | | | |
| | • 책임감: 각 개인의 능력에 맞는 역할을 분담하여 책임감 있게 운영하는가? | | | | | | |
| | • 그밖에 모둠별 활동 수행 과정에서 추가할 만한 바람직한 인성적 사례가 있는가?(모둠별 상호평가지 참고) | 특수반 학생을 배제하지 않거나 다리 아픈 학생의 역할을 바꿔 주면 가산점을 줄 수 있다. | | | | | |

| 교사 의견 및 채점평 | 예시)<br>• 창의적 사고기법(PMI) 활동을 통해 삼국통일에 대한 입장은 잘 표현하였으나, 이를 종합하여 자신의 입장을 표현하는 능력이 부족하다.<br>• 몸이 불편한 특수반 영미를 모둠에서 배제하지 않고 함께 도와가며 프로젝트를 훌륭히 완수하였다. | | | | | | |
| --- | --- | --- | --- | --- | --- | --- | --- |
| | | 합산 | 서술형 평가 + 수행점수 + 추가 인성적 요소 | | | | |

## 2. 수업지도안의 실제

### 1) 1차시: 주제 결정 및 모둠 활동 계획

| 학습과정 | 교수 – 학습 활동 | 창의·인성 교육 요소 | 지도상의 유의점 |
| --- | --- | --- | --- |
| 준비하기<br>[3분] | ① 흥미 유발: 프로젝트 주제로 연결하기 | 흥미, 개방성 | • 사극은 단지 수업 참고자료로만 활용되고, 동영상 시청이 어려울 경우 사극 포스터를 제시해도 좋다. |
| 주제 결정하기<br>[7분] | ② 교사와 학생이 함께 주제 정하기 | 흥미, 확산적 사고 | • 브레인스토밍 과정에서 허용적인 분위기를 유지한다. |
| 활동 계획하기<br>[20분] | ③ 학습활동을 위한 모둠 구성하기 | 협동, 배려, 상상력, 수렴적 사고 | • 학생들 사이의 선호도를 조사해서 소시오 그램을 작성해 보면 교사가 집단을 구성할 때 큰 도움이 된다. |
| | ④ 모둠별 프로젝트학습을 위한 활동 계획하기<br>※ 모둠 활동 계획서 | | |
| 정리하기<br>[10분] | ⑤ 모둠별 활동 계획서 제출하기 | 책임감 | • 학급 홈페이지에 모둠별 게시판을 만들어 운영한다. |

준비하기

**① 흥미 유발: 프로젝트 주제로 연결하기**

• 드라마 〈선덕여왕〉 동영상 시청

 – 선덕여왕과 김유신이 함께 삼국통일을 위해 싸우는 장면, 그리고 싸움에서 이겨 기뻐하는 사극의 한 장면을 보여 준다.

 – '이러한 노력으로 신라가 삼국을 통일했지만, 만약에 신라가 삼국을 통일하지 않았다면 어떻게 되었을까?' 하는 의문점을 갖게 하면서 프로젝트학습 분위기를 조성하고 흥미를 유발한다.

② 교사와 학생이 함께 주제 정하기

- 일주일 전에 미리 제시한 과제를 바탕으로 브레인스토밍을 통해 함께 주제를 확정하고, 그에 대한 주제망을 짠다.
  - "신라가 삼국을 통일하지 않았다면?"

③ 학습활동을 위한 모둠 구성하기

- 교사가 여러 상황을 고려하여 조직하되 학생들의 학업성적, 성격, 성별 등을 고려하여 4인으로 구성한다.
  - 모둠원별 역할 정하기: 길잡이, 참신이, 칭찬이, 정돈이

④ 모둠별 프로젝트학습을 위한 활동 계획하기

- '창문 만들기' 토의 · 토론을 통해 모둠 입장을 결정하고 학습활동을 계획한다.
- '생선뼈(Fishbone)' 토의 · 토론을 이용한 정부 수집 방법 및 조사 방법을 논의한다.
- 도서, 수학여행, 체험학습과 연계한 자료, 사진들을 모아 모둠별 기초 자료로 활용한다. (과제학습도 가능하다.)
- 학부모들의 협조와 도움을 얻기 위한 가정통신문을 발송한다.

⑤ 모둠별 활동 계획서 제출하기

- 모둠 활동 계획서를 홈페이지에 탑재한다.
- 모둠원 역할을 함께 기록한다.

## 2) 2차시: 탐구 및 모둠 표현활동

| 학습과정 | 교수-학습 활동 | 창의·인성 교육요소 | 지도상의 유의점 |
|---|---|---|---|
| 도입<br>[2분] | ① 2차시 프로젝트 설명하기 | | • 탐구활동은 단시간 내에 이뤄지기 힘들므로 수학여행, 체험학습 등과 연계하여 계획적으로 다양하게 운영한다. |
| 탐구활동<br>[25분] | ② 프로젝트학습을 위한 모둠별 탐구활동하기<br>※모둠 활동 보고서 | 문제해결력, 협동, 책임감 | |

| 표현활동<br>[10분] | ③ 프로젝트학습을 위한 표<br>현활동하기 | 배려, 수렴적 · 분석<br>적 사고 | • 수업은 컴퓨터 사용이 가능한 곳에서 이뤄<br>지도록 한다. |
|---|---|---|---|
| 정리<br>[3분] | ④ 모둠별 보고서 제출하기 | | |

도입

① 2차시 프로젝트 설명하기

- 모둠별 탐구활동을 한다.
- 모둠별 토의(협의)과정을 통해 발표 자료를 준비한다.

탐구활동

② 프로젝트학습을 위한 모둠별 탐구활동하기

- 인터넷 박물관 체험활동을 한다.
  - 교사가 제시하는 박물관 중 몇 개를 택하여 가상 박물관을 체험해 보며, 자료들을 둘러본다.
- 여러 자료들을 참고하여 모둠별로 다양하게 정보를 수집하거나 조사를 한다.
  - 교과서, 인터넷 지식 검색, 관련 서적, 수학여행 사진과 자료, 부모님이나 지역 인사와의 면담 자료 등 다양한 방법으로 각 주제(나라)에 대한 정보를 탐구 및 수집한다.
- 수집한 정보를 소주제별로 엄선하여 정리한다.
- 모둠원별로 맡은 역할을 책임감 있게 완수한다.

표현활동

③ 프로젝트학습을 위한 표현활동하기

- 탐구활동 결과를 모둠 토의를 통해 창의적 사고기법(PMI)에 맞게 내용을 정리한다.[12]
  - 긍정적인 측면(P-Plus)
  - 부정적인 측면(M-Minus)
  - 흥미롭게 발전시킬 수 있는 가능성(I-Interesting)

---

12 P를 작성할 때에는 M, I는 고려하지 않는다.

• 전시 결과물을 정리하고 발표 자료를 작성한다.

## 정리

④ 모둠별 보고서 제출하기

• 홈페이지 게시판에 탑재하여 서로 볼 수 있도록 한다.

## 3) 3~4차시: 전체 표현활동 및 정리

| 학습과정 | 교수-학습 활동 | 창의·인성 교육 요소 | 지도상의 유의점 |
|---|---|---|---|
| 도입<br>[5분] | ① 프로젝트학습 활동 마무<br>리하기 | | • 모의 견학 시간에는 자유로운 분위기에서<br>설명을 듣고, 질의·응답한다.<br>• 〈삼국이야기〉 보드게임은 학습준비물로<br>신청하여 반별로 돌아가면서 활용한다. |
| 발표하기<br>[45분] | ② 프로젝트 활동 결과 발<br>표하기<br>※PMI 활동 결과지 | 수렴적·분석적 사<br>고, 다양성 | |
| 평가 및<br>반성하기<br>[20분] | ③ 프로젝트학습 평가 및<br>반성하기<br>※개인별·모둠별 상호<br>평가지 | 다양성, 배려 | |
| 학습활동 정리<br>[10분] | ④ 모든 프로젝트학습 활동<br>정리 | 수렴적 사고 | |

## 도입

① 프로젝트학습 활동 마무리하기

• 프로젝트 3~4차시에서는 학습활동 결과를 발표한다.

• 개인 및 모둠 학습활동을 반성하고 평가한다.

## 발표하기

② 프로젝트 활동 결과 발표하기

• 역사박물관 모의 견학하기: "나도 큐레이터!"

 - 교실 뒤쪽 또는 복도에 학예발표회 때 쓰던 전시판을 세워 두고, 거기에 고구려,
   백제, 신라 등 나라별로 칸을 나누어 자료들을 전시한다.

 - 모둠별로 한 명씩 뽑아 큐레이터를 정하고, 모둠별 학습활동 결과를 다양한 방법
   으로 전시한다. 모둠원들은 박물관을 견학하듯 자유로운 분위기에서 관람하고,

질의 응답한다.

- 창의적 사고기법(PMI)를 통해 프로젝트 활동 결과를 발표한다.
- 모둠별 PMI 결과를 종합하여, 나라별로 삼국통일 발판 마련을 위한 별점(스티커) 주기!
  - 각 나라별 군사, 국내·외적 상황, 지리적 요인, 문화 등에 대한 별점을 매긴다.

|  | 군사력 | 국내·외적 상황 | 지리적 요인 | 문화 | 나의 입장 |
|---|---|---|---|---|---|
| 고구려 | ☆☆☆ | ☆ | ☆☆☆ | ☆ | |
| 백 제 | ☆ | ☆ | ☆☆☆ | ☆☆☆ | |
| 신 라 | ☆☆ | ☆☆☆ | ☆☆ | ☆☆ | |

- 별점 결과를 종합적으로 평가하여 삼국통일에 대한 자신의 입장을 결정하기
  - 문화가 뛰어난 ○○나라가 통일을 했다면, 아시아 문화의 강대국이 되었을 것이다. 그랬다면 지금 우리나라가 남북으로 나뉘어지지 않고 통일되어 있을지도 모르는데……
  - 군사가 센 ○○가 통일을 했다면, 아시아의 영토 강대국이…….
  - 지리적 요인이 좋았던 ○○이 삼국통일을 했다면…….

## 평가 및 반성하기

③ 프로젝트학습 평가 및 반성하기

- 지금까지의 프로젝트학습을 평가하고 반성해 본다.
  - 개별 평가: 준비된 체크리스트에 스스로의 활동에 대해 평가한다.
  - 모둠별 상호평가: 모둠원끼리 상호평가지에 서로의 활동에 대해 잘한 점, 칭찬해 줄점, 격려할 점에 대해 돌아가며 코멘트를 해 준다.(롤링페이퍼 형식)

## 학습활동 정리

④ 모든 프로젝트학습 활동 정리

- 심화활동 안내(창의체험-선택활동)
  - 창의적 체험활동 시간을 배정하여, '삼국이야기' 보드게임을 통해 삼국시대에 대한 깊은 이해와 모의 체험활동을 하게 한다.

## 가) 프로젝트 시작 전 활동

### (ㄱ) 프로젝트 수업을 시작하기 일주일 전

미리 학생들에게 삼국시대(삼국통일)에 대한 프로젝트 수업을 안내하고, 삼국통일에 관련된 책을 한 권 이상 읽으면서 수업에 대한 준비를 하도록 한다. 또한 학년(학급) 교육과정을 재구성하여 수학여행과 연계한 수업이 되도록 수학여행 장소와 날짜를 미리 조정하여 운영하도록 한다.

### (ㄴ) 활동 안내

**교사** 앞으로 일주일 후에 우리는 삼국통일에 대한 프로젝트 수업을 하게 됩니다. 그러기 위해서는 배경지식이 있어야 하겠죠? 지금부터 일주일 동안 삼국통일에 관한 책을 한 권 이상씩 읽도록 합니다. 또한 다음 주에 가게 될 수학여행과도 연관이 되므로 수학여행을 다니면서 수업과 관련된 사진, 자료 등 보다 많은 정보를 얻도록 노력해 보세요. 자료는 많으면 많을수록 좋겠지요?

## 나) 프로젝트 1차시: 도입 활동

### (ㄱ) 준비: 흥미 유발[3분]

▶ 사극 〈선덕여왕〉 동영상 시청하기

| 지도상의 유의점 |

〈선덕여왕〉은 삼국시대를 배경으로 신라의 선덕여왕과 김유신을 주인공으로 40%대의 높은 시청률을 기록한 역사 드라마였다. 이 사극을 제시하여 신라가 삼국을 통일하기 위해 싸우는 장면, 전투에서 승리해 기뻐하는 장면을 보여 준다. 동영상 시청이 여의치 않으면, 선덕여왕 사진 또는 포스터 몇 장면을 보여 줘도 좋다.

### (ㄴ) 활동 안내[2분]

**교사** 여러분은 얼마 전 TV에서 인기리에 방영되었던 이 사극을 기억하나요? (여기서 교사는 학생들에게 한 가지 의문점을 던진다.)

**교사** 여러분들이 알고 있는 대로 신라는 삼국을 통일했습니다. 그런데 만약 신라가 삼국을 통일하지 않았다면 어떻게 되었을까요?

**학생** (여기서 학생들은 잠시 주춤하며 의문을 갖기 시작한다. 학생들은 '신라가 삼국을 통일하지 않았다면? 그렇다면, 정말 어떻게 되었을까? 그래, 맞아! 신라가 아닌 고구려나 백제가 삼국을 통일하게 될 수도 있었잖아? 신라가 도대체 어떻게 삼국을 통일하게 된 거지?'라는 의문으로 이번 프로젝트 수업의 분위기 조성과 흥미가 유발됨과 동시에 잠정적으로 프로젝트 주제가 결정된다.)

#### (ㄴ) 프로젝트 주제 결정[7분]

㉠ 프로젝트 주제를 '신라가 삼국을 통일하지 않았다면?'으로 결정한다.

㉡ 활동 안내

**교사** 이번 프로젝트 주제는 '신라가 삼국을 통일하지 않았다면?'입니다. 그럼 지금부터 삼국통일에 대한 브레인스토밍 과정을 거쳐 주제망과 소주제를 함께 결정해 보도록 하겠습니다. 그럼 지금부터 삼국통일에 대해 자유롭게 브레인스토밍을 해 주기 바랍니다.

**학생** 삼국통일은 신라가 했어요~ / 만주 쪽으로 영토를 확장했던 고구려가 할 수도 있었어요! / 한강 유역을 차지하고 있으면서 찬란한 문화를 자랑했던 백제가 통일을 할 수도 있지 않았을까요? / 삼국을 통일하려면 무엇보다 군사력이 강해야 하니, 삼국의 군사력에 대해 더 조사해 보면 어떨까요? / 삼국의 문화재와 유물을 비교하며 조사해 보면 좋겠어요.

| 지도상의 유의점 |
브레인스토밍을 통해 학습의 소주제만 정하고 나머지는 이후 모둠별로 정하게 해도 좋으나, 학교급별 초등학생들의 수준을 고려하여 반영하도록 한다.

#### (ㄷ) 학습활동 계획[20분]

㉠ 학습활동을 위한 모둠은 교사가 여러 가지 조건을 고려하여 조직한다. 학생들의 학업성적, 성격, 성별 등을 고려하여 모둠당 4명으로 구성한다. 이를 위해 학생들 사이의 선호도를 조사해서 소시오그램을 작성해 보면 도움이 된다.

㉡ 모둠의 구성원이 정해지면, 각자 자신의 역할을 나누어 맡는다.

- 길잡이: 모둠의 리더로서 학습을 이끌어 나가는 사람
- 참신이: 창의·인성 학습에서 빠져서는 안 될 참신한 아이디어를 제공하는 사람

- 칭찬이: 창의·인성 학습에서 매우 중요한 긍정적인 마인드의 소유자로 모둠원들을 칭찬·격려하며 확산적 사고를 이끄는 사람
- 정돈이: 아이디어를 정리하고, 자료를 정리하는 사람

ⓒ 활동 안내

**교사** 이제는 모둠별 토의활동을 통해 모둠의 입장을 정해야 합니다! '창문 만들기' 토의·토론을 통해 삼국통일의 주역으로 고구려, 백제, 신라 중에서 한 나라를 택하여 입장을 결정하세요. 그 방법은 다음과 같습니다. (아래 그림과 같은 창문 학습지를 한 모둠당 한 장씩 나눠 준다.)

먼저, '신라가 삼국을 통일하지 않았다면, 어느 나라가 의해 삼국통일이 되었을지에 대해 자신의 입장을 한 칸에 한 명씩 적고, 그렇게 생각한 이유를 설명해 보세요. 네 명의 발언이 끝나면 중간 창에 두 사람 이상의 공통되는 내용을 적고, 그 내용으로 모둠의 의견을 모읍니다. 그렇게 모아진 모둠 의견을 생선뼈 토의·토론을 통해 소주제별로 어떻게 조사할 것인지 학습활동 계획을 세우기 바랍니다.

| 지도상의 유의점 |
생선뼈(Fishbone) 토의·토론 방법은 원래 문제의 원인을 분명히 하고 그에 따른 정확한 해결책을 강구하는 활동으로, 보통의 경우 원인과의 관계를 이해하고 전체 문제해결의 큰 그림을 얻고자 하는 데 목적이 있다. 그러나 이번 수업에서는 너무 깊이 완벽하게 하기보다는 주제와 관련지어 원인을 규명하고 소 가지치기를 하여 문제해결의 큰 그림을 그리기 위한 준비 단계의 수준으로 실시하도록 한다.

ⓔ 이제 학생들은 모둠 토의를 통해 어느 한 나라의 입장을 택하고 모둠에서의 역할을 나누어 맡는다. 그리고 정보 수집 방법 및 조사 방법을 논의한다. 교과서, 수학여행 사진 및 소책자, 인터넷 자료, 관련 서적, 부모님이나 지역 인사와의 면담 등 다양한 방법으로 정보를 수집하도록 격려한다. 현장체험학습과 연계하거나 자료 수집을 위한 과제를 부여해도 좋다. 또한 가정통신문을 발송하여 부모님의 도움을 받도록 한다. 반드시 어느 한 나라를

선택하지 않아도 좋다. 세 나라가 계속 독립적으로 발전해 나간다든지, 신라+고구려(백제+신라)처럼 두 나라가 연합을 맺어 발전해 나가는 방식 모두 인정해 준다.

### (ㄹ) 정리[10분]

모둠별로 활동 계획서를 작성하여 홈페이지에 게시한다. 모둠원의 역할도 함께 기록한다.

## 다) 프로젝트 2차시

### (ㄱ) 전시 학습 확인[2분]

모둠별로 활동 계획서를 참고로 이번 시간 프로젝트 설명을 들으며 탐구활동을 준비한다.

### (ㄴ) 탐구활동[25분]

㉠ 미리 제시한 과제를 바탕으로 모둠별 다양한 방법을 동원하여 정보 수집 및 조사활동을 한다.

㉡ 활동 안내

**교사** 지금부터 모둠별로 다양한 방법을 동원하여 정보 수집을 하고 조사활동을 시작합니다. 먼저, 선생님이 제시한 인터넷 박물관에 접속하여 체험활동을 해 보면 많은 도움이 될 것입니다. 그리고 난 후, 교과서, 인터넷 검색 자료, 관련 도서, 수학여행 사진과 자료, 면담 자료 등 어떤 것이라도 좋습니다. 과제로 준비해 온 자료를 마음껏 활용하세요. 탐구활동이 끝나면 수집된 정보를 소주제별로 정리해 주세요. 모둠별로 맡은 역할을 충실히 하여 성공적인 탐구활동이 되길 바랍니다.

### (ㄷ) 표현활동[10분]

㉠ 활동 안내

**교사** 정보 수집, 조사활동이 어느 정도 마무리 된 모둠은 이제 내용을 정리해 보도록 하지요. 탐구활동 결과를 모둠별 토의활동을 통해 창의적 사고기법(PMI)에 맞게 내용을 정리해 보세요.

ⓛ 이제 학생들은 모둠별로 탐구활동 결과를 모둠 토의활동을 통해 창의적 사고기법(PMI)에 맞게 내용을 정리한다. 긍정적인 측면(P-Plus), 부정적인 측면(M-Minus), 흥미롭게 발전시킬 수 있는 가능성(I-Interesting)을 최대한 부각시켜 자신들의 모둠이 선택한 나라가 삼국통일의 주역이 되도록 노력한다. 전시 결과물을 정리하고, 발표 자료를 작성한다.

**(ㄹ) 정리[5분]**

모둠별 보고서를 작성하여 홈페이지 게시판에 탑재한다. 그리하여 타 모둠 또는 추후에도 필요로 하는 경우 수시로 찾아볼 수 있도록 한다.

## 라) 프로젝트 3~4차시

**(ㄱ) 전시 학습 확인[5분]**

모둠별로 학습활동 보고서를 참고로 이번 시간 프로젝트 설명을 들으면서 결과 발표를 준비한다.

**(ㄴ) 활동 결과 발표[45분]**

㉠ 역사박물관 모의 견학하기

그동안 조사한 자료들을 모아 전시회를 갖는다. 삼국에 대해 잘 나와 있어 추천하고 싶은 도서도 좋고, 조사한 유물 사진이나 그림도 좋다. 상세한 인터넷 기사도 좋고, 추천하고픈 웹사이트를 캡처하여 프린트를 해도 좋다. 교실 뒤쪽 또는 복도에 학예발표회 때 쓰던 전시판을 세워 두고, 거기에 고구려, 백제, 신라 등 나라별로 칸을 나누어 자료들을 전시한다. 모둠별로 한명씩 뽑아 큐레이터를 정하고, 학생들은 역사박물관을 견학하듯 자유로운 분위기에서 관람하고 질의·응답한다.

㉡ 창의적 사고기법(PMI)을 통해 프로젝트 활동 결과 발표하기

• 모둠별로 창의적 사고기법(PMI)을 통해 프로젝트 활동 결과를 발표한다.

| 선택한 나라 | 긍정적인 측면 (P-Plus) | 부정적인 측면 (M-Minus) | 흥미롭게 발전시킬 수 있는 가능성 (I-Interesting) |
|---|---|---|---|
| 고구려 | 막강한 군사력으로 만주벌판까지 영토를 넓혔다. | 경제적으로 어려운 백성들을 돌보는 데 신경을 안 쓰고……. | 고구려가 막강한 군사력으로 백성을 돌보아 삼국통일을 했더라면……. |

ⓒ 모둠별 PMI 결과를 종합하여 나라별로 삼국통일 발판 마련을 위한 별점(스티커) 주기

• 모둠별로 발표한 PMI 결과를 종합하여 각 나라별 군사력, 국내·외적 상황, 지리적 요인, 문화·군사 등 별점을 매긴다.

| | 군사력 | 국내·외적 상황 | 지리적 요인 | 문화 | 나의 입장 |
|---|---|---|---|---|---|
| 고구려 | ☆☆☆ | ☆ | ☆☆ | ☆☆ | |
| 백 제 | ☆☆ | ☆ | ☆☆ | ☆☆☆ | |
| 신 라 | ☆☆ | ☆☆☆ | ☆ | ☆☆ | |

ⓓ 별점 결과를 종합적으로 평가하여 삼국통일에 대한 자신의 입장 결정하기

**교사** 지금까지의 프로젝트 학습결과 내용을 정리해 봅시다. 별점 결과를 종합적으로 평가하여 삼국통일에 대한 자신의 입장을 결정해 보세요. 자산의 처음 의견이 변하지 않을 수도, 처음 의견과 생각이 많이 달라져 있을 수도 있습니다. 모든 결과를 종합하여 나의 입장을 별점스티커 판에 적어 봅시다.

**학생** 고구려는 국내·외적 상황은 조금 불안정했으나 군사력이 매우 강한 나라였습니다. 그런 고구려가 삼국을 통일했다면 현재 중국 부럽지 않은 아시아의 넓은 영토를 차지하게 되었을 것입니다. 아깝습니다! 그랬다면 지금 우리나라가 남북으로 나뉘지 않았을지도 모르는데……. / 백제는 어느 나라보다 찬란한 문화를 자랑하는 나라였습니다. 그런 백제가 통일을 했더라면 우리나라에서 유네스코 세계문화유산들이 다 지정되었으리라 봅니다. 아마도 아시아 문화의 강대국이 되었을 것입니다. / 고구려, 백제, 신라 모두 우리 민족이며 통일된 한민족으로 발전해 나가고자 하는 마음만은 모두 같았을 것입니다. 누가 삼국을 통일하였든지 간에 조상들의 나라를 사랑하는 마음은 배워야 한다고 생각합니다.

**(ㄷ) 평가[20분]**

㉠ 지금까지의 프로젝트 학습을 개별로 평가한다. (개인별·모둠별 상호평가지)

㉡ 모둠별 발표 결과물과 평가지를 제출한 후 준비된 개별·모둠별 반성을 실시한다.

㉢ 활동 안내

**교사** 지금까지 4차시에 걸쳐서 창의적 사고기법(PMI)를 통한 프로젝트 학습을 진행해 왔습니다. 선생님이 일방적으로 지도하고 배우는 수업이 아닌, 여러분 스스로 공부하며 연구하는 활동을 통해 보다 많은 것을 배우고 느꼈을 것이라고 생각됩니다. 이제는 여러분들이 공부했던 것을 평가하고 반성해 보는 시간을 갖도록 하겠습니다. 개별 평가와 모둠별 상호평가로 이뤄지는데, 먼저 위쪽 체크리스트에는 스스로의 학습 태도를 반성해 보고, 아래쪽 모둠별 상호평가란에는 서로에 대해 잘한 점, 보기 좋았던 점, 그리고 앞으로 발전시켜 나가야 할 점을 부각시켜 롤링페이퍼 형식으로 돌아가며 작성해 주기 바랍니다.

- 개별 평가: 준비된 체크리스트에 스스로의 활동에 대해 평가한다. 이번 프로젝트 학습을 통해 얼마나 적극적으로 활동했는지, 모둠별 활동에 참여했는가를 반성해 보며, 점수에 연연해하지 말고 자연스럽게 체크해 보도록 한다.
- 모둠별 상호평가: 모둠원끼리 상호평가지에 서로의 활동에 대해 좋았던 점, 격려할 점에 대해 롤링페이퍼 형식으로 각각 코멘트를 해 준다. 긍정적인 면을 부각시켜 그동안의 활동에서 잘한 점, 칭찬해 주고 싶었던 점, 앞으로 발전시켜 나가면 좋을 점 등을 서로 평가해 준다.

> **TIP**
>
> 롤링페이퍼는 초등학교에서 1박2일 이상 수학여행 또는 극기 훈련을 다녀온 4학년 이상의 학생들이 누구나 한번쯤 경험해 보는 활동으로, 친구들끼리 돌아가며 나쁜 점이나 잘못된 정보보다는 친구의 긍정적인 면을 부각시켜 장점, 좋은 점 등을 글로 적어 주는 활동이다. 이 활동을 통해 적는 사람은 친구의 장점과 아울러 소중함을 한 번 더 깨닫고, 당사자는 누군가 쓴 글을 보고 스스로의 존귀감과 자신감을 북돋을 수 있는 그런 인성 평가를 부각시킨 활동이다. 마지막으로 수업과 모둠별 활동에 대한 자신의 느낌을 간단히 적어 본다.

## 마) 정리[10분]

모든 프로젝트 학습을 정리한다. 학생들에게 성실히 임한 것에 대한 칭찬과 적절한 보상을 하고, 〈삼국이야기〉 보드게임을 통해 삼국시대에 대한 깊은 이해와 함께 모의 체험 놀이를 안내한다.

〈삼국이야기〉는 학습준비물로 7세트 정도 구비하여 학급별로 돌아가면서 운영한다. 창의체험 시간 중 동아리활동을 할애하여 실시할 수 있으며, 이 시간만큼은 모둠별이 아닌 마음이 맞는 친구들끼리 모여 자유로운 분위기에서 보드게임을 하도록 한다. 보드게임을 하는 중간 중간에 잘 모르는 내용이나 궁금한 내용이 나오면 삼국에 대해 전시했던 자료나 질문, 웹사이트 방문 등을 통해 내용을 확인하면서 보드게임을 하도록 지도한다.

재미있게 보드게임을 하는 동안 삼국의 왕 이름, 문화재, 옛 지명, 역사 지도, 사건 등을 자연스럽게 익힐 수 있다. 지금의 서울인 한성 땅을 누가 먼저 차지하느냐가 게임의 성패이다. 그러나 게임이 종료된 후에도 일일이 점수를 계산하게 되며, 아무리 많은 세력을 가지고 있어도 문화적으로 발전시키지 못하면 점수 계산에서 다른 사람에게 지게 된다. 왕은 세력도 키워야 하지만, 문화 등 다방면으로 발전시켜야 한다는 원리! 또한 세속오계 등 삼국시대의 분위기와 백성을 위한 여러 제도도 학습할 수 있는 장점을 가지고 있다.

순수한 의미의 국산 게임이면서 국내 최초의 테이블 보드게임인 〈삼국이야기〉는 2003년 경주 세계문화엑스포 공식 게임이다.

가) 모둠 활동 계획서

| 신라가 삼국을 통일하지 않았다면? |
|---|
| 모둠 활동 계획서 |
| ( ) 모둠　　　모둠 구성원 ( 　, 　, 　, 　 ) |

| | |
|---|---|
| 주제에 대한<br>우리의 입장<br>(주제) | |
| 소주제별<br>모둠 활동 계획<br>(조사 내용) | |
| 자료 수집 및<br>조사 방법 | |
| 모둠원별 역할 | • 길잡이 –<br>• 참신이 –<br>• 칭찬이 –<br>• 정돈이 – |
| 개인별 과제 | |
| 자료 수집 및 조사 시 유의점 | |
| | |

## 나) 모둠별 보고서

| 신라가 삼국을 통일하지 않았다면? | | |
|---|---|---|
| 모둠 활동 보고서 | | |
| ( ) 모둠 | 모둠 구성원 ( , , , ) | |
| 주제에 대한<br>우리의 입장 | | |
| 소주제별<br>자료 수집 | | |
| 모둠별<br>활동 결과 | | |
| 모둠원별 역할 | • 길잡이 –<br>• 참신이 –<br>• 칭찬이 –<br>• 정돈이 – | |
| 의문점 | | |
| 모둠 활동 시 느낀 점 | | |
| | | |

## 다) PMI 활동 결과지

1. 프로젝트학습 후, 탐구활동 결과를 창의적 사고기법(PMI)에 맞게 내용을 세 가지 이상 적어 보세요.

| 선택한 나라 | 긍정적인 측면<br>(P-Plus) | 부정적인 측면<br>(M-Minus) | 흥미롭게 발전시킬 수 있는 가능성<br>(I-Interesting) |
|---|---|---|---|
| | | | |

2. 모둠별 PMI 발표 결과를 종합하여 나라별로 삼국통일 발판 마련을 위한 별점스티커를 주세요. 또, 별점 결과를 종합적으로 평가하여 삼국통일에 대한 자신의 입장을 적어 보세요.(별점스티커 별도)

| | 군사력 | 국내·외적 상황 | 지리적 요인 | 문화 | 나의 입장 |
|---|---|---|---|---|---|
| 고구려 | | | | | |
| 백제 | | | | | |
| 신라 | | | | | |

## 라) 인성 개인별·모둠별 상호평가지

| 평가 영역 | 평가 기준 | 평가 척도 | | | |
|---|---|---|---|---|---|
| | | 매우 그렇다 | 그렇다 | 보통 | 더 노력 해야겠다 |
| 자기평가 | • 나는 이번 수업에 호기심을 가지고 적극적으로 참여하였다. | ○ | | | |
| | • 나는 단계별 과정마다 내 역할에 최선을 다해 열심히 노력하였다. | ○ | | | |
| | • 나는 우리 모둠에서 없어서는 안 될 꼭 필요한 사람이다. | ○ | | | |
| | • 나는 수업 진행 과정에서 의문점이 있을 때마다 자료를 찾아보며 해답을 찾아내려 노력하였다. | | ○ | | |
| | • 나는 이번 프로젝트 수업에 참여함으로써 수업에 대한 자신감을 갖게 되었다. | ○ | | | |
| | • 나는 우리 모둠원의 의견이 하찮을지라도 무시하지 않고 긍정적으로 받아들이려 노력하였다. | ○ | | | |
| | • 나는 이번 프로젝트 학습결과에 만족한다. | ○ | | | |
| 모둠별 상호평가 | • 칭찬이- 영구는 평소 개구쟁이로 매일 선생님께 혼이 났었지만, 이번 수업을 함께 하면서 열심히 노력하고 상상력이 풍부한 아이 같다는 생각이 들었어. 그리고 내가 과제를 해결하지 못해 힘들어하고 있을 때, 핀잔을 주지 않고 오히려 격려해 주어 너무 고마웠어.<br><br>• 참신이-<br><br><br>• 길잡이-<br><br><br>• 정돈이- | | | | |
| 나의 느낌 | | | | | |

## 가) '창문 만들기' 토의·토론

### (ㄱ) 목적과 특징

카간(Kagan, 1994)이 만든 이 방법은 모둠 구성원의 개성과 공통점을 발견하는 데 주로 사용한다. 특히 의사결정을 하는 토의·토론에 사용하면 매우 효과적이다. 예를 들어, 체험학습을 어디로 갈 것인지를 결정한다고 하자. 우선, 각자 가고 싶은 장소를 적고 그 이유를 설명한다. 그러면 두 사람 이상 공통적으로 가고 싶은 장소들이 나올 것이다. 즉, 중간 창에 적힌 장소들이 나오게 된다. 이때 이것을 중심으로 토의·토론을 해서 모둠이 가고 싶은 현장학습 장소를 결정할 수 있다.

### (ㄴ) 방법

㉠ 네 명으로 한 모둠을 만들고 창문 학습지를 한 장 나누어 준다. 교사는 가능하면 네 명으로 한 모둠을 만든다. 만약 5명이 되면 2명을 한 사람처럼 해서 진행한다.

㉡ 주제를 주면 학생들은 자신의 창에 자기에게 해당되는 내용을 적고 설명한다. 만약 수업목표가 '우리가 속한 사회집단을 조사해 보고 공통으로 소속된 집단을 찾아보자!'라면, 네 사람은 각자가 소속된 사회집단을 돌아가면서 자신의 창에 적는다. 그리고 그 이유를 설명한다. 이때 그것이 사회집단으로 볼 수 없는 것이라면 다른 사람이 이의를 제기하고 그 이유를 설명한다. 이러한 토의·토론 과정을 거치면서 적어 나간다.

㉢ 중간 창에는 두 사람 이상의 공통되는 의견을 적는다. 각자가 다 적은 다음, 사회자는 두 사람 이상 공통적으로 적은 사회집단을 중간 창에 다시 적는다.

㉣ 중간 창에 적힌 내용으로 모둠의 의견을 모으고, 함께 소속된 공통의 사회집단을 발표한다.

**(ㄷ) 유의점**

이 방법을 사용할 때는 먼저 적는 사람의 의견에 다른 모둠 구성원이 영향을 받을 수 있다. 여기서 영향을 받는다는 것은 두 가지인데, 하나는 자신의 의견을 주장하기보다는 먼저 제시된 의견을 단순히 따라 가는 경우와, 다른 하나는 먼저 나온 의견 때문에 자신의 창의적인 사고가 방해받을 수 있다는 점이다. 그러므로 생각을 먼저 한 뒤 기록하게 하면 이런 단점을 극복할 수 있다. 즉, 순서대로 적기는 하지만 이미 머릿속에 무엇을 적을지 결정을 한 상태이기 때문에 앞 사람의 의견에 영향을 받는 것이 덜하다는 것이다.


## 나) '생선뼈' 토의 · 토론

**(ㄱ) 목적과 특징**

생선뼈 그림은 '원인 – 결과 그림'의 일종으로 결과와 관련된 수많은 원인들을 한눈에 파악할 수 있도록 구조화된 그림을 생선가시처럼 그려서 정확하게 이해하기 위한 목적을 가지고 있다. 토의 · 토론을 통해 이러한 그림을 그리면서 구성원들은 객관적으로 문제가 무엇이며, 그 원인이 무엇인지 정확하게 이해할 수 있게 된다. 문제의 원인뿐만 아니라 어떤 해결방안을 모색할 때도 사용할 수 있다. 특히 모둠 구성원이 토의 · 토론을 통해 함께 이 그림을 완성해 나가면서 원인을 찾고, 원인과 원인과의 관계들을 이해하게 되며, 전체 문제해결의 큰 그림을 얻게 된다는 점에서 매우 유익한 수업이 될 수 있다.


**(ㄴ) 방법**

㉠ 생선의 등뼈를 그린다. 교사는 화이트보드와 보드마카를 모둠에 나누어 주고, 한 가운데에 오른쪽 방향의 굵은 화살표를 긋게 한다. 이것은 생선 등뼈에 해당한다. 그리고 화살표 위에 토의 · 토론 과제를 적는다.

㉡ 등뼈를 중심으로 사선으로 가시를 그린다. 등뼈에 45도로 가시를 그리고, 끝 부분에 토의 · 토론을 통해 도출된 해결 과제의 영역을 적는다. 즉, 이 문제를 해결하기 위한 주요 영역을 적는다. 반드시 4개일 필요는 없으나 너무 많으면 복잡해지므로, 가능하면 6개 이내가 좋다. 그리고 그 가시에 하위 가시를 그려서 영역에 해당하는 구체적인 원인을 적는다.

ⓒ 최종적으로 생선뼈 그림을 다시 정리한다. 이때 특히 중요한 부분은 동그라미를 치거나, 굵은 글씨로 쓰거나, 색연필로 쓰거나 해서 강조한다. 다 그린 그림을 A4에 다시 그려서 정리한다.

**(ㄷ) 유의점**

이 수업은 한 두 사람에 의해 주제가 주도될 가능성이 있다. 가능한 모든 구성원이 참여할 수 있도록 교사의 지도가 필요하다. 생선 등뼈와 가시들은 색을 달리해서 한눈에 이해할 수 있도록 하면 학습이 훨씬 더 재미있을 뿐 아니라 모둠 구성원의 다양한 능력을 반영할 수 있다.

6장

# 현장체험학습을 활용한 프로젝트학습 수업모델

김영진 · 김창아

# 1. 수업모델의 개요

## 1) 수업모델의 이해

이 장에서 소개할 창의·인성 수업모델은 현장체험학습을 활용한 프로젝트학습 수업모델이다. 수업모델 구축을 위해 선정한 교과 내용은 초등학교 3학년 2학기 사회이며, 단원은 다음과 같다.

> 대단원: 1. 고장 생활의 중심지[13]
> 중단원: 2) 사람들이 모이는 곳
> 　　　　4) 고장의 중심지 답사

이 수업모델에서 다루고자 하는 수업의 주제는 '둘러보자! 우리 고장 탐험대'이다. 우리 고장은 아이들에게 가족과 친구들과 생활하는 익숙한 곳이기도 하고, 주변 사람들이 어떤 모습으로 살아가는지를 살펴볼 수 있는 곳이기도 하다. 우리 고장 속에는 여러 가지 요소들이 숨어 있다. 자기 자신과 가족, 친구, 동네 사람들도 있고, 친구들과 어울려 놀 수 있는 놀이터나 공원도 있고, 맛있는 것을 사 먹을 수 있는 슈퍼마켓이나 대형 마트도 있다. 하지만 아이들이 매일 등하굣길이나 생활하는 공간에서 만나는 것들이고 늘 그냥 그 자리에 있어 왔던 것들뿐이다. '둘러보자! 우리 고장 탐험대' 프로젝트는 아이들이 평소 익숙하게 보아 왔던, 늘 그 자리에 있는 것들에 대한 관심을 가져 보자는 생각에서 시작하였다.

우리 고장을 직접 다니며 몸으로 생생한 체험을 함으로써 사람들이 살아가는 모습도 살펴보고, 우리 고장의 중심지나 특징적인 곳(중심지, 보물장소 등)을 아이들 나름대로 정할 수 있도록 하였다. 모둠별이나 집이 서로 가까운 아이들끼리 소집단을 구성하여 우리 고장의 자랑거리, 좋은 점, 고쳐야 할 점 등을 중심으로 우리 고장 탐험보고서를 만들어 봄으로써 창의적인 문제해결능력과 협동심, 책임감 등을 기르도록 이 수업을 구성하였다. 이와 같은 주제 선정을 통해 수업모델 개발자들이 의도한 창의·인성 교육 요소는 다음과 같다.

---

13 2009 개정 교육과정에 따른 사회과 교육과정에서는 초등학교 3~4학년군 '(5) 우리 지역, 다른 지역'에 해당한다.

| 수행 단계 | 창의·인성 교육 요소 |
|---|---|
| 프로젝트 계획 | 흥미, 문제발견, 논리·분석적 사고 |
| 탐구활동 | 다양성, 열정, 확산적 사고 |
| 현장체험활동 | 개방성, 협동, 논리·분석적 사고 |
| 표현활동 | 흥미, 열정, 수렴적 사고 |
| 결과물 제작 및 발표 | 열정, 수렴적 사고, 논리·분석적 사고 |
| 수업 중 규칙 | 공정, 약속, 정직 |
| 자신의 역할 | 책임, 협동, 자부심 |
| 친구와의 관계 | 배려, 존중, 협동 |

이와 같은 창의·인성 요소를 실제 수업에서 어떻게 구현할 수 있을까?

체험학습은 지식이 구성되고, 기능이 개발되고, 태도가 형성되면 반성적인 사고 및 성찰로 이어지게 된다. 체험학습에서 발생한 행동과 사고를 통합하고 문제의식을 재확인함으로써 개인의 가치 변화를 가져오게 된다. 따라서 현장체험학습을 활용한 주제 중심의 프로젝트학습을 통하여 우리 고장을 직접 둘러볼 수 있는 기회를 제공하여 학생들이 살고 있는 고장의 다양한 모습들을 살필 수 있도록 하는 것이 바람직하다. 이를 위하여 사회 단원 내용을 보다 흥미롭고 창의적인 활동으로 만들기 위한 제재 요소 및 활동 간의 재구성이 필요하다. 그래서 관련 이야기를 듣고 활동 주제를 해결함으로써 보다 창의적이면서 협동적인 학습을 할 수 있도록 활동 주제(둘러보자! 우리 고장 탐험대) 중심으로 활동 내용을 재구성하였다.

현장체험학습과 연계한 효과적인 프로젝트학습을 위해서는 우리 고장의 중심지나 중요 시설 및 도로 상황을 사전에 조사하여 제시하고 학부모 1일 교사 프로그램을 통하여 자원인사를 최대한 활용하는 것이 바람직할 것이다. 우리 고장을 둘러보는 현장체험학습은 학부모 1일 교사 프로그램 운영을 통하여 모둠별 소집단 학생 활동 중심으로 운영할 수 있도록 하였다.

프로젝트학습은 하나의 중심 되는 주제 또는 토픽이 있으므로 주제학습이라고도 하는데, 배울 만한 가치가 있는 주제를 심층적으로 연구·조사하는 것이다. 학생들이 관심을 가지고 있는 내용에 대하여 스스로 주제를 정하고 깊이 있게 탐구를 하거나 조사활동 등의 연구를 진행해 나가면서 다양하고 폭넓은 지식을 쌓으며 보고서의 형태로 제출하게 된다. 이 수업에서는 현장체험학습과 연계하여 직접적으로 우리 고장을 둘러봄으로써 우리 고장의 중심지와 우리 고장 사람들의 다양한 생활 모습들을 알게 하여 우리 고장 탐험보고서를 만들어 보도록 구성하였다.

즉, 1, 2차시 및 6~7차시는 교육과정을 바탕으로 한 프로젝트학습 주제에 따라 재구성된 교과 수업을 진행하고, 3~5차시에 창의적 체험활동을 활용하여 현장체험학습을 하도록 프로젝트 수업을 설계하였다. 차시별 수업 내용을 정리하면 다음과 같다.

| 사전 활동 | • 현장체험학습을 위한 메시지 작성 및 학부모 1일 교사 조직하기<br>• 현장체험학습을 위한 모둠 조직(역할 분담)하기<br>• 우리 고장의 여러 모습에 대한 자료 조사하기 |
| --- | --- |

⇩

| 1차시 | • 프로젝트 해결을 위한 이야기 만나기<br>• 주제망 구성하기 – 관련 경험과 생각 찾아내기<br>• 우리 고장에서 사람들이 많이 모이는 곳의 생활 모습 알아보기<br>• 그림지도에서 중심지 찾아보기 |
| --- | --- |

⇩

| 2차시 | • 우리 고장을 탐험하기 위한 방법 알아보기<br>• 우리 고장 탐험을 위한 계획 세우기<br>• 학부모 1일 교사와의 만남 |
| --- | --- |

⇩

| 3~5차시<br><br>활동 전개하기<br>현장체험학습 | • 우리 고장에서 사람들이 많이 모이는 곳 둘러보기<br>• 우리 고장의 중심지 및 보물 장소 찾아보기<br>• 사람들이 많이 모이는 곳의 특성 알아보기<br>• 현장체험활동으로 스스로 문제해결하기 |
| --- | --- |

⇩

| 6~7차시<br><br>공유 및 표현하기<br>보고서 만들기 | • 우리 고장 탐험활동 후 알게 된 점 발표하기<br>• 우리 고장 탐험활동보고서 만들어 발표하기<br>• 우리 고장 사랑 마크 도안하여 염색하기<br>• 우리 고장 탐험 프로젝트 정리하기 |
| --- | --- |

## 2) 수업의 목표와 평가

다음은 이 수업모델에서 다루고자 하는 학습단원이다. 수업 의도에 따라 학습단원을 재구성하였다.

| 대단원 | 중단원 | 차시 | 내용 요소 | 주요 학습 활동 |
|---|---|---|---|---|
| 1. 고장 생활의 중심지 | 단원 도입 | 1 | • 고장 생활의 중심지 (사람들의 욕구, 고장의 중심지, 이웃 고장) | |
| | 1) 생활에 필요한 것 | 2 | • 사람들의 다양한 욕구 | - 생활하는 데 필요한 것을 알아보는 방법 살펴보기 |
| | | 3 | | - 생활하는 데 필요한 것을 분류하고, 구하거나 이용할 수 있는 곳 알아보기 |
| | | 4 | | - 생활과 연계하여 학습 내용 정리하기 |
| | 2) 사람들이 모이는 곳 | 5 | • 다양한 욕구해결에 따른 고장의 중심지 | - 고장 중심지에 대하여 알아보는 방법 살펴보기 |
| | | 6 | | **- 고장에서 사람들이 많이 모이는 곳과 중심지의 입지적 특징 알아보기** |
| | | 7 | | - 고장에서 사람들이 많이 모이는 곳의 역할과 주변 모습의 특징 알아보기 |
| | | 8 | | - 고장의 중심지에 대해 알게 된 내용 정리하기 |
| | 3) 우리 고장과 이웃고장 | 9 | • 우리 고장과 다른 고장 간의 상호의존관계 | - 우리 고장과 다른 고장 간의 다양한 교류를 알아보는 방법 살펴보기 |
| | | 10 | | - 우리 고장과 이웃 고장 간의 생산물 및 문화 교류와 이유 알아보기 |
| | | 11 | | - 우리 고장과 이웃 고장의 교류를 통한 상호의존 관계 정리하기 |
| | 4)고장의 중심지 답사 | 12 | • 사례 중심지의 생활 모습 조사 | **- 우리 고장의 중심지를 답사하는 과정 알아보기** |
| | | 13 | | **- 우리 고장의 중심지 답사 계획 세우기** |
| | | 14 | | **- 우리 고장의 중심지 조사 보고서 작성하기** |
| | 단원정리 | 15 | • 단원정리 | - 고장의 중심지를 찾고, 고장 사람들이 모이는 이유 정리하기<br>- 우리 고장과 다른 고장 간의 상호 의존 관계 이해하기 |

∴음영 처리가 되어 있는 부분이 수업모델에 활용된 제재이다.

수업모델에서 다루는 교과 연계 사항과 교과 간 연계 사항은 다음과 같다.

| 교과<br>연계<br>사항 | 선수 학습 (국민기본과정) | 본시 학습 (국민기본과정) | 후속 학습 (심화선택과정) |
|---|---|---|---|
| | 초등 2학년 1학기 슬기로운 생활<br>5. 함께 사는 우리 | 초등 3학년 2학기 사회<br>1. 고장 생활의 중심지 | 초등 4학년 1학기 사회<br>1. 우리 지역의 자연환경과 생활<br>모습 |

이 수업에서는 창의·인성 요소로 사고의 확장과 수렴, 몰입, 배려 등을 기르고자 한다. 수업의 목표는 다음과 같다.

- 우리 고장 중심지의 생활 모습을 이해할 수 있다.
- 우리 고장 사람들이 많이 모이는 곳은 교육, 문화, 경제, 교통, 여가 등 개인의 욕구 해결 및 생활과 밀접하게 관련되어 있음을 이해할 수 있다.
- 현장체험학습을 통하여 우리 고장의 생활 모습과 관련된 자료를 수집, 분류, 표현할 수 있다.
- 우리 고장 탐험보고서 만들기를 모둠별로 협동하여 창의적으로 만들어 논리적으로 설명할 수 있다.
- 개인의 능력에 맞는 역할을 분담하여 운영할 수 있다.
- 수업활동 과정에서 새롭게 알게 된 점이나 느낀 점을 표현할 수 있다.

이러한 수업 목표에 대한 평가 목표 또한 위와 같으며, 구체적인 평가 영역과 성취 기준은 다음과 같다.

| 평가<br>영역 | 성취 기준 | 평가 기준 | 평가 척도 | | |
|---|---|---|---|---|---|
| | | | 잘함<br>(10) | 보통<br>(8) | 노력<br>요함<br>(5) |
| 교과<br>학습<br>목표 | • 우리 고장에서 사람들이 많이 모이는 곳의 입지적 특징을 말할 수 있는가? | - 5개 이상: 잘함<br>- 3개 이상: 보통<br>- 1개 이하: 노력 요함 | | | |
| | • 우리 고장 중심지의 생활 모습을 마인드맵으로 잘 나타내었는가? | - 주제에 맞게 하위 요소까지 구성됨: 잘함<br>- 주제에 맞게 중간 요소까지 구성됨: 보통<br>- 주제와 관련 없음: 노력 요함 | | | |
| | • 우리 모둠의 우리 고장 탐험 프로젝트학습 활동에 맞는 계획서를 만들었는가? | - 3개 이상 활용: 잘함<br>- 2개 활용: 보통<br>- 1개 이하: 노력 요함 | | | |

| 교과<br>학습<br>목표 | • 현장체험학습을 통하여 수집한 자료<br>를 체계적으로 분류하였는가? | - 기준을 세워 분류함: 잘함<br>- 기준이 없으나 분류가 됨: 보통<br>- 기준도 없고 분류도 안 됨: 노력 요함 | | | |
|---|---|---|---|---|---|
| 창의<br>인성<br>목표 | • 우리 고장 탐험 프로젝트를 하면서<br>친구들과 협동하였는가? | - 모둠 친구의 의견을 성실하게 듣고 행동함: 잘<br>함<br>- 모둠 친구의 의견을 성실하게 듣기만 함: 보통<br>- 모둠 친구의 의견을 듣지도 않고 혼자 행동함:<br>노력 요함 | | | |
| | • 우리 고장 탐험보고서의 내용이 참신<br>한가? | - 다른 모둠에서 볼 수 없는 내용 요소를 포함<br>함: 잘함<br>- 일반적인 내용 요소만으로 구성됨: 보통<br>- 보고서에 포함되어야 할 필수 내용이 누락됨:<br>노력 요함 | | | |
| | • 현장체험학습을 통하여 수집, 분류한<br>내용을 창의적으로 발표하였는가? | - 특색 있는 발표 형식으로 자신감 있게 발표함:<br>잘함<br>- 일반적인 발표 형식으로 자신감 있게 발표함:<br>보통<br>- 일반적인 발표 형식으로 자신감도 없음: 노력<br>요함 | | | |
| | • 우리 고장 탐험 시 역할 분담을 성실<br>히 수행했는가? | - 맡은 역할을 꾸준히 수행함: 잘함<br>- 맡은 역할을 가끔 잊음: 보통<br>- 맡은 역할을 잊음: 노력 요함 | | | |
| | • 우리 고장 탐험보고 발표회에 적극적<br>으로 참여하는가? | - 맡은 역할을 자발적으로 수행함: 잘함<br>- 맡은 역할을 비자발적으로 수행함: 보통<br>- 맡은 역할을 수행하지 않음: 노력 요함 | | | |
| | • 다른 모둠에서 하는 발표를 바른 자<br>세로 귀 기울여 듣는가? | - 다른 모둠의 발표를 바른 자세로 경청함: 잘함<br>- 특정 모둠의 발표만 바른 자세로 경청함: 보통<br>- 발표 시 경청하지 않음: 노력 요함 | | | |
| 합계 | | | ( )/100 | | |

평가 시 유의해야 할 점은 다음과 같다.

• 평가는 학생들의 모둠별 활동 과정을 교사의 관찰활동으로 이루어지는데, 학생들 모
두 골고루 책임을 맡아 자신이 맡은 부분을 성실히 수행할 수 있도록 교사가 격려하
고 조언한다.
• 우리 고장 탐험보고서를 만든 후 결과물에 대한 평가도 이루어지므로 우리 고장의 다
양한 모습이 잘 드러날 수 있도록 한다.

# 2. 수업지도안의 실제

## 1) 1차시: 우리 고장 바로 알기

| 활동주제 | 둘러보자! 우리 고장 탐험대 | | 차시 | 1/7 (40분) |
|---|---|---|---|---|
| 학습목표 | 우리 고장에서 사람들이 많이 모이는 곳의 특징을 알아볼 수 있다. | | | |
| 활동내용 | • 프로젝트 해결을 위한 이야기 만나기<br>• 우리 고장에서 사람들이 많이 모이는 곳의 생활 모습 알아보기<br>• 그림지도에서 중심지 찾아보기 | | | |

| 학습과정 | 교수-학습 활동 | 창의·인성 교육 요소 | 지도상의 유의점 |
|---|---|---|---|
| 문제 인식<br>[5분] | ① 우리 고장의 모습을 통한 동기 유발<br>② 학습문제 확인 | 호기심, 흥미 유발 | • 우리 고장의 다양한 면에 대하여 관심을 갖도록 유도한다. |
| 문제 탐구<br>[20분] | ③【활동 1】프로젝트 해결을 위한 이야기 만나기<br>※ 이야기 자료 | 사고의 확장(이야기 상상하기) | • 프로젝트 해결을 위한 이야기를 주의 깊게 들으면서 해야 할 일에 대한 생각을 갖게 한다. |
| | ④ 우리 고장 탐험을 위한 토의 및 브레인스토밍 하기 | | |
| | ⑤ 우리 고장에서 경험한 것 발표하기 | 사고의 수렴(공통점과 유사점 찾기) | |
| | ⑥【활동 2】우리 고장에 대한 생각 펼치기<br>※ 학습자료 1 | | |
| 적용·발전<br>[10분] | ⑦【활동 3】그림지도에 나타내기<br>※ 학습자료 2 | 문제발견을 위한 사물 관찰하기 | • 그림지도를 통해서 고장 사람들이 많이 모이는 곳을 표시해 보게 한다. |
| 정리·평가<br>[5분] | ⑧ 우리 고장의 자랑거리 이야기하기<br>⑨ 차시 예고하기 | | |

문제 인식

## ① 우리 고장의 모습을 통한 동기 유발

• 우리 고장의 모습 살펴보기

- 거리, 가게, 관공서, 은행, 서점 등

- 사람들이 많이 모여 있는 모습

- 사람들이 물건을 사고파는 모습

• 우리 고장에서 가고 싶은 곳 말해 보기

- 우리 고장에서 가장 인상적인 곳이나 다른 사람들에게 자랑하고 싶은 곳에 대해
발표하기

② 학습문제 확인

• 학습문제 생각하여 발표하기

- "우리 고장에서 사람들이 많이 모이는 곳을 찾아보자."

• 학습 안내하기

- 활동 1: 프로젝트 해결을 위한 이야기 만나기

- 활동 2: 우리 고장에 대한 생각 펼치기

- 활동 3: 그림지도에서 중심지 찾아보기

문제 탐구

③ 【활동 1】 프로젝트 해결을 위한 이야기 만나기

• 이야기 속에서 알 수 있는 내용 알아보기

- 제시되는 이야기 속의 내용 파악하기

- 이야기에 나온 장소와 그곳에서 하는 일 알아보기

④ 우리 고장 탐험을 위한 토의 및 브레인스토밍하기

- 우리 고장을 탐험하기에 앞서 미리 챙겨 보아야 할 것에 대하여 생각해 보고 발표하기
  - 우리 고장의 특징
  - 우리 고장의 자랑거리
  - 우리 고장에서 사람들이 많이 모이는 곳
  - 내가 자주 다니는 곳

⑤ 우리 고장에서 경험한 것 발표하기

- 우리 고장의 여러 곳에서 경험한 것을 발표하기
  - 시장·백화점에서의 경험
  - 버스 정류장에서의 경험
  - 놀이시설에서의 경험
  - 공원에서의 경험

⑥ 【활동 2】 우리 고장에 대한 생각 펼치기(마인드맵)

- 우리 고장에서 사람들이 많이 모이는 곳 살펴보기
  - 우리 고장에서 사람들이 많이 모이는 곳은 어디인지 생각해 보고 마인드맵으로 만들어 보기
  - 우리 고장에서 사람들이 많이 모이는 곳에 사람들이 모이는 까닭은 무엇인지 모 둠별로 토의하여 발표해 보기

TIP

우리 고장에서 사람들이 많이 모이는 곳을 모둠별로 토의하기 위해서는 토의하는 방법과 지켜야 할 내용에 대하여 충분히 학습이 되어 있어야 한다. 모둠별로 토의하는 방법에 대한 자료를 참고하여 토 의를 하는 방법과 순서에 대한 연습을 충분히 하는 것이 좋다.


적용·발전

⑦ 【활동 3】 그림지도에 나타내기

- 우리 고장의 그림지도에서 사람들이 많이 모이는 곳 찾아보기
  - 우리 고장에서 사람들이 많이 모이는 곳은 어디인지 그림지도에서 찾아 표시하기
  - 우리 고장에서 사람들이 많이 모이는 곳에 사람들이 모이는 까닭 알아보기
- 미래의 우리 고장 모습 상상해 보기

– 미래의 우리 고장에서 사람들이 많이 모이는 곳과 그 이유 생각해 보기(놀이동산, 스포츠 경기장, 공원 등)

TIP

미래의 우리 고장 모습을 상상해 봄으로써 우리 고장에서 사람들이 많이 모이는 곳과 그 이유에 대한 생각을 해 볼 수 있다. 우리 고장 사람들이 가장 원하는 곳이 무엇인지를 설문 통계를 내어 제시할 수도 있다. 여가생활, 문화생활, 취미생활 등에 대해 미리 학부모들을 대상으로 설문 작업을 진행할 수도 있다.

정리 · 평가

⑧ 우리 고장의 자랑거리 이야기하기

- 자연환경이 깨끗하여 사람들이 생활하기에 좋다.

- 교통이 발달하여 원하는 곳을 빠르게 갈 수 있다.

- 체육시설이나 문화시설이 많이 있어서 취미생활 하기에 좋다.

- 큰 시장이 있어서 물건을 쉽게 구입할 수 있다.

⑨ 차시 예고하기

- 우리 고장 탐험을 위한 계획 세우기

## 2) 2차시: 우리 고장 탐험을 위한 계획 세우기

| 활동주제 | 둘러보자! 우리 고장 탐험대 | | 차시 | 2 / 7 (40분) |
|---|---|---|---|---|
| 학습목표 | 우리 고장을 탐험하기 위한 계획을 세울 수 있다. | | | |
| 활동내용 | • 생활에 필요한 것 구하는 방법 찾기<br>• 우리 고장 탐험을 위한 계획 세우기<br>• 학부모 1일 교사와의 만남 및 활동 안내하기 | | | |

| 학습과정 | 교수-학습 활동 | 창의 · 인성 교육 요소 | 지도상의 유의점 |
|---|---|---|---|
| 문제 인식<br>[5분] | ① 동기 유발<br>② 학습문제 확인 | 호기심/흥미, 문제 발견을 위한 사물 관찰하기 | |
| 문제 탐구<br>[20분] | ③【활동 1】생활에 필요한 것을 구하는 방법 찾기 | 사고의 확장(확산적 사고) | • 생활에 필요한 물건을 구하는 방법과 장소를 평소의 체험을 통해서 알게 한다. |
| | ④【활동 2】우리 고장 탐험을 위한 계획 세우기<br>※ 학습자료 3 | 사고의 수렴(실천 가능한 문제해결방법 찾기) | • 모둠별 소집단을 조직하여 우리 고장 탐험을 위한 장소를 선정하도록 한다. |

| 적용·발전<br>[10분] | ⑤【활동 3】학부모 1일 교<br>사 소개와 활동 안내하기<br>※ 도움자료 2, 3 | 배려(주변 사람에게<br>관심과 애정 갖기) | • 학부모 1일 교사는 사전에 안내문을 발송<br>하여 참여 의사를 밝혀 온 학부모를 중심으<br>로 조직한다. |
|---|---|---|---|
| 정리·평가<br>[5분] | ⑥ 정리·평가 | | |

## 문제 인식

### ① 동기 유발

- 사람들이 많이 모이는 곳에 갔던 경험 말하기

  - 재래시장, 백화점에 갔던 경험

  - 공원에 갔던 경험

  - 경기장에 갔던 경험

- 우리 고장에서 사람들이 많이 모이는 곳 찾아보기

  - 사람들이 많이 모이는 곳을 찾아보고 말하기

> **TIP**
>
> 우리 고장에 대한 자료들은 시(도)청 누리집, 구(군)청 누리집, 각 지역 방송국 누리집, 또는 각종 검색
> 할 수 있는 누리집에서 찾을 수 있다. 사전 조사 과제로 우리 고장에서 사람들이 많이 모이는 곳을 조사
> 해서 발표해 보는 것도 좋다.

### ② 학습문제 확인

- 학습문제 생각하여 발표하기

  - "우리 고장을 탐험하기 위한 계획을 세워 보자."

- 학습 안내하기

  - 활동 1: 생활에 필요한 것 구하는 방법 찾기

  - 활동 2: 우리 고장 탐험을 위한 계획 세우기

  - 활동 3: 학부모 1일 교사 소개와 활동 안내하기

## 문제 탐구

### ③【활동 1】생활에 필요한 것을 구하는 방법 찾기

- 생활에 필요한 것과 더 편리하고 나은 생활을 위해 필요한 것을 구하는 방법 찾기

  - 우리 고장에서 살아가는 데 필요한 것을 구하는 곳과 방법을 찾아보기

- 우리 고장에서 더 편리하고 나은 생활을 위해서 필요한 것을 구하는 곳과 방법을 찾아보기
- 우리 고장의 다양한 장소(음식점, 영화관, 백화점, 가게 등)에 따라 생활에 필요한 것을 구하는 방법들을 찾아보기

TIP

살아가는 데 필요한 것과 더 나은 삶을 위해 필요한 것의 차이가 무엇인지를 알게 한다. 살아가는 데 필요한 것은 의식주와 같이 그 자체가 없으면 생활을 유지해 나가기 어려운 것들인 반면, 더 나은 삶을 위해 필요한 것은 여가생활, 문화생활, 행정 서비스, 교육 등과 같이 인간다운 생활을 영위하기 위해 있으면 좋은 것들임을 알게 한다.

④【활동 2】우리 고장 탐험을 위한 계획 세우기
- 우리 고장 탐험을 위한 장소 선정하기
  - 의식주 생활에 필요한 장소
  - 더 나은 삶을 위해 필요한 장소
- 우리 고장 탐험을 위한 방법 알아보기
  - 모둠별로 우리 고장 탐험 방법 알아보기
  - 모둠별로 역할 분담(사진 촬영, 보고서 작성, 안내 등)하고 활동 계획 세우기
- 우리 고장 탐험을 위한 궁금한 점 알아보기
  - 우리 고장 탐험을 하면서 조사해 보고 싶거나 궁금한 점 알기
  - 사람들이 많이 모이는 곳의 특징 조사하기, 상점이나 가게 등에서 하는 일 알기
- 우리 고장 탐험을 위해 도움받을 곳과 도움받을 사람 알아보기
  - 도움받을 사람 인터뷰 계획 세우기
- 필요한 준비물이 무엇인지 알아보고 서로 준비해 오기

TIP

우리 고장 탐험을 위한 장소를 선정할 때는 검색 사이트(네이버, 다음, 구글, 야후 등)에서 지도 검색을 하여 학생들에게 우리 고장 주변의 지도를 제시하면 장소 선정을 하는 데 훨씬 더 도움을 줄 수 있다. 교사 중심의 관광하는 학습이 아니고 학생 중심의 모둠 단위로 이루어지는 활동이기 때문에 학생들은 모둠 단위로 과제를 해결할 수 있어야 한다. 혼자 아닌 여럿이 어울려 과제를 해결해 봄으로써 협동학습의 효과를 기대해 볼 수 있게 된다.

⑤ **【활동 3】학부모 1일 교사 소개와 활동 안내하기**

- 학부모 1일 교사 소개와 만남의 시간 갖기
  - 모둠별로 학부모 1일 교사와 만남의 시간을 갖고, 우리 고장 탐험활동을 하면서 어떻게 해야 하는지에 대한 약속 정하기
  - 학부모 1일 교사의 역할에 대한 이야기 나누기
  - 학부모 1일 교사 위촉장 수여하기

> **TIP**
>
> 학부모 1일 교사는 사전에 학부모 통신문을 통해서 우리 고장 탐험대 활동에 대한 안내를 하여 희망자를 신청받는다. 학생들에게는 수업을 통해 우리 고장 탐험대 활동에서 지켜야 할 점과 주의사항을 이야기한다. 또한 학부모 1일 교사는 학부모의 자녀가 있는 모둠보다는 다른 모둠을 선정할 수 있도록 하는 것이 좋다.

⑥ **정리 · 평가**

- 우리 고장을 탐험하기 위한 계획의 실현성 파악하기
  - 우리 고장 탐험을 위한 모둠별 계획을 발표하고 실현 가능한지를 파악하기
- 알게 된 점이나 느낀 점 이야기하기
- 차시 예고
  - 우리 고장 탐험을 위한 구체적인 자료 준비하기

## 3) 3~5차시: 우리 고장 탐험하기

| 활동주제 | 둘러보자! 우리 고장 탐험대 | 차시 | 3~5/7 (120분) |
|---|---|---|---|
| 학습목표 | 우리 고장에서 사람들이 많이 모이는 곳을 둘러보고 자료를 수집할 수 있다. | | |
| 활동내용 | • 우리 고장에서 사람들이 많이 모이는 곳 둘러보기<br>• 사람들이 많이 모이는 곳의 특성 알아보기<br>• 현장체험활동으로 스스로 문제해결하기 | | |

| 학습과정 | 교수–학습 활동 | 창의·인성 교육 요소 | 지도상의 유의점 |
|---|---|---|---|
| 문제 인식<br>[10분] | ① 동기 유발<br>② 학습문제 확인 | 정보·자료 수집 방법 익히기 | • 학부모 1일 교사의 역할을 명확히 알게 한다. |
| 문제 탐구<br>[30분] | ③【활동 1】우리 고장 둘러보기 출발 | 문제해결력, 문제발견을 위한 사물 관찰하기 | • 모둠별로 메시지 활동이 너무 경쟁이 되지 않도록 하며, 모둠내의 역할을 명확히 알게 한다. |
| | ④【활동 2】도전! 우리 고장 탐험활동<br>※도움자료 4,<br>학습자료 4 | 문제해결력(일상생활에서 문제 인식과 문제해결하기), 협동(배려), 책임감(나의 역할 이해하기) | • 활동을 하면서 예기치 못한 일이나 당황스러운 일이 발생하면 즉각 교사에게 알리도록 한다.<br>• 학부모 1일 교사가 학생이 해야 할 일을 대신 하지 않도록 한다. |
| 적용·발전<br>[25분] | ⑤【활동 3】안전하게 탐험을 마치고 온 것 축하하기 | 신뢰(약속), 책임감(내가 해야 할 일을 수행하지 못했을 때 결과 수용하기) | • 우리 고장 탐험을 마치고 돌아온 모둠에게는 환영의 박수와 칭찬을 해 주어서 자신감을 갖게 한다.<br>• 우리 고장 탐험활동을 통해서 새롭게 알게 된 점, 좋았던 점, 칭찬해 주고 싶은 점 등을 이야기하며 생각을 서로 나누게 한다. |
| 정리·평가<br>[5분] | ⑥ 정리·평가 | | |

문제 인식

① 동기 유발

• 우리 고장 둘러보기를 실시하기 전 준비물과 주의사항 이야기하기

 - 각자 준비물을 다시 한 번 점검한다.

 - 모둠별로 모둠장의 순서를 정한다. (각 코스별로 지정된 장소를 지날 때는 모둠장 역할을 서로 바꾸어 해 볼 수 있도록 한다.)

 - 모둠별 활동 조끼를 받는다. (활동 조끼가 없으면 모둠별 윗옷 색깔만 통일할 수도 있다.)

• 학부모 1일 교사 확인하기

 - 학부모 1일 교사의 역할을 다시 확인한다.

TIP

학생들이 학교 밖에서 활동을 할 경우에는 예상치 못한 일이 발생할 수 있기 때문에 대비를 해야 한다. 그래서 우리 고장 탐구 현장체험활동을 하기 전에 학교장 내부 결재를 통해서 미리 허락을 구하는 것이 좋다. 동학년 단위로 이루어질 경우에는 반별로 날짜를 다르게 하여 너무 많은 인원이 움직이지 않도록 하자.

② 학습문제 확인

- 학습문제 생각하여 발표하기

  - "우리 고장에서 사람들이 많이 모이는 곳을 둘러보자."

- 학습 안내하기

  - 활동 1: 우리 고장 둘러보기 출발

  - 활동 2: 도전! 우리 고장 탐험활동

  - 활동 3: 안전하게 탐험을 마치고 온 것을 환영해요

문제 탐구

③【활동 1】우리 고장 둘러보기 출발

- 모둠별 메시지 나눠 주기

  - 모둠장은 활동 메시지가 들어 있는 봉투를 받아서 모둠원에게 나눠 준다.

  - 한 모둠씩 모둠장이 보고를 하고, 1번 메시지를 읽고 출발한다.

    예) ○모둠, 우리 고장 둘러보기를 위해 출발합니다. 우리 모둠은 잘 할 수 있습니다.

  > TIP
  >
  > 모둠별로 활동 메시지는 사전에 미리 준비하여 전달한다. 학부모 1일 교사에게도 활동 메시지를 전달하여 학생들이 활동하는 데 필요한 도움을 제공할 수 있도록 하고, 반드시 학생들이 중심이 되어야 한다는 것을 강조한다.

④【활동 2】도전! 우리 고장 탐험활동

- 학교를 출발하여 각 모둠은 메시지의 지시에 따라 과제 수행하기

  - 메시지의 지시에 따라 침착하게 우리 고장 탐험활동을 전개하여 과제를 수행한다.

  - 활동 중 반드시 교사에게 중간보고를 한다. 학생이 잊을 경우에는 학부모 1일 교사가 일깨워 줄 수 있다.

    예) ○모둠, ○○에 잘 도착했습니다.

- 모둠별 체크

  - 교사는 모둠별 보고 상황을 전화로 체크하고 수시로 확인한다.

  - 반드시 중간에 보고를 하도록 하여 진행 상황을 체크한다.

- 활동 내용 살펴보기

  - 모둠별로 우리 고장 탐험활동을 하면서 계획했던 것들을 중심으로 우리 고장의

중심지 특성을 살펴본다.

- 우리 고장 중심지에서 사람들의 생활 모습을 살펴본다.

• 모둠별 사전 활동 계획에 따라 현장학습활동하기

 - 사전 조사 자료와 비교하며 답사하기

 - 새롭게 알게 된 사실만 메모하기

 - 사진촬영 및 필요한 부분 스케치하기

 - 비디오 촬영하기

TIP

학부모 1일 교사는 학생들이 돌발사고가 생길 땐 도움을 주도록 하며, 중간보고를 받은 교사는 칠판이나 활동일지에 모둠별 보고 시각을 기록하도록 한다. 교사가 직접 우리 고장 탐험활동에 동행하지 않고도 전체적인 활동 상황 파악이 가능하다.

적용 · 발전

⑤【활동 3】안전하게 탐험을 마치고 온 것 축하하기

• 모둠별로 활동을 마치고 무사히 도착하기

 - 활동을 마치고 도착한 모둠은 보고한다.

  예) ○모둠 무사히 도착하였습니다.

 - 먼저 온 모둠은 다른 모둠이 도착할 때까지 기다리면서 우리 고장 탐험활동에서 있었던 일들에 대해서 이야기를 나눈다.

• 축하파티하기

 - 다과를 먹으면서 우리 고장 탐험활동에 대한 이야기를 자연스럽게 나눈다.

 - 학부모 1일 교사와 함께 축하 파티 후 기념촬영도 한다.

 - 파티 후 자기 자리 및 주변을 정리 정돈한다.

TIP

학생들이 우리 고장 탐험활동을 하고 무사히 학교로 돌아왔을 때 칭찬과 함께 음료수나 다과를 준비하여 조촐한 환영 파티를 하는 것이 좋다. 스스로 해내었다는 자신감, 친구들과 함께 협동해서 더욱 재미있고 의미가 있었다고 하는 만족감을 갖게 하기 위해서이다.

⑥ 정리 · 평가

- 우리 고장 탐험 현장체험활동에 대한 소감 간단히 발표하기
  - 우리 고장 탐험에서 알게 된 점이나 느낀 점 등을 간단히 적어서 발표한다.
- 차시 예고
  - 우리 고장에 대한 여행보고서 만들기

## 4) 6~7차시: 우리 고장 탐험보고서 만들기

| 활동주제 | 둘러보자! 우리 고장 탐험대 | | 차시 | 6~7/7 (80분) |
|---|---|---|---|---|
| 학습목표 | 우리 고장 탐험보고서를 만들 수 있다. | | | |
| 활동내용 | • 우리 고장 탐험활동 후 알게 된 점 발표하기<br>• 우리 고장 탐험보고서 만들어 발표하기<br>• 우리 고장 사랑 마크 도안하여 염색하기<br>• 우리 고장 탐험 프로젝트 정리하기 | | | |

| 학습과정 | 교수 – 학습 활동 | 창의·인성 교육 요소 | 지도상의 유의점 |
|---|---|---|---|
| 문제 인식<br>[10분] | ① 전시 학습 상기<br>② 동기 유발<br>③ 학습문제 확인 | 사고의 수렴(문제해결을 위한 자료 및 내용 정리하기) | • 우리 고장 탐험을 하면서 새롭게 알게 된 점이나 재미있었던 점을 이야기한다.<br>• 우리 고장에서 가장 자랑하고 싶은 보물 장소를 학생들이 스스로 정하게 한다. |
| 문제 탐구<br>[50분] | ④【활동 1】우리 고장 탐험 활동 후 알게 된 점 발표하기 | | |
| | ⑤【활동 2】우리 고장 탐험 보고서 만들기 | 문제해결력(정보·자료 유형화하기) | • 우리 고장 탐험보고서는 학생들이 부담을 느낄 만큼 너무 많은 내용이 담기지 않도록 한다.<br>• 다양한 방법과 자료를 활용하여 창의적으로 만들도록 한다. |
| | ⑥【활동 3】우리 고장 탐험 보고서 발표하기<br>※학습자료 5 | 몰입(새로운 문제에 도전하여 스스로 해결하기) | • *우리 고장 탐험보고서를 만들기 어려울 경우에는 디지털 카메라로 찍은 사진을 보여 주면서 발표할 수 있다. |
| 적용·발전<br>[15분] | ⑦【활동 4】우리 고장 탐험 프로젝트 정리하기<br>※학습자료 6,<br>도움자료 6 | 개방성(자신의 감정 표현하기), 독립성(다양한 용도 생각해 보기) | • 우리 고장 사랑 마크 염색하기가 어려운 상황이라면 다른 방법으로 진행할 수 있다.(우리 고장 포스터 그리기, 표어 만들기, 노래 만들기 등) |
| 정리·평가<br>[5분] | ⑧ 정리 · 평가<br>※체크리스트 | | |

① 전시 학습 상기

- 우리 고장 탐험대 활동에 대해 발표하기
  - 지난 시간에 실시했던 우리 고장 탐험대 활동에 대해 생각나는 점을 이야기하기

  **TIP**

  짧은 시간에 많은 학생이 발표하기 위해서는 반 전체 학생이나 모둠별, 또는 모둠 안에서 번호를 정하여 순서대로 주어진 주제에 대하여 돌아가면서 발표하는 게 좋다. 발표를 하면서 앞에 발표한 학생과 같은 생각이거나 생각이 떠오르지 않을 때는 발표를 하지 않을 수 있다. 시간을 정해 주고, 정해진 시간 안에 발표가 마무리되면 학급 차원에서 보상을 함으로써 적극적인 참여를 유도한다. 유의할 점은 교사가 주제를 말하고 난 후 발표를 시작하는 시점을 정해 주어야 첫 번째 발표하는 어린이가 당황하지 않고 발표할 수 있다.

② 동기 유발

- 우리 고장의 보물 장소 소개하기
  - 외국에서 온 학생이나 다문화가정 학생에게 우리 고장을 소개한다면 어떤 곳을 소개할지 생각해 보기
  - 우리 고장에서 가장 자랑하고 싶은 곳(보물 장소)가 어디인지 생각해 보고, 떠오르는 생각 발표해 보기

③ 학습문제 확인

- 학습문제 생각하여 발표하기
  - "우리 고장 탐험보고서를 만들어 보자."
- 학습 안내하기
  - 활동 1: 우리 고장 탐험활동 후 알게 된 점 발표하기
  - 활동 2: 우리 고장 탐험보고서 만들기
  - 활동 3: 우리 고장 탐험보고서 발표하기
  - 활동 4: 우리 고장 탐험 프로젝트 정리하기

④【활동 1】우리 고장 탐험활동 후 알게 된 점 발표하기

- 우리 고장 탐험활동 후 알게 된 점
  - 우리 고장 탐험활동하면서 가장 많이 볼 수 있었던 것

- 우리 고장 탐험활동하면서 만난 사람들의 모습
- 우리 고장 중심지의 모습과 중심지의 넓이
- 우리 고장 중심지에 사람들이 모이는 이유

⑤ 【활동 2】 우리 고장 탐험보고서 만들기

• 우리 고장 탐험보고서를 다양한 방법으로 만들기
- 파워포인트를 이용한 우리 고장 탐험보고서 만들기(우리 고장을 탐험하면서 찍은 사진과 조사한 내용 함께 활용)
- 한글 프로그램을 이용한 우리 고장 탐험보고서 만들기(신문 형태)
- 우리 고장 지도(약도)를 이용한 우리 고장 탐험보고서 만들기
- 우리 고장에 대한 마인드맵을 이용한 우리 고장 탐험보고서 만들기
- 다양한 방법과 자료를 활용하여 창의적으로 만들도록 한다.

⑥ 【활동 3】 우리 고장 탐험보고서 발표하기

• 모둠별로 우리 고장 탐험보고서 발표하기
- 모둠별로 만든 우리 고장 탐험보고서를 다양한 방법으로 발표한다.
• 모둠별로 우리 고장 탐험보고서 평가하기
- 모둠별 발표가 끝난 후 '으뜸 상', '아하! 상', '함께해요 상'을 받을 모둠을 뽑는다.

⑦【활동 4】우리 고장 탐험 프로젝트 정리하기

- 우리 고장 탐험 프로젝트 정리하기
  - 우리 고장 탐험 프로젝트를 하면서 기억에 남는 일, 재미있었던 일, 힘들었던 일, 알게 된 점, 더 알고 싶은 점, 느낀 점 등을 중심으로 정리하며 글쓰기

TIP

우리 고장 탐험 프로젝트를 정리하면서 글쓰기를 할 때는 기억에 남는 일, 재미있었던 일, 힘들었던 일, 알게 된 점, 더 알고 싶은 점, 느낀 점 중에서 선택해서 한 가지를 중심으로 자세하게 쓸 수 있도록 한다.

- 우리 고장 사랑 마크 염색하기
  - 우리 고장을 사랑하는 마음을 모아 우리 고장 사랑 마크를 옷에 염색하기
  - 우리 고장 사랑 마크에는 어떤 의미가 담겨 있는지 생각해 보기
  - 우리 고장을 사랑하고 지키는 마음을 담고 있는 우리 고장 사랑 마크를 흰 옷에 염색하기
  - 염색한 옷을 입어 보기

(5) 정리·평가

⑧ 정리 · 평가

- 우리 고장 탐험 프로젝트를 마치면서 생각 발표하기
  - 기억에 남는 점이나 재미있었던 점, 그리고 어려웠던 점 등을 발표한다.
  - 새롭게 알게 된 점에 대해서 발표한다.
  - 우리 고장 탐험 프로젝트에 대해 자기평가 및 상호평가를 한다.

TIP

체크리스트의 활용: 체크리스트는 교수-학습에서 필요한 요소가 잘 학습이 되었는지를 손쉽게 파악할 수 있는 장점을 갖는다. 교사가 아동을 대상으로 할 수도 있으나, 아동 스스로가 자신의 활동 사항에 대해 체크함으로써 자신의 성취 수준을 스스로 가늠해 볼 수 있고, 다음 학습에서는 어떻게 활동을 해야 할지 스스로 성찰하는 기회를 제공한다. 체크리스트의 안내는 1차시부터 이루어질 수도 있는데, 이 경우 학생들은 무엇을 중점적으로 학습하고 활동해야 하는지를 알 수 있다는 장점이 있다. 본고에서는 마지막 차시에서만 제시를 하였는데, 이는 저자가 가르친 아동의 특성을 기준으로 삼았기 때문이다.

## 가) 1차시: 우리 고장 바로 알기

### (ㄱ) 이야기 자료_ 세현이의 시장 나들이

"세현아, 빨리 일어나. 지금 일어나지 않으면 남겨놓고 우리끼리 가 버릴 거다."

이불 속에서 잠을 자고 있는 세현이는 어머니께서 흔들어 깨우는 소리를 듣고 나서야 겨우 눈을 비비며 일어난다.

"오늘이 무슨 날이예요? 왜 이리 아침 일찍 일어나요?"

"이 녀석. 어제 이야기를 했는데, 컴퓨터랑 논다고 잘 듣지 않았던 모양이구나. 내일 할머니 생신이라 멀리 있는 친척들이 우리 집에 오신다고 하지 않았니?"

"할머니 생신이요? 그럼 할머니께서도 우리 집에 오시나요?"

"그럼. 삼촌께서 할머니를 모시고 오실 거야. 오후에 버스 터미널로 나가 봐야 한단다."

"야호. 그럼 서울에 있는 사촌동생 규호랑 대구에 있는 근영이도 오겠네요."

세현이는 규호와 근영이도 온다는 말에 기분이 좋아졌다. 아버지와 어머니는 벌써 집안 정리정돈과 청소를 하고 계셨다. 세현이도 자기 방 정리정돈을 하고, 사촌동생 규호랑 가지고 놀 장난감도 챙겨 놓았다.

아침밥을 먹고 난 뒤에 아버지와 어머니는 할머니 생신 준비를 위해서 시장에 간다고 하셨다.

"아버지, 저도 시장에 따라가고 싶어요."

"그래. 우리 세현이도 이제 3학년이 되었으니 시장이 어디에 있는지, 시장에서 사람들이 무엇을 하는지 알아야 할 때가 되었구나."

세현이 가족은 아버지 차를 타고 시장으로 향했다. 시장에 도착할 즈음에 차와 사람들이 너무 많아서 한참 시간이 걸렸다. 시장에는 많은 사람들이 있었다. 생활에 필요한 물건을 사는 사람, 물건을 파는 사람, 구경하는 사람 등 많이 있었다. 또 우리 생활에 필요한 물건들이 아주 많았다. 세현이에게는 모든 것이 새롭고 신기하게 보였다.

세현이는 시장 외에도 사람들이 많이 모이는 곳이 어디인지 참으로 궁금해졌다. 그리고 친척들이 오면 자랑할 만한 곳이 어디인지도 궁금해졌다. 세현이의 궁금증을 해결할 수 있는 방법은 없을까?

**(ㄴ) 학습자료 1_ 우리 고장 마인드맵**

▶ 우리 고장에 대하여 알고 있는 것을 마인드맵으로 만들어 봅시다.

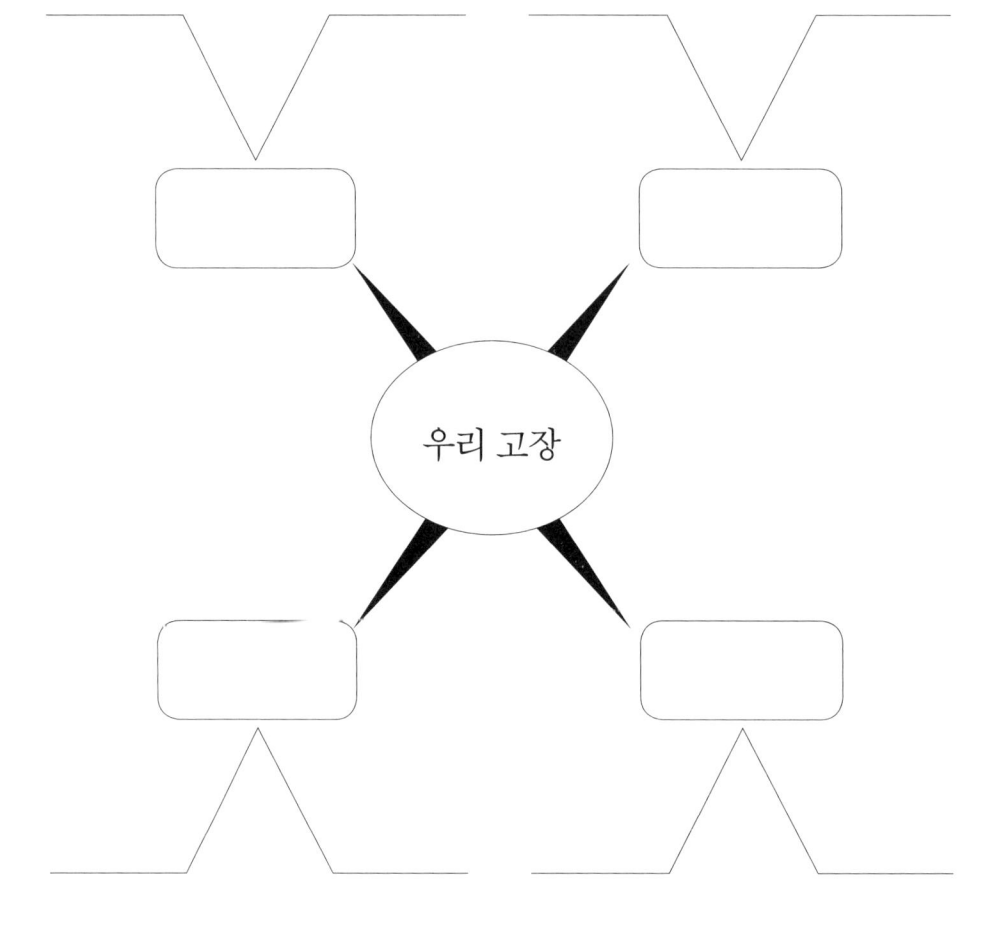

### (ㄷ) 도움자료 1_ 모둠별 회의 시나리오

▶ 회의주제 : 이번 주에 우리 모둠에서 반드시 해야 할 일

> ❶ 모둠 회의를 할 때는 앉은 자리에서 몸을 기울여 바짝 다가앉는다. ❷ 모둠장은 모둠 회의를 진행하는 사회자가 되고, 한 명을 정해 기록하는 역할을 준다. ❸ 모둠 회의를 할 때는 주제에 맞게 자기 의견을 말하고, 다른 사람의 의견을 듣는다. ❹ 모둠 회의나 모둠에서 만들어야 할 것들은 정해진 시간에 마치도록 한다. ❺ 모둠 회의를 할 때는 절대 큰소리를 내거나 장난을 치지 않는다. 다른 모둠에게 방해가 된다. ❻ 모둠 회의를 할 때는 가만히 있지 말고 자기 생각을 자연스럽게 발표하도록 한다.

**사회자**  지금부터 ○모둠 회의를 시작하겠습니다. 오늘 회의 주제는 이번 주에 우리 모둠에서 반드시 해야 할 일(미션)에 대한 것입니다. 좋은 의견 있으면 말씀해 주십시오.

**모둠원 A**  (손을 든다.)

**사회자**  네. A는 말씀해 주십시오.

**모둠원 A**  저는 우리 모둠에서 쉬는 시간에 주변 정리를 잘 했으면 좋겠습니다. 쉬는 시간이 되면 책걸상이 비뚤어져 있는 모습을 많이 보았기 때문입니다.

**모둠원 B**  (손을 든다.)

**사회자**  네. B는 말씀해 주십시오.

**모둠원 B**  저는 A의 의견과는 조금 다릅니다. 저는 우리 모둠에서 도서관에 가서 책을 읽고 난 뒤에 토론을 하였으면 합니다. 요즘 도서관에 가는 친구들이 적다고 합니다. 그래서 우리 모둠에서 도서관에 자주 가서 책을 읽었으면 합니다.

**모둠원 C**  (손을 든다.)

**사회자**  네. C는 말씀해 주십시오.

**모둠원 C**  네. 저는 B의 의견에 보충하겠습니다. 우리 모두가 쉬는 시간이나 점심시간에 도서관에 가서 책을 읽었으면 좋겠습니다. 선생님께서도 책을 많이 읽으라고 하시고, 책 속에는 우리가 알아야 할 내용들이 많이 있기 때문입니다.

**사회자**  제 생각에도, 우리 모둠에서 책을 읽는 모습을 많이 보여 주는 것은 좋다고 생각합니다. 다른 의견 있습니까?

**모둠원 D**  손을 든다.

**사회자**  네. D는 말씀해 주십시오.

**모둠원 D**  네. 저도 책을 읽는 것은 좋다고 생각합니다. 하지만, 어떤 책을 읽어야 하는 것은 생각해 보아야 할 것 같습니다. 동화책을 읽어야 하는지, 만화책을 읽어도 좋은지를 결정했으면 좋겠습니다.

**모둠원 C**  저도 D의 생각에 찬성합니다. 저는 만화책보다는 동화책이나 위인전, 아니면 과학 상식과 같은 책을 읽었으면 좋겠습니다.

**사회자**  아주 좋은 의견들이 제시되었습니다. 이제 우리 모둠에서 이번 주에 반드시 해야 할 일에 대해서 결론을 지었으면 좋겠습니다.

**모둠원 E**  손을 든다.

**사회자**  네. E는 말씀해 주십시오.

**모둠원 E**  네. 우리 모둠에서 이번 주에 반드시 해야 할 일로는 화, 수, 목 3일 동안 점심 먹고 난 뒤에 도서관에 가서 책을 읽고, 금요일에는 자기가 읽은 책을 발표하였으면 좋겠습니다.

**사회자**  E의 의견에 찬성합니까?

**모두**  네. 찬성합니다.

**사회자**  그러면, 우리 모둠은 이번 주에 해야 할 일로는 화, 수, 목 3일 동안 점심 먹고 난 뒤에 도서관에 가서 책을 읽고, 금요일에는 교실에서 자기가 읽을 책을 발표하는 것으로 정하겠습니다. 이것으로 우리 ○모둠의 회의를 마치겠습니다.(박수 두 번)

**(ㄹ) 학습자료 2_ 우리 고장에서 사람들이 많이 모이는 곳**

▶ 우리 고장의 그림지도에서 사람들이 많이 모이는 곳을 찾아서 표시해 봅시다.

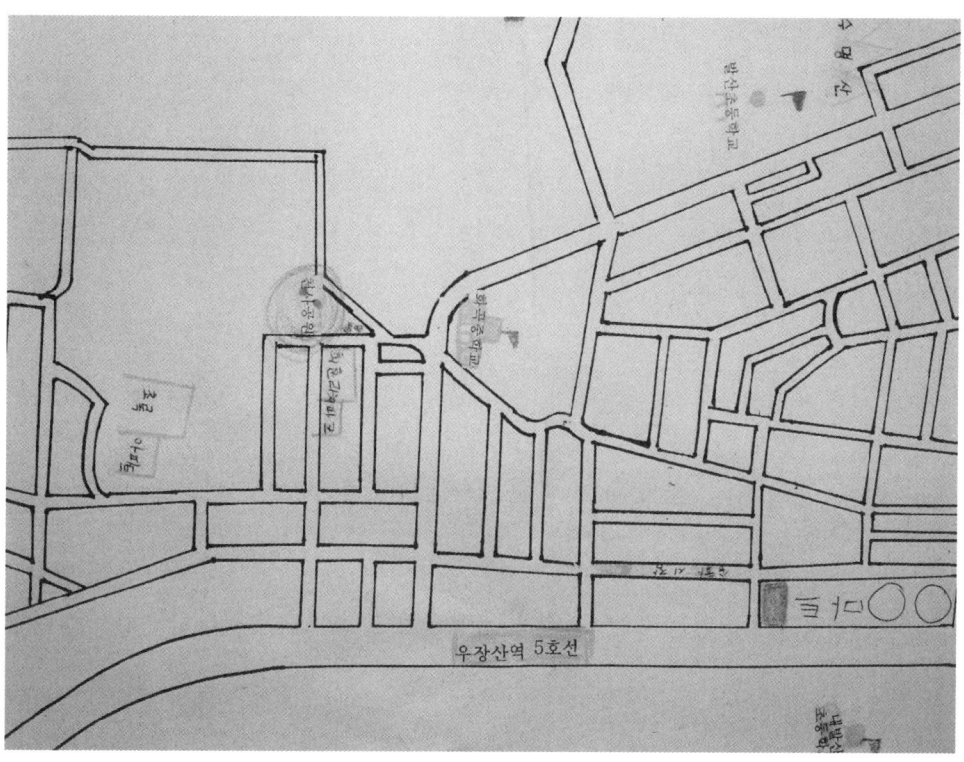

① 그림지도에서 사람들이 많이 모이는 곳은 어디일까요?

② 사람들이 많이 모이는 이유는 무엇일까요?

## 나) 2차시: 우리 고장 탐험을 위한 계획 세우기

### (ㄱ) 학습자료 3_ 우리 고장 탐험 계획 세우기

▶ 우리 고장 탐험을 위한 계획을 세워 봅시다.

|  |  |  |
|---|---|---|
| | 궁금한 점 | |
| 탐험 방법 및 준비물 | 탐험 장소 | 도움받을 곳 |
| | 도움받을 사람 | |

| 자기평가하기 | |
|---|---|
| • 우리 고장 탐험을 위한 방법이 적절한가? | |
| • 우리 고장 탐험을 위한 계획이 구체적인가? | |
| • 모둠에서 내가 맡은 역할을 분명히 알고 있나? | |

**(ㄴ) 도움자료 2_ 학부모 1일 교사에 대한 활동 안내**

㉠ 꼭 챙기세요

- 출발시각, 이용하는 교통 차편, 소요 시간, 도착 시각 등을 수시로 메모해 주세요. (필기도구, 메모지를 준비하세요.)
- 위치, 주변의 도로 상황, 주요 건물, 다니는 사람들의 수 등을 중심으로 탐험할 수 있도록 해 주세요. (사전에 조사한 자료를 중심으로 사진을 찍고 메모하면 좋아요.)
- 장소를 이동할 때마다 꼭 사진이나 비디오로 찍어 주세요.(여러 장면을 사진으로 찍어 두시는 것도 좋아요. 사진기, 비디오카메라를 준비하세요.)
- 학생들의 조사활동 모습도 카메라에 찰칵!
- 탐험을 하면서 얻게 되는 다양한 자료들은 버리지 말고 자료로 활용할 수 있도록 해 주세요.
- 전체와 부분을 함께 볼 수 있도록 해 주세요.

㉡ 굉장히 중요해요.

- 학생들의 교통안전 사고에 만전을 기해 주세요.(이동할 때 질서 지키기, 횡단보도에서 건너기, 뛰지 않기 등등)
- 우리 아이들이 많이 보고 듣고 생각할 수 있도록 부지런히 옮겨 다니세요. 하지만 중간 중간에 인솔교사와 연락을 취하는 것 또한 잊지 마세요. (휴대전화번호를 반드시 메모하세요.)
- 차비와 입장료는 아이들 스스로 낼 수 있도록 하세요. 그것도 현장체험활동이잖아요?
- 점심 식사 후 쓰레기처리를 잘할 수 있도록 해 주세요.

  우리 고장 탐험 현장체험학습에 대한 우리 아이들의 기대가 아주 큽니다. 아는 만큼 보이고 알게 되는 만큼 관심을 갖게 됩니다. 힘드시지만 우리 어린이들에게 많은 것을 보여 줄 수 있도록 최선을 다해 주세요. 감사합니다.

㉢ 챙겨야 할 준비물(학생) ⇨ 필기도구, 메모장, 디지털카메라

**(ㄷ) 도움자료 3_ 우리 고장 탐험 학부모 1일 교사에 대한 학부모 통신문**

## 푸르름이 가득한 9월에 보내드리는 학부모님 통신

학부모님 그동안 안녕하셨습니까?

어느덧 3학년 ○반을 맡아서 생활한 지도 한 학기가 지났습니다. 운동장을 힘껏 달리고 들어오는 아이들의 웃음 가득한 얼굴에 작은 땀방울이 송글송글 맺힙니다.

(중략)

다름이 아니오라, 3학년 사회 교과와 연계하여 우리 고장 탐험대 현장체험학습을 계획하고 있습니다. 3학년 사회 과목을 가만히 들여다보면 생활 속에서의 많은 경험과 현장 견학이나 답사를 통해 머리만이 아닌 발로도 공부를 하도록 되어 있습니다.

우리가 살고 있는 고장에 대한 공부도 마찬가지입니다. 우리 고장의 모습을 알기 위해서는 많은 곳을 직접 둘러봐야 합니다. 하지만 현실적인 여건이 제대로 뒷받침을 해 주지 못하고 있습니다. 또한 현장학습을 가더라도 반 전체가 움직이면 친구 뒤꽁무니만 따라다니다가 실제로 보고 듣고 배우고 오는 게 없는 경우가 많이 있습니다. 그래서 아이들을 4~5명씩 모둠으로 편성해 현장학습을 진행하고자 합니다. 각 모둠별로 아이들이 서로 의논도 하고, 사진도 찍고, 관련 자료를 모아 발표를 하는 과정 속에서 제대로 된 사회 공부를 하게 될 것입니다. 이미 가 본 곳이라도 사전에 공부를 해서 가면 예전에 보지 못한 새로운 것을 발견할 수 있음을 깨닫게 될 것입니다.

학부모님들께 부탁드리고 싶은 것은 각 모둠의 1일 교사가 되어 주십사 하는 것입니다. 아이들이 더 나은 현장학습을 할 수 있도록 시간을 허락해 주시면 고맙겠습니다.

현장 답사할 내용에 맞춰 아이들이 둘러볼 곳을 아래와 같이 짜 보았습니다.

| 모둠 | 우리 고장 탐험대 현장 체험학습 장소 |
|---|---|
| 1모둠 | 코스 A (학교 - 공원 - 대형마트 - 병원 - 경기장 - 학교) |
| 2모둠 | 코스 B (학교 - 농협 - 상가 - 시장 - 은행 - 학교) |
| 3모둠 | 코스 C (학교 - 상가 - 버스정류장 - 가게 - 사거리 - 학교) |
| 4모둠 | 코스 D (1모둠의 거꾸로 코스) |
| 5모둠 | 코스 E (2모둠의 거꾸로 코스) |
| 6모둠 | 코스 F (3모둠의 거꾸로 코스) |

우리 고장 탐험대 학부모 1일 교사 참여를 허락하시는 학부모님께서는 자녀 편에 참여 의사를 보내 주시면 감사하겠습니다.

## 다) 3~5차시: 우리 고장 탐험하기

### (ㄱ) 도움자료 4_ 우리 고장 탐험 프로그램

1. 우리 고장 탐험 프로그램 사전답사
   1) 이 프로그램은 학생들 중심으로 현장에 가서 활동하는 것이므로 사전 답사를 철저히 하여 프로그램을 만들어야 한다.
   2) 장소 선정하기 → 사전 답사 → 활동 프로그램 짜기

2. 결재- 프로그램을 실시하기 전에 학교장의 결재를 받아야 한다.

3. 우리 고장 탐험 프로그램 안내 및 신청
   1) 프로그램을 안내하고 신청서를 받는다.
   2) 우리고장 탐험 프로그램 안내서 1부, 프로그램 내용 1부, 참가신청서 1부

4. 학부모 1일 교사 역할
   1) 학부모 1일 교사는 우리 고장 탐험활동에 희망한 학부모를 중심으로 구성하며, 학생의 안전과 돌발 상황에만 도움을 주는 것을 원칙으로 한다.
   2) 학부모 1일 교사는 학생들의 안전을 위하고 학생들은 어른들의 도움 없이 스스로 활동하게 함으로써 성취감과 용기를 갖도록 하는 데 의의가 있다.

5. 중간보고 기록
   1) 중간보고는 시각과 중간보고 내용을 간단히 기록한다.
      예) 10시 30분: 현재 시장에 도착해서 ○○활동을 하려고 한다.
   2) 모둠별로 학생 한 명이나 학부모 1일 교사는 휴대폰을 준비하여 정한 위치(건널목, 버스정류장, 출발점, 도착점 등 위험한 곳에 배치함)에서 모둠별 진행 상황을 파악하여 교사에게 알린다.
   3) 학교 교실에서는 교사 또는 학부모 1일 교사 한 분이 교실 전화 옆에 앉아 보고를 받고 진행 상황을 기록한다.

## (ㄴ) 학습자료 4_ 우리 고장 탐험을 하면서 알게 된 것

| 탐험한 장소 | | 탐험대 이름 | |
|---|---|---|---|
| 탐험을 같이한 친구 | | | |

| 탐험 내용 | |
|---|---|
| ♣ 우리 고장 탐험 한 곳을 그림이나 지도로 간단하게 나타내어 보세요. | ♣ 우리 고장 탐험을 하면서 알게 된 점을 적어 보세요. |
| | |

| 더 알고 싶은 점이 있으면 적어 보세요. | |
|---|---|
| 나의 오늘 모습은 어떠했는지 적어 보세요. | |
| 오늘 우리 고장 탐험활동을 같이한 학부모님께도 하고 싶은 말을 적어 주세요. | |

**(ㄷ) 도움자료 5_ 각종 안내서**

㉠ 우리 고장 탐험활동 프로그램 안내서

### "우리 고장 탐험 현장체험활동" 프로그램 안내

안녕하십니까?

3학년 사회 교과와 연계하여 우리 고장 탐험대 현장체험학습을 계획하고 있습니다. 3학년 사회 과목을 가만히 들여다보면 생활 속에서의 많은 경험과 현장 견학이나 답사를 통해 머리만이 아닌 발로도 공부를 하도록 되어 있습니다.

우리가 살고 있는 고장에 대한 공부도 마찬가지입니다. 우리 고장의 모습을 알기 위해서는 많은 곳을 직접 둘러봐야 합니다. 하지만 현실적인 여건이 제대로 뒷받침을 해 주지 못하고 있습니다. 또한 현장학습을 가더라도 반 전체가 움직이면 친구 뒤꽁무니만 따라다니다가 실제로 보고 듣고 배우고 오는 게 없는 경우가 많이 있습니다. 그래서 아이들을 4~5명씩 모둠으로 편성해 현장학습을 진행하고자 합니다. 각 모둠별로 아이들이 서로 의논도 하고, 사진도 찍고, 관련 자료를 모아 발표를 하는 과정 속에서 제대로 된 사회 공부를 하게 될 것입니다. 이미 가 본 곳이라도 사전에 공부를 해서 가면 예전에 보지 못한 새로운 것을 발견할 수 있음을 깨닫게 될 것입니다.

학부모님들께 부탁드리고 싶은 것은 각 모둠의 1일 교사가 되어 주십사 하는 것입니다. 아이들이 더 나은 현장학습을 할 수 있도록 시간을 허락해 주시면 고맙겠습니다. 이 프로그램은 교과와 연계한 현장체험학습으로, 학부모님들의 적극적인 협조로 다년간 진행되어 왔음을 말씀드립니다.

ㅇㅇㅇㅇ년  ㅇ월  담임 드림

ⓛ 우리 고장 탐험활동 프로그램 내용

---

## 우리 고장 탐험활동 프로그램

■ 일시: ○○○○년 ○ 월 ○ 일

■ 메시지 활동

코스 A(학교 – 공원 – 대형마트 – 병원 – 경기장 – 학교)

■ 학부모 1일 교사 활동
- 자원한 서 도움 어머니 아버지를
- 각 모둠별로 "동행"
- 활동 아동들의 안전이나 돌발 상황을 위해서 각별히 애씀

■ 활동 내용
- 모둠별 활동(4인 1조)
- 모둠별 활동에 참가하는 아동 복장 통일(안전 확인)
- 현장에서 활동: 우리 고장에서 사람들이 많이 모이는 곳의 특징과 생활 모습 알아보기
- 메시지를 가지고 진행
- 목적지에서 무사히 도착 후 보고
- 학부모 1일 교사의 확인 받음

■ 정리
- 학생들의 도착 후 축하 파티
- 소감 발표 및 간단한 다과회(학부모님과 함께)

ⓒ 참가신청서

# 우리 고장 둘러보기 프로그램 참가 신청서

신청자 : 3학년 (   )반 (   )번
　　　　 이름 (　　　　　　)

| 희망함 | |
|---|---|
| 희망 안 함 | |
| 학부모 1일 교사 | 아버지 | |
| | 어머니 | |

TEL:


　　위 학생은 "우리 고장 탐험활동" 프로그램에 참가를 희망하며 정해진 규칙을 잘 지킬 것을 약속합니다.

○○○○년　　○월　　○일

보호자　　　　　　　인

※ 우리 고장 탐험 프로그램의 일정 및 활동 내용이 다소 변경될 수 있습니다.


ⓓ 활동 메시지

우리 고장 탐험 프로그램은 4인 1조가 되어 지시문(활동 메시지)을 가지고 활동하는 프로그램이다. 모둠이 모여 활동 메시지를 잘 보고 활동해야 하며, 서로 역할 담당을 철저히 해야 하기 때문에 협동심을 기를 수 있다. 활동 메시지는 하나하나 봉투에 넣어서 팀별로 나눠 준다.

〈메시지 1〉

(모둠장은 큰소리로 읽어 주세요.)
출발하기 전 서로 손을 모으고 파이팅을 외쳐 보세요. 무사히 돌아올 것을 다짐도 하세요.

---

길조심~~
천천히 행동합니다.

지금부터는 여러분 친구끼리 우리 고장 탐험활동을 하러 갑니다. 친구와 싸우지 말고 서로 도와 가면서 무사히 다녀오십시오. 길을 건너가야 할 때는 건널목에서 신호나 지나다니는 차량을 잘 보고 길을 건너야 합니다.

반드시 주의~~
차 조심, 길 조심, 사람 조심.
우리 모둠이 오늘 탐험하러 가는 곳을 아래에 적어 보고, 각 장소별로 모둠장의 이름도 적어 보세요.

| 순서 | 장소 | 모둠장 |
|---|---|---|
| 1 | 학교에서 출발 | |
| 2 | | |
| 3 | | |
| 4 | | |
| 5 | | |

---

※ 두 번째 장소에 도착하면 〈메시지 2〉를 펴 보세요. 급할 땐 ☎000-0000를 찾으세요.

<h2 align="center">〈메시지 2〉</h2>

(모둠장은 큰소리로 읽어 주세요.)

주위를 잘 살펴보세요. 우리들 약국이 있나요? 그리고 새마을금고가 보이나요? 두 곳이 보이면 여러분은 잘 찾아가고 있는 것입니다. 무사히 장소에 도착했음을 축하합니다. 이제 여러분은 뭐든지 할 수 있음을 보여 줬습니다.

---

- 이제 부터는 동네 시장 안으로 들어가서 각자 사야 할 것을 사세요.
  - 모둠장은 우리 친구들을 잘 세어 보세요.
  - 긴급한 일이 생겼을 땐 주위에 있는 학부모 1일 교사의 도움을 청하세요.

- 무사히 도착했음을 학교 교실이나 선생님에게 알려 주세요. 휴대폰을 가지고 있는 학생은 중간보고를 합니다. "1차 중간보고입니다. ○모둠 무사히 도착하였습다. 이상 없습니다. 끝!!"

- 친구들과 함께 동네 시장을 둘러보고 활동을 시작합니다. 활동이 끝난 뒤에 동네 약국 앞으로 모이세요. 그곳에서 〈메시지 3〉을 펴 보세요. 여러분의 행운을 빕니다. 자~ 시장으로 출발!

- 동네 시장에서 해야 할 일을 이야기 나누어 보고 간단히 적어 보세요.

---

※〈메시지 2〉는 잘 보관했다가 학교에서 돌려주세요.
※무슨 일이 생기면 학부모 1일 교사나 학교에 있는 선생님께 연락 주세요.

〈메시지 3〉

동네 시장에서 활동을 잘하였습니까? 동네 시장에서 일하는 분들과도 인터뷰를 하였나요? 많은 것들을 배울 수 있었던 시간이 되었을 것이라 생각합니다. 수고가 많았습니다.

---

모둠장은 친구들을 다시 세어 보세요. 그리고 두 사람씩 손을 잡으세요.

여기서부터는 정신을 똑바로 차리고 많이 걸어서 공원 앞까지 가야 합니다. 혹 공원 가는 길을 모르면 옆에 지나가는 분들이나 주변 가게에 들어가서 물어 보세요. 그래도 어렵다면 학부모 1일 교사에게 여쭈어 보세요.

차가 많이 다니는 곳입니다. 조심하여 오십시오.

---

※〈메시지 4〉는 공원에 도착하여 조각상 아래에서 펴 보세요.

〈메시지 4〉

(모둠장은 큰소리로 읽어 주세요.)

공원의 조각상 앞입니까? 여러분들 정말 대단합니다. 무사히 도착했음을 축하합니다.

---

- 항상 우리 모둠의 짝이 있나 없나 살펴보세요.
  - 무사히 도착했음을 학교 교실이나 선생님에게 알려 주세요. 그러면 다음 일을 가르쳐 줄 것입니다.
  - 휴대폰을 가지고 있는 학생은 중간보고를 합니다.
  "2차 중간보고입니다. ○모둠 무사 도착을 알립니다. 이상 없습니다. 끝!!"

- 학생들에게 안내하는 내용 예시
  - 지금 모둠원이 있는 곳(공원)을 둘러보며 특징을 생각하세요.
  - 주변에 어떤 사람들이 무엇을 하고 있는지 메모하세요.

---

※〈메시지 5〉는 할 일을 다 마친 다음 소방서에서 읽고 출발하세요. 잘 모르면 메시지를 또 읽고 또 읽어 보세요

〈메시지 5〉

(모둠장은 큰소리로 읽어 주세요.)

소방서 앞에 도착했나요? 무사히 도착했음을 축하합니다.

이제 여러분은 다시 학교로 되돌아옵니다. 끝까지 안전에 조심~~

---

- 소방서 앞에 있는 건널목으로 건너가세요. 그리고 사랑 병원으로 천천히 걸어갑니다. (메시지를 다시 보세요.) 건너편엔 여러분들이 좋아하는 맥도널드가 있을 겁니다. 가게도 보입니까? 횡단보도가 있고, 마주보이는 곳에 한의원이 있습니다. 확인을 했으면 손을 들고 차를 잘 보고 한의원 쪽으로 건너가세요.
- 친구들과 열심히 우리 고장 탐험활동을 하고 있는 모습이 자랑스럽습니다. 조심해서 학교 교문으로 와서 우리 교실로 들어오세요. 뛰어오면 안 됩니다. 교실에 오면 열심히 한 여러분을 깜짝 놀라게 할 프로그램이 기다리고 있습니다. 열심히 한 여러분을 기다립니다.

  자~ 끝까지 최선을 다하세요!

---

※ 교실에 오면 선생님께 메시지 전부를 돌려주세요.

ⓜ 탐험가 자격증

우리 고장 탐험가 자격증

3학년 ○반 김탐험


　　위 어린이는 우리 고장 탐험 체험활동 공부를 스스로 계획하고
친구들과 협력하여 우리 고장 탐험을 무사히 마치고 돌아왔기에
그 용기와 자신감을 칭찬하며 이 탐험가 자격증을 드립니다.


○○○○년 ○월 ○일


3학년 ○반 담임 △△△

라) 6~7차시: 우리 고장 탐험보고서 만들기

**(ㄱ) 학습자료 5_ 모둠별 평가하여 칭찬하기**
▶ 우리 고장 탐험활동 모둠별 보고서를 보고 칭찬해 봅시다.


㉠ '으뜸 상'을 주고 싶은 모둠과 그 까닭은?

> (                ) 모둠에게 '으뜸 상'을 주고 싶습니다.
> 그 까닭은


㉡ '아하! 상'을 주고 싶은 모둠과 그 까닭은?

> (                ) 모둠에게 '이하! 상'을 주고 싶습니다.
> 그 까닭은


㉢ '함께해요 상'을 주고 싶은 모둠과 그 까닭은?

> (                ) 모둠에게 '함께해요 상'을 주고 싶습니다.
> 그 까닭은

**(ㄴ) 학습자료 6_ 우리 고장 탐험 프로젝트 마치면서**

▶ 우리 고장 탐험 프로젝트를 마치면서 우리 고장에 대한 다양한 생각들을 적어 보세요.

**(ㄷ) 도움자료 6_ 우리 고장 사랑 도안하여 염색하기**

㉠ 우리 고장 사랑에 대하여 학생들에게 도안 공모를 한다.

㉡ 한글 프로그램이나 그래픽 프로그램을 이용하여 우리 고장 사랑 도안을 그리고, TP(OHP
　용지-뒷면에 접착제가 있는 용지)에 복사를 한다.

㉢ 복사한 우리 고장 사랑 도안의 TP용지 검정색 부분을 칼로 오려 낸다.

㉣ 오려 낸 TP용지를 흰 옷에 붙인다.

㉤ 검정색 유성 물감으로 색칠을 하여 완성한다.

㉥ TP용지를 흰 옷에서 떼어 내면 우리 고장 사랑 염색이 끝이 난다.

**(ㄹ) 체크리스트_ 우리 고장 탐험 프로젝트 평가**

| 번호 | 우리 고장 탐험 체크리스트 | ✔ |
|---|---|---|
| 1 | 우리 고장에서 사람들이 많이 모이는 곳의 특징을 말할 수 있어요. | |
| 2 | 우리 고장 중심지의 생활 모습을 마인드맵으로 나타낼 수 있어요. | |
| 3 | 계획대로 우리 고장의 중심지 답사를 잘 다녀왔어요. | |
| 4 | 현장체험학습을 통하여 수집한 자료를 기준을 세워 분류했어요. | |
| 5 | 현장체험학습을 통하여 수집, 분류한 자료의 내용을 열심히 발표했어요. | |
| 6 | 우리 모둠만의 고장 탐험보고서를 모둠 친구와 협동하여 만들었어요. | |
| 7 | 모둠 친구들이 각자 맡은 역할을 열심히 했어요. | |
| 8 | 탐험활동 과정에서 새롭게 알게 된 점이나 느낀 점을 표현했어요. | |
| 9 | 우리 모둠에서 친구들을 가장 많이 도와준 사람은 누구인가요?<br>이름: | |
| 10 | 우리 모둠을 제외하고 나머지 모둠 중에서 우리 고장 탐험활동을 가장 열심히 한 모둠은 어디인가요?<br>모둠 이름: | |

7장

# Eco랄라 학습전략을 통한
# 행동변화학습 수업모델

김영순 · 김현진

# 1. 수업모델의 개요

## 1) 수업모델의 이해

이 장에서 다루게 될 창의·인성 수업모델은 행동변화학습 수업 방식으로 구성된 것이다. 수업모델 구축을 위해 선정한 교과 내용은 초등학교 6학년 사회이며, 단원은 다음과 같다.

> 대단원: 3. 환경을 생각하는 국토 가꾸기[14]
> 중단원: 1) 자연과 더불어 사는 인간
> 　　　　2) 환경문제의 해결을 위한 노력

빠른 경제성장으로 간과해 왔던 환경이 어느덧 우리 삶에서 가장 절실한 문제가 되었고, 이를 위한 해결책으로 '저탄소 녹색성장'이 대두되었다. 사회과는 '사회 현상을 올바르게 인식하고, 사회 지식의 습득과 사회생활에 필요한 기능을 익히며, 민주 사회 구성원에게 요청되는 가치와 태도를 지님으로써 민주 시민으로서의 자질을 육성하는 교과'이다. 사회 현상의 올바른 인식과 실천이라는 측면, 우리 고장의 환경문제를 다양한 의사소통의 과정을 거쳐 해결하는 것, 민주 시민의 자질을 함양하는 측면으로 볼 때 사회과는 녹색성장, 녹색교육 실현의 중핵 교과라 할 수 있을 것이다. 이에 우리 고장의 환경문제를 우리가 해결하여 친환경 도시를 건설해 보자는 의미에서 '우리가 만드는 Eco 도시 인천'을 주제로 선정하였다.

이와 같은 주제 선정을 바탕으로 설계한 수업에서 학생들이 성취하도록 의도한 창의·인성 교육 요소는 다음과 같다.

| 학습활동 | 창의·인성 교육 요소 |
| --- | --- |
| 트위터 활동 | 문제발견, 확산적 사고 |
| 브레인라이팅 | 문제해결력, 다양성, 책임 |
| 시네틱스 활동 | 사고의 확장과 수렴, 유추 능력, 다양성 |
| 홍보물 및 가사 만들기 | 독창성, 개방성, 협동 |

---

14 2009 개정 교육과정에 따른 사회과 교육과정에서는 초등학교 5~6학년군 지리·일반사회 영역 '(3) 환경과 조화를 이루는 국토'에 해당한다.

| 환경보전을 위한 나의 다짐 | 문제해결, 약속 |
|---|---|
| 체험학습 | 흥미, 열정, 수렴적 사고 |
| 자신의 역할 | 책임, 협동, 자부심 |
| 모둠 활동 | 배려, 존중 |

이와 같은 창의·인성 요소를 실제 수업에서 어떻게 구현할 수 있을까?

새로운 민주 시민 교육 방법으로 소개되고 있는 메타플랜(Metaplan)은 민주 시민 교육 과정에서 적용할 수 있는 다양한 토의·토론 방법들을 지칭하는 용어이다. "교수자 중심이 아닌 참가자 중심의 교수 방법으로, 시각적인 매체를 적극적으로 활용하는 교수 기법의 한 형태"라고 할 수 있다. 참여자가 직접 현장에서 학습하고 토론·발표하는 과정 등을 통해 서로 다른 의견이 모여 새로운 의견이 만들어지는 상황을 직접 겪으면서 민주 정치를 이해하게 되는 것이다.

'Eco 랄라(에코 랄라)'란 친환경적인이란 뜻을 가진 'eco'와 기분 좋을 때의 흥겨운 소리를 나타내는 '룰루 랄라'를 조합한 말이다. 이 교수·학습과정 안에서는 환경 관련 문제를 학생들이 바르게 인식하고 민주 시민 자질을 함양시킬 수 있는 다양한 교구와 시청각 매체, 게임 등을 활용한 메타플랜 토의 모형을 적용하고 있다. 이것은 자신의 의견을 전달하고 다른 사람의 의견을 조합하여 새로운 의견을 창조하는 학습활동을 모두 의미한다.

학생들은 여러 사람들 앞에서 논리적 규칙에 맞게 자신의 생각을 말하기를 어려워한다. 사회과에서 말하는 창의력이란 "문제에 대하여 개인적 사고 과정이나 집단적 사고 과정을 통해 새로운 아이디어나 작품을 독창적으로 생각해 내며, 논리적 사고의 규칙에 얽매이지 않고 상상력을 발휘하여 유용한 아이디어를 생산하는 지적 능력이자 정의적 태도"이다. 따라서 무한 아이디어가 생성될 수 있도록 편안하고 재미있는 분위기에서 모든 사람들이 의견을 나누는 창의적인 교과과정이 필요하다.

이 수업에서는 창의적 재량활동 시간을 이용하여 환경 관련 트위터를 만들면서 환경에 대한 흥미를 갖도록 하며, 브레인스토밍 활동을 통해 전체 학생이 자신의 생각을 다양하게 표현할 수 있도록 하였다. 환경 관련 범교과 학습인 재량활동 시간을 활용하여 친환경 도시 만들기에 관련된 활동을 하고, 지역의 환경기관인 인천환경공단을 방문하여 쓰레기 처리 시설을 견학 체험하며 환경보호 의식을 고취시키도록 하였다.

이러한 수업 내용을 차시별로 정리하면 다음과 같다.

| | |
|---|---|
| 수업 전 활동<br><br>과제 제시 | • 다른 지역의 환경문제와 해결한 사례 찾아보기 |

⇩

| | |
|---|---|
| 1차시<br><br>문제 인식 및 탐색 | • 트위터를 활용한 브레인스토밍하기<br>  - 트위터에 올려진 환경 관련 문제나 사진을 보고 자신의 의견과 이유 말하기 |

⇩

| | |
|---|---|
| 2차시<br><br>문제 탐구 및 해결 | • 문제 인식<br>  - 우리 지역의 환경문제 동영상을 통해 환경오염의 심각성 알기<br>• 브레인라이팅<br>  - 변형된 브레인라이팅 방법을 통해 우리 지역의 환경문제 해결방법 찾기<br>• 시네틱스<br>  - 시네틱스 기법을 활용한 친환경 도시 인천 만들기 계획 세우기 |

⇩

| | |
|---|---|
| 3차시<br><br>탐구 및 표현 | • 시네틱스 기법 학습지 활용<br>  - 홍보물 만들기<br>  - 노랫말 만들기<br>  - 학급 홈페이지 탑재 |

⇩

| | |
|---|---|
| 4차시<br><br>검증 및 적용 | • 실천과제 제시: Eco acting<br>  - 환경보전을 위한 나의 다짐 트위터하기 |

⇩

| | |
|---|---|
| 5~6차시<br><br>체험 및 실천 | • 송도자원환경센터 현장체험학습<br>  - 쓰레기 소각시설 관람하기<br>  - 재활용품 체험하기<br>  - 견학보고서 작성하기 |

## 2) 수업의 목표와 평가

이 수업모델에서 활용된 구체적인 단원과 재구성 내용은 다음과 같다.

| 대단원 | 차시 | 중단원 | 주요 활동 내용 | 수업 형태 |
|---|---|---|---|---|
| 3. 환경을 생각하는 국토 가꾸기 | 1 | 단원 도입 | • 환경을 보전해야 하는 이유 살펴보기 | 탐구학습 |
| | 2 | 1) 자연과 더불어 사는 인간 | • 환경기초시설 설치를 둘러싼 다툼 살펴보기 | 조사학습 |
| | 3 | | • 트위터를 활용하여 환경오염에 대한 자신의 생각 말하기 | 메타플랜학습 창의적 체험학습 |
| | 4 | | | |
| | 5 | 2) 환경문제의 해결을 위한 노력 | • 지역의 환경문제를 합리적으로 해결할 수 있는 방법 찾기 | 문제해결학습 |
| | 6 | | • 친환경도시 홍보물 및 노랫말 만들기 | 문제해결학습 창의적 체험활동 |
| | 7 | | • 환경보전을 위한 나의 다짐 말하기 | 행동변화학습 |
| | 8 | | • 송도자원환경센터 방문하기 | 창의적 체험활동 |
| | 9 | 3) 미래를 위한 국토 개발 | • 환경 개발과 보전에 대해 살펴보기 | 탐구학습 |
| | 10 | | • 국토 개발의 필요성과 국토 개발에 따른 문제점 알아보기 | 협동학습 |
| | 11 | | • 녹색성장에 대해 이해하기 | 조사탐구학습 |
| | 12 | | • 녹색성장을 위한 사회·환경·경제적 노력 파악하기 | 문제해결학습 |
| | 13 | 4) 지역 개발과 합리적 의사 결정 | • 환경기초시설의 개념과 필요성 알아보기 | 협동학습 |
| | 14 | | • 경제 개발에 따른 갈등 사례 조사하기 | 조사탐구학습 |
| | 15 | | • 합리적 의사 결정 과정에 따른 갈등 해결방안 탐색하기 | 협동학습 |
| | 16 | | | |
| | 17 | 단원 정리 | • 합리적 의사 결정 과정을 통해 지역사회의 문제해결하기 / 환경기초시설의 설치 사례 찾아보기 | 문제해결학습 |

∴ 음영 처리가 되어 있는 부분이 수업모델에 활용된 단원이다.

초등학교 3학년부터 4학년까지 배워 온 지역의 환경문제에 대하여 좀 더 민감하고 적극적으로 받아들일 수 있도록 단원을 재구성하였다. 창의적 사고기법을 흥미롭게 받아들일 수 있도록 웹 2.0 시대에 적합한 트위터를 수업에 도입하고 창의적 체험활동 및 환경 관련 사회과 학습을 위해서는 교과 통합과 교과서 단원의 재구성은 반드시 필요한 과정이다.

| 사회교과단원 | | 통합교과단원 | |
|---|---|---|---|
| 자연과 더불어 사는 인간 | 자연과 인간의 관계 알기 | 창의적 체험활동 | 환경 관련 트위터 만들기 |
| | 환경친화적 생활 모습을 찾아보고 의미 알기 | | |
| | 환경친화적 삶의 필요성 알아보기 | 교과 - 사회과 | 환경문제의 합리적 해결 |
| 환경문제의 해결을 위한 노력 | 생활의 발달과 환경문제 알아보기 | 창의적 체험활동 | 홍보물 및 노랫말 만들기 |
| | 지구 온난화 등 기후 변화의 원인 살펴보기 | | |
| | 환경문제 해결을 위해 노력할 점에 대해 찾아보기 | 교과 - 사회과 | 환경문제의 합리적 해결 |
| | 경제적 가치와 사회적 가치가 상호보완되는 환경 보전에 대해 토론하기 | 창의적 체험활동 | 송도자원환경센터 견학하기 |

수업모델에서 다루는 교과 연계 사항은 다음과 같다.

| 선수 학습 (국민기본과정) | 본시 학습 (국민기본과정) | 후속 학습 (국민기본과정) |
|---|---|---|
| 초등 3학년 1학기<br>3. 고장의 생활과 변화<br><br>초등 4학년 1학기<br>2. 주민 참여와 우리 시·도의 발전 | 초등 6학년 1학기<br>3. 환경을 생각하는 국토 가꾸기 | 중등 7학년 2학기<br>6. 도시발달과 도시문제 |

기존 교과 학습목표 및 그것과 연관 지어 이 수업에서 중점을 둔 창의·인성 요소인 확산적 사고, 독창성, 문제해결력, 유추능력, 협동, 책임 등을 기르기 위한 수업 목표는 다음과 같다.

• 환경오염에 대한 자신의 생각을 이유를 들어 논리적으로 제시할 수 있다.
• 우리 고장의 환경문제를 해결하는 방법을 근거를 들어 논리적으로 말할 수 있다.
• 친환경 도시를 건설하기 위한 요소들을 창의적으로 추출할 수 있다.
• 모둠 활동에 협동심과 책임감을 가지고 적극적으로 참여할 수 있다.
• 다른 사람의 의견에 대하여 존중하는 마음을 가지고 바른 댓글을 달 수 있다.

이러한 창의·인성수업 목표에 대한 평가 목표는 다음과 같다.

• 우리 고장 환경문제의 심각성과 원인을 알아보고 토의를 통해 합리적인 해결방법을 찾을 수 있다.

평가는 교사의 관찰평가 및 모둠별 상호평가로 이루어지며, 평가 영역과 성취 기준은 다음과 같다.

| 평가 영역 | 성취 기준 | 평가 척도 | | | | | |
|---|---|---|---|---|---|---|---|
| | | 매우 잘함 | 잘함 | 보통 | 미흡 | 미완성 | 미제출 |
| | | 5 | 4 | 3 | 2 | 1 | 0 |
| 교과 학습 목표 | • 환경오염 문제의 심각성과 원인을 잘 알고 있는가? | | | | | | |
| | • 우리 고장의 환경문제에 대한 해결방법을 잘 알고 있는가? | | | | | | |
| | • 환경문제에 대해 자신의 의견을 제시하고 있는가? | | | | | | |
| 창의성 교육 목표 | • 환경오염에 대한 자신의 생각을 이유를 들어 논리적으로 제시하고 있는가? | | | | | | |
| | • 지역의 환경문제를 해결하는 방법을 논리적으로 근거를 들어 제시하는가? | | | | | | |
| | • 친환경 도시를 건설하기 위한 요소들을 창의적으로 추출하고 있는가? | | | | | | |
| 인성 교육 목표 | • 인터넷상에 올바른 댓글을 달고 있는가? | | | | | | |
| | • 다른 사람의 의견에 대하여 존중하는 태도를 가지고 있는가? | | | | | | |
| | • 모둠 활동에 협동심과 책임감을 가지고 참여하는가? | | | | | | |
| | • 모둠 활동 결과물에 우리 고장의 문제를 해결하려는 책임감 및 향토애가 담겨 있는가? | | | | | | |
| 교사 의견 및 채점평 | 예시) 환경문제에 대한 바른 해결방법을 사전 과제와 모둠 활동을 통해 합리적으로 제시하였으며, 결과물의 완성도가 높으며, 우리 고장에 대한 애정이 담겨 있다. | 합산 | | | | | |
| | | 과제점수 + 수행점수 + 추가 인성적 요소 | | | | | |

## 2. 수업지도안의 실제

### 1) 1차시: 문제 인식 및 탐색

| 학습과정 | 교수-학습 활동 | 창의·인성 교육 요소 | 지도상의 유의점 |
|---|---|---|---|
| 도입<br>[5분] | ① 트위터 소개하기<br>② 학습활동 안내 | 흥미 | • 사전에 정보통신윤리교육을 시킨다.<br>• 트위터를 악용한 사례를 들어 바른 사용법을 알게 한다.<br>• 트위팅 및 팔로우의 기능을 알 수 있도록 한다.<br>• 환경에 대한 자신의 생각을 자유롭게 개진할 수 있도록 한다. |
| 활동<br>[30분] | ③【활동 1】트위터 만들기<br>④【활동 2】트위터를 활용한 브레인스토밍 활동하기 | 문제발견, 확산적 사고, 사회참여 | |
| 정리<br>[5분] | ⑤ 각자의 느낀 점 말해 보기 | 수렴적 사고 | |

도입

① 트위터 소개하기

• 유명 인사들의 트위터를 보여 준다.

– 트위터에 올린 댓글들도 같이 읽는다.

② 학습활동 안내

• 활동 1: 트위터 만들기

• 활동 2: 브레인스토밍하기

활동

③【활동 1】트위터 만들기

• 인터넷상에 유행하고 있는 SNS인 트위터를 소개한다.

• 트위터의 장·단점을 이야기한다.

• 정보통신윤리교육을 실시한다.

• 트위터를 민들어 본다.

• 인기 있는 트위터를 방문하여 바른 댓글을 단다.

• 서로의 트위터를 방문한다.

④【활동 2】트위터를 활용한 브레인스토밍 활동하기

• 트위터를 통해 우리 지역의 환경오염 사진 및 동영상 등을 보여 준다.

• 트위터를 활용하여 환경오염에 대한 자신의 의견과 이유를 말해 본다.

• 환경 관련 인터넷 사이트를 방문하여 자료들을 검색해 본다.

정리

⑤ 각자의 느낀 점 말해 보기

• 트위터를 접해 본 소감 말해 보기

• 우리 지역의 환경문제에 대한 관심 갖기

## 2) 2차시: 문제 탐구 및 해결

| 학습과정 | 교수-학습 활동 | 창의·인성 교육 요소 | 지도상의 유의점 |
|---|---|---|---|
| 도입<br>[5분] | ① 시네틱스 모둠별 학습지 나누어 주기<br>※ 학습지 1<br>② 환경오염의 심각성 확인 | | • 플래시 퀴즈 및 영화 예고편 상영간 적절한 발문으로 학생들의 흥미를 유발한다. |
| 활동 I<br>[15분] | ③【활동 1】우리 지역의 환경문제를 통해 고장에 대한 관심 갖기 | 문제해결, 다양성, 책임, 존중 | |
| 활동 II<br>[15분] | ④【활동 2】친환경 도시 만들기 계획하기 | 사고의 확장과 수렴, 유추능력, 다양성 | |
| 정리<br>[5분] | ⑤ 모둠별 토의 결과 제출하기 | 수렴적 사고 | |

도입

① 시네틱스 모둠별 학습지 나누어 주기

• 학생들은 인사하고, 바르게 앉아 경청한다.

② 환경오염의 심각성 확인

• 트위터 활동을 하면서 보았던 환경오염 사진과 댓글들을 보여 준다.

• 기후변화 타임머신을 통해 환경오염의 심각성을 느끼게 한다.

(http://climate.jpl.nasa.gov/ClimateTimeMachine/climateTimeMachine.html)

③ **【활동 1】우리 지역의 환경문제를 통해 고장에 대한 관심 갖기**

• 송도신도시 매립으로 인한 생태계 파괴에 대한 뉴스를 시청한다.

  – 천연기념물인 저어새 등의 멸종 위험들을 구체적으로 제시한다.

  – 포스트잇을 활용하여 브레인라이팅을 한다.

• 제시된 의견들을 통해 지역의 환경문제를 해결하는 방법을 찾도록 한다.

④ **【활동 2】친환경 도시 만들기 계획하기**

• 내 고장 인천을 친환경 도시로 개발하기 위해 시네틱스 기법을 활용하여 생각해
본다.

• 시네틱스 학습지를 모둠별로 토의하여 작성하도록 한다.

  – 'Eco 도시 인천!'을 건설하기 위해 필요한 친환경적인 요소들을 시네틱스로 결
합하여 Eco 도시로서의 경쟁력을 갖출 만한 요소들을 산출한다.

  – 친환경 도시 사례를 인터넷으로 조사하여 장점들을 분석해 본다.

⑤ **모둠별 토의 결과 제출하기**

• 이번 시간에 토의한 내용을 말해 보고 모둠별 학습지를 제출한다.

## 3) 3차시: 탐구 및 표현

| 학습과정 | 교수–학습 활동 | 창의·인성 교육 요소 | 지도상의 유의점 |
|---|---|---|---|
| 도입<br>[5분] | ① 시네틱스 모둠별 학습지<br>나누어 주기<br>※학습지 2 | | • 홍보물과 노랫말에 각자의 생각을 표현하<br>도록 유도한다.<br>• 사전에 마이크를 이용하여 소리 파일로 변<br>환하는 연습을 하도록 한다.<br>• 상호평가와 자기평가에 대한 바른 방법을<br>알려 준다. |
| 모둠별 토의<br>[30분] | ②【활동 1】에코 인천 홍보<br>물 만들기 | 독창성, 개방성, 협<br>동, 배려 | |
| | ③【활동 2】에코 인천 노랫<br>말 만들기 | 개방성, 독창성, 협<br>동, 존중 | |
| | ④ 학급 누리집 탑재 | 배려, 존중 | |
| 정리<br>[5분] | ⑤ 평가 안내 | | |

① 시네틱스 모둠별 학습지 다시 나누어 주기

- 학생들은 인사하고, 바르게 앉아 경청한다.

① 【활동 1】 에코 인천 홍보물 만들기

- 우리가 만드는 Eco 도시 인천! Eco 도시로서의 경쟁력을 갖출 만한 요소들을 산출한다.
- 모둠별로 에코 인천 홍보물을 만든다.
- 디지털카메라를 이용하여 촬영한다.

② 【활동 2】 에코 인천 노랫말 만들기

- 학생들의 귀에 익숙한 CF곡 2개 정도를 들려준다.
- 모둠별로 가사를 만든다.
- 만든 가사를 가지고 컴퓨터의 녹음 기능을 이용하여 모둠별로 노래를 직접 녹음한다.
- 소리 파일로 변환을 시킨다.

③ 학급 누리집 탑재

- 에코 인천 홍보물 사진과 소리 파일을 학급 누리집에 탑재한다.
- 일정한 기간 동안 댓글을 달도록 한다.

⑤ 평가 안내

- 일정 기간 동안 달린 댓글을 통해 상호평가를 한다.
- 자신의 작품에도 댓글을 달아 자기평가도 가능하게 한다.

## 4) 4차시: 검증 및 적용

| 학습과정 | 교수 – 학습 활동 | 창의 · 인성 교육 요소 | 지도상의 유의점 |
|---|---|---|---|
| 도입<br>[5분] | ① 활동 안내 | | • 다른 모둠의 발표를 경청하게 함으로써 상대방의 의견을 존중하는 마음을 갖도록 한다.<br>• 환경보전을 위한 행동실천 단계임을 인식하게 한다. |
| 활동<br>[30분] | ② 모둠별 결과물 발표하기<br>③ Eco acting: 트위터하기 | 문제해결, 배려, 약속, 실천적 행동화 | |
| 정리<br>[5분] | ④ 일상생활 속의 환경보호에 대한 실천 의지 확인<br>⑤ 인사 | 수렴적 사고 | |

### 도입

### ① 활동 안내

- 인사
- 학교 누리집에 탑재한 결과물을 확인한다.

### 활동

### ② 모둠별 결과물 발표하기

- 모둠별로 만든 결과물을 시연한다.
- 질문을 하고 답변하는 시간을 갖도록 한다.

### ③ Eco acting: 트위터하기

- 환경 보전 관련 트위터를 만들고 팔로우하여, '내 고장 인천의 환경을 위한 나의 다짐'을 트위터에 올리도록 지도한다.
- 트위터에 꾸준하게 환경 관련 활동 등을 올리도록 지도한다.

### 정리

### ④ 일상생활 속의 환경보호에 대한 실천 의지 확인

### ⑤ 인사

## 5) 5~6차시: 체험 및 실천

| 학습과정 | 교수-학습 활동 | 창의·인성 교육 요소 | 지도상의 유의점 |
|---|---|---|---|
| 도입<br>[10분] | ① 오리엔테이션 | | • 하수처리시설을 견학하고 하수처리 과정에 대하여 말할 수 있도록 지도한다.<br>• 물을 소중히 하는 마음을 갖게 한다.<br>• 생활하수를 줄이려 노력하는 마음을 갖게 한다. |
| 활동<br>[60분] | ② 영상물 시청<br>③ 쓰레기소각시설, 하수처리시설 견학<br>④ 생태공원 탐방 및 놀이<br>⑤ 생태공원 풍경 그리기 | 준법정신, 생명존중, 봉사 | |
| 정리<br>[10분] | ⑥ 환경 봉사활동<br>⑦ 활동 소감 발표 | 봉사 | |

**도입**

① 오리엔테이션

- 현장체험활동에 앞서서 안전 수칙을 강조하기
- 야외 활동에서 지켜야 할 규칙 확인하기
- 모둠별 활동 계획, 준비물 점검하기
- 친환경공단 사업소 소개하기

**활동**

② 영상물 시청

③ 쓰레기소각시설, 하수처리시설 견학

④ 생태공원 탐방 및 놀이

⑤ 생태공원 풍경 그리기

**정리**

⑥ 환경 봉사활동

- 활동 장소 주변의 쓰레기 줍기

⑦ 활동 소감 발표

▶ 교사 발화 예시

가) 지난 시간에는 트위터를 만들어 보고 환경에 대한 자신의 생각들을 트위터에 올려 봤지
요? 이번 시간에는 트위터에 올려 있는 환경오염 사진과 댓글들을 살펴보겠습니다.

나) '기후변화 타임머신'이라는 사이트가 있는데 살펴볼까요? 나사에서 제공하는 사이트인
데요. 과거에서 현재까지 연도별로 빙하의 양, 바다의 높이, 배기가스의 양, 평균기온 등
의 변화를 볼 수 있어요. 빙하의 양을 보면 요즘에 들어와 그 양이 적어지고 있는데 왜 그
럴까요? 맞아요. 대기오염으로 인한 온실효과 현상으로 빙하가 녹고 있는 거예요. 그렇
기 때문에 지구의 온도는 더 높아지고 있고, 해수면의 높이도 높아지고 있어요. 이러한
현상들이 바로 환경오염에 대한 증거가 되고 있는 거예요.

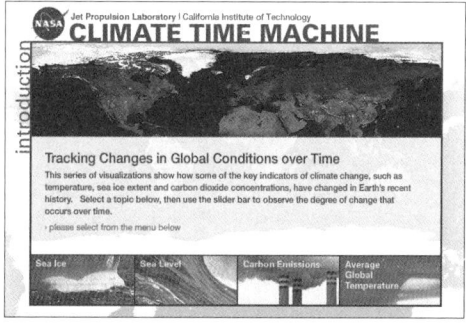

(출처: http://climate.jpl.nasa.gov/ClimateTimeMachine/climateTimeMachine.html)

다) 얼마 전 선생님이 봤던 뉴스의 한 장면입니다.

라) 송도 신도시는 갯벌을 매립해서 만든 도시입니다. 또 다시 매립을 계획 중인 것으로 알고 있는데, 그곳에서 멸종위기종인 저어새가 번식을 시작했습니다. 환경단체에서는 다양한 생물들의 터전인 갯벌 매립에 대해 반대를 하고 있는데요. 인천이라는 도시를 발전시키기 위해서는 계획대로 개발을 해야겠지만 환경을 고려할 때 매립을 하면 안 되는데, 우리 고장의 이러한 환경문제를 해결할 수 있는 방법에는 어떤 방법들이 있을까요? 모둠별로 송도 신도시의 갯벌 매립으로 인한 환경문제들을 해결할 수 있는 방법들을 토의해 보는 시간을 갖도록 하겠습니다. 모둠별로 '에코 도시 인천'이라는 판넬이 있을 거예요. 자신의 의견을 포스트잇에 이유와 함께 적어 판넬에 부착을 하도록 합니다.

마) 발표 번호 순으로 돌아가면서 아이디어가 제시될 때마다 모둠원끼리 서로 질문과 답변을 하여, 찬성 및 긍정적인 동의가 많은 아이디어를 'Good Idea'에 부착하면서 모둠의 대표 의견들로 정리합니다. 모두 정리가 되었으면, 모둠별 대표 의견들을 두 가지 정도씩 모둠대표가 발표하도록 하겠습니다.

바) 그럼 두 번째 활동으로 넘어가 볼까요? 첫 번째 활동에서 우리 고장 인천의 환경문제를 해결하는 방법을 찾아보았는데요. 두 번째 활동에서는 내 고장 인천을 친환경 도시로 개발하기 위해서는 어떤 점들을 주의 깊게 생각해 보아야 할까 모둠별로 의견을 나누는 시간을 갖도록 하겠습니다. 우리가 배워 봤던 시네틱스 기법을 활용하여 생각해 보도록 하겠습니다. (시네틱스 학습지를 모둠별로 토의하여 작성하도록 한다.) 인터넷을 이용하여 친환경 도시 사례를 찾아보고 작성하도록 합니다. 시네틱스 학습지를 제출하도록 하겠습니다.

사) 다음 시간에는 우리가 오늘 작성한 시네틱스 학습지를 활용하여 Eco 도시 인천에 대한 홍보물과 노랫말 만들기를 하겠습니다. 준비물은 색연필 또는 사인펜을 준비해서 오세요. 이제 수업을 마치겠습니다.

## 가) 우리 고장 환경 관련 뉴스 전문

**앵커** 인천 송도 갯벌 매립 예정지에서 멸종위기종인 저어새가 번식을 시작했습니다. 환경단체들은 갯벌 매립 사업 자체를 재고해야 한다며 매립 반대에 나섰습니다. 김현아 기자가 보도합니다.

**리포트** 인천 남동유수지 작은 인공바위섬 안에 저어새 가족이 둥지를 틀었습니다. 넓적하고 긴 검은 부리로 물을 저어 먹이를 잡는 '저어새'는, 전 세계적으로 1,400여 마리밖에 남지 않은 멸종위기종입니다 사람의 손길에 민감해 비무장지대, DMZ나 강화도 외딴 갯벌 가에서만 살다 올해 처음으로 송도 갯벌 근처에 자리를 잡았습니다. 저어새뿐만 아니라 천연기념물인 노랑부리백로와 검은머리물떼새, 황조롱이도 송도 갯벌에 보금자리를 마련해 살고 있습니다. 하지만, 이 새들은 오갈 데 없이 내몰릴 위기에 처해 있습니다. 새들이 살아가는 터전인 송도 11공구, 송도의 마지막 남은 갯벌이 곧 매립될 예정이기 때문입니다. 환경단체들은 일제히 갯벌 매립에 반대하며 최근 24시간 천막 농성에 돌입했습니다. 다양한 생물이 살아가는 터전인데다 경제적 가치도 뛰어난 갯벌을 더 이상 매립해서는 안 된다는 것입니다.

**인터뷰: 조강희(인천 환경연합 사무처장)** 갯벌 그 자체가 많은 생물의 산란처이자 휴식처입니다. 그래서 갯벌에 대한 어떤 중요성을 감안한다 하더라도 더 이상의 갯벌 매립은 없어야 한다고 생각합니다. 게다가 이번에 저어새가, 천연기념물 저어새가 여기서 번식을 하고 있기 때문에, 그 저어새가 취식을 하고 있는 곳이 바로 송도 갯벌이거든요.

**리포터** 국제 환경단체까지 합세하며 반대가 거세지자, 인천시는 매립 예정인 갯벌 가운데 3.6km²를 남겨 습지 보호구역으로 지정하는 방안을 추진하고 있습니다. 이미 인천 대이작도와 장봉도 일대 갯벌 120km²가 보호구역으로 지정돼 있는 만큼, 송도 11공구 매립을 전면 금지할 수 없다는 입장입니다.

**인터뷰: 박정식(인천시 해양보존팀장)** 송도 개발 사업으로 비록 갯벌이 소실됐다 하더라도 현재 인천에는 690km²의 갯벌이 존재하고 있습니다. 송도 갯벌 사업으로(중략) 개발이냐 보전이냐의 문제인데, 개발만을 내세웠다고 보기에는 어려울 것 같습니다.

**리포터** 송도 매립 사업으로 사라진 갯벌은 인천 전체 갯벌의 7%. 잇따른 대규모 갯벌 매립이 이어지면서, 개발과 보호를 둘러싼 논란이 거세지고 있습니다.

(출처: http://news.naver.com/main/read.nhn?mode=LPOD&mid=tvh&oid=052&aid=0000253370)

## 나) 학습지 1

| 단원 | 3-2-(1) 환경문제의 합리적 해결 | 활용 창의적 사고기법 | 시네틱스 | 사고 기능 | 융통성 정교성 |
|------|-------------------------------|---------------------|----------|-----------|---------------|
| 활동제재 | 우리 고장의 환경문제를 해결하는 방법 | 학년      반 | | 이름 | |

| 학습문제 | '우리가 만드는 Eco 도시 인천!'을 건설하기 위해 필요한 친환경적인 요소들을 산출해 봅시다. |
|----------|----------------------------------------------------------------------------------------|

| 친환경도시 | 경쟁력 있는 에코 도시 요소 | | | | |
|------------|--------------------------|---------|----|--------|----------|
| | 에너지 | 쓰레기 | 물 | 재활용 | 자연환경 |
| • 대한민국<br>  - 창원 | | | | | |
| • | | | | | |
| • | | | | | |
| • | | | | | |
| • 독일<br>  - 프라이부르크 | | | | | |
| • | | | | | |
| • | | | | | |
| • | | | | | |
| 세계 속의 에코 도시 인천이 되기 위한 노력 | | | | | |
| | | | | | |

∴ 인터넷 검색을 통해 친환경도시를 찾아 빈칸을 채우세요.

다) 학습지 2

| 단원 | 3-2-(1) 환경문제의 합리적 해결 | 창의·인성 요소 | | 독창성, 개방성 | |
|------|------|------|------|------|------|
| 활동제재 | 에코 인천 홍보물·노랫말 만들기 | 학년       반 | | 이름 | |
| 학습문제 | '우리가 만드는 Eco 도시 인천!'을 홍보하기 위한 홍보물과 노랫말을 만들어 봅시다. | | | | |

## 라) 학습지 3

| 단원 | 3-2-(1) 환경문제의 합리적 해결 | 창의·인성 요소 | | 흥미, 수렴적 사고 | |
|---|---|---|---|---|---|
| 활동제재 | 인천환경공단 체험학습 | 학년    반 | | 이름 | |
| 학습문제 | 인천환경공단을 방문하고 환경의 중요성을 알아봅시다. | | | | |

| 현장체험 기간 | |
|---|---|
| 체험학습 장소 | |
| 도움을 준 사람<br>도움을 받은 사람 | |

### 현장체험학습 내용

1. 체험학습 주제 선정 이유

2. 체험학습 대상에 대한 사전 조사 내용
   • 교과서 관련 내용
   • 참고한 자료

3. 체험학습 일정 및 역할 분담
   • 체험학습 일정
   • 역할 분담

4. 현장체험학습 활동
   • 체험학습 코스
   • 체험학습 내용
   • 새롭게 안 내용
   • 문제점 및 해결방안

4. 현장체험학습 후기
   • 소감과 반성
   • 건의사항

## 마) 송도자원환경센터 소개

송도자원환경센터는 인천 LNG기지 내 바다로 둘러싸인 매립된 바다 위 섬에 위치해 있다. 송도자원환경센터는 소각처리시설과 음식물자원화시설을 유치함으로써 더 이상 이러한 시설들이 혐오시설이 아닐 뿐 아니라 우리의 생활터의 한 부분임을 내세우면서, 센터 내에 인근 주민들을 위한 숲·바람·공원을 조성하였다.

송도자원환경센터의 전체적인 공간은 소각처리시설, 음식물자원화시설, 주민편익시설(공원·스포츠센터), 골프장으로 분리·배치하였으며, 동선 역시 폐기물 운반차량과 편익시설 이용차량을 구분하였고, 공간별 기능에 따라 주차장도 분리하였다.

바닷물을 끌어들여 만들어진 내해는 바닷물과 쓰레기 소각로의 중수를 혼용하여 조성하고 갈대, 부들 등을 식재하였으며, 내해의 모래사장을 따라서는 목재 보행데크를 설치하여 바닷가의 경관을 연출하였다.

야자나무를 형상화한 높이 12m의 반짝거리는 스테인리스 야자 잎은 은빛나무숲을 이루며 환영하는 의미를 담았다. 광장의 옆에는 가족공간이 자리 잡고 있다. 천연잔디와 목재 퍼골라로 이루어진 피크닉장, 건강을 위한 지압마당, 조합놀이대, 미로놀이대가 있으며, 도섭지와 분수를 설치하여 유아에서부터 장년층까지 고려한 시설을 배치하였다. 소각동과 가장 인접해 있는 눈초롱 환경마당은 중수를 활용하여 생태연못을 조성하였고, 주변에 환경게시판을 설치하여 환경 정보를 제공하고 있다.

이곳은 환경체험학습장의 의미를 더해 어린이들이 새로운 것을 발견하고 자연의 소중함을 깨닫는 공간으로 구성하여 외부견학 공간으로 활용될 수 있도록 했다. 한편, 센터 전면부 화단에는 어린이들에게 호기심을 유발하여 '가까이에서 들여다보는' 행태 유발을 위한 클로즈업(close up) 조형물을 설치하였는데, 특히 폐캔을 활용하여 자원순환(재활용)이라는 의미를 부여하여 센터의 의미를 극대화시키기도 했다. 센터는 인천지하철 1호선 동막역 1번 출구에서 센터를 왕복하는 셔틀버스를 운행한다. 동막역 출발 시간은 오전 8시 반부터 매시 30분이고, 센터에서 동막역행은 오전 9시부터 오후 10시까지 정시 출발이다.

매주 월요일은 휴무. 연락처 032-820-7301~5.

(출처: http://ser.incheon.go.kr 송도자원환경센터 소개 글 참고)

정소민

# 1. 수업모델의 개요

이 장에서 다룰 창의·인성 수업모델은 역할놀이 수업모델로 구성한 것이다. 수업모델 구축을 위해 선정한 교과 내용은 초등학교 4학년 1학기 사회이며, 구체적인 단원은 다음과 같다.

대단원: 3. 더불어 살아가는 우리 지역[15]
중단원: 4) 함께 살아가는 사람들

초등학교에 재학하는 다문화가정 자녀가 매년 증가하고 있다. 지역 및 학교에 따라 다문화가정 자녀의 재학 비율 편차가 크게 나타나고 있지만, 다문화 학급이 상당수 존재하고 있고 앞으로 더 늘어날 것으로 전망된다. 하지만 정부의 다문화 관련 정책은 주로 다문화가정 및 그들의 자녀에 집중되어 있다. 또한 기존의 다양한 문화에 대한 소개나 온정주의적인 다문화 교육에서 벗어날 필요가 있다. 이 수업에서는 다문화 교육의 출발을 반편견 교육이라 보고, 이러한 상황에 대처할 수 있는 민주 시민의 자질을 기르고자 하였다. 사회과는 변화하는 사회 현상에 대한 올바른 인식, 그와 관련된 지식 및 기능 습득 등을 통해 민주 시민의 자질을 함양하는 것을 목표로 하고 있으므로 다문화 교육과 접목하기에 매우 적절한 교과라고 할 수 있다. 그래서 이 수업모델에서는 수업의 주제를 '다양한 사람들과 함께 살아가기'로 정했다. 이와 같은 주제 선정을 바탕으로 설계한 수업에서 학생들이 성취하도록 의도한 창의·인성 교육 요소는 다음과 같다.

| 수행 단계 | 창의·인성 교육 요소 |
| --- | --- |
| 의문제기 | 흥미 |
| 핵심 가치 및 개념제시 | 상상력, 비판적 사고 |
| 갈등 사례 제시 | 사고의 수렴 |
| 갈등 문제 파악 | 논리·분석적 사고, 사고의 확장, 사고의 수렴 |
| 해결방안 모색 | 문제해결력, 자율성, 의사소통능력 |
| 역할놀이 | 몰입, 책임(협동), 논리적 사고 |

15 2009 개정 교육과정에 따른 사회과 교육과정에서는 3~4학년군 '⑼ 다양한 삶의 모습들'에 해당한다.

| 토의 및 평가 | 비판적 사고, 관용(다양성), 사고의 수렴 |
| --- | --- |
| 수업 중 규칙 | 공정, 배려 |
| 자신의 역할 | 책임, 협동 |
| 모둠별 급우와의 관계 | 배려 |

이와 같은 창의·인성 요소를 실제 수업에서 어떻게 구현할 수 있을까?

사회적 문제를 담고 있으면서 학생들의 실생활과 밀접한 동화를 활용하여 역할놀이를 통해 그 사례가 담고 있는 문제점을 파악하고 적절한 해결방안을 제시할 수 있도록 하였다. 즉, 창의성(다양성, 의사소통능력, 문제해결력 등)과 인성(배려, 책임 등)의 요소를 체득할 수 있도록 '역할놀이 모형'과 '협동학습 모형'을 적용하여 창의적 체험활동을 결합한 융합적 수업 모델을 설계하였다.

1~2차시에는 역할놀이를 함으로써 학생들이 다문화 상황에서 겪을 수 있는 문제에 대처하는 능력을 습득하도록 하였다. 사회과에서의 역할놀이는 도덕과나 국어과에서 활용되는 것과는 다르다. 실제 생활에서의 문제해결력과 의사결정능력, 민주 시민적 자질과 같은 인지적 판단 능력과 정서적 민감성을 동시에 길러 줄 수 있어야 하며, 이를 통해 실천적 행동화를 최종 목표로 해야 할 것이다. 따라서 의문 제기 단계와 핵심 가치 및 개념 제시 단계를 통하여 문제 상황에서 갈등의 핵심이 되는 가치 및 개념을 지도함으로써 사회과의 인지적 도달을 추구하였다. 또한 생활동화를 활용함으로써 실생활 문제를 탐구하는 사회과의 성격에 보다 부합되도록 하였다.

다문화 상황과 같이, 앞으로 활발하게 발생할 것으로 예상되지만 현재로서는 많은 학생들이 직접 부딪혀보기 힘든 사회적 갈등이나 민감한 실생활 문제는 그와 관련된 생활동화를 통하여 효과적으로 지도될 수 있을 것이다. 그러므로 사회과 수업에 활용할 생활동화는 국어과 수업 및 창의적 체험활동과 연계하여 학생들이 미리 읽어 오게 한다. 무엇보다 수업에서 지도하고자 하는 핵심 가치 및 개념이 잘 드러나는 갈등 사례를 선별하는 과정이 중요하다.

3~4차시의 창의적 체험활동의 경우, 교육현장의 사정과 환경에 따라 창의적 체험활동이 불가능하면 도서관 수업으로 대체할 수 있다. 5차시 사회과 탐구 및 표현활동은 창의적 체험활동에 대한 결과 정리이자 사회과 수업의 연장으로 이루어지게 된다. 이러한 수업 내용을 차시별로 정리하면 다음과 같다.

| | 1~2차시<br><br>사회과<br>역할놀이 | • 의문 제기<br>  - 생각·탐색하는 기회 제공하기<br>• 핵심 가치 및 개념 제시<br>  - 핵심 가치 및 개념을 담고 있는 이야기 및 실화 제시<br>• 다양한 갈등 사례 제시<br>  - 갈등 사례를 통해 각자의 역할 카드를 고르고 상황극하기<br>• 갈등 문제 파악 및 해결방안 모색<br>  - 토의를 통해 사례 속 갈등 문제를 파악하고 해결방안을 찾아 역할놀이<br>    구성하기<br>• 역할놀이<br>  - 역할 카드에 따른 역할놀이 해 보기<br>• 토의 및 평가<br>  - 각 갈등 사례에 적절한 해결방안을 제시하였는지 평가하기 |

⇩

| 3~4차시<br><br>창의적 체험활동 | • 〈선택 1: 나라 조사하기〉 다문화축제 관람과 체험<br>• 〈선택 2: 외국인센터 탐방〉 외국인센터 탐방하기<br>  - 우리 지역에 사는 다른 문화를 가진 사람들에 대해 알아보기 |

⇩

| 5차시<br><br>사회과 탐구 및 표현 | • 〈선택1: 나라 조사하기〉 신문 만들기<br>• 〈선택2: 외국인센터 탐방〉 신문 만들기<br>  - 체험한 내용을 모둠별로 정리하여 신문 만들기 |

## 2) 수업의 목표와 평가

이 수업모델에서 다루고자 하는 학습단원은 다음과 같고, 수업 의도에 맞춰 단원을 재구성했다.

| 대단원 | 중단원 | 주요 활동 내용 | 차시 |
|---|---|---|---|
| 3.<br>더불어 살아가는 우리 지역 | 단원 도입 | • 단원의 개괄적인 내용 파악하기<br>• 지역관계 살펴보기(자매결연, 경제적 관계, 교통과 통신, 인구 이동) | 1 |
| | 1) 도움을 주고 받는 자매결연 | • 자매결연을 하고 있는 대상 알아보기 | 2 |
| | | • 자매 결연을 한 이유 알아보기 | 3 |
| | 2) 교류하며 발전하는 지역 | • 다른 지역에서 생산된 것 조사하기 | 4 |
| | | • 우리 지역과 경제적 관계를 맺고 있는 지역과 그 이유 알아보기 | 5~6 |
| | | • 다른 지역에서 생산된 상품을 찾아보고 그 지역에 대해 조사하기 | 7 |

| | | | |
|---|---|---|---|
| 3. 더불어 살아가는 우리 지역 | 3) 더욱 가까워지는 지역들 | • 교통 시설과 통신 수단의 변화 모습 알아보기 | 8 |
| | | • 교통시설의 발달과 지역들 간의 관계 살펴보기 | 9 |
| | | • 통신 수단의 변화에 따른 생활 모습의 변화 살펴보기 | 10 |
| | | • 교통 시설과 통신 수단의 변화가 우리 지역에 끼친 영향 살펴보기 | 11 |
| | 4)함께 살아가는 사람들 | • 다른 지역에서 우리 지역에 오게 된 이유 조사하기 | 12 |
| | | • 다른 지역에서 우리 지역으로 오게 된 이유 살펴보기 | 13 |
| | | • 더불어 살아가는 미래의 우리 지역 모습 상상해 보기 | 14 |
| | 5) 우리 지역의 안내도 | • 지역의 특징이 잘 드러나도록 안내도 만들기 | 15~16 |
| | 단원 정리 | • 자매결연에 대한 질문지 조사 결과 해석하기<br>• 우리 지역에 살고 있는 다른 나라 사람들의 문화 알아보기 | 17 |

∴음영 처리가 되어 있는 부분이 수업모델에 활용된 제재이다.

13~14차시에서는 다문화 사회를 맞이하는 학생들에게 우리나라에 사는 외국인이 겪을 어려움에는 어떤 것이 있고 그들을 위해 할 수 있는 일이 무엇일지 생각해 보게 하며, 17차시에서는 미래의 우리 지역에 다양한 문화의 사람들이 어울려 사는 모습을 그려 보는 활동이 제시된다. 이러한 교과서의 내용은 다문화 사회에 진입하는 한국의 상황을 고려하여 제시한 것으로 볼 수 있으나, 피상적인 교과서의 활동만으로는 충분히 학생들이 다문화 사회를 대비할 수 있는 가치관과 다문화 사회로 진입하면서 학생들이 겪을 수 있는 상황에서의 대처 능력을 길러 주기에는 부족하다. 따라서 실생활 문제를 다루면서 다양한 사회적·개인적 문제 상황에서의 문제해결능력과 다문화 사회에서 살아가게 될 우리의 학생들이 지녀야 할 다양성에 대한 관용을 길러 주기 위하여 2차시 분의 역할놀이 수업모델을 제시하여 수업을 창의적으로 재구성할 필요가 있다.

수업모델과 연계할 수 있는 교과와 단원은 다음과 같다.

| 연계학습 단원 | • [국어] 듣기·말하기·쓰기(4학년 1학기 - 7단원: 넓은 세상 많은 이야기)<br>• [국어] 읽기(4학년 1학기 - 4단원 : 이 말이 어울려요) |
|---|---|
| 학습목표 | • [국어] 읽기<br> - 높임말을 바르게 사용하는 방법을 설명할 수 있다.<br> ⇨ 외국인 친구와의 경험을 다룬 읽기 교과서의 글을 통하여 다양한 사람들이 살아가게 된 우리나라의 상황을 인지하게 한다. 사회과 수업 1~2차시 때 동기 유발 시 활용한다.<br>• [국어] 듣기·말하기·쓰기<br> - 그림책을 찾아 읽고 친구에게 소개할 수 있다.<br> - 다양한 방법으로 그림책을 만들고 친구들에게 소개할 수 있다.<br> ⇨ 사회과 수업에서 활용할 생활동화를 국어 시간에 활용하여 그림책 만들기 활동을 하도록 한다. |

국어과와 연계하여 미리 선정한 다문화 관련 생활동화를 읽게 하고 동화 속에 제시된 상황을 충분히 인지하도록 지도한다.

이상으로, 다문화 상황에서 학생들이 직면할 수 있는 문제들에 대한 문제해결력과 다양성, 배려라는 창의·인성요소를 기르고자, 재구성한 수업목표는 다음과 같다.

【1~2차시 사회과】
- 우리 사회에서 다양한 문화를 가진 사람들이 겪는 어려움을 이해하고, 이들과 조화롭게 살아가기 위한 방법을 말할 수 있다.
- 상황 속 갈등을 해결하는 방안을 역할놀이로 표현할 수 있다.

【3~4차시 창의체험】
- 선택활동 1: 다른 나라에서 온 사람들의 문화에 대해 조사할 수 있다.
- 선택활동 2: 외국인센터를 방문하여 다른 나라에서 온 사람의 이야기를 조사할 수 있다.

【5차시 사회과】
- 다른 나라의 문화에 대하여 소개하는 신문을 만들 수 있다.
- 우리 지역의 외국인 및 다문화가정의 실정에 대한 신문을 만들 수 있다.

이러한 창의·인성 수업 목표에 대한 평가 목표는 다음과 같다.

【1~2차시 사회과】
- 상황극 속 갈등의 원인을 정확하게 파악하여 해결방안을 제시하였는가?
- 더불어 살아가게 될 우리 지역의 모습을 역할놀이로 잘 표현하였는가?

【3~4차시 창의체험】
- 다른 나라에서 온 사람들의 이야기를 경청하며 기록하였는가?
- 다양한 문화를 조사하여 기록하였는가?

【5차시 사회과】
- 다른 나라에서 온 사람들의 문화에 대해 조사한 내용을 신문으로 만들 수 있는가?

• 외국인센터에서의 조사 내용을 바탕으로 우리 지역에 온 다른 문화의 사람들에 관한 신문을 만들 수 있는가?

평가 목표에 따른 평가 영역과 성취 기준은 다음과 같다.

【1~2차시 사회과】
• 교사용_ 개인별 수행평가 체크리스트: 학습지 결과로 체크리스트

| 평가 영역 | 성취 기준 | 평가 척도 | | |
|---|---|---|---|---|
| | | 상 | 중 | 하 |
| 문제 상황 이해하기 (학습지 1번) | • 각 문제 상황의 문제의 핵심을 쓸 수 있다. | 상황 3~2개 문제 이해 | 상황 1개 문제 이해 | 쓰지 못함 |
| | • 갈등 문제의 원인이 무엇인지 쓸 수 있다. | 상황 3~2개 원인 이해 | 상황 1개 원인 이해 | 쓰지 못함 |
| 역할놀이 하기 (학습지 2번) | • 모둠별 토의활동에서 친구의 의견을 존중하고 배려할 수 있다. | 매우 그러함 | 대체로 그러함 | 전혀 그렇지 않음 |
| | • 다른 모둠의 역할놀이를 보고 해결방안이 무엇인지 쓸 수 있다. | 8~6모둠 해결방안 씀 | 5~3모둠 해결방안 씀 | 2~0모둠 해결방안 씀 |
| | • 다른 모둠의 역할놀이를 보고 해결방안의 적절성을 평가할 수 있다. | 상황 3~2개 적절성 평가 | 상황 1개 적절성 평가 | 쓰지 못함 |
| 개방성 (학습지 3번) | • 다양한 문화의 사람들을 편견없이 대할 수 있는 태도를 가질 수 있다. | 편견 없이 대하고자 하는 마음이 잘 드러나 있음 | 편견 없이 대하고자 하는 마음이 대체로 드러나 있음 | 편견 없이 대하고자 하는 마음이 드러나지 않음 |

• 교사용_ 모둠별 수행평가 체크리스트: 관찰평가로 체크리스트

| 평가 영역 | 성취 기준 | 평가 척도 | | |
|---|---|---|---|---|
| | | 상 | 중 | 하 |
| 역할놀이 하기 | • 갈등 문제의 원인과 해결방안이 잘 드러나게 역할놀이로 구성하여 표현할 수 있다. | 원인에 따른 해결방안이 매우 잘 드러남 | 원인에 따른 해결방안이 대체로 드러남 | 원인과 해결방안이 상관이 없음 |
| | • 역할놀이를 구성하고 실행할 때 모둠원이 협동을 할 수 있다. | 3명 모두 잘 협동함 | 대체로 협동함 | 협동이 이루어지지 않음 |

• 학생용_ 자기평가 및 상호평가: 체크리스트(학습지에 포함하여 제시하도록 함)

| 평가 영역 | 성취 기준 | 평가 척도 | | |
|---|---|---|---|---|
| | | 상 | 중 | 하 |
| 내용 이해 | • 각 상황에서 문제가 되는 것이 무엇인지 알 수 있다. | 2~3가지 앎 | 1가지 앎 | 하나도 모름 |
| | • 친구들에게 우리 모둠이 뽑은 상황을 해결할 수 있는 방법을 말할 수 있다. | 3가지 이상 말함 | 1~2가지 말함 | 하나도 말 못함 |
| 태도 | • 역할놀이를 구성하고 실행할 때 나는 내가 맡은 역할에 최선을 다했다. | 그렇다 | 대체로 그렇다 | 전혀 아니다 |
| | • 모둠 토의 시간에 다른 친구의 의견이 나와 달라도 존중하려 노력했다. | 그렇다 | 대체로 그렇다 | 전혀 아니다 |
| 모둠 친구 평가하기 | • 역할놀이를 구성하고 실행할 때 맡은 역할에 최선을 다했다. | 모둠(        ) 혹은 이름 (                    ) 쓰기 | | |
| | • 모둠 토의 시간에 다른 친구의 의견을 존중했다. | 모둠(        ) 혹은 이름 (                    ) 쓰기 | | |

## 【3~4차시 사회과】

• 창의적 체험활동에 대한 평가는 교과 3~4차시의 활동과 통합하여 실시한다. 교과 연계 창의적 체험활동을 사전·본시·사후 활동으로 구성한다고 했을 때, 본 모델에서 교과 1~2차시는 사전 활동, 교과 3차시는 사후 활동의 의미를 가진다고 할 수 있다.

## 【5차시 사회과】

| 평가 영역 | 성취 기준 | 평가 척도 | | |
|---|---|---|---|---|
| | | 상 | 중 | 하 |
| 교과 학습목표 | ▶ 선택활동 1 <br>• 조사한 나라와 우리나라의 공통점과 차이점을 글로 표현할 수 있다. | 공통점과 차이점이 잘 드러나게 논리적으로 썼음 | 둘 중 하나는 잘 드러나게 논리적으로 썼음 | 공통점과 차이점이 잘 드러나지 않음 |
| | ▶ 선택활동 2 <br>• 다른 나라에서 온 사람들의 이야기를 글로 표현할 수 있다. | 주제가 잘 드러나고, 들은 이야기를 사실적으로 잘 썼음 | 들은 이야기를 잘 정리하였지만, 일관된 주제가 없음 | 들은 이야기를 정리하지 못하고 주제가 없음 |
| 창의인성 목표 [선택활동 1, 2 공통] | • 조사한 정보를 창의적으로 재조직하여 쓸 수 있다. | 글, 사진의 배치가 창의적임 | 글, 사진의 배치가 대체로 창의적임 | 글, 사진의 배치가 정형화되어 있음 |
| | • 다양한 문화 및 그 사람들에 대해 관심을 가지고 열린 마음으로 대할 수 있다. | 매우 그러함 | 대체로 그러함 | 전혀 그렇지 않음 |
| | • 모둠원끼리 협동하여 기사를 완성할 수 있다. | 매우 그러함 | 대체로 그러함 | 전혀 그렇지 않음 |

평가 시 유의점은 다음과 같다.


• 평가는 학생들의 모둠별 활동 과정을 교사의 관찰활동으로 파악하므로, 학생들 모두 골고루 책임을 맡아 자신이 맡은 부분을 성실히 수행할 수 있도록 교사가 격려하고 조언한다.
• 신문을 만든 후 결과물에 대한 평가를 한다.


## 2. 수업지도안의 실제

### 1) 1~2차시: 역할놀이

| 학습과정 | 교수-학습 활동 | 창의·인성교육 요소 | 지도상의 유의점 |
|---|---|---|---|
| 의문 제기<br>[7분] | ① 동기 유발 | 호기심, 비판적 사고 | • 편견을 가진 이유가 있더라도, 훈계·지적을 하지 않는다 |
| 학습목표 확인<br>[2분] | ② 학습목표 확인<br>③ 학습활동 안내 | | |
| 핵심 가치 및<br>개념 제시<br>[10분] | ④【활동 1】핵심 가치 및<br>개념 제시하기 | 흥미, 상상력, 비판<br>적 사고 | |
| 다양한 갈등<br>사례 제시<br>[5분] | ⑤【활동 2】갈등 사례 알아<br>보기 | | • 다양한 갈등 상황과 관련하여 구체적인 내<br>용을 제시하기보다는 이미 학생들이 읽어<br>온 자료를 상기하는 정도로 간략하게 문제<br>상황을 안내한다. |
| 갈등 문제<br>파악하기<br>[15분] | ⑥ 모둠별로 하나의 갈등<br>사례 선택하기<br>⑦ 문제 상황 파악하기 | 확산적 사고, 사고의<br>수렴 | • 상황극을 통해 문제 상황을 파악하게 한다. |
| 해결방안 모색<br>[30분] | ⑧【활동 3】역할놀이 준비<br>하기<br>⑨【활동 4】역할놀이하기 | 의사소통능력, 문제<br>해결력, 책임(협동),<br>논리·분석적 사고 | • 역할놀이의 청중이 될 경우, 학습지에 기록<br>하면서 관람하도록 지도한다. |
| 토의 및 평가하기<br>[11분] | ⑩ 각 사례별 모둠들의 해<br>결방안 평가하기<br>⑪ 자신의 생각과 느낌 정<br>리하여 발표하기 | 비판적 사고, 사고의<br>수렴, 관용(다양성) | • 해결방안의 현실성, 적절성 등을 평가하도<br>록 안내한다. |

① 동기 유발

- 누구와 친구하고 싶니?
  - 다양한 인종의 또래 어린이들의 사진 제시, 간단한 소개하기
  - 제일 친구가 되고 싶은 어린이에게 그 이유를 쓴 포스트잇 붙이기
  - 함께 놀기 싫은 어린이에게 그 이유를 쓴 다른 색의 포스트잇 붙이기
- 함께 생각해 보기
  - 친구하기 싫은 이유 들어 보기
  - 친구하고 싶은 이유 들어 보기
  - 비뚤어진 생각을 반영한 이유가 있는지 토의하기
  - 내가 가진 편견에 대해 생각해 보고 발표하기
  - 우리 사회의 외국인들이 겪을 어려움 생각해 보기

② 학습목표 확인

- 우리 사회에서 외국인이 겪는 어려움을 이해하고 이들과 조화롭게 살아가기 위한 방법을 말할 수 있다.
- 사례 속 문제해결방안을 역할놀이로 표현할 수 있다.

③ 학습활동 안내

④ 【활동 1】 핵심 가치 및 개념 제시하기

- 〈선녀와 나무꾼〉 이야기 제시하기
  - 이야기의 간단한 내용 스토리텔링하기
  - 선녀와 나무꾼의 자녀들이 하늘나라에서 어떤 일을 겪었을지 추측하여 말하기
- 왜 그렇게 생각하나요?
  - 다양한 생김새의 친구들에 대해 내가 가졌던 비뚤어진 생각과 선녀들의 생각의 비슷한 점 추측해 보기
  - 다름과 틀림에 대하여 생각해 보기

⑤【활동 2】갈등 사례 알아보기

- 생활동화 속 갈등 사례 알아보기(『블루시아의 가위바위보』)

    - 상황 1: 무슬림이라 돼지고기를 못 먹는 디이나와 그런 디이나를 놀리는 반의 어린이들

    - 상황 2: 축구를 잘하는 티안은 자기 때문에 1등을 못했다고 심한 말을 하는 친구를 결국 때림

- 교사가 만든 핵심 가치를 담고 있는 갈등 사례 제시

    - 상황 3: 학교에서 가장 친한 친구인 디이나를 생일 파티에 초대하고 싶지만 부모님이 반대함

⑥ 모둠별로 하나의 갈등 사례 선택하기

- 1인이 1개의 역할 카드를 선택하고 상황극 연출하기

⑦ 문제 상황 파악하기

- 상황극 후 서로의 기분과 왜 그런 행동을 했는지 이야기해 보기

- 각 사례의 핵심 문제와 그 원인에 대해 토의하기

⑧【활동 3】역할놀이 준비하기

- 모둠별 문제 상황에 따른 서로의 의견 나누기

    - 상대방이 어떻게 행동하면 좋을지 자신의 생각을 이야기하기

    - 다른 친구들의 의견을 들어 보고 어떻게 행동할지 이야기하기

- 간단히 역할놀이 연습하기

⑨【활동 4】역할놀이하기

- 같은 사례 순으로 역할놀이 발표하기

    - 관람하는 모둠은 역할놀이를 보면서 각 모둠의 해결방안 기록하기

⑩ 각 사례별 모둠들의 해결방안 평가하기

- 인터뷰하기
- 교사의 발문과 대답
⑪ 자신의 생각과 느낌 정리하여 발표하기

## 2) 3~4차시: 창의적 체험활동

| 학습과정 | 교수-학습 활동 | 창의·인성교육 요소 | 지도상의 유의점 |
|---|---|---|---|
| 도입<br>[15분] | * 활동 장소로 이동<br>① 활동 목표 확인 | | • 모둠별로 카메라 등을 준비해 가도록 한다.<br>• 이동 시간을 고려하여 차시를 구성한다. |
| 조사할 내용<br>정하기<br>[10분] | ▶ 선택활동 1<br>② 다문화축제 안내하기<br>③ 모둠별로 조사할 내용<br>　정하기<br><br>▶ 선택활동 2<br>④ 외국인센터에 대해 간단<br>　히 안내하기<br>⑤ 모둠별로 조사하고 싶은<br>　내용과 질문 정하기 | 호기심, 문제발견 | • 브레인라이팅 활용<br>• 학습지를 준비하여 조사할 내용, 조사한 내<br>　용, 느낀 점 등을 학생들이 기록하게 한다. |
| 활동하기<br>[40분] | ▶ 선택활동 1<br>⑥ 다문화축제 참여하기<br><br>▶ 선택활동 2<br>⑦ 외국인센터 담당자 혹은<br>　방문자와의 인터뷰 및<br>　외국인센터 탐방하기 | 문제발견, 협동,<br>책임 | • 관람이나 인터뷰를 하면서 기록하는 것을<br>　잊지 않도록 지도한다. |
| 정리하기<br>[15분] | ⑧ 모인 후 인원 확인하기<br>⑨ 조사한 내용과 느낀 점<br>　발표하기<br>⑩ 차시 예고하기<br>* 학교로 이동 | 흥미 | • 조사한 내용으로 사회 시간에 신문 만들기<br>　를 할 것임을 주지시킨다. |

## 도입

### ① 활동 목표 확인
- 선택활동 1: 다문화축제
  - 다른 나라에서 온 사람들의 문화에 대해 조사할 수 있다.
- 선택활동 2: 외국인센터
  - 다른 나라 사람들이 우리나라에 온 이유와 그들이 겪는 어려운 점을 인터뷰하여

정리할 수 있다.

– 그들을 위해 센터에서 하는 일에 대하여 조사하여 말할 수 있다.

## 조사할 내용 정하기[16]

▶ 선택활동 1

② 다문화축제 안내하기

• 문화축제의 의미와 축제 내용에 대하여 간단한 설명을 한다.

③ **모둠별로 조사할 내용 정하기**

• 모둠별 활동 안내하기

– 모둠별로 축제에 자유롭게 참여하되 알고 싶은 나라 한 곳을 정하여 다문화축제에서 그와 관련된 사진, 인터뷰, 관찰 내용 등을 기록하도록 안내한다.

– 다문화축제를 보면서 드는 생각, 재미있었던 점, 흥미로웠던 점, 불편한 점 등을 기록하도록 안내한다.

– 모둠 내 역할을 나누도록 한다.(사진, 기록, 인터뷰 등)

• 다문화축제 기록지 배부하기

• 모둠별로 관람 동선을 짜고, 조사하고 싶은 내용과 질문 정하기

▶ 선택활동 2

④ 외국인센터에 대해 간단히 안내하기

⑤ **모둠별로 조사하고 싶은 내용과 질문 정하기**

• 모둠별로 외국센터에서 할 인터뷰 내용, 조사 항목을 정하도록 한다.

– 센터 내 외국인의 현황(국적별, 이주 목적 등), 센터의 활동 내용

## 활동하기

▶ 선택활동 1

⑥ **다문화축제 참여하기**

• 교사가 배부한 기록지를 들고 모둠별로 다문화축제에 참여한다.

---

16 대체활동: 도서관수업
– 모둠별로 알고 싶은 나라 한 곳을 정하여 자료를 수집하고 그 나라를 소개하는 신문 만들기

▶ 선택활동 2

⑦ 외국인센터 담당자 혹은 방문자와의 인터뷰 및 외국인센터 탐방하기

• 크게 두 그룹으로 나누어 인터뷰와 센터 탐방을 돌아가며 한다.

정리하기

⑧ 모인 후 인원 확인하기

⑨ 조사한 내용과 느낀 점 발표하기

⑩ 차시 예고하기

## 3) 5차시: 탐구 및 표현

| 학습과정 | 교수-학습 활동 | 창의·인성 교육 요소 | 지도상의 유의점 |
|---|---|---|---|
| 도입<br>[2분] | ① 전시 학습 상기<br>② 학습목표 확인 | 수렴적 사고, 배려,<br>흥미, 비판적 사고 | • 선택활동에 따라 신문 만들기의 내용이 다르다.<br>• 칭찬 스티커를 붙이는 기준(참신함, 주제가 있는 이야기 등)을 안내한다. |
| 전개<br>[30분] | ③ 신문 만들기 안내<br>④ 신문 만들기 | | |
| 정리<br>[8분] | ⑤ 관람 및 평가하기<br>⑥ 정리 및 발표하기 | | |

도입

① 전시 학습 상기

• 우리나라에 함께 사는 다른 문화의 사람들에 관한 영상을 본다.

 - 다문화가정 및 외국인 노동자에 대한 동영상 보기

• 그들이 겪는 어려움에 대하여 상기하게 한다.

• 우리 지역의 다양한 사람들이 조화롭게 살아가기 위해 필요한 것은 무엇이 있을지 생각해 보게 한다.

 - 다른 문화에 관심을 가지고 손중하기, 편견 갖지 않기 등

② 학습목표 확인

• 조사한 내용을 바탕으로 신문 만들기를 할 수 있다.

• 신문 만들기 활동에 협동심과 책임감을 갖고 적극적으로 참여할 수 있다.

③ 신문 만들기 안내

- 신문에 들어갈 내용 항목 정하기
  - 다른 나라 조사하기: 나라 이름, 자연환경, 의식주, 음식, 전통의상, 종교, 우리나라와의 공통점 혹은 차이점, 우리들 생각(느낀 점), 축제평(축제에서 좋았던 점, 불편했던 점, 흥미로웠던 점)
  - 외국인센터 탐방: 센터 이름, 센터의 역사, 센터의 활동 내용, 센터에 다니는 외국인 현황, 인터뷰 내용(센터 담당자, 센터에 다니는 외국인), 우리들 생각(느낀 점), 한마디(센터에 바라는 사항, 칭찬합니다) 등

④ 신문 만들기

- 모둠별로 조사한 내용을 바탕으로 신문을 만든다.
- 교사는 필요에 따라 사진을 인쇄할 수 있도록 준비해 준다.

정리

⑤ 관람 및 평가하기

- 모둠별로 제작한 신문을 감상하고 잘한 모둠에 칭찬 스티커를 붙이게 한다.

⑥ 정리 및 발표하기

- 다른 친구들의 신문을 보며 새롭게 알게 된 점을 발표한다.

## 가) 동기 유발을 위한 의문 제기[7분]

▶ 다양한 인종의 사람들에 대한 편견 발견하기

위 사진은 세계 여러 나라의 어린이들 모습입니다. 누구와 제일 친구가 되고 싶어요? 왜 그렇죠? 혹시 함께 놀기 싫은 어린이가 있나요? 왜 그렇죠? 노란색 포스트잇에 자신의 이름과 친해지고 싶은 까닭을 써서 제일 친구가 되고 싶은 어린이 사진에 붙여 주세요. 그리고 분홍색 포스트잇에 자신의 이름과 친해지기 싫은 까닭을 써서 함께 놀기 싫은 어린이 사진에 붙여 주세요.

친구하기 싫은 이유를 들어 볼까요? 친구하고 싶은 이유를 들어 볼까요? 그렇게 생각하게 된 자신의 경험이나 이유가 있나요? 정확한 정보에 따르지 않고 개인적인 감정이 섞인 이유를 찾아볼까요? 우리가 이런 생각을 가지고 이 어린이들을 대한다면 어떤 일이 생길까요?

## 나) 학습목표 확인[2분]

우리가 지난 시간에 배웠듯이, 우리나라에서 일을 하기 위해 오거나 한국 사람과 결혼을 해서 우리나라에서 살게 된 다양한 나라의 사람들이 있었죠? 오늘 이 시간에는 이러한 사람들이 겪는 어려움에는 어떤 것들이 있는지 알아보겠습니다. 여러분이 읽어 온 책의 내용을 떠올려 보세요. 그리고 문제 상황에서의 해결방안을 역할놀이로 표현해 보도록 하겠습니다.

---

17 1~2차시에 대한 수업활동 시나리오를 소개한다.

## 다) 핵심 가치 및 개념 제시[10분]

**(ㄱ) 〈선녀와 나무꾼〉 이야기 스토리텔링하기**

〈선녀와 나무꾼〉의 이야기를 간단하게 학생들에게 들려준다. 대부분의 학생들이 잘 알고 있는 이야기이므로, 짧은 시간 내에 중요한 사건 중심으로 구성하여 이야기를 하도록 한다.

**(ㄴ) 핵심 가치 및 개념 제시: '다르다'와 '틀리다'를 중심으로**

㉠ 왜 선녀는 지상에 떨어진 남편을 다시 찾으러 오지 않았을까요?

㉡ 선녀에게 인터뷰를 해 볼까요?

> **교사** 선녀 씨, 왜 남편이 닭이 되어 올 때까지 남편을 찾으러 가지 않았죠?
> **선녀(교사의 연기)** 저는 하늘에 사는 사람이기 때문에 땅에 사는 사람은 저와 어울리지 않습니다. 주변의 선녀 친구들과 부모님들도 인간은 우리와 다르고 우리가 인간보다 훨씬 뛰어나고 잘 살기 때문에 어울리지 않는다고 많이 반대했습니다.

㉢ 이런 선녀들의 생각에 대해 여러분은 어떻게 생각하나요? 그렇다면 인간의 피와 선녀의 피가 섞인 선녀와 나무꾼의 아들과 딸은 이런 생각을 가진 선녀들과 하늘나라에서 살면서 어떤 일을 겪었을까요?

㉣ 왜 그렇게 생각하나요?

㉤ 아까 다양한 생김새의 어린이들에 대해서 여러분이 가진 생각을 살펴보았었죠? 여러분이 친구하기 싫다고 했던 이유를 떠올리면서, 나의 그런 생각이 선녀들의 생각과 어떤 비슷한 점이 있는지 생각해 보세요.

㉥ 학생들이 답변하기 어려워하면 발문의 수준을 좀 더 낮추어 여러 가지 방향으로 발문한다.

㉦ 나와 피부색이 다르다, 눈이 다르게 생겼다, 입이 다르게 생겼다, 머리카락 색깔이 다르다, 부모님의 나라가 다르다 등 '나와 다르다'는 것이 우리가 시험을 볼 때처럼 '틀렸다'고 말할 수 있는 걸까요?

㉧ 오늘은 여러분이 읽은 책에서 여러 상황을 뽑아 한국에서 우리와 함께 사는 다양한 문화의 사람들이 겪는 어려움에는 어떤 것이 있는지 알아보고, 그러한 상황이 생긴 이유가 무엇일지 생각해 보겠어요. 또한 여러분들이 어떤 행동을 할 수 있을지 토의를 통해 역할놀이로 표현해 보겠습니다.

## 라) 다양한 갈등 사례 제시[5분]

▶ 생활동화 및 교사가 생활동화의 내용과 관련하여 만든 문제 상황을 제시한다.

**〈상황 1〉**
- 무슬림이라 돼지고기를 못 먹는 디이나와 그런 디이나를 놀리는 반의 아이들

**〈상황 2〉**
- 축구를 잘하는 티안. 티안 때문에 1등을 못했다고 심한 말을 하는 친구들을 티안이 때린다.

**〈상황 3〉**
- 학교에서 가장 친한 친구인 디이나를 생일 파티에 초대하고 싶지만 부모님이 반대한다.


## 마) 갈등 문제 파악[15분]

### (ㄱ) 모둠별로 하나의 갈등 사례 선택하기

▶ 어떤 문제 상황을 역할놀이로 연출하고 싶은지 모둠별로 한 개를 정하세요.


### (ㄴ) 역할 정하기

▶ 선생님이 지금 나누어 주는 역할 카드 중에서 한 사람이 한 개의 역할 카드를 고르세요.

〈상황 1〉에 대한 역할 카드의 예

**역할 1(디이나 역)** 이제부터 나는 방글라데시에서 온 디이나가 됩니다. 나의 종교는 부모님을 따라 무슬림입니다. 무슬림에서는 돼지고기를 먹을 수 없습니다. 오늘 급식 시간에는 돼지고기가 들어간 카레가 나왔습니다. 나는 카레를 먹을 수 없었습니다.

**역할 2(디이나와 같은 반 친구 역)** 이제부터 나는 디이나와 같은 반 친구입니다. 급식 시간에 자기 배식 순서가 되었지만, 카레를 못 먹는다고 하는 디이나를 보았습니다. 이 맛있는 카레를 무슬림이라서 못 먹다니. 나에게는 이상하게만 생각됩니다. 나는 디이나에게 창피를 주기 위해 놀립니다.

**역할 3(디이나와 같은 반 친구 역)** 이제부터 나는 디이나와 같은 반 친구입니다. 친구가 디이나를 놀리는 것을 보고 나도 같이 놀리고 싶어집니다. 나는 그 친구와 함께 디이니를 놀립니다.

(ㄷ) 상황극 연출하기

▶ 자신이 고른 역할 카드에 따라 내가 직접 그 인물이 되었다고 생각하고 연기를 해 보도록
하겠습니다.

(ㄹ) 문제 상황 파악하기

㉠ 〈상황 1〉에서 디이나는 어떤 기분이었을까요? 디이나를 놀리는 친구는 어떤 기분이었나
요? (디이나 역할을 맡은 학생이 발표한다.)

㉡ 각 상황에서 어떤 것이 문제인가요? 그 문제가 생긴 원인은 무엇인가요?

㉢ 기억에 남는 말이나 행동은 무엇인가요?

㉣ 모둠별로 토의를 통해 학습지 1번에 적어 보세요. 발표해 볼까요?

바) 해결방안 모색 및 역할놀이[30분]

(ㄱ) 모둠별로 문제 상황에 따라 서로의 의견 나누기

㉠ 상대방이 어떻게 행동하면 좋을지 나의 생각을 이야기해 보세요.

㉡ 다른 친구들의 의견을 들어 보고 어떻게 행동하면 좋을지 서로 이야기해 보세요.

㉢ 이제 역할을 나누고 간단하게 역할놀이를 연습합니다.

(ㄴ) 같은 사례 순으로 역할놀이 발표하기

㉠ 각 모둠의 역할놀이를 보고 해결방안이 적절하게 제시되었는지 생각해 보겠습니다.

㉡ 〈상황 1〉을 선택한 모둠의 역할놀이를 먼저 보겠습니다.

㉢ 관람을 하는 모둠은 〈상황 1〉을 표현한 모둠들이 어떤 해결방법을 제시하였는지 학습지
2번에 적으면서 보도록 합니다.(이하 생략)

## 사) 토의 및 평가 [11분]

**(ㄱ) 각 사례별 모둠들의 해결방안 평가하기**

㉠ 역할놀이를 보면서 왜 그렇게 행동을 했는지, 기분은 어땠는지, 각 역할놀이를 한 어린이에게 인터뷰를 해 봅시다. 질문하고 싶은 어린이가 있습니까?

㉡ 〈상황 1〉에 대하여 모둠 ○, ○, ○에서 제시한 해결방안은 무엇이었나요?

㉢ 여러분은 이러한 해결방안에 대하여 어떻게 생각하나요? 인상 깊은 장면은 무엇이었나요? 왜 그렇게 생각하나요? 혹시 별로 와 닿지 않았던 해결방안이 있었나요? 무엇이 었나요? 왜 그렇게 생각하나요? (〈상황 2〉, 〈상황 3〉 동일하게 진행한다.)

**(ㄴ) 자신의 생각과 느낌 정리하여 발표하기**

㉠ 수업 시작에 앞서 우리가 다양한 인종의 어린이 사진에 친해지고 싶은 사람과 친하고 싶지 않은 친구를 써 보고, 그 이유에 대해서 생각해 봤었죠? 여러분이 어떤 어린이와 친하게 지내고 싶지 않다고 생각하게 된 이유는 무엇이었을까요? 그리고 역할놀이를 한 각 상황에서 문제가 되는 원인은 무엇이었나요?

㉡ 하나의 공통된 원인을 찾는다면 무엇이 있을까요?

㉢ 다르다는 것이 틀리다는 것일까요? 잘못된 것일까요?
  • 포스터 제시(국가인권위원회 사이트, 213쪽 학습자료)

㉣ 나의 생각을 학습지 3번에 정리하여 발표해 봅시다.

가) 역할놀이 학습지 예시

1. 친구들의 상황극을 보고 각 상황의 문제와 그 일이 생기게 된 이유를 적어봅시다.

| 상황 | 문제 | 그것이 일어난 이유 |
|---|---|---|
| 상황 1 | | |
| 상황 2 | | |
| 상황 3 | | |
| • 인상 깊었던 친구의 대사나 행동이 있으면 적어 보자. | | |

2. 다른 모둠의 역할놀이를 보고 평가해 봅시다.

| 상황 | 모둠 번호 | 모둠에서 내세운 해결방안 | 인상 깊은 행동이나 대사 | 칭찬하고 싶은 모둠 |
|---|---|---|---|---|
| 상황 1 | | | | |
| | | | | |
| | | | | |
| 상황 2 | | | | |
| | | | | |
| | | | | |
| 상황 3 | | | | |
| | | | | |

3. 앞으로 나와 다르게 생긴 친구나 외국인과 같은 반이 되었을 때 어떻게 대할 것인가요?

[오늘 수업을 하고 나서 드는 생각과 느낌]

## 나) 역할놀이 상황별 역할 카드 예시

〈상황1〉 디이나 역

이제부터 나는 방글라데시에서 온 디이나가 됩니다. 나의 종교는 부모님을 따라 무슬림입니다. 무슬림에서는 돼지고기를 먹을 수 없습니다. 오늘 급식 시간에는 돼지고기가 들어간 카레가 나왔습니다. 나는 카레를 먹을 수 없었습니다.

〈상황 1〉 디이나와 같은 반 친구 역(1)

이제부터 나는 디이나와 같은 반 친구입니다. 급식 시간에 자기 배식 순서가 되었지만, 카레를 못 먹는다고 하는 디이나를 보았습니다. 이 맛있는 카레를 무슬림이라서 못 먹디니. 나에게는 이상하게만 생각됩니다. 나는 디이나에게 창피를 주기 위해 놀립니다.

〈상황1〉 디이나와 같은 반 친구 역(2)

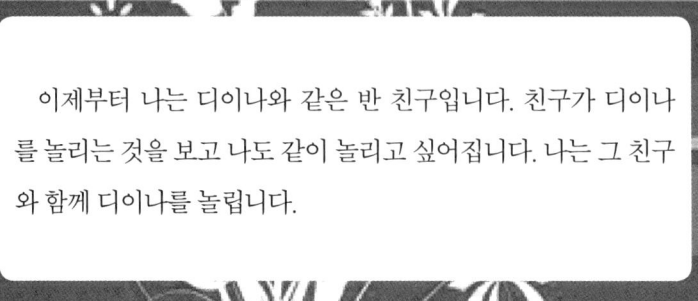

　　이제부터 나는 디이나와 같은 반 친구입니다. 친구가 디이나를 놀리는 것을 보고 나도 같이 놀리고 싶어집니다. 나는 그 친구와 함께 디이나를 놀립니다.

## 다) 역할놀이 학생용 평가지 예시

### 1. 자기 평가하기 (☆ 칠하기)

| | |
|---|---|
| ① 나는 3개의 문제 상황에서 무엇이 문제인지 알 수 있다. | ☆☆☆ |
| ② 우리 모둠의 문제 상황을 해결하기 위한 방법을 친구들에게 이야기할 수 있다. | ☆☆☆ |
| ③ 역할놀이를 할 때, 나는 내가 맡은 역할에 최선을 다했다. | ☆☆☆ |
| ④ 모둠 토의 시간에 다른 친구의 의견이 나와 달라도 존중하려 노력했다. | ☆☆☆ |

### 2. 우리 모둠 친구 평가하기

| | |
|---|---|
| ① 역할놀이를 구성하고 실행할 때 맡은 역할에 최선을 다했다. | 모둠(　　) 이름(　　) |
| ② 모둠 토의 시간에 다른 친구의 의견을 존중했다. | 모둠(　　) 이름(　　) |

▶ 국가인원위원회 인권교육센터(http://edu.humanrights.go.kr)는 인권 동화, 만화, 포스터,
영화 등에 대한 다양한 자료를 제공한다.

(출처: 국가인권위원회 인권포스터, 고광철)

## 가) 지역별 다문화축제

| 지역 | 축제명 | 기간 | 장소 |
|---|---|---|---|
| 서울 | 서울 지구촌 한마당 | 5월 중 | 서울광장, 무교동 |
| 인천 | 인천 아시아 이주민 축제 | 3월 중 | 인천문학경기장 |
| 경기도 용인 | 용인 이주민 다문화축제 | 9월 중 | 공설운동장 |
| 경기도 시흥 | 세계인의 날 다문화축제 | 5월 중 | 시흥외국인복지센터 |
| 경기도 수원 | 다문화 한가족 축제 | 5월 중 | 인계동 제1 야외음악당 |
| 경기도 안산 | 세계인의 날 기념행사 | 5월 중 | |
| 경기도 의정부 | 쏭끄란 축제(태국 문화) | 4월 중 | 의정부시청 |
| 충남 천안 | 백석대 다문화축제 | 5월 중 | 천안 백석대 |
| 경북 대구 | 컬러풀 대구 다문화축제 | 6월 중 | 국채보상운동기념공원 |
| 전남 순천 | 다문화가족 의상쇼 | 5월 중 | 전남 순천 |

∴ 다문화 어울림마당 더 많은 정보는 http://mfsc.familynet.or.kr에서 공지되는 축제 및 지역 내 신문 참고

## 나) 외국인센터

| 기관명 | 웹사이트 |
|---|---|
| 안산시 외국인주민센터 | http://global.iansan.net |
| 수원시 외국인복지센터 | http://www.suwonmcs.com |
| 시흥시 외국인복지센터 | http://www.3fmcs.or.kr |
| 평택 외국인복지센터 | http://www.wooricenter.org |
| 화성시 외국인복지센터 | http://www.hsbluebird.or.kr |
| 대전 외국인이주노동자종합지원센터 | http://www.djmc.org |
| 충북 외국인이주노동자지원센터 | http://jin1000center.ohpy.com |
| 제주 외국인평화공동체 | http://www.jejupeace.net |
| 아산 외국인노동자지원센터 | http://asm.nodong.net |
| 경기 광주 외국인노동자센터 | http://www.msks.org |

∴ 인터넷 검색창에 '외국인센터'를 입력하면 지역별 외국인센터를 찾을 수 있다.

## 다) 결혼이주여성 및 이주노동자 관련 동영상

| 제목 | 인터넷 주소 | 종류(지역) |
|---|---|---|
| 이주 여성들이 우리 마을 영어선생님 (2007.8.14) | http://news.naver.com/main/read.nhn?mode=LPOD &mid=tvh&oid=055&aid=0000105142 | 뉴스(전주) |
| 이주 외국인 여성 '영어마을 강사' 봉사활동 (2006.7.25) | http://news.naver.com/main/read.nhn?mode=LPOD &mid=tvh&oid=130&aid=0000009399 | 뉴스(부산) |
| 이주노동자 다룬 영화 속속 개봉 (2009.6.23) | http://news.naver.com/main/read.nhn?mode=LPOD &mid=tvh&oid=214&aid=0000109003 | 뉴스 |
| 사람들이 왔다 -해외 이주노동자- | http://home.ebs.co.kr/jisike | 지식채널e |
| 큰 벽으로 다가오는 생활 속 불편 (2009.12.18) | http://news.naver.com/main/read.nhn?mode=LPOD &mid=tvh&oid=052&aid=0000278437 | 뉴스 |

## 라) 창의적 체험활동 구성 시 유의사항

(ㄱ) 지역 내 이주민노동자센터, 다문화가족지원센터 등의 축제 관련 공지사항을 적극 수렴하여 창의적 체험활동을 할 수 있도록 한다.

(ㄴ) 다문화축제가 주로 주말에 열리는 관계로 교사의 인솔이 어려울 경우 학부모들의 도움을 받을 수 있으며, 단체 관람이 힘들 경우에는 많은 홍보를 통해 개별적으로 참여할 수 있도록 한다. 또한 다문화축제 관람이 어려울 경우 인근의 다문화가정 및 외국인센터에 방문하여 관람 및 인터뷰를 실시하도록 한다. 단, 센터는 운영 내용에 따라 방문하는 외국인이 한정되어 있어 설문의 폭이 좁아질 수 있다.

(ㄷ) 다문화센터에서의 교육활동은 결혼이주여성 대상으로는 주로 평일 아침에, 이주노동자 대상으로는 주로 주말 아침에 실시되는데, 교육장면에서 외국인들을 만날 수 있는 시간대에 방문하지 못할 경우에는 센터장과의 인터뷰를 통하여 자료를 구하도록 한다.

# 9장

# 올바른 문화 이해를 통한
# 사회참여 체험학습 수업모델

홍배식 · 이용희

# 1. 수업모델의 개요

## 1) 수업모델의 이해

이 장에서 다룰 창의·인성 수업모델은 다문화 사회를 이해하기 위한 것으로, 교수학습(사회과)과 현장체험활동(사회참여 체험학습)과 실천학습(Action Learning)을 결합한 수업모델이다. 모델 구안을 위해 선정한 교과는 중학교 1학년 사회의 일반사회 영역이며, 단원은 다음과 같다.

> 대단원: 8. 문화의 이해와 창조[18]
> 중단원: 2) 문화 이해의 관점과 태도

우리 사회는 최근 외국인 근로자의 유입과 국제결혼 등으로 다양한 인종과 문화가 공존하는 사회로 변모하고 있다. 지금의 변화 추이로 볼 때 다인종·다문화 사회로의 이행은 더욱 빨라질 것으로 보인다. 이처럼 다양한 형태의 다문화가정이 급증하면서 다문화 이해 교육에 대한 사회적 관심이 높아지고 있다.

그런데 다문화가정의 구성원 대부분은 사회·경제적 기반이 취약하여 교육으로부터 소외되거나 사회적 편견으로 고통 받고 있다. 유아기에 한국어가 미숙한 외국인 엄마와 함께 생활한 자녀들은 또래 아이들과의 언어 소통에 어려움을 겪기도 하고, 단지 '엄마가 외국인이라는 이유'로 친구들로부터 집단 따돌림을 당하기도 한다. 따라서 이러한 문제들을 해결하고 다양한 문화를 지닌 사회 구성원들이 서로 어울려 화목하게 살아가기 위한 교육이 시급한 상황이다.

그러나 사회적 관심과는 달리, 정작 교육 현장에서는 다문화 이해 교육이 제대로 이루어지지 않고 있다. 개별 학교나 교사의 상황 인식이 부족한 탓도 있겠지만, 무엇보다 교육과정 차원에서 적절하게 지원하지 못하는 게 더 근본적인 이유라 하겠다. 그렇기에 다문화 이해 교육이 제대로 실행되기 위해서는 교육 프로그램의 개발과 교육과정의 개선이 선행되어야 한다. 문화적 관점의 올바른 이해를 통한 다문화 교육은 글로벌 인재 양성을 추구하는 국가적 교육 목표와도 연관되는 중요한 우리 교육의 과제라 할 수 있기 때문에 지금부터라도

---

18 2009 개정 교육과정에 따른 사회과 교육과정에서는 중학교 일반사회 영역 '(2) 문화의 이해와 창조'에 해당한다.

서둘러야 할 것이다.

　　이러한 이유에서 이 수업모델의 주제를 '올바른 문화 이해를 통한 다문화 교육의 실천'으로 선정했다. 이와 같은 주제 선정을 바탕으로 설계한 수업에서 학생들이 성취하도록 의도한 창의·인성 교육 요소는 다음과 같다.

| 수행 단계 | 창의·인성 교육 요소 |
| --- | --- |
| 도입 | 확산적 사고, 책임 |
| 전개 | 수렴적 사고, 존중, 배려 |
| 현장체험 1, 2 | 확산적 사고, 약속, 도덕적 판단력 |
| 마무리 | 수렴적 사고, 문제해결력, 배려, 행동실천력 |

　　이와 같은 창의·인성 요소를 실제 수업에서 어떻게 구현할 수 있을까? 이 수업모델은 현장 방문을 통한 현장체험학습과 더불어 문제의 인식과 대책 및 실천을 겸한 사회참여 체험학습 모형을 연계하여 실천할 수 있도록 구성되었다. 현장체험학습은 교과서 위주의 추상적 수업에서 탈피하여 현장에서 관찰, 자료 수집, 현장 조사, 견학, 탐방 등을 통해 구체적이고 경험적인 지식을 배우는 방법이다. 이 현장체험학습을 통해 능동적 참여자로서의 학생들은 교실에서 배운 학습 내용을 재구성함으로써 창의적으로 폭 넓고 깊이 있게 익힐 수 있으며, 틀에 박힌 수업에서 얻을 수 없는 살아 있는 지식을 습득할 수 있게 된다.

　　현장체험학습으로 주제에 대해 동기가 부여된 학생들은 사회참여 체험학습을 통해 현실의 문제를 인식하고, 문제에 대한 대책을 세우고, 직접 해결해 보는 과정을 거치게 된다.

　　구체적으로 사회참여 체험학습 모델은 체험 준비 단계, 체험 인식 단계, 체험의 문제 분석 및 대책 단계, 체험의 반성 단계를 거치게 된다. 특히 문제에 대한 대책과 실천의 과정에서 실천학습의 모형을 적용함으로써 민주적으로 의견을 발산하고 수렴하는 방법을 익힐 수 있다. 학생들은 모둠별로 다문화센터를 실제로 탐방하여 다문화가정의 어려움을 직접 체험하게 된다. 또한 함께 체험한 모둠의 구성원들이 협동하여, 이들과 함께 살아가기 위해 우리는 어떠한 노력을 해야 하는지에 대해 창의적인 방안을 강구하게 된다. 구체적으로 차시별 수업 내용을 정리하면 다음과 같다.

| | |
|---|---|
| **1차시**<br><br>체험 준비 | • 주제 제시 및 활동 계획서 작성<br>　- 모둠 역할 분담<br>• 현장체험학습 활동(동기 부여) |

⇩

| | |
|---|---|
| **2~4차시**<br><br>체험활동 | • 인터넷을 통한 자료 조사<br>• 현장체험을 통한 자료 확인<br>• 인터뷰를 통한 다문화가족의 이해 |

⇩

| | |
|---|---|
| **5차시**<br><br>체험의 문제 분석 및<br>대책 | • 현장체험의 결과 정리 및 발표<br>• 사회 체험학습 계획서 작성<br>　- 체험 문제 인식<br>　- 체험 문제의 분석<br>　- 체험 문제의 대책<br>　- 체험의 반성 |

⇩

| | |
|---|---|
| **6-7차시**<br><br>사회참여 체험 | • 사회참여 체험학습을 위한 현장 및 기관 방문 |

⇩

| | |
|---|---|
| **8차시**<br><br>해결방안 제시 | • 실천학습을 통한 문제해결력 키우기<br>　- 사이버 티셔츠 만들기<br>　- 다문화 교육을 위한 홍보 문구 만들기<br>　- 다문화가정의 친구에게 편지 쓰기 |

## 2) 수업의 목표와 평가

　사회참여 체험학습은 학생들에게 다양한 체험을 생활화하게 하여 지역사회의 일원으로 삶의 의미를 체득하게 하는 한편, 서로 돕고 더불어 사는 공동체 의식을 갖춘 인간을 육성하여 건전한 인성을 갖추게 하는 장점을 갖는다. 이처럼 현장체험을 통한 사회참여 체험학습 모델은 학생들의 창의성 계발과 함께 민주 시민의 자질을 함양함으로써 창의·인성 교육에 매우 유용한 수업모넬이라 힐 수 있다.

　이 수업모델에서 다루고 있는 구체적인 학습단원은 다음과 같다.

| 대단원 | 중단원 | 시수 | 학습 제재 | 주요 학습 내용 |
|---|---|---|---|---|
| 8.<br>문<br>화<br>의<br>이<br>해<br>와<br>창<br>조 | 1) 문화의 의미 | 2 | • 문화란 무엇일까?<br>• 인간만이 문화를 만들 수 있다.<br>• 문화의 특징은? | - 문화의 의미와 특성<br>- 문화의 보편성과 다양성 |
| | | | • 문화의 구성 요소<br>• 문화의 속성 | - 문화의 구분<br>- 문화의 속성 |
| | 2) 문화 이해의 관<br>점과 태도 | 3 | • 문화를 보는 관점에는 어떤 것이 있을<br>  까?<br>• 우리 문화가 최고!<br>• 저 문화가 낫지 않아? | - 자문화 중심주의<br>- 문화 사대주의 |
| | | | • 문화에는 우열이 없어!<br>• 세계화 시대에 문화를 대하는 바람직한<br>  자세는 무엇일까? | - 문화 상대주의의 의미와 중요성<br>- 세계화 시대에 문화를 대하는 태도 |
| | 3) 대중문화와<br>대중매체 | 2 | • 대중문화 | - 대중문화의 의미와 특징 |
| | | | • 대중매체에 의한 대중문화 | - 대중매체와 대중문화의 영향 |
| | 4) 문화의 창조적<br>계승과 발전 | 1 | • 인간은 문화창조의 주체<br>• 어떻게 바람직한 문화를 창조할까? | - 문화창조자 인간<br>- 문화 변동 과정<br>- 문화의 계승과 발전 |

∴음영 처리가 되어 있는 부분이 수업모델에 활용된 단원이다.

다음으로, 이 수업모델에서 다루는 교과 연계 사항은 다음과 같다.

| 교과 연계 사항 | 사회 1) 세계 여러 지역의 자연과 문화<br>도덕 1) 나라·민족·지구 공동체와의 관계 |
|---|---|

창의·인성 교육을 위해 다음과 같이 단원을 재구성하였다.

• 문화를 이해하는 관점과 공동체 의식의 함양에 관한 사회과 교과 지식을 바탕으로 현
  장체험학습 및 사회참여 체험학습을 연계한다.
• 세계화 시대 속에서의 다양한 문화를 바라보는 올바른 시각을 학생들이 갖게 하기 위
  해 다문화가 공존하는 차이나타운 등의 현장체험학습을 실시한다.
• 다문화에 대한 학생들의 인식을 바꾸며 이 땅에 사는 다문화가정의 어려움을 돕는 등
  의 실천을 위해 사회참여 체험학습을 실시한다.
• 사회참여 체험학습을 하는 동안 인식에서부터 평가에 이르기까지의 과정을 통해 창
  의성과 인성을 키우며, 특별히 문제에 대한 대책과 실천의 방법을 모색하는 과정에서
  실천학습의 기법을 사용하여 창의성을 키우도록 한다.

교과 학습목표 및 그것과 연관 지어 이 수업에서 강조하는 창의·인성 요소인 확산적 사고, 수렴적 사고 및 문제해결력과 배려, 협동, 책임감, 행동실천력 등을 기르고자 재구성한 수업 목표는 다음과 같다.

- 문제에 대한 바른 인식과 해결에 필요한 탐구 정신을 통하여 문제를 해결할 수 있다.
- 다문화 교육의 필요성을 말할 수 있다.
- 다문화가정의 문제 인식, 대책 마련 및 실천을 계획 세워 볼 수 있다.
- 올바른 다문화 이해를 통해 세계시민의식을 함양하며, 다문화가정을 돕는 실천을 통해 배려와 존중의 공동체적 사고를 키운다.

다음은 창의·인성 수업의 평가 계획이다. 평가 계획은 수업의 목표와 밀접하게 연결된다. 수업의 평가 목표는 다음과 같다.

- 문화를 바라보는 다양한 관점을 알고 있는가?
- 문화를 이해하고 존중하는 태도를 가지게 되었는가?
- 다문화가정의 이해를 위한 자신의 역할을 구체적으로 생각하고 있는가?

다음의 표는 평가 영역과 성취 기준을 제시한 것이다. 기존 수업에서는 교과 학습목표만 제시되지만, 창의·인성 수업에서는 창의성 교육 목표와 인성 교육 목표가 부가된다. 창의·인성 목표 설정은 창의성의 요소 중 인지적 요소, 성향적 요소, 동기적 요소 등에서 도출이 기대되는 창의성 요소 중 적절한 것을 골라 그 단원의 내용에 맞게 설명식으로 기술하는 것이 적절하다.

| 평가 영역 | 성취 기준 | 평가 척도 | | | | | |
|---|---|---|---|---|---|---|---|
| | | 매우 우수 | 우수 | 보통 | 노력 요함 | 미완성 | 미제출 |
| 교과 학습 목표 | • 문화를 바라보는 다양한 관점을 설명할 수 있는가? | | | | | | |
| 창의 인성 목표 | • 문제해결력: 문제를 발견하고 해결하기까지의 목표 접근을 잘 수행하고 있는가? | | | | | | |
| | • 사고의 확장: 다문화의 문제점에 대한 대책과 실천방법을 창의적으로 표현하고 있는가? | | | | | | |
| | • 사고의 수렴(논리·분석적 사고): 구성원들과 협동적으로 수행한 결과물을 논리적으로 설명할 수 있는가? | | | | | | |
| | • 개방성: 다양한 세계의 문화를 인정하고 받아들일 준비가 되어 있는가? | | | | | | |
| | • 약속: 협동적 프로젝트 수행 과정에서 자신의 역할을 정확히 이행하고 있는가? | | | | | | |
| | • 책임: 모둠 내에서의 자신의 역할을 잘 감당하여 모둠의 목표 수행에 성공적으로 기여하고 있는가? | | | | | | |
| | • 소유: 우리 문화의 중요성을 인식하면서도 다른 나라 문화의 중요성을 인정할 수 있는가? | | | | | | |
| | • 독창성: 다문화가정의 문제점 해결에 유행을 따르지 않고 자신만의 방식으로 실천 가능한 방법을 제시하고 있는가? | | | | | | |
| 교사 의견 및 채점평 | | | | | | | |

이와 같은 평가를 하면서 유의해야 할 점은 다음과 같다.

- 평가를 위해 학생들의 활동을 관찰하는 동안 교사는 학생들 모두 책임감 있게 자신이 맡은 부분을 성실히 수행할 수 있도록 관심과 격려를 표현한다.
- 현장체험활동의 결과물도 평가의 대상이므로 다문화 교육의 활성화와 연계한 활동이 효과적으로 이루어졌는지 확인한다.
- 활동 결과의 창의적 시각화 부분도 적절히 평가가 이루어질 수 있도록 지도한다.

## 2. 수업지도안의 실제

### 1) 1차시: 체험 준비 단계

| 학습과정 | 교수 – 학습활동 | 창의·인성 교육 요소 | 지도상의 유의점 |
|---|---|---|---|
| 도입<br>[5분] | ① 동기 유발 | | • 학생들의 호기심과 흥미를 유발하는 자료를 제시하도록 한다. |
| | ② 학습목표 확인 | | • 다양한 문화 이해의 관점을 제시하고 학생들이 사고 확장을 통해 사례들을 적어 보게 한다.(브레인라이팅) |
| 전개<br>[35분] | ③ 활동 주제 확인<br>④ 문화 의미와 속성 이해<br>⑤ 자문화중심 주의 이해<br>⑥ 문화사대 주의 이해<br>⑦ 문화상대 주의 이해<br>⑧ 다문화 이해를 위한 현장체험활동에서의 역할 분담 | 사고의 확산, 책임 | • 자신의 역할을 제대로 수행하지 않을 경우 모둠의 결과물이 발표될 수 없음을 상기시키고, 책임감 있게 맡은 역할을 수행하도록 강조한다. |
| 정리<br>[5분] | ⑨ 정리 | | |

### 도입

**① 동기 유발**

- 바라보는 시각과 관점에 따라 달리 인식되는 여러 가지 사진 자료를 제시하여 학생들이 문화를 이해하고 바라보는 시각을 올바르게 변화시킨다.

**② 학습목표 확인**

- 문화를 올바르게 이해할 수 있는 다양한 문화 이해 관점을 파악하고 이해한다.

### 전개

**③ 활동 주제 확인**

- 마인드맵을 활용 한 문화에 대한 사전 이해

**④ 문화 의미와 속성 이해**

**⑤ 자문화 중심주의 이해**

- 자문화 중심주의 사례 알기
- 제시된 사례 외에 어떤 것이 있는지 생각해 보기

⑥ 문화 사대주의 이해

- 문화 사대주의 사례 제시
- 외국문화의 유입 현황 소개

⑦ 문화 상대주의 이해

- 문화 상대주의의 정의 설명
  – 다문화 이해의 기초임을 설명
- 다문화 교육 필요성 인식을 위한 자료 제시
- 다문화가정을 돕는 실천방안 찾기

⑧ 다문화 이해를 위한 현장체험활동에서의 역할 분담

- 카메라 준비 및 현장체험활동 계획 세우기


정리

⑨ 정리

- 현장체험활동에서 인터뷰할 때의 유의점과 모둠별 활동 내용을 다시 한 번 설명한다.
- 중국문화와 한국문화의 공통점과 차이점을 미리 파악하여 오도록 한다.


## 2) 2~4차시: 체험활동

| 학습과정 | 교수–학습 활동 | 창의·인성 교육 요소 | 지도상의 유의점 |
|---|---|---|---|
| 사전 학습 | ① 학습목표 확인 | | • 학교들이 다른 나라에서는 어떻게 정착하며 성공하고 있는지를 비교하여 보여 줄 필요가 있다. |
| 현장체험활동 | ②【활동 1】사전 활동의 확인 | 사고의 확산, 약속, 호기심 / 흥미 | • 주제가 모둠별로 중복되지 않도록 지도한다. 주제와 상관있는 조사가 되도록 조사 내용에 관해 미리 살펴볼 필요가 있다. |
| | ③【활동 2】인터뷰를 통한 다문화 이해 | | • 미리 중국의 다양한 문화에 관해 아는 작업이 필요하다.<br>• 교사가 핵심적인 중국의 문화에 관해서 미리 이야기하여 학생들이 눈여겨볼 수 있는 안목을 미리 키워 줄 필요가 있다. |


사전 학습

① 학습목표 확인

- 중국문화와 한국문화의 공통점과 차이점을 설명한다.
- 화교들이 한국에서 정착하지 못한 이유를 알아본다.
- 인터뷰의 질문 내용을 정하고, 인터뷰를 할 때의 유의점을 다시 한 번 설명한다.

### 현장체험활동

②【활동 1】사전 활동의 확인
- 마을 입구에 있는 동사무소를 방문하여 마을 전체지도와 화교마을 설명 책자를 미리 받아서 활용하도록 한다.
- 사전 활동에서 미리 학습한 것을 확인하도록 한다.
  - 화교마을의 건축양식을 탐구하여 한국 가옥과의 차이점을 알아본다.
  - 거리에서 파는 음식을 통해 우리 음식과의 차이점을 알아본다.
  - 상점에서 파는 물건 등을 통해 서로의 생활이 유사함을 알아본다.
- 한국문화에 유입된 중국문화 찾아보기
  - 중국문화가 한국문화와 융합되어 새롭게 나타난 문화의 사례를 찾아본다.

③【활동 2】인터뷰를 통한 다문화 이해
- 인천 화교마을의 역사를 탐구한다.
- 중국인들의 한국 정착 과정에 대한 설명을 들은 후 인터뷰를 하도록 한다.
  - 인터뷰 대상을 선정하고(요식업 종사자, 가게에서 물건을 파는 사람, 길거리에서 간식을 파는 사람 등)
  - 인터뷰 내용을 다시 한 번 숙지하고(한국 정착의 어려움, 한국 정부와 한국인에게 바라는 점 등)
  - 모둠별로 2명 이상에게 인터뷰를 실시하도록 한다.

## 3) 5차시: 체험의 문제 분석 및 대책

| 학습과정 | 교수 – 학습활동 | 창의·인성교육 요소 | 지도상의 유의점 |
|---|---|---|---|
| 도입<br>[10분] | ① 전시 학습 상기 | | • 인터뷰를 통하여 나타난 다문화가정 혹은 화교가정의 어려움을 중심으로 말하도록 한다. |

| 전개<br>[30분] | ② 활동 주제 확인<br>③ 문제 인식<br>④ 문제 분석<br>⑤ 대책 | 존중 , 배려, 사고의<br>수렴 | • 사회참여의 좋은 예들이 많이 있다. 특히<br>영화 〈아름다운 세상을 위하여〉를 감상하<br>면서 소년 주인공 트레버의 세상을 바꾸기<br>위한 방법에 관해 주목한다면 좋은 자극이<br>될 것이다. |
|---|---|---|---|
| 정리<br>[5분] | ⑥ 정리 | | |

도입

① 전시 학습 상기

　• 현장체험활동의 어려움을 서로 이야기한다.


전개

② 활동 주제 확인

　• 현장체험의 결과를 논의하면서 이를 해결하기 위한 방안으로 사회참여 체험학습
　　의 필요성을 설명한다.

③ 문제 인식

　• 사회참여는 왜 하는가?

　• 다문화가정 중에 부당한 대우를 받는 경우가 있는가?

　• 부당한 대우를 받는 경우의 자료를 수집하자.

④ 문제 분석

　• 이 문제와 관련하여 어떤 의견이 있는지 알아본다.

　• 거시적 차원과 미시적 차원에서의 문제점을 찾아본다.

⑤ 대책

　• 문제를 해결하기 위한 대책을 알아본다.

　• 영향력의 영역과 관심의 영역을 모둠별로 토의한다.(영향력의 영역은 내가 영향력을
　　행사할 수 있는 영역, 관심의 영역은 관심은 있지만 영향력을 행사할 수 없는 영역이다.)


정리

⑥ 정리

　• 현장체험활동 시의 유의점과 모둠별 활동 내용을 다시 한 번 설명한다.

　• 다문화센터의 역할을 미리 알아보도록 한다.

## 4) 6~7차시: 사회참여 체험

| 학습과정 | 교수 - 학습활동 | 창의·인성교육 요소 | 지도상의 유의점 |
|---|---|---|---|
| 사전 활동 | ① 학습목표 확인 | | • 각 지역마다 다문화센터가 운영되고 있다. CRM(창의체험 자원지도, www.crezone.net에서 찾을 수 있다.)이 좋은 참고가 될 것이다. |
| | ②【활동 1】다문화센터에 관한 내용 익히기 | 사고의 확산 | • 다문화센터의 정확한 이해를 위해 교사가 정리해 줄 필요가 있다. |
| 체험활동 | ③【활동 2】다문화센터에서 다문화가정에 대해 인터뷰하기 | 약속, 도덕적 판단력 | • 다문화가정의 문제점 파악과 동시에 해결을 염두에 두고 방문하게 한다. <br>• 특별히 인터뷰의 기법을 학생들에게 숙지시켜 예의에 어긋나지 않도록 할 필요가 있다. <br>• 실제로 이들을 돕는 기관을 방문하고, 우리가 직접 실천할 수 있는 일을 알아보도록 한다. |

### 사전 활동

**① 학습목표 확인**

• 부평 다문화센터를 방문하여 다문화가정의 현황을 파악하고 내가 도울 수 있는 방법을 모색한다.

**②【활동 1】다문화센터에 관한 내용 익히기**

• 부평 다문화센터를 탐방하여 다문화센터의 정보를 습득하자.
  - 다문화센터가 세워진 배경을 알아본다.
  - 부평 지역 다문화가정의 현황을 파악하여 본다.
  - 다문화센터의 프로그램과 역할을 알아본다.

### 체험활동

**③【활동 2】다문화센터에서 다문화가정에 대해 인터뷰하기**

• 모둠별로 현장체험활동 주제를 잘 생각하게 하고, 모둠별 인터뷰 내용을 다시 한번 숙지하도록 한다. 핵심은 그들의 어려움이 무엇이고 그들이 필요로 하는 것이 무엇인지 아는 것임을 명심시킨다.
  - 다문화센터에서 일하는 지도사 선생님을 만나서 다문화가정의 어려움을 들어본다.

- 다문화센터에서 하는 일을 통해 내가 참여하여 도울 수 있는 일이 무엇인지 생각하도록 한다.
- 한국어가 가능한 다문화가정이나 학생이 있다면 만나서 대화를 통해 간접적으로 그들의 어려움을 들어 본다.

## 5) 8차시: 해결방안 제시

| 학습과정 | 교수–학습 활동 | 창의·인성 교육 요소 | 지도상의 유의점 |
|---|---|---|---|
| 도입<br>[5분] | ① 전시 학습 확인<br>② 학습목표 재확인 | 사고의 수렴 | • 현장체험의 결과를 발표할 때 일정한 양식이나 형식을 제공하여 산만하지 않도록 한다. |
| 전개 1<br>[20분] | ③【활동 1】문제점 해결방안 수렴 | 문제해결력, 행동실천력 | |
| 전개 2 및 정리<br>[20분] | ④【활동 2】다양한 해결방안 실천<br>⑤ 평가<br>⑥ 정리 | 배려, 역할 바꾸기 | • 개인별/모둠별/학급별로 해결방안 논의가 이루어질 수 있다. (해결방안의 실천은 시간상의 제약이 있으므로 과제로 주어 제출하도록 하는 것이 적절하다.) |

도입

① 전시 학습 확인

• 현장체험 활동의 결과를 논리적으로 발표한다.

② 학습목표 재확인

• 다문화가정의 문제점 해결방안을 말하고, 자신이 할 수 있는 일을 실천하여 본다.
• 이때 I BEST 기법에[19] 따라 우리가 도울 수 있는 일을 적어 보도록 하자.

전개 1

③【활동 1】문제점 해결방안 수렴

• 다문화 교육의 필요성 관련 설문 조사(사전 설문 조사와 비교)
• 실천학습을 통한 다문화가정의 문제점 해결방안 수렴

---

19 I(I): 내가 스스로 할 수 있는 일, B(Basic): 가장 기본적이면서 할 수 있는 일, E(Easy): 쉽게 내가 할 수 있는 일, S(Small): 내가 할 수 있는 작은 일, T(Today): 오늘 당장 할 수 있는 일

– 어골도(Fish Bone Diagram)[20] 작성: 포스트잇을 활용한 실천학습 기법

④【활동 2】다양한 해결방안 실천

- 해결방안 1: 공동체 의식의 함양, 다문화 학생들과 하나되기 위한 사이버 티 만들기

- 해결방안 2: 다문화 교육의 홍보를 위한 홍보 문구 만들기

- 해결방안 3: 내가 이국인이 된다면? 역할 바꾸기를 통한 편지 작성

⑤ 평가

- 자기평가와 짝지어 상호평가를 실시한다.

⑥ 정리

- 수업에 참여한 학생들의 소감을 들어 본다.

---

20 어떤 결과에 영향을 미치는 여러 요인들을 종류별로 분석하여 정리한 그림으로, 다양한 아이디어를 유형별로 정리하게 함으로써 학생들의 수렴적 사고에 도움을 준다.

## 가) 1차시: 체험 준비

### (ㄱ) 학습동기 유발

▶ 학생들이 문화 이해 관점을 생각해 볼 수 있도록 각종 사진 자료를 제시한다. 또한 프로그램과 연결하여 학생들이 문화를 올바로 이해하려는 태도를 갖게 한다.

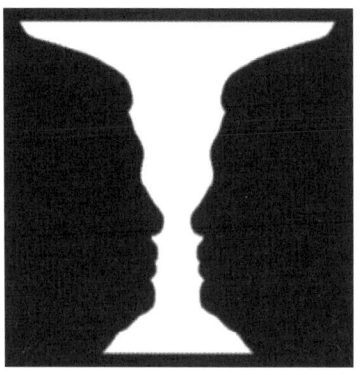 

### (ㄴ) 교사 발문 예시

▶ 학생들에게 위의 자료를 보여 주면서 다음과 같은 질문을 던진다.

이 자료들을 보면 어떻게 보느냐에 따라 다른 모습이 나타나는 것을 알 수 있습니다. 각 나라와 지역의 문화도 다양하게 나타날 수 있으므로 어떻게 받아들이느냐에 따라 많은 차이가 나타날 수 있습니다. 문화를 어떻게 받아들이는 태도가 맞는 것일까요?

## 나) 2~4차시: 체험활동

### (ㄱ) 학습동기와 학습목표 재확인

▶ 교사는 중국문화에 대한 자료를 소개하고, 학생들은 현장활동 전에 대략적인 중국문화를 이해한다.

### (ㄴ) 인천 차이나타운 탐방을 통한 중국문화의 이해

활동 주제 1: 인천 차이나타운의 역사와 중국인의 정착 과정[21]

인천 중구 북성동 인천역 앞과 부산 중국 영주동 부산역 맞은편에 차이나타운이 있다. 부산의 차이나타운은 그 분위기를 잃어 가고 있지만, 인천의 차이나타운은 아직도 많은 관광객의 발길이 끊이지 않는 곳이다.

인천역에 내리면 큰 패루를 볼 수 있는데, 이것은 선린문으로 중국인 거리임을 상징한다. 제물포항이 개항(1883년)한 후 1884년 청국 조계지가 설정되며, 아울러 청국 영사관이 설치되면서 차이나타운이 만들어졌다. 1914년에 조계제도가 폐지되었지만, 중국 사람들이 남아서 중국 음식을 파는 음식점(중화루, 공화춘)을 운영하면서 이 지역은 유명한 식도락 지역으로 자리 잡았다. 1940년대까지는 중국산 한약재, 도자기 등을 거래하는 무역상들 때문에 인천 최대의 상권으로 이름을 날리기도 하였으나, 1967년 '외국인 토지소유권 제한 조치'가 실행돼 장사하기가 힘들어진 중국인들이 해외로 떠나면서 쇠락의 길을 걷게 되었다.

현재에는 150명의 화교 2, 3세들이 살고 있다. 이곳에는 1934년 건립된 화교 중산학교와 1917년에 세워진 인천중화기독교회, 중국의 교화기관인 의선당 등 옛날의 흔적을 보여 주는 자취가 아직도 남아 있다.

또한 인천 차이나타운은 120여 년 전 개항의 흔적을 간직한 곳으로 다양한 문화재들이 자리 잡고 있다.

지금의 중구청 건물(문화재 제249호)은 '인천 부청사'였으며, 인천개항 박물관(시도 유형문화재 제

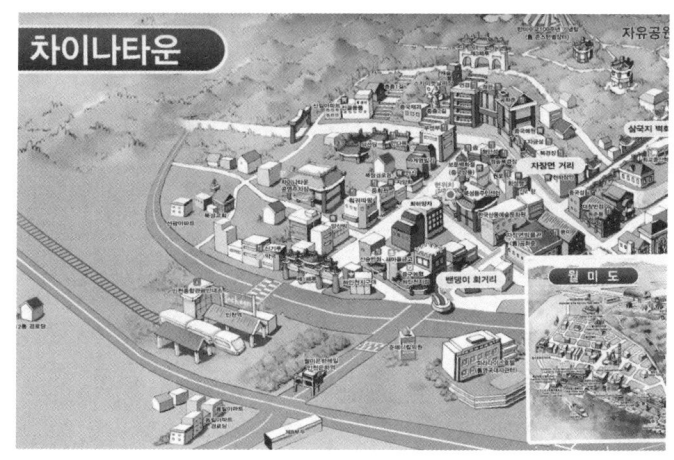

∴북성동 관내도

21 네이버캐스트(http://navercast.naver.com/contents.nhn?contents_id=1032) "인천차이나타운" 소개글 발췌

7호)은 인천 일본 제1은행지점으로 초기에 해관세와 한국에서 생산되는 금과 사금의 매입 업무를 담당하기도 하였다. 인천개항박물관은 살아 있는 역사의 교육의 장으로서 당시의 건물들과 인천의 역사를 한 눈에 알 수 있다. 이외에도 인천 선린동 공화춘(등록문화재 제246호), 청일 조계진 경계 계단(시도기념물 제51호), 그리고 공자상, 왕희지상 등의 볼거리가 있다. 중구 항동에 소재하고 있는 한중 문화관에서는 상설 공연, 한국인을 위한 중국어 교실, 중국인을 위한 한국어 교실 및 다양한 기획 전시를 제공함으로써 한국과 중국을 잇는 가교의 역할을 담당하고 있다.(출처: 위키디피아 백과사전)

## 활동 주제 2: 한국 내 화교의 생활환경[22]

1948년 대한민국 정부 수립 이후 화교 사회는 한국 정부의 각종 제도적 제한과 차별대우로 위축되기 시작한다. 화교 무역의 배경이었던 중국과의 교역이 금지되고, 60년대의 '외국인 토지 소유 금지법'으로 화교들은 자신의 토지 자산을 상실하게 되었다. (이 법은 1968년 개정되어 거주 목적에 한하여 200평 이하로 토지를 소유할 수 있게 되었고, 1998년에는 이러한 법규가 풀리게 되어 200평 이상의 소유도 가능하게 되었다.) 아울러 400여 개나 되던 중국 음식점들도 한국인의 중국 음식점 개점으로 그 수가 대폭 줄 수밖에 없었다.

화교들은 요식업, 잡화업, 의약업, 여행 관광업 등에 진출해 있으며, 대부분은 요식업에 종사해 왔다. 하지만 1975년 이후에는 영세한 운영으로 문을 닫는 식당들이 늘어났고, 많은 화교들이 다양한 한국 내의 차별로 미국 및 호주 등지로 이주했다.

한국 내 화교의 법적 지위는 5년 이상 한국에 합법적으로 거주하는 경우 정기적으로 체류 연장 허가를 받지 않아도 거주할 수 있게 되었고, 부동산 거래, 금융 거래, 취학 등에서 한국 국민과 동등한 권리를 갖게 되었다.

## 활동 주제 3: 인천 차이나타운의 명소

### ㉠ 삼국지 벽화[23]

북성동 3가 8번지 일대의 청관 언덕길을 따라가면, 길 양쪽 벽에 삼국지의 중요 장면들을

---

22  네이버 오픈백과(http://mahan.wonkwang.ac.kr/nonmun/2006non/5.htm) 네이버 오픈백과 발췌
23  인천 차이나타운 홈페이지(http://www.ichinatown.or.kr/sight/china.asp) 내 "볼거리–중국관련볼거리–삼국지 벽화" 글 발췌

벽화로 만든 삼국지 벽화길이 나온다. 약 80컷의 벽화에는 유비, 관우, 장비, 제갈공명 등의 무용과 지모가 소개되어 있는데, 삼국지를 읽어 본 사람이라면 누구라도 이해할 수 있도록 쉽고 재미있게 설명되어 있다.

ⓛ 선린문[24]

중구 북성동 2가 12번지에 위치하고 있다. 차이나타운에 설치된 3개의 패루 중의 하나로서 계단 양옆에는 중국을 이해하는 데 도움이 되는 그림들이 설치되어 있다. 패루는 마을 입구나 대로를 가로 질러 세운 탑 모양의 중국식 전통 대문으로 차이나타운에는 중화가, 인화문 등의 패루가 설치되어 있다.

활동 주제 4: 한국에 유입된 중국문화 탐구

㉠ 자장면[25]

중국에서 한국으로 들어온 외래의 음식 중 유일하게 한국의 100대 문화 상징에 들어갈 정도로 한국화가 된 자장면은 한국 사람이라면 누구나 친근하게 먹을 수 있는 음식 중 하나이다. 중구 차이나타운 입구에 가면 '자장면 이야기'라는 안내판을 볼 수 있다. 이 설명에 따르면, 1884년 인천에 청국 조계지가 설치되면서 중국 상인과 노동자들을 위해 값싸고 간편한 음식으로 만들어진 것이 자장면이다. 일제시대에 청관을 중심으로 유행하였던 자장면은 1950년대에 한국식 춘장을 개발하면서 현재의 자장면으로 태어나게 되었고, 한국인 8명 가운데 1명이 먹을 정도로 한국화가 되었다.

---

24  인천 차이나타운 홈페이지(http://www.ichinatown.or.kr/sight/china.asp) 내 "볼거리-중국관련볼거리-제 3패루(선린문)" 글 발췌
25  네이버캐스트(http://navercast.naver.com/contents.nhn?contents_id=4279) "자장면" 소개글 발췌

ⓛ 차 문화

신라 흥덕왕 때 당나라 문종에게서 선물로 받은 차나무 씨앗을 지리산에 심었다는 기록은 우리의 차 문화가 중국에서 유입되었음을 보여 준다. 우리의 차 역사를 보면, 고구려의 고분에서 차가 출토된 것으로 보아 그 옛날에도 차 문화가 있었음을 알 수 있다. 고려 시대에 이르러서는 차 문화가 번성하여 고려의 성종 때에는 다방이라는 관청을 두기도 하였다. 오늘날에는 보성, 광주 일대와 제주도 서귀포 부근, 그리고 경남 일대를 중심으로 차가 재배되고 있다. 차는 한국인에 의해 널리 애용되는 기호 식품이다.

## 다) 6~7차시: 사회참여 체험

【체험활동】 부평구 다문화지원센터 프로그램 참여

부평구는 2010년 2월 26일 여성문화회관 소강당에서 박윤배 부평구청장을 비롯한 주요 내빈이 참석한 가운데 '부평구 다문화가족지원센터' 개소식을 가졌다. 여성문화회관 1층에 위치한 부평구 다문화가족지원센터는 다문화가족에 대한 한국어 교육과 방문 교육, 결혼이민자를 위한 통번역 서비스 등을 진행하고 있다. 또한 가족 교육, 다문화가족 상담 및 자조 모임 등의 기본 사업과 함께 다문화가족의 언어 발달, 지역사회 다문화 인식 캠페인 및 홍보를 지원하고 있으며, 현재 이 지원센터를 이용하고 있는 다문화가족의 수는 150여 명이다.

(ㄱ) 부평구 다문화가족 지원센터에서 이루어지고 있는 사업

ⓐ 기본 사업
  • 한국어 교육, 다문화사회 이해 교육, 가족 교육, 다문화가족 취·창업 지원, 다문화가족 자조 모임, 다문화가족 상담
ⓛ 방문 교육 사업
  • 한국어 방문 교육, 아동양육 방문 교육
ⓒ 가족지원센터 특성화 사업
  • 언어발달 지원 사업, 결혼이민자 통·번역 서비스
ⓔ 인식 개선 및 기타 사업
  • 지역사회 다문화 인식 개선 캠페인, 육아 정보 나눔터 운영, 가족 기능 강화 사업

**(ㄴ) 부평구 다문화가족 지원센터 행사**

부평구 다문화가족 지원센터에서는 다채로운 행사에 참여할 수 있도록 많은 지원을 하고 있으며, 참가하고자 하는 행사에 지원서를 작성하여 제출하면 참여할 수 있도록 하는 방식을 사용하고 있다. 다문화가족이 참여할 수 있는 행사가 있다면 인터넷 카페 게시판을 통해 미리 공지를 올려 참여가 이루어질 수 있도록 돕고 있다.

㉠ 축제

| 구 분 | 인천시 가족의 날 행사 | 인천여성단체 행사 | 부평구 행사 |
|---|---|---|---|
| 행 사 명 | 인천 패밀리 축제 | 아시아 여성 축제 | 부평풍물축제 |
| 날짜/시간 | 5월 15일 토요일<br>(10:00~17:00) | 6월 5일 토요일<br>(10:00~20:00) | 6월 12일 ~ 13일<br>(토,일 09:~18:00) |
| 모집인원 | 100 가족 | 100 가족 | 100가족 |
| 행사내용 | 가족협동화 그리기<br>아빠와 가족 케이크 만들기<br>부부 골든벨<br>레인보우 장기자랑대회<br>가정헌법 콘테스트 | 사물놀이, 퍼레이드<br>먹거리 체험<br>다문화 생활상식 퀴즈<br>체험마당(만들기), 전시회<br>축하공연 및 참가자 공연<br>영화마당 | 다문화 체험 활동<br>전통의상 사진 촬영<br>생활용품 전시<br>타투<br>주민들과 어울리기 |
| 대 상 | 모든 가족(자원봉사자 모집) | 모든 가족(자원봉사자 모집) | 모든 가족(자원봉사자 모집) |
| 행사장소 | 인천대공원(장수동) | 인천대공원(장수동) | 부평역-부평시장역 거리 |
| 접 수 | 사무실 신청서 접수 | | |

㉡ 캠프 및 여행

| 구 분 | KT&G 복지재단 후원 | 한국관광협회 복지관광 지원 |
|---|---|---|
| 프로그램 | 다문화가정 사랑나눔 페스티벌 | 한국전통문화 탐방 |
| 날짜/시간 | 6월 12일 토요일 (10:00~17:00) | 7월 2일 08:00(출발) ~ 3일 18:30(도착)<br>(금~토, 1박 2일) |
| 모집인원 | 40명(조기 마감 될 수 있음) | 36명(조기 마감 될 수 있음) |
| 장 소 | 에버랜드(경기도 용인) | 안동하회마을, 문경세제, 전통문화체험 |
| 자격요건 | 자녀가 있는 다문화 가족 | 결혼이민자 여성 |
| 참 가 비 | 무료!!(식사, 기념T셔츠 제공) | 무료!!(식사, 숙박 모두 제공) |
| 제출서류 | 신청서, 신분증, 가족관계증명서 1부(회원이 아닌 경우), 배우자 동의서 | |

ⓒ 견학

| 프로그램명 | 매일유업 평택공장 견학 |
|---|---|
| 날짜/시간 | 5월 27일 목요일 9시 30분(출발) ~ 16시 30분(도착) |
| 모집 인원 | 36명(선착순 모집) |
| 교육 내용 | 모유와 분유이야기, 우유 생산 과정 견학, 점심식사, 체험활동 |
| 대 상 | 결혼이민자여성이면 누구나 가능 ※ 임산부, 출산예정자 우선 선정 |
| 참 가 비 | 전액무료!! (매일유업 분유, 우유 등 기념품 지원, 점심식사 제공) |
| 제출 서류 | 신청서, 신분증, 가족관계증명서 1부(회원이 아닌 경우) |

ⓓ 언어 발달 교육

부평구 다문화가족 지원센터에서는 다문화가정의 자녀들을 위한 언어 교육에 힘쓰고 있다. 다문화가정에서 자라고 있는 아동들의 한국어 발달 수준을 측정하여 발달 수준이 평균에 이르지 못하는 아동들을 대상으로 일주일에 두 번, 40분씩 한국어 학습 프로그램을 운영하고 있으며, 한국어 이외에도 현재 이 지원센터에서 지원 가능한 언어는 중국어, 카자흐스탄어, 베트남어이다. 언어 발달 놀이를 통한 언어 교육도 함께 이루어지고 있으며, 언어 교사는 각 나라에서 온 원어민으로 그 언어에 능통한 자가 지도를 하고 있다.

## 라) 8차시: 해결방안 제시

### 【체험활동 1】내가 외국인이 된다면?

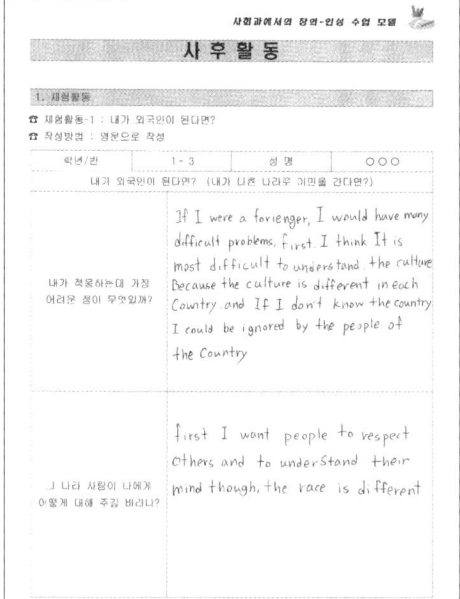

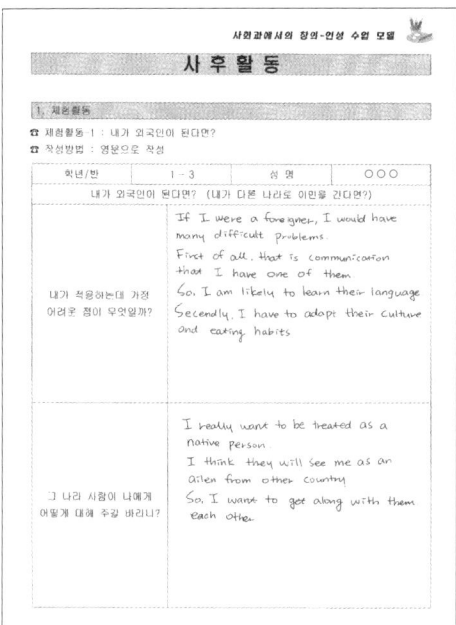

┊ 지도상의 유의점 ┊ 영문으로 작성하게 한다.

### 【체험활동 2】다문화를 상징할 수 있는 로고가 들어간 사이버 티셔츠 만들기

가) 실천학습(Action Learning)을 통한 문제에 대한 의견의 확산과 수렴(학습지)

◆ 다문화 이해 교육 실천을 통한 보다 나은 우리 사회 만들기 ◆

1. 다음 사례(뉴스)를 보고 생각해 봅시다.(외국인들의 부적응 사례 제시)
   ① 다음의 사례에서는 우리 사회의 어떠한 문제가 나타나고 있나요?
   ② 이러한 문제가 발생하게 된 원인은 무엇이라고 생각하나요?
   ③ 이러한 문제를 그대로 둔다면, 우리 사회는 어떻게 될까요?
   ④ 그렇다면 이러한 문제를 해결하기 위해서는 어떻게 해야 할까요?

2. 다문화가정에 대하여 여러분이 속해 있는 집단 내에서 발생하고 있는 문제는 무엇이
   있는지 브레인라이팅을 해 봅시다.

3. 여러분이 생각한 내용을 바탕으로 한 칸의 어골도를 작성합시다. 여러분의 모둠에서
   해결하고자 하는 문제를 상자 안에 채우고 그 문제의 원인을 생각해 봅시다.

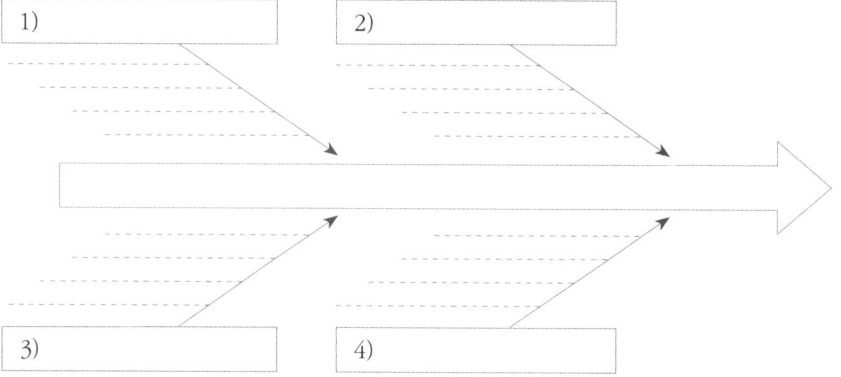

   ① 문제의 제시: 다문화가정이 왜 어려움을 겪는가?
   ② 잠재적 원인을 설명하는 원인을 어골도에서 카테고리 1, 2, 3, 4로 나누어 현실과 결과
      에 대한 원인과 이유를 시각적으로 분석·정리하여 전체적으로 조망한다.

4. 여러분이 관심 있는 문제를 해결하기 위해서는 어떻게 해야 하는지 계획을 세워 봅시다.

　① 이 문제를 해결하지 않으면 우리 사회는 어떻게 될까요?(카테고리별로 나누어진 문제 각
　　각에 대하여)

　② 그렇다면 이러한 문제를 해결하기 위해서는 어떻게 해야 할까요? 각자 2~3가지씩의
　　해결방안을 1장에 1가지씩 포스트잇에 적어 주세요.

　③ 여러분이 포스트잇에 작성한 해결방안을 비슷한 내용끼리 각각 모아서 정리하며 봅
　　시다.

5. 해결방안들의 우선순위를 정해 봅시다. 거수를 통해 가장 높은 점수를 얻은 세 가지 해결
　방안을 정하세요.

| No | 해결방안 | 평가 | | | | | 합 |
|---|---|---|---|---|---|---|---|
| | | 1조 | 2조 | 3조 | 4조 | 5조 | |
| ① | | | | | | | /40 |
| ② | | | | | | | /40 |
| ③ | | | | | | | /40 |
| ④ | | | | | | | /40 |
| ⑤ | | | | | | | /40 |
| ⑥ | | | | | | | /40 |
| ⑦ | | | | | | | /40 |
| ⑧ | | | | | | | /40 |
| ⑨ | | | | | | | /40 |
| ⑩ | | | | | | | /40 |

6. 이제는 여러분이 정한 세 가지 해결방안을 가지고 실행에 옮길 계획을 세워 봅시다.

| 해결방안 | 언제 | 어디서 | 누가 | 무엇을 | 어떻게 | 왜 |
|---|---|---|---|---|---|---|
| | | | | | | |
| | | | | | | |
| | | | | | | |

7. 실행보고서를 작성합시다.

| | 실천 활동 | | 실행자 | 비고 |
|---|---|---|---|---|
| 준비활동 | 해결방안은? | | | |
| | 언제? | | | |
| | 어디서? | | | |
| 액션리스트 | 무엇을? | | | |
| | | | | |
| | 어떻게?(사진을 첨부한다) | | | |
| | | | | |
| | | | | |
| | 왜? | | | |
| | | | | |
| 평가 | | | | |

## 나) 실천학습(Action Learning): 포스트잇 활용

**(ㄱ) 준비물: 포스트잇, 4절 우드락, 펜, 전지 칠판**

**(ㄴ) 역할 정하기: 이끄미, 꼼꼼이, 기록이, 궁금이**

**(ㄷ) 활동학습**

㉠ 각자 포스트잇을 3장씩 나눠 갖고(꼼꼼이), 어떤 문제가 나타날 수 있을지 적어 본다.

- 문제 1, 문제 2, 문제 3, …….

㉡ 문제를 해결하기 위한 방안을 각자 3가지씩 적어 본다.

- 예시) 학생 2 – 방안 4: 한 달에 한 번씩 외국인 학생들과 함께하는 프로그램에 참여

| 이름 | 해결방안 |
|---|---|
| 학생 1(이끄미) | 방안 1, 방안 2, 방안 3 |
| 학생 2(궁금이) | 방안 4, 방안 5, 방안 6 |
| 학생 3(기록이) | 방안 7, 방안 8, 방안 9 |
| 학생 4(꼼꼼이) | 방안 10, 방안 11, 방안 12 |

㉢ 모둠별 토의

- 자신이 적은 내용을 이야기한다.

**꼼꼼이** 나는 '한 달에 한 번씩 외국인 학생들을 만나 보는 프로그램에 참여'라고 했어.

**기록이** 나도 그것과 비슷한 의견이 있어.

**궁금이** 그럼 이런 내용들 모아 보면 소주제는 어떻게 될까?

**이끄미** 이런 내용들은 직접 참여에 해당하지 않을까?

**기록이** 나도 그 의견에 동의해. 그럼 직접 참여의 해결방안이라고 적어 볼까?

**꼼꼼이** 나도 그렇게 하는 것이 좋을 것 같아.

- 서로의 의견 중에서 공통이 되는 방안을 모아 보고, 소주제를 정한다.
- 모둠들의 이야기에 해당하는 내용을 3가지 정도의 주제로 분류한다.(이끄미)
- 분류의 제목을 적어 본다.(기록이)

| 소주제 | 학생들의 방안 |
|---|---|
| 소주제 1 | 방안 2, 방안 5, 방안 7, 방안 10 |
| 소주제 2 | 방안 1, 방안 3, 방안 4, 방안 9 |
| 소주제 3 | 방안 6, 방안 8, 방안 11, 방안 12 |

ⓔ 모둠원 각자가 내용 분류
- 이끄미가 정한 내용의 분류에 맞춰서 자신의 포스트잇을 분류해 본다.

ⓜ 발표하기
- 각 모둠에서 토론을 이끈 학생이 모둠의 분류 제목과 모둠원의 내용을 발표한다.

   **1모둠 이끄미**  저희 모둠의 활동 내용을 발표하겠습니다. 저희 모둠에서 '……'에 해당하는 소주제들이 이야기 되었고, 이렇게 분류를 해 보았습니다.
   **2모둠 이끄미**  저희 모둠의 활동 내용을 발표하겠습니다. 저희 모둠에서 '……'에 해당하는 소주제들이 이야기 되었고, 이렇게 분류를 해 보았습니다.

- 교사는 칠판에 학생들의 소주제 발표 내용을 모두 적는다.

ⓗ 학급안 세 가지 대주제 선정
- 교사는 학생들이 발표한 내용의 분류 주제를 칠판에 적어서 공통이 되는 주제를 정해 세 가지 주제로 분류한다.
- 각 모둠의 꼼꼼이가 나와서 자기 모둠의 포스트잇을 대주제에 맞게 붙인다.

   **교사**  그러면 여러분 우리 반의 각 모둠에서 발표한 이러한 소주제들을 다시 대주제로 묶으려면 어떻게 분류하면 좋을까요?"

**1모둠 이끄미** 직접 참여에 해당하는 내용을 '……'의 대주제로 정하면 좋을 것 같아요.


ⓢ 주의사항 및 교실 환경 설정

• 대주제 준비: 칠판에 3장의 전지를 붙이고 학급안 3개의 대주제를 전지에 기록한다.

• 소주제 준비: 모둠별로 4절지에 해당하는 우드락판과 포스트잇을 준비한다.

• 활동: 각 모둠의 큰 주제들을 칠판의 주제에 맞게 붙인다.(이끄미)

• 교사의 내용 정리

– 모둠별로 소주제로 분류한 것이 올바르게 분류되었는지 확인한다.

– 학생들이 분류한 내용을 바탕으로 결과를 정리한다.

# 10장

# 비교론적 관점에 의한 소집단탐구 수업모델

정재만 · 강현민

# 1. 수업모델의 개요

## 1) 수업모델의 이해

이번 장에서 다루게 될 창의·인성 수업모델은 실제 대박집과 쪽박집에 대한 비교를 통해 기업가 정신에 대해 이해하고자 고안한 모델이다. 수업모델 구축을 위해 선정한 학습 내용은 중학교 3학년 사회의 경제 영역이며, 단원은 다음과 같다.

> 대단원: 2. 민주 시민과 경제생활[26]
> 중단원: 3) 민주 시민의 경제적 구실

우리들의 일상생활은 경제 행위와 밀접하게 연관되어 있다. 그래서 우리는 생산, 분배, 소비라는 경제 행위를 하면서 경제 원칙에 따라 합리적 선택을 하고자 노력한다. 중학교 3학년 사회의 경제 영역은 미시적 측면의 의사결정을 주로 다루고 있다. 그래서 2단원 '민주 시민과 경제생활'은 민주 시민으로서의 자질을 함양한다는 사회과의 본질에 가장 적합한 내용으로 구성되어 있다. 하지만 다양한 경제주체의 역할을 강조하고 있어 자칫 윤리적인 흐름으로 수업이 진행될 염려가 있다. 따라서 세계화·정보화 시대 가장 중요한 경제주체의 하나인 기업을 실천적 과제로 다뤄 학생들의 관심과 창업에 대한 흥미를 북돋을 필요가 있다. 이를 위해 생산자인 기업가의 중요성과 기업가의 자질을 배울 수 있도록 수업의 주제를 '대박집과 쪽박집, 그 차이는 어디서 오는가?'로 정하였다. 이 수업을 통해 학생들은 대박집 사장의 기업가 정신을 배워 향후 창업이나 직업 선택에 활용할 수 있을 것이다.

이와 같은 주제 선정을 배경으로 설계한 수업에서 학생들이 성취하도록 의도한 창의·인성 교육 요소는 다음과 같다.

| 수행 단계 | 창의·인성 교육 요소 |
| --- | --- |
| 문제 인식 | 흥미, 호기심, 문제발견 |
| 탐구문제 선정 | 흥미, 호기심, 논리·분석적 사고 |
| 탐구 계획 수립 | 다양성, 논리·분석적 사고, 문제해결력 |

---

26 2009 개정 교육과정에 따른 사회과 교육과정에서는 중학교 일반사회 영역 '(6) 경제생활의 이해'에 해당한다.

| 탐구활동의 전개 | 개방성, 다양성, 확산적 사고 |
|---|---|
| 탐구 결과 정리 | 협동, 수렴적 사고, 문제해결력 |
| 탐구 결과 발표 | 수렴적 사고, 상상력, 문제해결력 |
| 발표 및 과제 평가 | 비판적 사고, 논리·분석적 사고 |
| 개인별 역할 수행 | 책임, 협동 |
| 모둠 활동의 전개 | 배려, 존중, 협동 |

이와 같은 창의·인성 교육 요소를 실제 수업에서 어떻게 구현할 수 있을까?

중학교의 경제 영역은 미시 부분을 다루고 있어 경제적 의사결정을 내리는 경제주체의 다양한 역할을 공부할 수 있도록 되어 있다. 최근 기업가 정신의 구현은 선진국을 비롯하여 우리나라도 그 중요성을 인식하고 있으며, 자라나는 세대의 꿈과 도전을 실현시키고 성취감을 북돋는 데에도 큰 중요성을 갖고 있다. 따라서 이 수업모델이 의도하는 바는 기업가 정신이 어떻게 기업의 성공 또는 실패와 연계되는지를 깨닫게 하고, 이를 통해 기업가 정신이 어떻게 적용될 수 있는지를 탐구하게 함으로써 경제 현상에 대한 이해의 폭을 넓히는 데 있다.

집단탐구 수업모형에 대한 연구는 많은 학자들이 관심을 가져 왔다. 집단탐구 수업모형은 집단을 구성하고 있는 학생들이 공동으로 문제해결 활동에 참여하는 동안 다양한 주제를 효율적으로 다루는 방법뿐만 아니라 바람직한 사회적 기능을 학습시킬 수 있다. 교사는 집단을 이끌면서 융통성을 발휘해야 하고, 가능하면 학생들에게 문제해결의 단서를 주지 않도록 해야 한다. 특히 학생들의 학습 속도와 문제해결 방식이 각각 다르기 때문에 교사는 어느 단계에서는 반복해서 가르쳐 주어야 하며, 경우에 따라서는 어떤 단계를 생략할 수도 있다.

이 모형에서 교사의 중요한 역할 중의 하나는 학생들이 자신의 생각을 친구들에게 제시하거나 발표한 견해가 존중되는 학급 분위기를 조성하는 것이다. 학생들이 자신의 생각과 느낌을 예의바르게 상호 교환할 수 있으려면 특별한 지도와 연습이 필요하다. 특히 탐구 계획 수립 단계에서 학생들과 탐구활동을 시작하기 전 교사는 학생들이 스스로 판단이나 결정을 내릴 수 있도록 용기를 북돋워 줘야 한다. 무엇보다 교사는 학생들이 어떠한 제안이나 아이디어를 창안해 낼 수 있도록 시간적 여유를 주어야 한다.

탐구 계획을 수립할 때 다음과 같은 절차를 따르는 것이 좋다.

- 탐구집단조직에 대한 하위의 토의 주제 나열하기
- 탐구할 질문에 대한 하위의 토의 주제 나열하기

- 정보 수집에 필요한 자원 및 자료의 출처 계획하기
- 탐구 결과를 발표하는 방법 결정하기
- 개인이 책임질 과제 배당하기

탐구활동의 전개에서 실질적인 탐구는 학생들 스스로 수행해 나가는 것이지만, 교사는 학생들이 효율적으로 탐구활동을 수행해 나가고 있는지 또는 합리적으로 과제를 수행해 나가고 있는지를 계속적으로 확인해야 한다. 또한 교사는 학생들이 과제를 어떻게 수행해 나가고 있는지를 주시하면서 학생들이 탐구 과정에서 어려운 문제에 직면하게 되면 즉시 도움을 주어야 하며, 학생들이 공동으로 과업을 수행할 수 있도록 도와주어야 한다. 탐구 수업에서 교사는 촉매자, 자원인사, 상담자 또는 자문인사의 역할을 수행하는 것이다.

탐구 결과의 정리 및 발표에서는 일련의 탐구활동을 마치고 그 내용을 정리한다. 이를 바탕으로 학생들은 동료나 교사, 부모 등에게 그들의 탐구 결과를 발표하게 된다.

마지막으로 탐구활동에 대한 평가가 이루어진다. 지금까지 학생들은 문제의 발견, 문제의 구조화, 필요한 정보나 자료 등의 수집과 분석, 탐구활동의 실행, 탐구 결과 발표 등 일련의 연속적이면서도 다양한 탐구활동에 참여해 왔다. 또한 각 활동 내에서도 다양한 방법을 활용하여 과제를 수행해 왔다. 이러한 과정을 통하여 탐구활동이 끝난 후에 학생들은 탐구 경험을 반성할 수 있고, 지식과 행동을 바탕으로 한 실제적인 반성을 통해서도 학습이 이루어지게 된다. 집단탐구 과정을 평가할 때는 탐구를 유발했던 질문들, 탐구활동의 수행 과정, 등을 고려하는 것이 좋다.

이러한 수업 내용을 차시별로 정리하면 다음과 같다.

| 사전 활동 | • 수업과 관련된 주제 예고<br>• 대박집과 쪽박집의 구분은 상대적임을 알려 준다.<br>• 사전에 주변상가에 들러 참여관찰을 한다.(대박집, 쪽박집) |
|---|---|

⇩

| 1차시<br><br>주제 제시 및 탐구 | • 상황 제시 및 탐구 과제의 선정<br> - '현장의 참여관찰'과 '인터넷 검색'<br>• 탐구 계획 및 탐구활동 I의 전개<br> - 두 가지 방법으로 접근: 참여관찰과 인터넷 검색을 통한 내용 비교<br> - 두 집단의 비교 내용: 기업가 정신, 차별화된 전략 차이 등<br>• 탐구활동 II의 전개<br> - 기업가 정신 사례 발굴<br> - 모둠별로 내용 탐구 전개<br>• 탐구 결과의 정리<br> - 모둠별 활동 내용 정리<br> - 개인별 활동 내용을 학습지에 정리 |
|---|---|

⇩

| | |
|---|---|
| 2차시<br><br>표현 및 정리 | • 탐구 결과의 발표<br>  - 모둠 활동 내용 발표: 생활 속 기업가 정신 적용 사례 발표<br>• 탐구활동에 대한 평가<br>  - 모둠 발표는 발표 내용을 중심으로 4단계로 평가<br>  - 개별 평가는 개인별 학습지 과제 수행을 바탕으로 교사가 평가<br>• 정리 |

⇩

| | |
|---|---|
| 수업 후<br>심화활동 | • 심화활동의 예: '경제 논술 글쓰기 대회'나 '창업 프로젝트' 등 |

## 2) 수업의 목표와 평가

단원 학습목표와 연관 지어 이 수업모델에서 중점을 두고 있는 창의·인성 요소를 기르고자 재구성한 수업 목표는 다음과 같다.

- 기업가 정신이 기업경영에 미치는 영향을 두 가지 제시할 수 있다.
- [1차시] 대박집과 쪽박집의 차이점 세 가지를 비교하여 설명할 수 있다.
  대박집 사장의 기업가 정신 두 가지를 찾아 제시할 수 있다.
- [2차시] 기업가 정신을 생활 속의 다른 사례에 적용하여 발표할 수 있다.

교과 연계 사항은 다음과 같다.

| 교과<br>연계<br>사항 | 본시 학습(중3 사회) | 후속 학습(고1 사회) |
|---|---|---|
| | 2. 민주 시민과 경제활동<br>3) 민주 시민의 경제적 구실<br>(2) 민주 시민으로서의 생산자 역할 | 8. 국민경제와 합리적 선택[27] |

다음은 창의·인성 수업의 평가 계획이다. 평가 계획은 수업의 목표와 밀접하게 연결된다. 이 수업의 평가 목표는 다음과 같다.

- 첫째, 대박집과 쪽박집의 비교·분석 과정이 확산적 사고를 거쳐 수렴되면서 차이점

---

27 **2009** 개정 교육과정에 따른 사회과 교육과정에서는 선택교육과정 경제 '(2)경제주체의 역할과 의사 결정'에 해당한다.

을 제대로 찾아냈는가?

- 둘째, 생산자의 기업가 정신을 창의·인성적 측면에서 접근하고 있는가?
- 셋째, 소집단 활동을 통해 기업가 정신을 생활 속의 다른 사례에 적용하고 있는가?

다음의 표는 평가 영역과 성취 기준을 제시한 것이다. 기존 수업에서는 교과 학습목표만 제시되지만, 창의·인성 수업에서는 창의성 교육 목표와 인성 교육 목표가 부가된다.

| 평가 영역 | 성취 기준 | 평가 척도 | | | | | |
|---|---|---|---|---|---|---|---|
| | | 매우 잘함 | 잘함 | 보통 | 미흡 | 미완성 | 미제출 |
| | | 5 | 4 | 3 | 2 | 1 | 0 |
| 교과 학습 목표 | • 기업가 정신이 기업 경영에 미치는 영향을 두 가지 제시할 수 있다. | 별도 서술형 평가 문항지로 평가한다. (10) | | | | | |
| | • 대박집과 쪽박집의 차이점 세 가지를 비교하여 설명할 수 있다. | | | | | | |
| 창의 인성 목표 | • 대박집 사장의 기업가 정신 두 가지를 찾아 제시할 수 있다. | | | | | | |
| | • 기업가 정신을 생활 속의 다른 사례에 적용하여 발표할 수 있다. | | | | | | |
| | • 탐구 과제 수행이 모둠 활동에 따라 협력하여 이루어졌는가? | | | | | | |
| 교사 의견 및 채점평 | 합산 | 15 ※10(서술형)+15(창의·인성)+35(모둠) → 서술형 평가+수행평가+모둠별 평가 | | | | | |

이와 같은 평가를 하면서 유의해야 할 점은 다음과 같다.

- 학생들이 사전에 평가 방향을 이해하고 실천할 수 있도록 안내한다.
- 모둠 평가를 위해 구성원들이 협력하도록 유도하고, 개인 평가를 위해서 수업 과정을 학습지에 정리하도록 수시로 지도한다.

## 2. 수업지도안의 실제

### 1) 사전 활동

| 학습과정 | 교수-학습 활동 | 창의·인성 교육요소 | 지도상의 유의점 |
|---|---|---|---|
| 준비<br>[5분] | ① 모둠 구성<br>② 인터넷 학습방 개설<br>③ 대박집과 쪽박집 사전<br> 참여 및 관찰활동 | 책임, 협동, 배려 | • 사전에 과제를 구체적으로 안내한다.<br>• 현장에서의 수업은 교육과정을 모두 실현하기에 시간의 한계를 갖는다. 따라서 이전 수업이 끝나면서 차시 예고의 성격으로 안내를 한다. |

준비

① **모둠 구성**

- 4명씩 8개의 모둠을 만든다.
- 모둠은 학력우수자 1명, 인터넷활용우수자 1명을 기본으로 구성하고, 나머지는 무작위 추첨으로 선정한다.
- 평가는 서술형 평가, 수행평가, 모둠별 평가의 3단계 평가로 진행하며, 이를 학생들에게 미리 제시하여 모둠에서 특정 학생이 배제되거나 반대로 역할을 모두 떠맡는 일이 없도록 한다.

② **인터넷 학습방 개설**

- 학교 홈페이지, 인터넷 포털사이트 카페, 기타 공공기관의 공간을 이용하여 인터넷 학습방을 개설하고 모둠 코너를 만들어 준다.
- 모든 학생들을 사전에 가입하게 하고 학습자료 등은 공유한다.

③ **대박집과 쪽박집 사전 참여 및 관찰활동**

- 모둠 구성원별로 역할을 나눠 유사 업종의 쪽박집과 대박집을 선정해 2회 이상 참여하게 하고, 관찰한 내용을 기록하게 한다.
- 현장 참여, 관찰한 내용은 학생들에게 학습동기를 부여하고 비교론적 관점의 이해를 돕는 방향에서 추진하도록 한다.
- 참여, 관찰할 업종의 선택의 폭을 넓혀 주기(휴대폰, 주유소, 음식점 등의 예를 설명해 준다.)
- 장사가 잘되는 곳이나 잘 안 되는 곳만을 방문하면 정보를 수집하기 어렵다는 것

등 주의할 점에 대해서도 알려 준다.

- 인터뷰하기 어려운 업종을 선택하거나 설문지의 준비 여부, 설문지의 질적인 내용은 평가에 반영하도록 한다.

## 2) 1차시: 주제 제시 및 탐구

| 학습과정 | 교수·학습 활동 | 창의·인성 교육 요소 | 지도상의 유의점 |
|---|---|---|---|
| 도입<br>[7분] | ① 학습주제 제시<br>② 학습목표 확인 | 호기심, 문제발견 | • 우리 주변의 생활 속 사례로 접근하도록 지도한다.<br>• 대박집과 쪽박집의 사례를 비교표로 삼아 정리할 수 있다. |
| | ③ 동기 유발 | 흥미, 호기심 | • 영상자료는 인터넷으로 검색해 3분 내외의 영상을 찾는다. |
| 문제 인식과<br>인터넷 검색<br>[20분] | ④【활동 1】상황 제시 및 탐구문제의 인식 | 다양성, 개방성 | |
| | ⑤【활동 2】탐구활동 I의 전개 | 확산적 사고, 상상력, 수렴적 사고 | |
| 모둠 토론 및 활동<br>[23분] | ⑥【활동 3】탐구활동 II의 전개 및 정리 | 확산적 사고, 상상력, 수렴적 사고, 협동, 문제해결력, 배려 | • 모둠 간의 의사소통이 원활히 이뤄지도록 유도한다.<br>• 리포트를 정리하는 단계인 만큼 다양한 방법과 아이디어를 구사하여 작성하도록 한다.<br>• SWOT 분석, 객관적·주관적 분석 등을 얼마나 잘 활용했는지를 점검한다. |

### 도입

① 학습주제 제시

- 대박집과 쪽박집을 구분하면서 기업가 정신의 중요성을 깨닫고, 생활 속의 다른 사례에도 적용해 본다.
  - 대박집과 쪽박집을 구분해 내는 기준을 객관적인 지표로 구성하였는지 주관적인 시표로 구성하였는지를 점검하도록 한다.

② 학습목표 확인

- 단원 목표
  - 기업가 정신을 깨닫고 생활 속의 사례에 적용할 수 있다.
- 1/2차시 학습목표

- 대박집과 쪽박집의 차이점 두 가지를 비교하여 설명할 수 있다.
- 대박집 사장의 기업가 정신 두 가지를 찾아 제시할 수 있다.

③ 동기 유발

- TV 프로그램 중에서 대박집에 관련된 영상자료를 3분 정도 보여 준다.
- 영상이 끝난 후, 영상에서 본 대박집만의 특징이 무엇인지를 이야기하도록 한다.
- 여기서 대박집과 쪽박집의 구분은 상대적인 것임을 알려 준다.

## 문제 인식과 인터넷 검색

④【활동 1】상황 제시 및 탐구문제의 인식

- 학습주제, 즉 '대박집과 쪽박집의 기업가 정신은 어떻게 다른가?'를 알려 주고, 비교론적 관점에서 기업가 정신의 차이점을 찾아보는 수업모델에 대해 설명한다.
- 문제 접근 방법
  - 학습주제와 전체적인 수업 흐름도를 이해한다.
  - 모둠을 중심으로 탐구활동을 전개한다.
  - 사전에 참여하여 관찰한 내용과 인터넷 검색 방법을 함께 활용한다.
- 사전 참여활동 정리
  - 사전 참여활동에 대해 모둠 구성원 협의를 거쳐 분류한다.
  - 참여활동 결과를 정리하여 인터넷 학습방 모둠 코너에 올린다.

⑤【활동 2】탐구활동 I의 전개

- 인터넷 검색활동
  - 기업가 정신은 무엇인가?
  - 이노베이션(innovation, 혁신)이 왜 필요한가?
  - 기업가 정신에 의한 혁신이 시장의 공급과 수요에 끼치는 영향은 무엇인가?
  - 대박집과 쪽박집의 차이점은 무엇인가?
  - 기업가 정신이 기업 경영에 왜 중요한가?
- 인터넷 검색활동을 통해 얻은 사실들은 모둠 협의를 거쳐 학습지에 정리한다.

## 모둠 토론 및 활동

⑥【활동 3】탐구활동 II의 전개 및 정리

- 기업가 정신을 생활 속에서 적용할 수 있는 사례 발굴

- 탐구활동 I을 바탕으로 모둠별로 기업가 정신을 적용할 수 있는 사례를 모둠 구성원들과 협력하여 발굴한다.
- 사례는 우리 일상생활과 밀접하게 관련되거나 실현 가능한 분야에서 접근하도록 한다.
• 탐구 결과의 학습지 정리
- 대박집과 쪽박집의 차이점을 모두 적는다. (현장 참여로 관찰한 내용과 인터넷 검색 내용을 비교하여 정리한다.)
- 창의·인성적 측면에서 대박집 사장의 기업가 정신을 찾아본다.
- 기업가 정신을 생활 속에서 적용할 수 있는 사례도 정리한다.

## 3) 2차시: 표현 및 정리

| 학습과정 | 교수·학습 활동 | 창의·인성 교육 요소 | 지도상의 유의점 |
|---|---|---|---|
| 도입 [3분] | ① 전시 학습 상기 ② 학습목표 확인 | 호기심 | • 구체적 사례를 제시하도록 한다. |
| 모둠 발표 [30분] | ③【활동 4】탐구 결과의 발표 | 책임, 문제해결력, 상상력 | • 1차시와의 구별을 명확히 하기 위해 역할과 분담을 정확히 제시하는 것이 필요하다. • 탐구활동 정리는 평가지를 바탕으로 자료를 작성해서 발표한다. |
| 평가 및 정리 [17분] | ④ 평가 ⑤ 정리 | 논리·분석적 사고, 비판적 사고 | • 평가는 서술형 평가, 수행평가, 모둠별 평가 등의 3단계 평가로 이루어짐을 학생들에게 다시 한 번 알린다. |

도입

① 전시 학습 상기
② 학습목표 확인
  • 단원목표
  - 기업가 정신을 깨닫고 생활 속의 사례에 적용할 수 있다.
  • 2차시 학습목표
  - 기업가 정신을 생활 속의 다른 사례에 적용하여 발표할 수 있다.

③【활동 4】탐구 결과의 발표

- 모둠 과제
  - 모둠별 과제를 협의하여 최종 정리한다.
  - 대박집과 쪽박집, 기업가 정신, 생활 속의 적용 사례 등이 명확히 드러날 수 있도록 지도한다.
  - 모둠별로 정리한 내용을 인터넷 학습방 모둠 코너에 올린다.
- 탐구 결과 발표
  - 모둠장은 탐구 결과를 화면에 띄우고 간략히 발표한다.
  - 인터넷으로 탐구 결과를 볼 수 있으므로 발표 시간은 2~3분으로 제한한다.
  - 모둠 제품 발표가 끝나면 질의·응답할 수 있다.
- 개인별로는 학습활동을 학습지에 정리하도록 한다.

④ 평가

- 평가 기준
  - 학습목표와 연계하여 평가한다.
  - 기업 경영에서의 기업가 정신의 중요성을 파악했는지, 대박집과 쪽박집의 차이점을 구분하고 있는지, 창의·인성적 측면에서의 기업가 정신이 무엇인지, 기업가 정신을 생활 속의 다른 사례에 제대로 적용하고 있는지를 평가한다.
- 평가 방법
  - 모둠 평가와 개별 평가로 한다.
  - 모둠 평가는 다른 모둠의 발표와 인터넷 학습방에 올라와 있는 내용을 중심으로 4단계로 평점을 부여한다.
  - 개별 평가는 개인별 학습지 과제 수행을 바탕으로 참여 정도에 따라 교사가 1~10점의 점수를 부여한다.

⑤ 정리

- 처음에 의도했던 학습목표를 바탕으로 수업 내용을 정리한다.
- 차시 예고

## 가) 학습주제

**교사** 오늘 수업은 대박집과 쪽박집의 비교를 통해 기업가 정신의 중요성을 깨닫고, 생활 속의 사례에 적용해 보는 데 있습니다.

**학생** 네.

## 나) 학습목표 확인

**교사** 오늘 단원 목표는 '기업 경영에 끼치는 기업가 정신의 특성 두가지를 열거한다.'이고, 1/2차시 학습목표는 '대박집과 쪽박집의 차이점 세 가지를 열거한다.'입니다. 학습목표를 염두에 두고 수업에 참여했으면 합니다. 그래서 한 번 읽어 봅시다. (읽어 준다.)

**학생**: 네. (따라서 읽는다.)

## 다) 동기 유발

**교사** TV 프로그램 중에서 대박집에 관련된 영상자료를 3분 정도 보여 준다. (인터넷으로 검색하면 우측 화면처럼 3분 내외 대박집 영상을 쉽게 구할 수 있다.)

**학생** (시청한다.)

**교사** (영상이 끝나면 학생들에게 질문한다.) 영상에서 본 대박집만의 특징이 무엇인지를 이야기해 보세요.

**학생** 네. (자신이 느낀 바를 발표한다.)

라) 【활동 1】 상황 제시 및 탐구문제의 인식

**교사**  오늘 수업은 '대박집과 쪽박집의 기업가 정신은 어떻게 다른가?'를 알아보고, 비교론
적 관점에서 찾아낸 기업가 정신을 다른 사례에 적용해 보는 데 있습니다. 먼저, 사전
참여관찰을 통해 탐구한 내용을 학습지에 적도록 합니다.

**학생**  네. (개별 학습지에 적는다.)


마) 【활동 2】 탐구활동 I의 전개

**교사**  지금부터 인터넷 검색을 통해 대박집과 쪽박집 비교를 하고 기업가 정신의 중요성을
탐구하도록 합시다. 탐구할 내용을 다음과 같습니다.

⟨판서 내용⟩

- 기업가 정신은 무엇인가?
- 이노베이션(혁신)이 왜 필요한가?
- 기업가 정신에 의한 혁신이 시장의 공급과 수요에 미치는 영향은 무엇인가?
- 대박집과 쪽박집의 차이점은 무엇인가?
- 기업가 정신이 기업 경영에 왜 중요한가?

**학생**  네. (인터넷을 통해 탐구한다.)

**교사**  이번 수업 주제가 대박집과 쪽박집을 비교만 하는 데 있는 것이 아니라, 비교 분석을
통해 기업가 정신을 찾아내고 또 그것을 생활 속의 사례에 적용하는 데 있다는 것을
염두에 두고 인터넷을 검색해야 합니다.

**학생**  네. (수업 주제에 맞게 인터넷을 검색하고 그 내용을 학습지에 정리한다.)


▶ 학습지 정리 내용 예시

기업가 정신: 통찰력, 혁신성과 창의성, 신제품의 발명 또는 개발, 새로운 생산 방법이나 신기술의 개발, 신시장의개척,
새로운 원료나 부품의 공급, 신산업에서 새로운 기업(조직)의 설립 등

## 바) 【활동 3】 탐구활동 II의 전개 및 정리

**교사**  다음으로 탐구한 기업가 정신을 생활 속 사례에 적용해 보도록 하겠습니다. 모둠원들과 잘 협의하여 적용할 수 있는 사례를 만들어 보도록 합시다.

**학생**  네. (탐구활동 I을 바탕으로 모둠별로 기업가 정신을 적용할 수 있는 사례를 모둠원들과 협의하여 찾아본다.)

**교사**  사례는 우리 일상생활과 밀접하게 관련되거나 실현 가능한 분야로 접근하도록 하세요.

**학생**  네.

**교사**  모둠별로 탐구한 결과는 학습지에 정리하도록 합니다.

**학생**  네. (대박집과 쪽박집의 차이점을 모두 적는다. 현장에서의 참여관찰 내용과 인터넷 검색 내용을 비교한다.)


## 사) 【활동 4】 탐구 결과의 발표

**교사**  개인별로 적은 학습지를 바탕으로 모둠별로 과제를 정리하세요.

**학생**  네. (모둠별로 과제를 협의하여 최종 정리한다. 이때 대박집과 쪽박집, 기업가 정신, 생활 속의 적용 사례 등이 명확히 드러날 수 있도록 정리한다.)


▶ 생활 속 적용 사례 발표 예시

예시1)
생활 속의 적용 사례라고 하니까 조금 거창하다는 생각이 드는데요, 저는 사례의 대상으로 '나 자신'을 말하고 싶습니다. '나 자신'을 하나의 기업으로 볼 때, 기업가 역시 '나 자신'이 되는 거지요. 지금 하고 있는 공부가 (쪽박집과 같이)잘 안될 때, 공부 방법의 혁신이 필요하다는 생각이 들었습니다.

예시2)
저는 전에 여러 가지 색의 볼펜을 번갈아 사용할 때 찾는 볼펜이 여기저기에 있으면 불편해 모두를 테이프로 붙여서 사용했는데요, 생각해 보니까 그것도 기업가 정신과 연결이 되는 것 같아요. 뭐 별거 아니지만 현재의 상태에서 문제를 발견하고 그걸 해결하려고 노력하는 것이 기업가 정신에서의 신제품 개발과 관련된 게 아닌가 해요.


**교사**  정리한 내용을 인터넷 학습방 모둠 코너에 올리도록 하세요.

**학생** 네. (모둠별로 정리한 내용을 인터넷 학습방 모둠 코너에 올린다.)

**교사** 이제까지 수고하셨습니다. 지금부터 모둠별로 기업가 정신을 적용한 사례를 발표하도록 하겠습니다. 모둠별 발표 시간은 3분 이내입니다. 발표할 때 잘 듣고 그것에 대해 학습 평가란에 장점과 단점을 적고, 개인별 평점을 매겨 보세요. 자, 그럼 발표하세요.

**학생** 네. (모둠장은 탐구 결과를 화면에 띄우고 간략히 발표한다. 1모둠부터 8모둠까지 인터넷 화면에 띄워진 내용을 바탕으로 발표한다. 나머지 학생들은 경청한다.)

**교사** (모둠별 발표가 끝난 후) 혹시 1모둠 발표에 대해 질문 있나요?

**학생** 네. (해당 학생은 질문을 한다. 발표 모둠장은 답변해 준다.)

**교사** 모둠 활동에 이어 발표까지 수고 많았습니다.


아) 평가 및 정리


**교사** 지금부터 평가 시간을 갖도록 하겠습니다. 이제까지 다른 모둠의 활동 내용에 대해 모둠원들과 협의하여 평점(5~2점)을 댓글과 함께 남겨 주기 바랍니다.

**학생** 네. (모둠원들과 협의하여 다른 모둠의 평점을 매기고, 그것을 댓글과 함께 올린다.)

**교사** (모둠별 평가가 모두 끝난 후) 수고 많았습니다. 마지막으로 오늘 배운 내용을 정리하도록 합시다. (학습목표와 연계하여 '기업 경영에 끼치는 기업가 정신은 무엇인가?', '대박집과 쪽박집의 차이점은 무엇인가?', '기업가 정신을 생활 속의 어떤 사례에 적용했는가?'에 대해 정리한다.)

**학생** (학생들은 경청한다.)

**교사** 수고했습니다. 개인별 학습지를 제출하면 개인별 평점을 부여하겠습니다.

**학생** 네. (개인별 학습지를 제출한다.)


자) 차시 예고


**교사** 다음 시간에서는 '경쟁시장'과 '독과점시장'의 비교를 통해 경쟁의 효과를 알아보고 그것을 적용하는 사례를 탐구하는 시간을 갖도록 하겠습니다.

**학생** 네. 수고하셨습니다.

## 가) 학습지 예시

### (ㄱ) 개별 활동 I: 학습 개념의 탐구

㉠ 기업가 정신이란?

㉡ 이노베이션(innovation)이란?

㉢ '기업가 정신'이나 '혁신'이 시장에 끼치는 영향 두 가지는?

### (ㄴ) 개별 활동 II: 비교론적 관점에서의 접근

㉠ 사전에 참여관찰이나 체험한 내용을 바탕으로 정리해 본다.

| 기준 | 대박집 | 쪽박집 | 비고(조사 방법) |
|---|---|---|---|
| 상호명과 품목 | | | |
| 기업가 정신이나 가게(기업)의 특징 | | | |

㉡ 인터넷으로 검색한 두 기업(가게)의 내용을 정리해 보자.

| 기준 | 대박집 | 쪽박집 |
|---|---|---|
| 상호명과 품목 | | |
| 기업가 정신 | | |
| 가게(기업)의 특징 | | |

㉢ 대박집과 쪽박집을 비교한 내용을 분석하여 정리해 보자.

| | |
|---|---|
| 공통점 | |
| 차이점 | |
| 느낀점 | |

**(ㄷ) 모둠 활동: '기업가 정신'을 이해하고 생활 속의 사례에 적용해 보기**

㉠ ( )안에 들어갈 말을 쓰시오.

| 내가 생각하는 기업가 정신은 | | 이다. |
|---|---|---|

㉡ '기업가 정신'을 우리 생활 속의 적용한 사례를 구체적으로 표현해 보자.

※모둠 활동의 결과물은 '생생 이코데미' 학습방에 올리도록 한다.


**(ㄹ) 평가**

㉠ 개별 및 모둠 평가

• 이번 수업 주제를 통해 새롭게 알게 된 점은?

☞

• 모둠 활동에서 자기 모둠에 대해 역할 평가를 하면?

☞

㉡ 평점 합계

| 모둠 활동 ⇒ 다른 모둠 평점<br>(만점 35점) | 개별 활동 ⇒ 교사 평점<br>(15점+10점) | 합계<br>(60점) | 비고 |
|---|---|---|---|
| | | | |


## 나) '기업가 정신' 고찰

**(ㄱ) '기업가 정신'이란 무엇인가**

㉠ 사전적 의미

기업의 본질인 이윤 추구와 사회적 책임의 수행을 위해 기업가가 마땅히 갖추어야 할 자세나 정신 → 기업은 이윤 추구가 목적이지만, 이윤을 추구하되 공익을 위해 수익의 일부를 사용하여 사회적 책임을 수행하는 것을 말한다.

ⓒ 전통적 기업가 정신

- 통찰력(미래를 예측할 수 있는 능력)
- 혁신성과 창의성(새로운 것에 과감히 투자하고 도전하는 것)

ⓒ 오늘날의 기업가 정신

- 오늘날의 기업가 정신은 〈전통적 기업가 정신 + 새로운 기업가 정신〉
- 오늘날 추가된 새로운 기업가 정신은
  - 고객제일주의: 고객이 왕이다.
  - 산업보국: 회사가 잘되어야 나라도 잘된다. 즉, 나라 경제를 지탱하는 산업을 개발하는 것이다.
  - 인재 양성: 노동자도 하나의 인격체로서 끊임없이 교육시켜 훌륭한 일꾼으로 자기 계발을 하도록 지원한다.
  - 공정한 경쟁: 다른 기업과 선의의 경쟁을 함으로써 해당 분야의 기술력을 키우고 건전한 경제를 만든다.
  - 근로자 후생복지: 회사의 직원들이 즐겁고 편하게 생활할 수 있는 환경(교육, 임금인상, 작업환경 등)을 제공한다.
  - 사회적 책임의식: 돈을 벌어서 자신과 직원들만 편하게 살면 되는 것이 아니라 자기 회사의 제품을 이용해 준 국민, 자신이 안전하게 사업을 할 수 있게 해 준 국가, 더불어 사는 사회에 공헌해야 한다는 책임의식을 갖는다.

## (ㄴ) 기업가 정신의 특징

미국의 경제학자인 슘페터는 이러한 기업가 정신의 특징을 창조적 파괴, 즉 혁신이라고 불렀다. 그가 말하는 혁신은 ⅰ)신제품의 발명 또는 개발, ⅱ)새로운 생산 방법이나 신기술의 개발, ⅲ)신시장의 개척, ⅳ)새로운 원료나 부품의 공급, ⅴ)신사업에서 새로운 기업(조직)의 설립 등이다. 기업가의 이러한 혁신은 인류 생활의 질을 향상시키고 세상을 발전시키는 원동력이 된다. 결국 자본주의 사회에서 경제 발전과 생활수준 향상의 중심적 역할을 수행하는 것이 바로 기업가인 것이다.

### (ㄷ) 우리 시대가 요구하는 기업가 정신

## "우리 고장 탐험 현장체험활동" 프로그램 안내

김종휘 노리단 단장

우리 사회에서 사회적기업이 메가트렌드가 되고 있다. 혹자는 우려의 마음을 담아 '사회적기업 쓰나미'라 표현할 정도로 확산의 기세가 범상치 않다.

사회적기업이 시대적 요청으로 부상한 배경은 정부, 시장, 시민사회 등 각 섹터에서 거듭 실패하는 사회경제의 주요 문제들을 이대로 방치한 채로는 사회공동체의 성장은커녕 존립조차 어렵다는 위기의식이 팽배해졌기 때문이다. 이에 따라 각 섹터들이 가진 권한과 자원 일부를 떼어내 새로운 발상으로 사회경제를 재구성할 수 있는 새로운 섹터를 창조하자는 공감대가 넓고 깊어지고 있다.

사회적기업은 먼저 시작된 선진국도 아직 진행 중이다. 그리고 사회적기업의 성공을 위한 여러 논의 역시 진행 중이다. 그중에서 가장 많은 공감을 얻고 있는 것은 각계의 리더층과 젊은 세대에게 사회적기업가 정신을 촉진하는 것이 무엇보다 중요하다는 것이다.

사회적기업가 정신은 한때 우리나라의 경제성장을 이끌었던 기업가 정신에 다른 몇 가지를 더 필요로 한다. 이윤만 있어서는 곤란하고 사회공동체와 구성원 모두를 위한 공동의 이익이 분명해야 한다. 기업의 사회공헌과는 발상이 다르다. 경제적으로 성공한 다음에 결실의 일부를 나누는 것이 아니라 출발부터 나눔의 혁신적 실천(나눔으로써 사회와 경제를 같이 살리는)이 성공의 척도가 되는 새로운 사고와 행동의 유전자가 사회적기업가 정신이다.

이러한 사회적기업가 정신을 10대와 20대 때부터 일찍 기르고 익혀서 사회경제 문제를 새로운 시각에서 해결하고 통합할 수 있는 미래의 혁신 엔진을 준비하고자 세계 각국이 앞다퉈 젊은 이들에게 사회적기업가 정신을 부흥시키고 사회적기업가의 사례를 소개하고 있다.

우리 사회도 사회적기업을 '취약계층을 고용해 취약계층에게 서비스한다'는 협소한 틀 안에 가둬둘 생각이 아니라면, 우리의 사회경제가 안고 있는 제반의 문제들을 창의적으로 접근하고 해결해야 한다. 미래의 새로운 가치로서 사회적기업가 정신을 고취하려면, 무엇보다 젊은이들에게 사회적기업가의 길이 무한한 가능성의 직업군으로 다가설 수 있게 힘을 쏟아야 한다. 그러자면 양심에 호소하고 자원봉사의 미덕을 강조하는 것으로는 사회적기업가 정신을 활성화시킬 수 없다는 것을 직시해야 한다.

또한 1인당 최저임금에 준하는 인건비 지원을 통한 사회적기업 육성이라는 세간의 왜곡된 이미지가 깨지지 않는다면 사회적기업가의 길 앞에서 가슴 설렐 청춘이 많지 않을 것이라는 점도 인정해야 한다.

사회적기업이라는 미지의 영역에서 무모하게 부딪히고 실패해도 격려와 환대를 받으며 재도전에 나설 수 있는 분위기가 마련되어야 한다. 이러한 기반과 환경을 조성하는 일이 절실하다. 젊은이들이 사회적기업가의 길에 입문해 세상을 바꾸면서 자신의 직업을 창조하려는 도전에 합당한 경제적 자원과 사회적 응원이 모아져야 한다.

한때 '세계는 넓고 할 일은 많다'는 말이 있었지만, 이제는 '세계는 좁고 문제는 많다'고 해야 맞다. 이런 시대에 사회적기업가 정신은 문제를 회피하거나 얼버무리며 각자 제 앞가림에 연연하는 대신에 문제를 정면으로 껴안고 보듬으면서 문제 내부로부터 해결의 싹을 키워서 외부의 도움과 연결하는 창의적 파트너들의 인생관이자 직업관이다.

이런 정신을 자신의 내부로부터 발굴하며 성장하는 젊은이들이 많아질 때 사회적기업은 '착한 일도 하고 돈도 벌고'를 넘어 '착한 일 하는 것이 직업이 되고 돈 버는 일이 착한 일이 되는 사회'를 향한 모두의 바람이자 희망이 될 것이다. 지금 우리 사회와 기성세대는 젊은이들에게 사회적기업과 사회적기업가 정신을 어떻게 제시하고 무엇으로 제안할 것인지 기로에 서 있다.

『한국일보』 사설·칼럼 [이슈와시각 / 2010년 6월 12일]

## 다) 관련 자료: 인터넷 학습방 '생생 이코데미'

인터넷을 활용한 수업을 위해서는 사전에 인터넷 학습방을 만들어야 한다. 클릭경제교육 사이트에 개설되어 있는 경제 학습방 생생이코데미(http://cafe.kdi.re.kr/community)를 통하여 학생들은 글쓰기, 학습자료 공유, 과제 제출, 탐구활동 등의 정보들을 공유하며 유용하게 활용하였다.

11장

# 전쟁사 이해를 통한
# 프로젝트학습 수업모델

박마이클 · 양수조

# 1. 수업모델의 개요

## 1) 수업모델의 이해

이 장에서 다룰 창의·인성 수업모델은 프로젝트학습 수업 방식으로 구성된 것이다. 수업모델 구축을 위해 선정한 교과 내용은 중학교 8학년 역사 영역이며, 구체적인 단원은 다음과 같다.

> 대단원: 3. 통일 신라와 발해[28]
> 중단원: 1) 고구려의 대외 항쟁

이 수업모델에서 다루고자 하는 수업의 주제는 '고구려와 수·당의 전쟁 이해'이다. 고구려와 수·당 전쟁에 관한 기존 수업은 고구려가 민족의 방파제로서 수와 당의 침략을 극복하고 살수와 안시성 싸움에서 승리를 거둔 점에 초점을 두어 전개되었다. 이렇게 정리된 역사를 학생들이 습득하는 수업 방식에서 탈피하여, 확산적인 사고를 통해 고구려와 수·당 전쟁을 새로운 각도에서 살펴보는 기회를 주는 수업을 설계하고자 하였다.

고구려와 수·당의 연이은 전쟁은 동아시아 국제 정세를 크게 바꾸어 놓은 계기가 되었다. 그러므로 6세기 말 이후 고구려를 둘러싼 당시의 국제 질서와 수·당과의 전쟁 과정에서 보여 준 애국심, 고구려군의 전략과 무기 기술을 좀 더 구체적으로 파악하게 함으로써 전쟁의 성격과 이후 동아시아 국제 질서의 재편에 끼친 영향을 알도록 지도한다. 또한 최근 한반도 주변을 둘러싸고 일어나는 국제관계를 생각해 볼 수 있는 기회를 제공할 수도 있다. 이와 같은 주제 선정을 바탕으로 설계한 수업에서 의도한 창의·인성 교육 요소는 다음과 같다.

| 수행 단계 | 창의·인성 교육 요소 |
|---|---|
| 문제 인식 | 흥미, 문제발견 |
| 탐구 주제 선정 | 문제발견, 상상력, 논리·분석적 사고 |
| 자료 수집 | 다양성, 열정, 확산적 사고 |
| 자료 분석 | 공정, 비판적 사고, 논리·분석적 사고 |

---

28  2009 개정 교육과정에 따른 사회과 교육과정 초등학교 5~6학년군 역사 영역 '(1) 우리 역사의 시작과 발전'에 해당한다.

| 결론 도출 | 개방성, 협동, 논리·분석적 사고 |
|---|---|
| 발표 준비 | 흥미, 열정, 수렴적 사고 |
| 발표 및 과제 평가 | 열정, 논리·분석적 사고, 수렴적 사고 |
| 수업 중 규칙 | 공정, 약속, 정직 |
| 자신의 역할 | 책임, 협동, 자부심 |
| 친구와의 관계 | 배려, 존중 |

이와 같은 창의·인성 교육 요소를 실제 수업에서 어떻게 구현할 수 있을까?

역사의 변동을 파악하는 데 전쟁사는 매우 매력적인 주제이다. 이를 통해 국내 정치세력의 동향과 모순, 국제적인 관계, 과학을 포함한 문화의 발달, 제도의 개선 등을 이해할 수 있기 때문이다. 또한 역사를 공간과 시간을 배우는 학문이라고 할 때, 전쟁사는 전쟁 발발부터 결과와 영향까지의 전부를 선명하게 포괄하는 장점이 많다. 그동안 학교 현장에서 전쟁사는 의례적으로만 중요하다고 여겨졌을 뿐 정치사의 한 부분으로만 다뤄져 왔다. 그러다 보니 전쟁과 관련된 풍부한 내용을 파악하기 어려웠고, 특정 인물 중심의 영웅 사관으로 이해하게 되었다. 학생들의 상상력을 동원할 필요 없이 주어진 결과를 암기하는 수업이었다. 그러나 전쟁사를 들여다보면 한 시대의 전쟁을 치러 내기 위해서는 지도층의 역량과 당대의 국력을 모아 총력전을 벌이는 과정과 삶의 애환, 무기를 중심으로 하는 과학의 발달, 전쟁 문학 등이 풍부하게 녹아 있음을 알게 된다.

이 수업은 도서관에 비치된 도서의 활용 및 인터넷 자료를 활용하여 자료를 탐색하고 주어진 과제를 수행하는 프로젝트학습 모델을 선택하였다. 전체적인 수업의 흐름은 해결방법 탐색, 자료 조사 및 정리, 모둠별 및 개인별 발표하기 활동으로 이루어진다. 1~2차시는 사회과 자료 탐색 및 협동학습에, 3~4차시에서는 발표 및 추체험학습을 위한 다양한 표현활동에 중점을 두었다.

'해결방법 탐색'에서는 문제와 관련된 조사와 지식의 습득에 대한 동기 유발과 모둠을 편성하여 교과서 내용을 바탕으로 해당 주제의 윤곽을 파악하고 방향을 설정하도록 하였다. 특히 학교도서관 자료를 활용하여 교과서의 학습문제를 확장해 탐색하도록 하였다.

'자료 조사 및 정리'는 '해결방법 탐색'의 연장선상에서 학교도서관 활동이 이루어지는 단계로, 개인별·모둠별 학습지로 학습문제를 탐색하여 역할 분담을 통해 도서를 찾고, 자료를 공유하여 교사, 친구들과 토의를 통해 학습문제를 해결하도록 정하였다. 또한 '자료 조사'는 피드백 단계로서 학생들의 자료 검색이 이루어지도록 하였다. '자료 정리'는 학생들이 학교도서관에서 찾은 내용을 탐색, 분류, 조사, 토론을 통해 학습주제를 해결하고 수집한 내용을 정리하거나 글쓰기, 분류표 등을 작성하여 학습 결과가 다양하게 나올 수 있도록 하였다. 이러한 일련의 과정을 통해 전쟁사는 입체적으로 되살아나게 되고, 학생들은 전쟁의 전반에 대한 견해를 갖게 된다.

'모둠별 및 개인별 발표하기'는 일반 교실에서와 같이 모둠 학습지나 개인 학습지를 가지고 발표하거나, 학습과제를 다양한 표현 방법으로 해결한 결과를 발표하도록 정하였다. 도서 및 인터넷 자료를 활용한 사회과 자료 탐색의 수업은 학생들의 논리·분석적 사고, 문제해결력, 비판적 사고, 상상력 등의 창의력을 키워 주고, 상호협동학습은 책임, 배려, 약속 등의 인성 교육적 요소를 포함하고 있다. 학습자 간의 긍정적 상호 작용을 극대화함으로써 인지적 성장을 도모하고 협동심을 키우고자 하였다. 이러한 수업 내용을 차시별로 정리하면 다음과 같다.

11장 전쟁사 이해를 통한 프로젝트학습 수업모델   273

## 2) 수업의 목표와 평가

이 수업모델에서 다루고자 하는 학습단원은 다음과 같다.

| 대단원 | 중단원 | 차시 | 학습 제재 | 주요 학습 내용 | 학습 형태 |
|---|---|---|---|---|---|
| 3. 통일 신라 와 발 해 | | 1 | • 단원 도입 및 계획 | - 단원의 개괄적인 내용 파악하기<br>- 장기 학습 과제 선정 및 학습방법 | 강의식 수업 |
| | 1) 고구려의 대외 항쟁 | 2~5 | • 6세기 중엽 국내외 정세<br>• 고구려와 수의 전쟁<br>• 고구려와 당의 전쟁<br>• 고구려 수·당 항쟁의 의의 | - 국제관계 이해<br>- 당시의 신분 되어보기<br>- 전쟁에 대비하기 위한 전술 세우기<br>- 수·당과의 전쟁에서 얻을 수 있는 교훈적인 내용 알기 | 탐구학습 |
| | 2) 신라의 삼국 통일 | 6~7 | • 백제의 멸망<br>• 고구려의 멸망<br>• 백제와 고구려의 부흥 운동<br>• 나·당 전쟁<br>• 통일의 역사적 의의 | - 삼국의 통일 과정 표로 나타내기<br>- 통일 신라의 국경선 그리기 | 프로젝트학습 모형<br>다중지능학습 모형 |
| | 3) 통일 신라의 발전 | 8 | • 전제 왕권의 강화<br>• 새로운 제도의 마련 | - 통일 신라의 제도 조사 | ICT 활용수업 |
| | | 9 | • 발해의 성립과 발전 | - 통일 신라의 문화유산 조사 | 탐구학습 |
| | 4) 발해의 성립과 발전 | 10 | • 대조영의 발해 건국<br>• 발해의 성장 | - 발해의 건국 과정 역할극 꾸미기 | 역할극 |
| | | 11 | • 발해의 문화<br>• 발해의 대외 관계 | - 발해 문화유산에서 고구려적 요소 찾기 | ICT 활용수업,<br>창의적 사고기법 적용 |
| | 5) 신라 하대의 사회 변동과 후삼국의 성립 | 12 | • 진골귀족의 왕위쟁탈전<br>• 새로운 세력의 등장<br>• 농민 봉기 | - 신라 하대 사회가 혼란한 이유 찾기 | ICT 활용수업 |
| | | 13 | • 새로운 사상의 유행<br>• 후삼국 시대의 개막 | - 신라 하대 새로운 사상과 후삼국시대와 관련된 인물 탐구 | ICT 활용수업 |

∴ 음영 처리가 되어 있는 부분이 수업모델에 활용된 단원이다.

다음은 이 수업모델에서 다루는 교과 연계 사항이다. 학생들이 교육활동에 능동적으로 참여하는 교과 관련 자율활동 또는 동아리활동의 일환으로, 창의적 체험활동과 연계하여 교과와 창의적 체험활동의 융합형으로 이루어질 수도 있다.

| 교과 연계 사항 | • 창의체험활동(자율활동 또는 동아리활동)<br>- 인물 탐구 |
|---|---|

기존 교과 학습목표와 연관 지어 이 수업에서 중점을 둔 창의·인성 요소인 논리·분석적 사고, 문제해결력, 비판적 사고, 상상력을 기르고자 한 창의·인성 수업목표는 다음과 같다.

- 고구려와 수·당의 전쟁에 대해 자료를 갖고 논리적으로 설명할 수 있다.
- 역사적 인물의 업적과 관련 사실을 활용하여 종합적으로 분석할 수 있다.
- 고구려와 수·당의 전쟁에 대해 국제관계와 전술로 접근하여 재구성할 수 있다.
- 여러 계층의 입장에서 살수대첩과 안시성 싸움을 추체험할 수 있다.
- 고구려와 수·당의 전쟁에 관한 자료 탐색에 협동심과 책임감을 갖고 적극적으로 참여할 수 있다.

다음으로 창의·인성 수업의 평가 계획이다. 평가 계획은 수업의 목표와 밀접하게 연결된다. 따라서 기존의 수업에서는 교과 학습목표만 제시되었지만, 창의·인성 수업에서는 창의·인성 교육 목표가 함께 제시되므로 평가 계획에서도 그러한 내용이 포함되어야 한다. 평가의 목표는 다음과 같다.

- 고구려와 수·당의 전쟁에 대해 국제관계를 잘 파악하고 있는가?
- 살수대첩과 안시성 싸움을 무기의 발달과 전술적 차원에서 접근하였는가?
- 여러 계층의 입장에서 고구려와 수·당의 전쟁을 추체험할 수 있는가?
- 전쟁사를 파악하여 판단하는 협동학습에 협동심과 책임감을 갖고 적극적으로 참여하였는가?

다음의 표는 3차시 모둠 평가에 대한 평가 영역과 성취 기준을 표로 제시한 것이다.

| 평가영역 | 성취 기준 | | 평가 척도 | | | | | |
|---|---|---|---|---|---|---|---|---|
| | | | 매우 잘함 | 잘함 | 보통 | 미흡 | 미완성 | 미제출 |
| | | | 5 | 4 | 3 | 2 | 1 | 0 |
| 교과 학습 목표 | • 고구려와 수 · 당의 전쟁을 자료를 갖고 논리적 오류 없이 주어진 과제를 5개 이상 수행하였는가? | 학습지 평가 | | | | | | |
| | • 고구려와 수 · 당의 전쟁에 대해 국제관계로 접근하여 재구성하였는가? | | | | | | | |
| | • 살수대첩과 안시성 싸움을 무기의 발달과 전술적 차원에서 접근하였는가? | | | | | | | |
| 창의 · 인성 목표 | • 역사적 관련 사실을 활용하여 수 · 당의 전쟁을 오류 없이 종합적으로 분석하였는가? | | | | | | | |
| | • 역사적 인물의 업적과 애국심을 본받아 국가와 문화 발전을 위해 노력하는 마음을 가지고 있는가? | | | | | | | |
| | • 느낀 점 또는 감상이 포함되어 있는가? | | | | | | | |
| | • 모둠장은 각 개인의 능력에 맞추어 역할을 분담하여 운영하였는가? | | | | | | | |
| | • 모든 모둠 구성원의 역할 분담과 활동이 결과물에 나타났는가? | | | | | | | |
| | • 그밖에 수행 과정 중 추가할 인성적 요소가 있는가? | 특수반 학생을 배제하지 않거나 다리 아픈 학생의 역할을 바꿔 주면 가산점을 줄 수 있다. | | | | | | |
| 교사 의견 및 채점평 | 예시) 무척 잘된 결과물이지만, 논리적 오류 없이 학습 과제를 5개 이상 찾으라고 했으나 4개밖에 수행하지 못하였으며 논리적 오류가 있다. | 합산 | 서술형 평가 + 수행점수 + 추가 인성적 요소 | | | | | |

이와 같은 평가를 할 때의 유의점은 다음과 같다.

• 평가는 학생들의 모둠별 활동 과정을 교사의 관찰활동으로 파악하므로 학생들 모두 골고루 책임을 맡아 자신이 맡은 부분을 성실히 수행할 수 있도록 교사가 격려하고 조언한다.
• 교과적인 면은 물론 창의적인 면과 인성적인 면이 골고루 반영될 수 있도록 넓고 깊게 관찰한다.
• 평가 점수는 모둠 평가와 개인별 평가를 합산한 점수로 한다.

# 2. 수업지도안의 실제

## 1) 1차시: 해결방법 탐색

| 학습과정 | 교수–학습 활동 | 창의·인성 교육 요소 | 지도상의 유의점 |
|---|---|---|---|
| 준비<br>[5분] | ① 동기 유발<br>② 학습목표 확인 | 흥미, 개방성 | • 학생의 호기심과 흥미를 유발하는 장기판과 장기를 제시한다. |
| 주제 결정<br>[30분] | ③【활동 1】학습자 중심 활동으로 학습주제 확인<br>④【활동 2】모둠별 브레인스토밍(또는 브레인라이팅)<br>⑤【활동 3】학습주제 제시<br> ※학습지<br>⑥【활동 4】학습주제를 확인한 후 모둠 구성<br>⑦ 역할 분담 및 자료 조사<br> ※모둠 활동 계획서 | 흥미, 확산적 사고 | • 브레인스토밍 과정에서 허용적인 분위기를 유지한다.<br>• 전쟁을 이해하기 위한 다양한 접근 방법으로 사고의 확장을 유도한다.<br>• 학습주제를 확인한 후 탐구하고 싶은 주제에 따라 모둠을 구성할 수도 있다.<br>• 교사가 소주제를 제시하더라도 모둠원 협의 하에 다른 주제를 선정하거나 수정하여 탐구할 수 있도록 한다. |
| 정리<br>[10분] | ⑧ 정리 및 차시 예고 | 수렴적 사고, 책임감 | |

### 준비

① 동기 유발

- '장기'를 제시하여 이것의 역사와 전쟁사에 대해 흥미를 유발한다.
- '전쟁사'가 역사에서 왜 중요한지 질문한다.

② 학습목표 확인

### 주제 결정

③【활동 1】학습자 중심 활동으로 학습주제 확인

- 프로젝트의 전반적인 흐름 설명

④【활동 2】모둠별 브레인스토밍(또는 브레인라이팅)

- 중국 어선이 한국 영해에서 불법조업을 하는 것에 대한 중국측 태도에 관한 의견을 말한다.
- '고구려와 수·당의 전쟁을 이해하기 위해서 소주제들은 무엇으로 설정해야 하는가?'에 대해 브레인스토밍을 한다.(교과서와 사료 참고)

• 교과서로 윤곽을 파악하게 한다.

• 지금의 상황과 6~7세기 상황을 비교하며 설명한다.

⑤【활동 3】학습주제 제시

• 브레인스토밍으로 도출된 내용들을 참고하여 학습주제를 제시한다.

⑥【활동 4】학습주제를 확인한 후 모둠 구성

• 네 그룹으로 구성하되, 두 그룹은 수와의 전쟁, 두 그룹은 당과의 전쟁을 탐구하도록 한다.

• 모둠 구성은 교사가 여러 상황(학업성적, 성격, 희망, 성별 등)을 고려하여 조직한다.

⑦ 역할 분담 및 자료 조사

• 학습지를 참고하여 모둠원의 역할을 분담한다.

• 도서관 자료 및 인터넷 자료를 활용한다.


정리

⑧ 정리 및 차시 예고

• 프로젝트학습에 대한 각자의 각오를 말해 본다.

• 모둠별 활동 계획서를 제출한다.

• 다음 시간 준비를 잘해 줄 것을 당부하며 마무리한다.


## 2) 2차시: 자료 조사 및 정리

| 학습과정 | 교수 – 학습 활동 | 창의·인성 교육 요소 | 지도상의 유의점 |
|---|---|---|---|
| 도입<br>[5분] | ① 2차시 프로젝트 설명하기<br>② 학습목표 확인 | 흥미, 개방성 | |
| 탐구활동<br>[30분] | ③【활동 1】프로젝트학습을 위한 모둠별 탐구활동<br>※사료<br>④【활동 2】영상 자료 시청<br>⑤【활동 3】자료 정리 및 모둠원 상호간 협의 | 흥미, 확산적 사고, 상상력, 배려, 존중 | • 모둠별로 영상자료를 분담하여 시청하기 어려운 경우, 계획서를 보고 교사가 사전에 영상자료를 선정하여 준비한 후 모든 학생들이 동일한 영상자료를 시청하도록 한다.<br>• 논리적 사고와 비판력을 갖고 고구려와 수·당의 전쟁을 설명한다.<br>• 발표는 모둠원들의 적성에 맞게 다양한 방법으로 하도록 한다. |
| 정리<br>[10분] | ⑥ 정리 및 차시 예고 | 수렴적 사고 | |

도입

① 2차시 프로젝트 설명하기

- 모둠별로 탐구활동을 한다.
    - 이때 모둠별 활동 계획을 조언해 준다.
- 모둠별로 학습주제와 관련된 영상자료를 선정한 후 시청한다.
- 모둠별로 수집된 자료를 정리, 협의하여 발표 자료를 준비한다.

② 학습목표 확인


탐구활동

③【활동 1】프로젝트학습을 위한 모둠별 탐구활동

- 도서(전쟁사 관련), 사서, 인터넷 자료 활용 등 다양한 방법으로 정보 수집 및 탐구활동을 한다.

④【활동 2】영상자료 시청

- 영상자료를 분담하여 시청한다.

⑤【활동 3】자료 정리 및 모둠원 상호간 협의

- 모둠별로 탐구활동 결과 수집된 자료를 정리하고 분담한 내용을 담당한 모둠원이 설명을 한다.
- 모둠별로 분담한 내용을 차례로 설명하여 고구려와 수·당의 전쟁을 입체적으로 이해할 수 있게 한다.(지도와 그림자료 활용)
- 조사한 내용을 바탕으로 학습지를 작성한다.


정리

⑥ 정리 및 차시 예고

- 협의 후 학습지를 다듬고 다음 시간 발표를 위한 준비를 한다.
- 다음 시간 발표 준비를 차질 없이 잘해 올 수 있도록 한다.

## 3) 3차시: 모둠별 발표

| 학습과정 | 교수-학습 활동 | 창의·인성 교육 요소 | 지도상의 유의점 |
|---|---|---|---|
| 준비<br>[3분] | ① 전시 학습 상기<br>② 학습목표 확인 | 흥미, 개방성 | |
| 모둠별 발표<br>[35분] | ③【활동 1】모둠별 발표학습<br>④【활동 2】질의 응답 | 흥미, 수렴적 사고 | • 모둠원들의 조사 내용 발표에 주의를 기울이고, 질문을 하여 집단사고활동을 활발히 하며, 다른 사람의 의견을 존중하도록 한다. |
| 정리<br>[7분] | ⑤ 반성 및 평가<br>⑥ 차시 예고 | | • 모둠별 평가를 할 때 객관적으로 할 수 있도록 지도한다. |

### 준비

**① 전시 학습 상기**

• 고구려와 수·당의 전쟁에 대한 학습지를 정리하고 발표 내용을 검토한다.

**② 학습목표 확인**

• 고구려와 수·당의 전쟁에 대해 국제관계와 전술로 접근하여 재구성할 수 있다.

• 여러 계층의 입장에서 살수대첩과 안시성 싸움을 추체험할 수 있다.


### 모둠별 발표

**③【활동 1】모둠별 발표학습**

• 모둠별 학습활동 결과를 다양한 방법으로 발표한다.

• 학생들의 발표 후 교사가 종합하여 다시 부연 설명한다.

**④【활동 2】질의 응답**

• 발표한 내용 중 의문점을 질문하고, 모둠원들이 협력하여 대답한다.


### 정리

**⑤ 반성 및 평가**

• 지금까지의 모둠별 프로젝트학습을 반성한다.(모둠별 평가)

• 모둠별 발표 결과물과 체크리스트를 평가한다.

**⑥ 차시 예고**

• 다음 시간에는 개인별 표현활동을 실시할 것임을 예고하고, 필요한 준비물을 가지고 오도록 안내한다.

## 4) 4차시: 개인별 표현활동

| 학습과정 | 교수-학습 활동 | 창의·인성 교육 요소 | 지도상의 유의점 |
|---|---|---|---|
| 준비<br>[5분] | ① 전시 학습 상기<br>② 학습목표 확인 | 흥미, 개방성 | • 다양한 계층의 입장에서 전쟁을 추체험할 수 있다.<br>• 4시간에 걸쳐 활동한 내용을 잘 숙지하고 형성평가 문제를 푼다.<br>• 전쟁의 부정적인 측면을 알고 전쟁을 막을 수 있는 방법을 생각한다. |
| 개인별<br>표현활동<br>[25분] | ③【활동 1】전시 학습활동 상기 및 다양한 표현활동<br>※평가지 1 | 흥미, 수렴적 사고 | |
| 정리<br>[15분] | ④ 형성평가 실시<br>※평가지 2<br>⑤ 프로젝트학습 반성 및 평가<br>⑥ 모든 프로젝트학습 활동 정리 | | |

### 준비

① 전시 학습 상기

- 고구려와 수·당의 전쟁에 대한 모둠원들의 정리와 발표 내용을 검토한다.

② 학습목표 확인

### 개인별 표현활동

③【활동 1】전시 학습활동 상기 및 다양한 표현활동

- 전시 학습활동을 다시 상기하고, 제시된 문제를 선택하여 개인적으로 표현활동을 한다.

### 정리

④ 형성평가 실시

⑤ 프로젝트학습 반성 및 평가

- 지금까지의 프로젝트학습을 반성한다.(개별 평가)

⑥ 모든 프로젝트학습 활동 정리

- 심화활동 안내(선택활동)
  - 창의적 체험활동 시간을 배정하여, 수업 시간에 하지 못한 활동들을 추가적으로 해 보도록 안내한다.

## 가) 1차시: 해결방법 탐색

### (ㄱ) 동기 유발: 장기판 제시[3분]

▶ 장기판 사진을 제시한다.

㉠ 여러분이 보고 있는 이것은 무엇일까요?

　(학생 대답:　　　　　　　　　　　　　　　　　　　　　　　　　　　)

㉡ 이 장기판에 나오는 두 나라는 어느 나라일까요?

　(학생 대답:　　　　　　　　　　　　　　　　　　　　　　　　　　　)

㉢ 초패왕 항우와 한왕 유방의 각축전을 모방한 내용이라는 주장을 따른다면, 두 나라가 중국에 존재했던 때가 대략 언제일까요?

　(학생 대답:　　　　　　　　　　　　　　　　　　　　　　　　　　　)

㉣ 우리나라로 보면 어느 시기인가요?

　(학생 대답:　　　　　　　　　　　　　　　　　　　　　　　　　　　)

㉤ 장기판을 보면 여러 가지 도구가 있습니다. 포, 차, 말, 상, 졸 등이 있는데, 이러한 자원을 갖고 어떻게 활용하느냐에 따라 장기판의 승세가 달라지지요. 장기판은 두 나라 간의 전쟁에 대한 축소판 이야기로, 오래전 과거 이야기가 지금까지 우리의 생활에 남아 있는 거지요.

㉥ 오늘 수업 주제는 '고구려와 수·당의 전쟁'입니다.

㉦ 과연 전쟁사는 역사에서 배울 때 어떤 의미가 있을까요?

　(학생 대답:　　　　　　　　　　　　　　　　　　　　　　　　　　　)

㉧ 여러분이 이야기한 대로 고구려와 수·당의 전쟁을 파악해 볼까요?

### (ㄴ) 학습목표 확인[2분]

- 고구려와 수·당의 전쟁에 대해 국제관계와 전술의 측면에서 재구성할 수 있다.
- 여러 계층의 입장에서 살수대첩과 안시성 싸움을 추체험할 수 있다.

## (ㄷ) 프로젝트의 전반적 흐름 설명[5분]

| 1단계 | • 브레인스토밍 활동을 통해 주제 결정하기 |
|---|---|

| 2단계 | • 학습활동을 위한 모둠 구성하기<br>• 모둠별 프로젝트학습을 위한 활동 계획하기 |
|---|---|

| 3단계 | • 학습문제 탐구 및 모둠 발표 |
|---|---|

| 4단계 | • 개인별 표현활동 및 반성, 평가하기 |
|---|---|

## (ㄹ) 해결방법 탐색 및 자료 조사[25분]

㉠ '최근 천안함 사건에 대한 중국의 반응을 통해 본 중국과 우리나라의 역학 관계'에 대해 브레인스토밍을 한다.

㉡ '고구려와 수·당의 전쟁을 이해하기 위해서 소주제들은 무엇으로 설정해야 하는가?'에 대해 브레인스토밍을 한다.

㉢ 모둠별로 교과서와 배부된 사료를 보고 어떤 내용들을 조사해 볼지 의견을 제시한다.(모둠별 브레인스토밍 및 수업 개요 파악 )

㉣ 교과서와 사료를 참고한다.

㉤ 교과서로 윤곽을 파악한다.

㉥ 교사는 지금의 상황과 6~7세기 상황을 비교 안내한다.

㉦ 학습문제를 확인한 후 모둠 구성(학습지)

㉧ 모둠 구성은 교사가 여러 상황을 고려하여 조직한다.

㉨ 학업성적, 성격, 희망, 성별 등을 고려한다.

㉩ 수업주제를 참고하되, 더 조사하고 싶은 내용이 있으면 조사하도록 한다.

㉪ 역할을 분담하고 자료 조사를 한다.

㉫ 학습지를 참고로 하여 모둠원의 역할을 분담한다.

㉬ 모둠 활동 계획서를 배부하고, 모둠별로 프로젝트 계획서를 작성한다.

㉭ 모둠별로 인터넷 검색, 도서관 자료 검색, 영상자료 시청, 역사부도 등을 이용한다.

**(ㅁ) 정리[10분]**

㉠ 결정된 주제와 연관하여 이번 프로젝트학습에 대한 각자의 각오와 다짐을 말하면서 수업에의 열의를 다진다.

㉡ 모둠별로 활동 계획서를 제출한다. (복사 후 원본은 학생에게 돌려준다.)

㉢ 다음 시간 준비를 잘해 줄 것을 당부하며 마무리한다.


## 나) 2차시: 자료 조사 및 정리

**(ㄱ) 전시 학습 내용 점검 및 프로젝트 설명, 학습목표 제시[5분]**

㉠ 모둠별 전시 학습활동을 점검하고, 모둠별 탐구활동을 한다. (이때 교사는 전시에 제출한 계획서를 검토하여 모둠별 활동 계획을 조언해 준다.)

㉡ 모둠별로 수집된 자료를 정리하고 협의 과정을 통해 발표 자료를 준비한다.

㉢ 자료의 진실성을 검토한다.

㉣ 창의·인성적 학습목표를 제시한다.

- 고구려와 수·당의 전쟁에 대해 자료를 갖고 논리적으로 설명할 수 있다.
- 고구려와 수·당의 전쟁에 관한 자료 탐색에 협동심과 책임감을 갖고 적극적으로 참여할 수 있다.


**(ㄴ) 영상자료 시청[10분]**

㉠ 영상자료(KBS 역사스페셜 4편)를 분담하여 시청한다.

  1. 세계전쟁사의 수수께끼: 고구려 수·당전쟁 1부 – 수나라 백만 대군, 왜 고구려에 패했나!
  2. 세계전쟁사의 수수께끼: 고구려 수·당전쟁 2부 – 당태종, 안시성에서 무릎을 꿇다.
  3. 세기의 전쟁 1편 – 을지문덕의 살수대첩
  4. 대고구려 – 고구려 철갑기병, 동아시아 최강이었다

㉡ 모둠별로 영상자료를 시청하면서 소주제를 탐색하고 다듬는다.


**(ㄷ) 자료 정리 및 모둠원 상호간 협의[20분]**

㉠ 모둠별로 탐구활동 결과 수집된 자료를 정리하고 분담한 내용을 담당한 모둠원이 설명을 한다.

ⓛ 이때 고구려와 수·당의 전쟁을 입체적으로 이해할 수 있게 한다.(지도와 그림자료 활용)

ⓒ 조사한 내용을 바탕으로 학습지에 내용을 기술한다.

**(ㄹ) 정리 및 차시 예고[10분]**

▶ 발표 후 보고서를 다듬고 다음 시간 발표를 위한 준비를 한다.

## 다) 3차시: 모둠별 발표

**(ㄱ) 전시 학습 상기 및 학습목표 확인[3분]**

ⓐ 고구려와 수·당의 전쟁에 대한 학습지를 정리하고 발표 내용을 검토한다.

ⓛ 학습목표를 다시 확인한다.

**(ㄴ) 모둠별 발표 및 질의·응답하기[35분]**

ⓐ 모둠별 학습활동 결과를 다양한 방법으로 발표한다.

ⓛ 발표한 내용 중 의문점을 질문하고 모둠원들이 협력하여 대답하도록 한다.

**(ㄷ) 반성 및 평가하기[7분]**

ⓐ 모둠별 발표 결과물과 체크리스트를 평가한다.

ⓛ 다음 시간 개인별 표현활동에 필요한 준비물을 가지고 오도록 안내한다.

## 라) 4차시: 개인별 표현활동

**(ㄱ) 전시 학습 내용 상기 및 학습목표 확인[5분]**

ⓐ 고구려와 수·당의 전쟁에 대한 모둠원들의 정리와 발표 내용을 검토한다.

ⓛ 학습목표를 확인한다.

- 고구려와 수·당의 전쟁에 대해 국제관계와 전술로 접근하여 재구성할 수 있다.
- 여러 계층의 입장에서 살수대첩과 안시성 싸움을 추체험할 수 있다.
- 고구려와 수·당의 전쟁에 대해 자료를 갖고 논리적으로 설명할 수 있다.
- 고구려와 수·당의 전쟁에 관한 자료 탐색에 협동심과 책임감을 갖고 적극적으로 참여할 수 있다.

### (ㄴ) 추체험을 위해 다양한 표현활동[25분]

▶ 6가지 주제 중 하나를 선택하여 표현활동을 하도록 한다.

1. 조사한 자료를 바탕으로 고구려가 수·당과의 전쟁을 막아낸 이유를 설명하시오.(무기, 전략, 국제관계적 측면 고려)
2. 수의 침략으로 어수선한 시기, 다음 자료의 내용을 참고하여 고구려의 20대 초·중반의 일반 백성 신분의 남성(혹은 여성)이 되어 당시 상황을 써 보시오. (※참고할 자료를 제시해 준다.)
3. 수의 침략 시기, 고구려의 장수가 되어 수·당과의 전쟁에 대비하기 위한 설득력 있는 시무책을 쓰시오.
4. 수양제, 당태종, 설계두 등 수·당의 전쟁에서 활약한 인물이 되어 고구려를 공략하기 위한 설득력 있는 전술을 세워 보시오.
5. 수·당과의 전쟁에서 얻을 수 있는 교훈적인 내용에는 어떤 것이 있는지 설명(표현)하시오.
6. 전쟁 과정에서 보여 준 장군들의 뛰어난 리더십, 인성, 인간적 역량을 찾아 본받을 점을 써 보시오.

### (ㄷ) 형성평가 및 반성하기[10분]

㉠ 형성평가지를 푼다

㉡ 지금까지의 프로젝트학습을 개별, 모둠별로 반성해 본다.

### (ㄹ) 정리[5분]

모든 프로젝트학습을 정리한다. 학생들에게 성실히 임한 것에 대한 칭찬과 적절한 보상을 하고, 심화·선택활동으로 창의적 체험활동(동아리활동) 시간을 배정하여, 수업 시간에 못한 활동들을 추가적으로 해 보도록 한다.

가) 학습지

---

**【학습주제 1】 고구려와 수나라 전쟁**

◉ 중국 제국과 주변 국가와의 관계 파악

1. 한 무제가 고조선을 친 것과 마찬가지로 수·당이 고구려를 침략한 이유가 무엇이라고 생각하는가?


◉ 전쟁 직전의 두 나라 이해

2. 6세기 말 7세기 초 중국과 한반도의 상황을 정리해 보자.

　① 중국 -

　② 한반도 -

　③ 고구려 -


◉ 전쟁 발발

3. 고구려 영양왕의 선제 공격지와 그 이유를 쓰시오.


4. 수양제가 고구려 침략 전에 준비한 내용을 정리하시오.


5. 수양제의 침략 노선도와 고구려의 주요 성들의 위치를 표시하시오

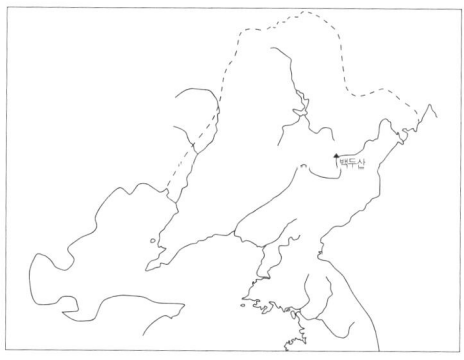

---

① 수나라의 침략 전술과 규모

　• 육군 - _____

　• 수군 - _____

② 고구려 주요 성들의 배치 특징


◉ 고구려의 대응 전략과 무기

6. 이 시기 고구려가 국제 관계를 어떻게 이용하고자 하였는가?


7. 을지문덕의 살수대첩 전술을 파악해 보자.


8. 수나라가 고구려와 전쟁하는 동안 양국 백성들의 어려움을 파악할 수 있는 자료를 찾
　아보자.


**【학습주제 2】고구려와 당나라 전쟁**

◉ 전쟁 직전의 두 나라 상황 파악

1. 영류왕의 대당 외교 내용을 정리해 보자.


2. 연개소문의 정변이 양국에 미친 영향을 생각해 보자.


◉ 전쟁 발발

3. 당의 침략로와 고구려 천리장성을 지도에 표시하시오.

4. 당이 요동성 전투에 사용한 무기와 고구려의 대응 방법을 정리하시오.


⊙ 고구려의 대응 전략

5. 안시성 전투에 대해 간략히 정리하시오.


⊙ 고구려와 수·당 전쟁의 의미 파악

6. 고구려가 수·당 전쟁에서 승리한 이유에 대해 생각해 보자.


7. 고구려가 중국과 전쟁할 때 백제와 신라의 동향은 어떠하였는가?


8. 이후 한반도와 당나라의 상황을 파악해 보자.

  ① 고구려 -

  ② 백제 -

  ③ 신라 -

  ④ 당나라 -

나) 모둠 활동 계획서

<table>
<tr><td colspan="2" align="center">고구려와 수·당 전쟁의 이해<br><br>모둠 활동 계획서</td></tr>
<tr><td colspan="2" align="center">(   ) 모둠     구성원:</td></tr>
<tr><td>우리 모둠<br>탐구 주제</td><td></td></tr>
<tr><td>주제 선정<br>이유</td><td>(뒷면 활용)</td></tr>
<tr><td>활용 자료<br>및<br>조사 방법</td><td>▶ 교과서, 각종 책자, 역사 신문, 인터넷 검색 등을 통한 조사</td></tr>
<tr><td>모둠원별<br>역할</td><td>• 이끔이 –<br>• 참신이 –<br>• 제작이 –<br>• 알림이 –<br>• 칭찬이 –<br>• 정돈이 –</td></tr>
<tr><td>개인별 과제<br>(          )</td><td></td></tr>
<tr><td colspan="2" align="center">자료 수집 및 조사 시 유의점</td></tr>
<tr><td colspan="2"></td></tr>
</table>

다) 평가지 1_ 개인별 평가

▶ 만화 그리기, 글쓰기, 일기 쓰기 등 다양한 방법으로 표현 가능


라) 평가지 2_ 형성평가지(개인)

( )반 ( ) 모둠, 제출자 :


1. 지도에 천리장성과 고구려 성(안시성, 요동성, 비사성)의 위치를 표시하시오.

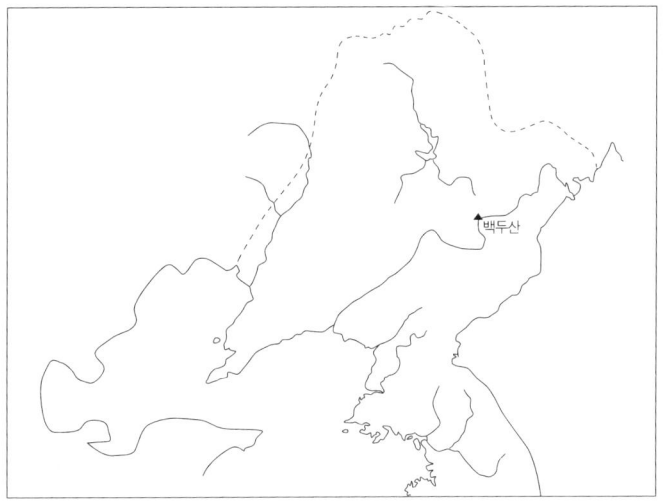

2. 고구려가 수·당의 침략을 막아낸 원인을 아는 대로 써 보시오.

3. 〈수서〉[29]를 참고하여 고구려가 전쟁 직전에 수나라에서 매수한 무기 기술이 무엇인지
   써 보시오.

4. 고구려와 수의 전쟁 시기 국제적인 상황은 어떠하였는지 간단하게 써 보시오.


5. 수·당 전쟁에서 보여 준 고구려 군의 전략과 무기에 대하여 아는 대로 쓰시오


마) 사료


▶『삼국사기』의 영양왕, 영류왕, 보장왕 내용 참고

29  수서(隋書): 중국 당(唐)나라의 장손무기, 위징 등이 수(隋) 나라의 역사를 기록한 책

# 12장

# 사회 이슈를 활용한
# 창의적 수업모델

김진영 · 정재만

# 1. 수업모델의 개요

## 1) 수업모델의 이해

이 장에서 다루게 될 창의·인성 수업모델은 제주 올레길의 실제 성공사례를 바탕으로 경제문제의 기본 개념을 이해하여 우리 고장의 길을 개척해 보는 모델이다. 수업모델 구축을 위해 선정한 학습 내용은 고등학교 1학년 사회의 경제 영역이며, 단원은 다음과 같다.

대단원: 8. 국민경제의 합리적 선택[30]
중단원: 2) 현대 경제문제와 해결방안

2009년 10대 히트상품으로 뽑혔던 제주 올레의 열풍이 전국을 강타하며 지금도 계속되고 있다. 올레는 제주도 방언으로, '큰길에서 집까지 이르는 골목'을 의미한다. 정보화 사회에 살고 있는 현대인들이 이런 소박한 제주 올레길에 열광하고 있는 이유는 무엇일까?

고등학교 사회 교과에서 일반사회 경제 영역은 거시 측면에서 학생들의 탐구활동 중심으로 구성되어 있다. 특히 8단원 중 '우리 사회의 경제문제' 부분을 공부하면서 우리 사회가 안고 있는 경제문제를 분석하고 그것에 대한 대처 방안을 마련해 보는 시간을 가질 수 있다. 그래서 사회적 관심 중의 하나인 '올레 열풍'을 경제적인 측면에서 접근하여 그와 관련된 문제들을 파악하고자 '사람들은 제주 올레에 왜 열광하는가?'를 수업 주제로 선정하였다.

이와 같은 주제 선정을 바탕으로 설계한 수업에서 학생들이 성취하도록 의도한 창의·인성 교육 요소는 다음과 같다.

| 수행 단계 | 창의·인성 교육 요소 |
|---|---|
| 문제 인식 | 흥미, 호기심, 문제발견 |
| 올레 열풍 찾기 | 흥미, 호기심, 논리·분석적 사고 |
| 열풍 원인 찾기 | 디양성, 몰입, 확산적 사고 |
| 원인 분석 | 논리·분석적 사고, 비판적 사고 |
| 새로운 대안 마련 | 개방성, 협동, 확산적 사고 |

---

30 2009 개정 교육과정에 따른 사회과 교육과정에서는 중학교 사회의 일반사회 영역 '(11) 국민경제와 경제성장'에 해당한다.

| 결과물 제작 | 수렴적 사고, 상상력, 문제해결력 |
|---|---|
| 발표 및 과제 평가 | 몰입, 수렴적 사고, 확산적 사고 |
| 자신의 역할 | 책임, 협동, 자부심 |
| 모둠 활동 | 배려, 존중, 협동 |

이와 같은 창의·인성 교육 요소를 실제 수업에서 어떻게 구현할 수 있을까?

우리는 정보의 홍수 속에 살고 있지만, 그것을 활용하는 경우는 많지 않다. 그러나 새로운 발상 하나가 이 세상을 변화시키는 사례가 있듯이, 우리가 매일 접하게 되는 수많은 정보 중에서 사회적으로 이슈화되고 관심을 끌고 있는 정보를 선택하여 분석해 보고 또 그와 관련된 상품을 구상하여 그것을 특색 있게 홍보하는 창의적인 학습을 진행하고자 한다.

사회 이슈는 우리가 대중매체를 통해 매일 접하는 정보 중에서 사회적으로 쟁점화되거나 크게 부각되는 것을 의미하는데, 인터넷뿐만 아니라 학교로 배달되는 청소년경제신문 기사 등을 통해서도 쉽게 접할 수 있다. 이 수업모델은 사회적 관심을 활용한 창의적 수업모형에 바탕을 두고 약간 변형하여 경제 수업에 적용하였다. 이러한 수업 내용을 차시별로 정리하면 다음과 같다.

| 사전 활동 | • 학습주제 '올레' 안내하기<br>• 모둠 편성 및 역할 분담하기 |
|---|---|

⇩

| 1차시<br><br>문제발견 및<br>아이디어 생성 | • 제주 올레 히트상품에 대한 사실 탐색하기<br>  - 올레의 등장 배경 및 열풍의 이유 탐색하기<br>• 올레가 나타난 사회·경제적 영향 분석하기<br>  - 올레의 사회·경제적 효과 파악하기<br>• 히트상품을 활용한 창의적인 아이디어 발견하기<br>  - 제주 올레의 성공 사례를 지역 특성에 맞게 적용하기<br>• 모둠별 상품 구상하여 홍보물 만들기<br>  - 올레 상품을 활용한 새로운 상품 구상 및 홍보물 제작하기 |
|---|---|

⇩

| 2차시<br><br>발표 및 평가 | • 개인별 정리 및 모둠별 발표활동<br>  - 개인별 학습지 정리 및 모둠별 인터넷 학습방 업로드<br>  - 모둠별 발표<br>• 개인 및 모둠별 활동 평가 |
|---|---|

## 2) 수업의 목표와 평가

다음은 이 수업모델에서 다루고자 하는 학습단원이다.

| 대단원 | 중단원 | 학습 제재 | 차시 | 주요 학습 내용 |
|---|---|---|---|---|
| 8. 국민경제와 합리적 선택 | | 단원 도입 및 계획 | | • 단원의 개괄적인 내용 파악하기<br>• 장기 학습 과제 선정 및 학습방법 |
| | 1) 국민소득과 경제성장 | 1) 국민소득이란 무엇인가? | 1~2 | • 국내총생산의 개념과 의미<br>• 국내총생산과 복지 후생 수준과의 관계 |
| | | 2) 우리나라의 경제 수준과 경제성장 | 3 | • 우리나라의 경제 수준<br>• 경제성장의 의미와 경제성장률의 계산 |
| | | 3) 저축이 경제에 미치는 영향 | 4 | • 저축과 투자의 관계<br>• 저축에 대한 긍정적·부정적인 입장 |
| | | 4) 기업의 자유로운 활동과 경제성장 | 5 | • 정부의 규제와 경제성장<br>• 민간의 창의적이고 자유로운 경제활동의 필요성 |
| | 2) 현대 경제문제와 해결방안 | 1) 우리 사회의 경제문제 | 6~7 | • 과소비, 노사 관계의 악화, 불평등한 소득 분배<br>• 외환 위기, 환경오염의 심화에 대한 탐구활동<br>• 우리 사회의 경제문제에 대한 탐구활동 |
| | | 2) 물가와 물가의 변동 | 8~9 | • 물가의 개념과 물가지수의 계산<br>• 물가의 변동 요인 |
| | | 3) 물가 안정 대책 | 10~11 | • 물가의 안정을 위한 정부,생산자,소비자의 역할<br>• 물가 안정과 실업자와의 관계 |
| | 3) 세계시장에서의 경쟁과 협력 | 1) 생활 속의 국제경제 | 12 | • 전자 상거래의 확산<br>• 다국적 기업의 국내 진출<br>• 국제 원자재 수급에 따른 가격 변화 |
| | | 2) 국제거래의 발생 | 13~14 | • 비교 우위에 따른 무역의 이익<br>• 환율의 의미와 환율 변동<br>• 국제 수지 |
| | | 3) 국가 경쟁력 | 15 | • 국가 경쟁력 결정 요인<br>• 우리나라의 국가 경쟁력 |

∴ 음영 처리가 되어 있는 부분이 수업모델에 활용된 제재이다.

다음은 이 수업모델에서 다루는 교과 연계 사항이나.

| 교과 연계 사항 | 선수 학습 | 본시 학습 | 후속 학습 |
|---|---|---|---|
| | 중3 사회(9학년)<br>2. 민주 시민과 경제활동 | 고교 사회(10학년)<br>8. 국민경제와 합리적 선택 | 고교 경제(심화선택 11~12학년 )<br>4. 국민경제의 활동과 경제 변동 |

단원 목표 및 이 수업모델에서 설정한 창의·인성 요소를 적용하여 설정한 수업 목표는 다음과 같다.

- 제주 올레와 유사한 우리 고장의 길을 소개할 수 있다.
- 사람들이 올레를 찾는 이유 두 가지를 설명할 수 있다.
- 올레 상품이 경제에 끼친 파급 효과 두 가지를 제시할 수 있다.
- 우리 고장의 길이 가지고 있는 특성 두 가지를 제시할 수 있다.
- 제주 올레에 열광하는 사람들의 심정을 글로 표현할 수 있다.
- 제주 올레 사례를 참고하여 우리 고장의 길을 함께 찾아 홍보할 수 있다.

다음은 창의·인성 수업의 평가 계획이다. 평가 계획은 수업의 목표와 밀접하게 연결된다. 평가의 목표는 다음과 같다.

- 제주 올레를 통해 그것이 나타나게 된 사회·경제적 요인을 정확히 파악하였는지, 그리고 그와 관련된 상품을 만들어 개성 있고 차별화되게 홍보하고 있는지를 평가한다.
- 평가의 핵심은 문제에 대한 사실의 발견, 문제의 인식, 그것을 해결하기 위한 모둠별 아이디어 활동, 관련된 모둠별 상품 기획, 홍보 방안 마련과 발표이다.

다음의 표는 평가 영역과 성취 기준을 제시한 것이다. 기존 수업에서는 교과 학습목표만 제시되지만, 창의·인성 수업에서는 창의성 교육 목표와 인성 교육 목표가 부가된다.

| 평가 영역 | 성취 기준 | 평가 척도 | | | | | |
| --- | --- | --- | --- | --- | --- | --- | --- |
| | | 매우 잘함 | 잘함 | 보통 | 미흡 | 미완성 | 미제출 |
| | | 5 | 4 | 3 | 2 | 1 | 0 |
| 교과 학습 목표 | • 사회적 관심을 활용한 경제 수업이 잘 이뤄지고 있는가? | 별도의 서술형 평가 문항지로 평가한다. (5점) | | | | | |
| | • 사람들이 올레를 찾는 이유를 제대로 분석하고 있는가? | | | | | | |
| | • 올레 상품이 사회·경제에 끼친 파급 효과를 제시하고 있는가? | | | | | | |
| 창의 인성 목표 | • 사회적 관심을 관련 상품 구상과 적절하게 연계하였는가? | | | | | | |
| | • 기획한 새로운 고장의 길에 대한 경제적 가치가 잘 나타나 있는가? | | | | | | |
| | • 우리 고장 길의 특성을 독창적인 방법으로 표현하였는가? | | | | | | |

| 인성<br>교육<br>목표 | • 문제발견에서 발표까지 구성원들의 역할이 적절히 이뤄졌는가? | | | | | |
|---|---|---|---|---|---|---|
| | • 문제의 발견을 위해 구성원 간의 의사소통이 원활히 이뤄졌는가? | | | | | |
| | • 느낀 점 발표 등을 통해 인성적 학습 내용이 표현되었는가? | | | | | |
| | • 그밖에 수행 과정 중 추가할 인성적 요소가 있는가? | 특수반 학생을 배제하지 않거나 다리 아픈 학생의 역할을 바꿔 주거나 하면 가산점을 줄 수 있다. | | | | |
| 교사<br>의견<br>및<br>채점평 | | 합산 | 서술형 평가 + 수행 점수 + 추가 인성적<br>요소 | | | |

## 2. 수업지도안의 실제

### 1) 1차시: 문제발견 및 아이디어 생성

| 학습과정 | 교수-학습 활동 | 창의·인성 교육 요소 | 지도상의 유의점 |
|---|---|---|---|
| 도입<br>[6분] | ① 학습주제 제시<br>② 학습목표 확인 | 호기심, 문제발견 | |
| | ③ 학습동기 유발 | 흥미, 호기심 | |
| 인터넷 검색과<br>정리<br>[16분] | ④【활동 1】제주 올레에 대한 관련 사실 발견 | 호기심, 논리적 사고 | • 다양하게 탐색하도록 유도한다. |
| | ⑤【활동 2】제주 올레 탐구를 통한 핵심 내용 분석 | 협동, 책임감 | • 허용적인 분위기에서 다양한 의견을 제시할 수 있도록 한다. |
| 모둠별 협력 활동<br>[30분] | ⑥【활동 3】새로운 과제에 접목하기 | 상상력, 문제해결력,<br>협동 | • 올레와 연관된 새로운 상품(길)을 개발하고 홍보하도록 한다. |

도입

① **학습주제 제시**

- 제주 올레 열풍을 파악하고 그것과 연계하여 우리 고장의 길을 찾아 홍보하기

② **학습목표 확인**

- 1차시 학습목표
  - 사람들이 올레를 찾는 이유 두 가지를 설명할 수 있다.

- 올레 상품이 경제에 끼친 파급 효과 두 가지를 제시할 수 있다.

- 우리 고장의 길이 가지고 있는 특성 두 가지를 제시할 수 있다.

③ 학습동기 유발

- 제주 올레에 대한 영상자료를 2분 정도 보여 준다.

- 영상이 끝난 후, 제주 올레를 다녀온 학생이 있으면 느낌을 말하게 한다. 다녀온 학생이 없다면 우리 주변의 길로 대체한다.

- 제주 올레가 삼성경제연구소의 2009년도 10대 히트상품과 2011년 옥션이 뽑은 10대 상품에 선정된 것을 알려 주고, 왜 사람들이 올레를 찾는지를 생각하게 한다.

인터넷 검색과 정리

④ 【활동 1】 제주 올레에 대한 관련 사실 발견

- 올레의 의미

  올레는 제주도 주거 형태의 특징적인 구조로 볼 수 있으며, 큰길에서 집까지 이르는 골목길을 의미하는 제주 방언이다.

- 탐구 내용

  - 올레가 등장한 배경은 무엇인가?

  - 올레가 열풍으로 이어지게 된 이유는 무엇인가?

  - 올레가 히트상품으로 선정될 수 있었던 이유는 무엇인가?

  - 올레 열풍이 끼친 사회 · 경제적인 요인은 무엇인가?

- 탐구 방법

  - 정보 검색은 인터넷을 활용한다.

  - 모둠별로 모여 함께 탐구하도록 한다.

⑤ 【활동 2】 제주 올레 탐구를 통한 핵심 내용 분석

- 모둠별 핵심 내용 정리

  - 개인별로 탐구한 내용은 연습장에 적도록 한다.

  - 탐구한 결과를 모둠원들과 협의하여 핵심적인 내용을 정리한다.

- 모둠별 발표활동

  - 이제까지 분석한 자료들을 3~5가지로 요약하여 정리한다.

  - 모둠별 결과물을 인터넷 학습방에 올리고 모둠장이 발표한다.

⑥【활동 3】새로운 과제에 접목하기

- 모둠별 활동 안내
  - 제주 올레와 관련된 유사한 길을 참고하도록 한다.
  - 개인별 아이디어를 모둠 구성원들과 공유하고, 그중에서 상품으로 가장 가능성 있는 아이디어를 선택한다.
  - 제품(길)이 지니고 있는 특징적인 요소(인문환경, 자연환경, 지역적 특성, 독창성 등)를 다양한 방법(만화, 만평, 표어, 그림, 사진, 지도, 도표 등)으로 표현하도록 한다.

∴ 강화 나들길(출처: 강화 나들길 공식 홈페이지http://www.nadeulgil.com/index.php?r=home&c=5/22/51)

- 모둠별 탐구활동

  - 선정된 길과 제주 올레와는 어떤 연관성이 있는가?
  - 모둠별로 선정한 이유는 무엇인가?
  - 선정된 길은 어떤 특성과 장점이 있는가?
  - 앞으로 어떻게 차별화된 방법으로 개발될 것인가?
  - 선정된 길의 사회·경제적 파급 효과는 무엇이라고 생각하는가?
  - 선정된 길을 어떻게 홍보할 때 가장 효과적인가?
- 개별 활동 안내
  - 개인별로 참여 과정과 홍보물 제작에 관한 내용을 학습평가지에 정리한다.

## 2) 2차시: 발표 및 평가

| 학습과정 | 교수-학습 활동 | 창의·인성 교육 요소 | 지도상의 유의점 |
|---|---|---|---|
| 도입<br>[3분] | ① 학습목표 확인 | | |
| 모둠 발표활동<br>[30분] | ②【활동 4】모둠별 탐구활동 발표 | 협동, 책임, 문제해결력 | • 지역적 특성이 잘 나타나도록 지도한다. |
| 평가 및 정리<br>[17분] | ③ 평가<br>④ 정리<br>⑤ 차시 예속<br>⑥【활동 3】새로운 과제에 접목하기 | 분석적 사고 | • 수업 목표와 연계하여 확인한다. |

**도입**

### ① 학습목표 확인

- 단원 목표

    - 제주 올레와 유사한 우리 고장의 길을 소개할 수 있다.

- 2차시 학습목표

    - 제주 올레에 열광하는 사람들의 심정을 글로 표현할 수 있다.

    - 제주 올레를 통해 우리 고장의 길을 함께 찾아 홍보할 수 있다.

**모둠 발표활동**

### ②【활동 4】모둠별 탐구활동 발표

- 모둠별 발표 및 개인별 활동 정리

    - 모둠별로 탐구한 활동을 인터넷 학습방에 올린다.

    - 인터넷 학습방에 올린 내용을 바탕으로 모둠장이 발표한다.

- 인터넷 학습방의 활용

    - 모둠별로 탐구한 올레와 연관된 새로운 상품(길)을 정리하여 인터넷 학습방에 올린다.

    - 모둠별로 선정한 길의 특징적인 요소(인문환경, 자연환경, 지역적 특성, 독창성 등)가 잘 나타날 수 있도록 다양한 방법(방송용 기사, 만화, 만평, 표어, 그림, 사진, 지도, 도표 등)으로 표현하도록 한다.

③ 평가

- 모둠별 평가

  - 모둠별 품평회에서 호응도가 높은 길(제품)에 대해서는 우수상을 수여하여 격려
  한다.

- 개인별 평가

  - 개인별 학습 평가지 내용을 바탕으로 교사가 평가한다.

④ 정리

⑤ 차시 예고

- '청년실업'의 사회적 이슈를 통한 실업문제 탐구

## 가) 학습주제

**교사**  이번 시간의 학습주제는 '제주 올레 열풍'을 알아보고, 그것과 연계하여 우리 고장의 길을 찾아 특성을 파악하여 홍보하는 시간을 갖는 것입니다.

**학생**  (설명을 듣는다.) 오늘 수업은 제주 올레 열풍 분석을 통해 우리 고장의 길을 재발견해서 홍보하는 건가요?

**교사**  네, 맞습니다. 타산지석으로 삼아 우리 주변의 길에 대해 새로운 가치를 부여하고자 합니다.

## 나) 학습목표 확인

**교사**  이번 단원의 목표는 '제주 올레가 우리 경제에 끼친 영향 세 가지를 열거한다.'이고, 1/2차시 학습목표는 '우리가 살고 있는 고장의 길 중에서 경제적 가치가 있는 길을 찾아본다.'입니다.

**학생**  네. (학습목표에 대해 이해한다.)

## 다) 학습동기 유발

**교사**  제주 올레에 대한 영상자료를 보여 드립니다. ('제주 올레의 여유의 길' 영상을 보여 준다. 제주 올레에 대한 영상은 인터넷 사이트에 많이 올라와 있는데, 그중에서 선별하여 보여 주면 된다.

**학생**  네. (영상을 시청한다.)

**교사**  (영상이 끝난 후 학생들에게 물어본다.) 제주 올레를 다녀온 사람이 있으면 느낌을 말하세요. 혹시 없다면 우리 주변의 길을 걸으면서 느꼈던 점을 말해 보세요.

**학생**  (제주 올레 체험기나 영상을 보고 난 느낌에 대해 발표한다.)

**교사**  제주 올레가 삼성경제연구소의 2009년도 10대 히트상품과 올해 옥션이 뽑은 10대 상품에 선정되었습니다. 이와 같이 올레가 하나의 상품으로 인정받는 것은 사회·경제적인 이슈인 동시에 큰 영향을 끼치기 때문입니다.

**학생** 네. (설명을 듣는다.)

### 라)【활동 1】제주 올레에 대한 사실 발견

**교사** 여러분들은 지금부터 제주 올레에 대해 인터넷으로 탐색하는 시간을 갖도록 합니다. 먼저 탐구 방법은 다음과 같습니다. 첫째, 정보 검색은 인터넷을 활용합니다. 둘째, 모둠별로 모여 함께 탐구하도록 합니다.

**학생** 네. (탐구 방법을 이해한다.)

**교사** 다음으로 모둠별로 탐구할 내용은 다음과 같습니다.

- 올레가 등장한 배경은 무엇인가?
- 올레가 열풍으로 이어지게 된 이유는 무엇인가?
- 올레가 히트상품으로 선정될 수 있었던 이유는 무엇인가?
- 올레 열풍이 끼친 사회·경제적인 요인은 무엇인가?

**학생** 네. (탐구할 내용을 이해하고 인터넷으로 탐구활동을 한다.)

### 마)【활동 2】제주 올레 탐구를 통한 문제발견

**교사** 모둠별로 탐구한 내용을 정리하도록 합니다. 정리할 때 탐구한 결과를 모둠원들과 협의하여 핵심적인 내용 중심으로 정리하도록 하세요.

**학생** 네. (모둠별로 탐구한 내용을 3~5가지로 요약하여 정리한다.)

**교사** 정리한 내용을 바탕으로 모둠별로 발표해 보세요.

**학생** 네. (모둠별 결과물을 인터넷 학습방에 올리고 모둠장이 발표한다.) 우리 1모둠에서는 제주 올레가 등장한 배경에 대해 말씀드리겠습니다. / 우리 2모둠에서는 제주 올레가 열풍으로 이어지게 된 이유에 대해 말씀드리겠습니다. / 우리 3모둠에서는 올레가 히트상품으로 선정될 수 있었던 이유를 말씀드리겠습니다. / 우리 4모둠에서는 올레 열풍이 끼친 사회·경제적인 요인 다섯 가지를 말씀드리겠습니다.

## 바) 【활동 3】 새로운 과제에 접목하기

**교사** 두 번째 모둠별 활동을 안내해 드립니다. 탐구한 제주 올레를 바탕으로 우리가 살고 는 고장의 길을 재조명해 보는 시간입니다. 고장의 길에 대해 가치를 부여하고 재조명 하는 것이 쉽지는 않을 것입니다. 그러므로 그 길이 지니고 있는 특징적인 요소(인문환 경, 자연환경, 지역적 특성, 독창성 등)를 자기가 가장 자신 있다고 생각하는 방법(만화, 만 평, 표어, 그림, 사진, 지도, 도표 등)으로 표현해 보도록 합니다.

**학생** 네. (개인별 아이디어를 공유하고, 그중에서 가장 가능성이 높고 경제적 가치가 있는 길을 선정하 고 그에 대해 분석하도록 한다.)

**교사** 개인별로는 참여 과정과 홍보물 제작에 관한 내용을 학습평가지에 정리하도록 하세요.

**학생** (학생들은 탐구한 내용을 개별 학습지에 올린다.)

**교사** 모둠별로 올레와 연관된 새로운 길(상품)을 개발하고 홍보하도록 하세요.

**학생** 네. (학생들은 탐구 내용에 따라 모둠별로 활동한다.)

▶ 모둠 활동으로 탐구할 내용
- 선정된 길과 제주 올레와는 어떤 연관성이 있는가?
- 선정한 이유는 무엇인가?
- 선정된 길은 어떤 특성과 장점이 있는가?
- 앞으로 어떻게 차별화된 방법으로 개발할 것인가?
- 선정된 길의 사회·경제적 파급 효과는 무엇이라고 생각하는가?
- 선정된 길을 어떻게 홍보할 때 가장 효과적인가?

## 사) 【활동 4】 모둠별 탐구활동 발표

**교사** 모둠별로 탐구한 내용을 인터넷 학습방에 올리세요.

**학생** 네. (인터넷 학습방에 올린다.)

▶ 인터넷 학습방의 활용
- 모둠별로 탐구한 올레와 연관된 새로운 상품(길)을 정리하여 인터넷 학습방에 올린다.
- 모둠별로 선정한 길의 특징적인 요소(인문환경, 자연환경, 지역적 특성, 독창성 등)가 잘 나타날 수 있도록 다양한 방법 (방송용 기사, 만화, 만평, 표어, 그림, 사진, 지도, 도표 등)으로 표현하도록 한다.

**교사** 모둠별로 탐구한 내용을 발표하도록 합니다.

**학생** 네. (인터넷 학습방에 올린 내용을 바탕으로 모둠장이 발표한다.)

**교사** 모둠별 활동에 대해 개인별로 참여한 내용은 학습지에 정리하도록 하세요.

**학생** 네. (개인별 참여 활동 내용을 학습지에 정리한다.)


## 아) 평가 및 정리

**교사** 평가는 '모둠별 평가'와 '모둠 평가'로 나뉘어 하되, 합산하여 처리합니다.

**학생** 네.

**교사** 오늘 배운 내용을 간략히 정리해 봅시다. 제주 올레가 우리 경제에 끼친 영향 세 가지를 열거할 수 있습니까? 또 우리가 살고 있는 고장의 길 중에서 경제적 가치가 있는 길을 찾아보고, 그것을 독창적으로 홍보할 수 있습니까?

**학생** 네.


## 자) 차시 예고

**교사** 다음 시간에는 '청년 실업'의 사회석 이슈를 가지고 실업문제를 탐구하도록 하겠습니다. 이상으로 제주 올레라는 사회적 이슈를 활용한 수업을 마치겠습니다.

**학생** 네. 수고하셨습니다.

## 가) 학습지 예시

**(ㄱ) 제주 올레란?**

㉠ 올레가 등장한 배경은 무엇인가?

㉡ 올레가 열풍으로 이어지게 된 이유는 무엇인가?

㉢ 올레가 히트 상품으로 선정될 수 있었던 이유는 무엇인가?

**(ㄴ) 제주 올레 열풍이 끼친 사회 · 경제적인 효과 세 가지는 무엇인가?**

**(ㄷ) 올레와 연계하여 우리 고장의 길(상품)을 찾아 홍보하기**

㉠ 우리 고장의 길 중에서 가장 대표적인 길은 무엇인가?

㉡ 모둠별로 선정한 우리 고장의 길의 특성이라면?

㉢ 모둠별로 선정한 우리 고장의 길이 가져올 사회 · 경제적 파급 효과 세 가지는?

**(ㄹ) 모둠별로 선정한 길의 특성을 다양한 방법으로 표현해 보자.**

▶ 인문환경, 자연환경, 지역적 특성, 독창성 등을 고려하여 표어, 포스터, 만화, 만평, 그림, 사진, 글쓰기 등의 방법으로 개성 있게 홍보해 보자.


**(ㅁ) 평가**

㉠ 모둠별 평가 [31] (발표와 인터넷 학습방에 올린 내용을 참고한 품평회)

| 모둠 | 잘된 점 | 미흡한 점 | 평점(2~5점) |
|---|---|---|---|
| 1 | | | |
| 2 | | | |
| 3 | | | |
| 4 | | | |
| 5 | | | |
| 6 | | | |
| 7 | | | |
| 8 | | | |


㉡ 개별 평가(수업목표와 연계한 자기평가)

• 이번 수업 주제를 통해 얻은 학습 효과는?

---------------------------------------------------------

• 모둠별 또는 개별 활동에서 자신이 한 일은?

---------------------------------------------------------

31 개인별로 평점을 매긴 후 모둠별로 협의하여 발표 모둠의 평점(매우 우수[5], 우수[4], 보통[3], 미흡[2])을 댓글로 부여한다.

ⓒ 평점 합계

| 모둠별 활동⇒다른 모둠 평점 (최소14~최대 35점) | 개별 활동⇒교사 평점 (최소4~최대 10점) | 합계 | 비고 |
|---|---|---|---|
| | | | |

## 나) 관련 자료

**(ㄱ) 학생 참여 활동**

㉠ 모둠별 창의활동

• 모둠별 탐색활동과 토론활동을 통하여 새로운 아이디어를 창출해 나간다.

㉡ 모둠별 발표활동

• 모든 과정을 종합하여 모둠별 발표활동을 한다.

㉢ 모둠별 신상품 홍보

• 일련의 학습과정을 거치면 학생들은 자신이 추구하는 바를 보다 구체적으로 표출하고 생산할 수 있는 능력을 갖추게 된다.

모둠별 신상품 홍보(1)

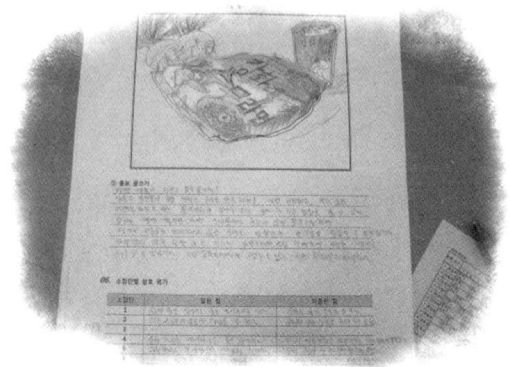

모둠별 신상품 홍보(2)

**(ㄴ) 올레와 ohlleh**

㉠ 올레는 어떤 의미인가?

올레(ㅇ·ㄹ레)는 큰길에서 집까지 이르는 골목길을 의미하는 제주 방언으로, 언론인 서명

숙 씨가 스페인 산티아고 순례길을 걷고 나서 제안한 도보 여행길이다. 2007년 9월 8일 제1코스(시흥초등학교~수마포 해안)가 개장된 이래 2012년에 제21코스까지 개장되었다.

ⓒ 제주도 올레랑 올레(olleh) KT랑 어떤 관계일까?

- 'Hello' 역순: '역발상의 혁신적인 사고'를 통한 서비스 제공
- 올來: '미래가 온다'는 뜻으로, 새로운 가치를 의미[미래 경영]
- 올레: '좁은 길, 작은 길의 제주도 방언'으로 고객과 소통해 고객 입장에서 서비스 제공 또는 'KT로 올레'[소통 경영]
- Ole(감탄사): 고객 및 파트너사들이 KT와 만날 때 느끼게 되는 기쁨과 감동[고객 감동 경영]

**(ㄷ) 관련 기사**

### 제주 올레 매력은 '자연과 웰빙'

고현준 기자

제주 올레길의 매력이 자연과 웰빙이며, 올레길 코스 중 7코스가 가장 인기가 높은 것으로 조사됐다. 제주관광공사는 지난달 2일부터 30일까지 매주 금·토·일요일 제주국제공항 3층 일반대합실에서 제주 올레길에 대해 20세 미만의 학생과 제주도민을 제외한 20세 이상 올레길 도보여행 경험 관광객 382명(남성 180명, 여성 201명)을 대상으로 설문조사를 실시했다. 조사 결과, 제주 올레길 도보 여행이 주는 매력에 대해 제주의 아름다운 자연경관 감상이 32.0%로 가장 높게 나타났다.

이어 사색과 정신적 안정 16.5%, 체중 조절과 체력 강화 등 건강관리 13.7% 순으로 조사됐다. 가장 인기 있는 올레길 코스는 7코스(외돌개~월평마을)로 응답자의 17.6%(7-1코스 포함 시 27.5%)가 7코스를 경험했다고 밝혔다. 아울러 1코스 9.3%(1-1코스 포함 시 14.0%), 6코스 7.9%, 2코스 7.3%, 8코스 7.1%, 3코스 6.5% 순으로 조사됐다.

(하략)

『제주환경일보』 2010년 5월 17일자 기사

올레 · 둘레길 · 무등산 옛길 · 산티아고 순례길에
사람들이 몰리는 이유는…

조진형 기자

아름다운 자연과 한적한 정취를 천천히 즐길 수 있는 옛길에 사람들이 몰리고 있다. 삼성경제연구소가 뽑은 2009년 10대 히트상품에 '도보체험 관광'이 8위를 차지할 정도다. 지난해 절대적인 지지를 받았던 '걸 그룹'(7위)과 어깨를 나란히 한 셈이다.

'도보체험 관광'을 히트시킨 대표적인 곳이 제주 올레길이다. 좁은 길을 따라 해안가를 돌면서 하늘과 바람을 느긋하게 즐기려는 관광객들이 끊이지 않고 있다. 올레길(사진) 매력에 푹 빠져 매주 제주도를 찾는 사람들도 있다. 지리산 자락의 S라인을 한 바퀴 휘둘러 오는 둘레길도 인기다. 마을길을 지나 시냇가 둑길을 걷다 어느새 논길이 이어지고 소박한 풍경에 미소를 짓는다.

옛길을 찾는 사람들이 많아지면서 지방자치단체마다 경쟁적으로 옛길 트래킹 코스를 내놓고 있다. 무등산 옛길은 지난 5월 개방 이후 벌써 10만명이 넘는 관광객이 다녀가며 명소로 떠오르고 있다.

옛길의 인기 비결은 속도만을 앞세운 '시장의 질주'에 반기를 들고 느림의 철학을 일깨워준다는 데 있다. 흙이 살아 숨쉬는 무공해의 자연길을 걸으면서 에너지를 재충전하고 있다.

스페인의 유명한 순례길 '카미노 데 산티아고'로 전 세계 관광객이 몰리는 것도 같은 맥락이다. 사람들은 프랑스 국경에서 스페인 서북부의 산티아고 데 콤포스텔라의 800여km 길을 순례한 뒤 확인 도장과 증서를 받으며 기뻐한다. 산티아고의 경제적 효과는 호텔과 쇼핑을 주로 삼는 유럽의 대도시 관광과 맞먹는다. 조현재 문화체육관광부 관광산업국장은 "도시에서 벗어나 외부와의 모든 연락을 끊고 자연을 즐기고 충전을 할 수 있는 관광 상품이 인기를 모으고 있다"며 "자동차를 타는 대신 두 발로 걸으면서 자신을 성찰할 수 있는 매력 때문"이라고 설명했다.

(하략)

『한국경제』 2010년 1월 8일자 기사

# 13장

# 우리 학교 역사 쓰기를 통한 프로젝트학습 수업모델

박마이클 · 오미영

# 1. 수업모델의 개요

이 장에서 다루게 될 창의·인성 수업모델은 '우리 학교 역사 쓰기'를 통한 프로젝트 수업 방식으로 구성된 것이다. 수업모델 구축을 위해 선정한 교과 내용은 고등 10학년 역사 영역이며, 단원은 다음과 같다.

> 대단원: 1. 한국사의 바른 이해[32]
> 중단원: 1) 역사 학습 목적

이 수업모델에서 다루고자 하는 수업의 주제는 '우리 학교 역사 쓰기'이다. 역사 연구는 전문적인 학자들이 특정한 주제를 갖고 연구하는 활동이 아니라, 우리 모두가 관심을 갖고 일상적인 주제로 연구할 수 있는 활동이다. 역사를 어렵게 생각하는 학생들에게 역사의 의미를 가르치면서 우리 실생활과 관련된 가까운 내용이 역사가 됨을 이해시킬 필요가 있다.

프로젝트 수업은 교사가 제시한 문제에 대한 정답을 찾는 것이 아니다. 학생과 교사, 또는 학생-교사가 함께 주제를 가지고 공동 연구를 하고 협력하는 과정에서 그 주제에 대해 보다 많은 것을 깊이 있게 학습해 나가는 것이다. 물론 그 주제는 적어도 일주일 이상 지속적으로 탐구할 만큼 의미가 있어야 한다.

학교는 여러 구성원 이야기가 풍부하게 담겨져 있는 곳이다. 건물의 변화, 학교 규칙 및 학생생활지도의 규정 변천, 축제 문화의 내용, 체험 위주의 단체활동의 변화와 내용, 학교를 빛낸 인물 찾기 등 우리가 관심을 기울이면 많은 자료를 접할 수 있다.

학생들은 학교 역사 쓰기를 하면서 잠시나마 역사가가 되어 사료를 선정하고 해석하여 기록으로 남기는 작업을 한다. 이 작업을 통해 학교에 대한 학생들의 애교심을 함양할 수 있을 뿐 아니라, 학교 차원에서는 학교의 역사를 입체적으로 설명하는 귀중한 자료를 얻게 된다. 따라서 보고서를 발표하는 자리는 학교 사정에 따라 교과 수업 시간이 될 수도 있고, 전교생 또는 동문회와 학부형 참석 차원의 발표회 자리가 될 수도 있다. 신설학교와 같이 학교의 역사가 짧은 경우는 '니의 가족의 이야기'로 주제를 대체할 수도 있다.

따라서 이 수업모델은 학생들이 직접 학교의 역사를 쓰게 함으로써 학교에 대한 애정을 갖게 하고, 학교 역사를 구성하기 위한 소주제를 탐색하여 흥미로운 수업이 되도록 구성하였

---

32 2009 개정 교육과정에 따른 사회과 교육과정에서는 역사 교육과정 〈근대 이전〉 영역의 '(1) 문명의 형성과 고조선의 성립'에 해당한다.

다. 이러한 주제 선정을 통해 수업 개발자들이 의도한 창의·인성 교육 요소는 다음과 같다.

| 수행 단계 | 창의·인성 교육 요소 |
|---|---|
| 문제 인식 | 흥미, 문제발견 |
| 탐구 주제 선정 | 문제발견, 상상력, 논리·분석적 사고 |
| 자료 수집 | 다양성, 열정, 확산적 사고 |
| 자료 분석 | 공정, 비판적 사고, 논리·분석적 사고 |
| 결론 도출 | 개방성, 협동, 논리·분석적 사고 |
| 보고서 작성 및 발표물 제작 | 열정, 흥미, 수렴적 사고 |
| 발표 및 보고서 제출 | 열정, 논리·분석적 사고, 수렴적 사고 |
| 수업 중 규칙 | 공정, 약속, 정직 |
| 자신의 역할 | 책임, 협동, 자부심 |
| 친구와의 관계 | 배려, 존중 |

수업 내용을 차시별로 정리하면 다음과 같다.

| 1차시<br>주제 결정 및 활동 계획 | • 모둠별로 주제 결정하기<br>• 주제를 탐색하기 위한 활동 계획 결정하기 |
|---|---|

⇩

| 2차시<br>자료 수집 및 분석 | • 자료 수집하기<br>  - 다양한 차원에서 자료 수집하기<br>• 자료 분석하기 |
|---|---|

⇩

| 3차시<br>보고서 작성 및<br>발표물 제작 | • 모둠별로 보고서 작성하기<br>• 다양한 방법으로 발표물 제작하기 |
|---|---|

⇩

| 4차시<br>보고서 제출 및<br>발표 | • 보고서 제출하기<br>  - 다른 모둠의 보고서 감상 및 평가<br>• 발표하기<br>  - 다른 모둠의 발표 경청 및 질의 |
|---|---|

## 2) 수업의 목표와 평가

이 수업모델에서 다루는 '한국사의 바른 이해' 단원은 역사 학습의 목적과 한국사와 세계사 단원으로 구성되어 있는데, 이론적인 학습 내용과 학생들의 활동 내용으로 구성할 필요가 있다. 이론적인 '역사 학습 목적'에 대해 수업을 하고 나서, '나의 역사 쓰기'와 더불어 '우리 학교 역사 쓰기' 또는 '나의 가족 역사 쓰기'의 시간으로 구성하는 단원의 재구성이 필요하다.

사회과 프로젝트 학습에 소요되는 시간을 고려해 볼 때 연강과 더불어 일정한 시간을 확보한 시간표 운영이 필요하다. 학생들의 자료 수집과 탐색을 위한 시간 확보를 위해서 학교 사정에 따라 적절하게 운영할 필요가 있다. 이 수업에서는 프로젝트 2~3차시 사이에 자료를 조사하고 수집할 시간 확보가 필요한데, 이를 고려하여 다음과 같이 전체 단원을 재구성하였다.

| 대단원 | 차시 | 중단원 | 학습 제재 | 주요 학습 내용 | 수업 형태 |
|---|---|---|---|---|---|
| 1. 한국사의 바른 이해 | 1~3 | 1) 역사 학습 목적 | • 역사의 의미 | - 기록과 해석의 의미 | 강의·토론 |
| | | | • 주제 결정하기<br>• 활동 계획하기<br>(프로젝트 1/4차시) | - 아이디어를 이야기하기<br>- 주제 결정하기<br>- 유목화 작성 및 분류하기<br>- 학습할 소주제 결정하기<br>- 학습 생활 계획서 세우기<br>- 정보 수집 방법, 조사 방법 협의 | 전체학습<br>모둠학습 |
| | | | • 역사 학습의 목적 | - 역사 학습의 목적 | 강의·토론 |
| | 4 | • 자료 수집 및 분석(프로젝트 2/4차시) | | - 필요한 정보 발견, 수집 | 개별학습<br>모둠학습 |
| | 5 | • 나의 역사 쓰기 | | - 역사 재구성 | 글쓰기 학습 |
| | 6~7 | 2) 한국사와 세계사 | • 한국사의 보편성과 특수성 | - 우리 역사의 보편성과 특수성 | 강의·ICT 활용교육 |
| | | | • 민족문화의 이해 | - 우리 문화의 이해 | 강의·ICT 활용교육 |
| | 8 | • 보고서 작성<br>• 발표물 제작(프로젝트 3/4차시) | | - 보고서 작성 및 결과물 제작<br>- 검토 확인 | 모둠학습 |
| | 9 | • 보고서 제출 및 발표<br>(프로젝트 4/4차시) | | - 보고서 제출하기<br>- 프로젝트 활동 결과 발표<br>- 질의사항, 보충사항 설명 | 모둠학습<br>전체학습 |

∴ 음영 처리가 되어 있는 부분이 수업모델에 활용된 제재이다.

수업 모델에서 다루는 교과 연계 사항은 다음과 같다.

| | 선수 학습 (국민기본과정) | 본시 학습 (국민기본과정) |
|---|---|---|
| 교과 연계 사항 | 초등 5학년<br>대한민국의 발전과 오늘의 우리 | 고등 10학년<br>1. 한국사의 바른 이해<br>1) 역사 학습 목적<br>가. 역사의 의미 |
| | 중등 8학년<br>문명의 형성과 고조선의 성립 | |

기존 교과 학습목표 및 그것과 연관 지어 이 수업에서 중점을 둔 창의·인성 요소인 논리·분석적 사고, 확산적 사고, 수렴적 사고, 상상력, 배려, 공정, 협동을 기르고자 재구성한 수업 목표는 다음과 같다.

- 주제와 관련된 활동 계획을 수립할 수 있다.
- 다양한 자료를 탐색, 분석할 수 있다.
- 자료를 종합하여 우리 학교 역사를 재구성할 수 있다.
- 각 개인의 능력에 맞는 역할을 분담하여 운영할 수 있다.
- 협동심과 책임감을 갖고 모둠 활동에 적극적으로 참여한다.

이러한 창의·인성 수업 목표에 대한 평가 목표는 다음과 같다.

- 우리 학교 역사 쓰기 프로젝트와 관련된 흥미로운 소주제를 설정하고, 적절한 자료 탐색과 분석·종합을 통해 우리 학교의 역사를 재구성할 수 있다.
- 모둠 활동에 책임감을 갖고 적극적으로 참여할 수 있다.

평가 영역과 성취 기준은 다음과 같다.

| 분야 | 평가 영역 | 성취 기준 | 평가 척도(총 50점 만점) | | | |
|---|---|---|---|---|---|---|
| | | | 매우 잘함 | 잘함 | 보통 | 미흡 |
| | | | 5 | 4 | 3 | 2 |
| 모둠 활동 | 모둠 상호 평가 | • 협동성 및 체계성 | | | | |
| | | • 가장 열심히 참여한 모둠원 추천 | | | | |
| | 개인 평가 | • 성실성 및 책임감 | | | | |
| 보고서 | 창의 인성 목표 | • 주제의 창의성 | | | | |
| | | • 자료의 적절성 | | | | |
| | | • 자료의 논리적 분석과 종합 | | | | |
| | | • 보고서 형식 및 완성도 | | | | |
| | | • 모둠 평가(협동, 열정) | | | | |
| 발표 | 창의 인성 목표 | • 발표 자료의 명료성 | | | | |
| | | • 자료의 흥미 | | | | |
| | | • 모둠의 협력성(조화, 공정, 배려) | | | | |
| 기타 | | • 칭찬하거나 조언해 줄 사항 | | | | |

## 2. 수업지도안의 실제

### 1) 1차시: 주제 결정 및 활동 계획

| 학습과정 | 교수–학습 활동 | 창의·인성 교육 요소 | 지도상의 유의점 |
|---|---|---|---|
| 도입 [5분] | ① 프로젝트에 대한 주제 제시 ② 학습목표 제시 | 흥미, 문제발견, 논리·분석적 사고, 열정 | • 흥미를 갖고 적극적으로 참여하도록 분위기를 조성한다. • 주제는 가급적 우리 역사와 세계사, 지방사와 시대사와 연계되어 있는 것을 선택하도록 한다. • 집단적 사고를 통해 창의적인 의견이 많이 제시될 수 있도록 격려한다. |
| 주제 결정 [15분] | ③ 주제 결정하기 | | |
| 모둠 구성 [5분] | ④ 모둠 구성하기 | | |

| 프로젝트 안내<br>[5분] | ⑤ 프로젝트의 전반적 흐름<br>설명<br>⑥ 프로젝트 결과물 제출<br>방법 안내<br>⑦ 평가 기준 안내 | | |
|---|---|---|---|
| 활동 계획<br>[20분] | ⑧ 활동 계획하기<br>※ 학습활동지 1 | 협동, 개방 | |

## 도입

① **프로젝트에 대한 주제 제시**

- 우리 학교 역사 쓰기

② **학습목표 제시**

## 주제 결정

③ **주제 결정하기**

- 브레인스토밍으로 아이디어 제시하기

- 주제의 장·단점을 중심으로 타당성 검토: 6개의 주제 선정

> – 모둠별 탐색 과제 예시
> 1. 학교 건물 및 특별실의 변화
> 2. 연도별 학교의 특색 사업
> 3. 역대 교장선생님의 업적 및 경영 의지
> 4. 복장 및 두발 규정의 변화
> 5. 축제 문화의 변화
> 6. 졸업생 중 학교를 빛낸 인물 찾기

### TIP

역사가 짧은 학교의 경우는 학교의 역사를 정리하는 입장에서 주제를 선정할 수 있다.

1. 학교 건물 및 특별실의 변화, 중·장기 계획

2. 교훈, 교목, 교화, 교표, 교복이 만들어진 과정과 내용

3. 학교 규정 내용과 특징

4. 10대 사건 선정 및 이유(교사 선정/학생 선정)

5. 교육공동체 구성원 분석 및 활동

6. 급식 메뉴, 주요특별실 활용, 도서관 책 대출 내용, 매점의 인기 품목 등

④ **모둠 구성하기**

- 관심 있는 주제에 따라 모둠 편성
- 모둠별 자리 재배치

⑤ **프로젝트의 전반적 흐름 설명**

- 1단계: 주제 결정, 활동 계획 수립
- 2단계: 자료 수집 및 분석
- 3단계: 보고서 작성 및 발표 준비
- 4단계: 보고서 제출 및 발표

⑥ **프로젝트 결과물 제출 방법 안내**

- 분량 및 형식 자유

⑦ **평가 기준 안내**

- 3가지 영역으로 구성된 평가 기준 안내
  - 모둠 활동 및 자기평가, 발표, 보고서

⑧ **활동 계획하기**

- 모둠원의 의견을 반영하여 효율적으로 활동을 분담하고 계획하기
- 내용을 정리하여 제출하기

## 2) 2차시: 자료 수집 및 분석

| 학습과정 | 교수-학습 활동 | 창의·인성 교육 요소 | 지도상의 유의점 |
|---|---|---|---|
| 도입<br>[10분] | ① 이번 시간에 해야 할 일 안내 | | • 시간을 넉넉하게 주어 자료를 충분히 찾게 한다.<br>• 인터넷, 도서, 문서를 참고하도록 한다.<br>• 기록을 정리하는 노력이 역사에 매우 필요함을 자각하게 한다.<br>• 관련 시기의 역사와 연계성을 갖고 분석할 수 있도록 한다. |

| 모둠 활동 및 개별 활동 [35분] | ② 자료 수집하기 ③ 자료 분석하기 ④ 자료를 추가로 더 찾아보기 ⑤ 종합하기 | 문제발견, 상상력, 논리·분석적 사고 | |
|---|---|---|---|
| 정리 [5분] | ⑥ 모둠별 조사활동 정리 ※ 학습활동지 2 | 수렴적 사고 | |

## 도입

① 이번 시간에 해야 할 일 안내

- 모둠별 활동 계획 확인
- 자료 수집 및 분석 활동 안내

## 모둠 활동 및 개별 활동

② 자료 수집하기

- 모둠별로 의문점, 해석에 관해 토의하면서 증거 수집
  - 필요한 자료를 탐색하는 자기주도적 학습활동을 한다.
  - 모둠별 계획에 따라 활동한다.
  - 교과 담당 교사나 동창회의 도움을 받도록 한다.

③ 자료 분석하기

- 유의미한 자료를 정리한다.
- 나의 생각을 조리 있게 말한다.

④ 자료를 추가로 더 찾아보기

- 자기의 의견 말해 보기(모둠별 난상 토론)
- 적절한 자료를 찾는 방법과 해결방법에 대해 지혜를 모아 본다.

⑤ 종합하기

- 생각한 내용을 자유롭게 주장한다.
- 보고서 내용 체계와 서술 방향을 토의한다.

## 정리

⑥ 모둠별 조사활동 정리

- 이번 시간에 활동한 내용을 기록하고 제출한다.

• 자료를 조사하면서 느꼈던 소감을 정리한다.

## 3) 3차시: 보고서 작성 및 발표물 제작

| 학습과정 | 교수-학습 활동 | 창의·인성 교육 요소 | 지도상의 유의점 |
|---|---|---|---|
| 도입<br>[2분] | ① 이번 시간에 해야 할 일 안내 | | • 형식은 자유로우나 기술적 측면보다 내용적 측면에 신경을 쓰도록 지도한다.<br>• 학교의 역사와 시대적 상황의 변화를 잘 연계하도록 한다. |
| 모둠 활동<br>[40분] | ② 보고서 작성하기<br>※〈학습활동지 3〉<br>③ 발표물 작성하기 | 열정, 수렴적 사고, 흥미 | |
| 정리<br>[5분] | ④ 보고서 제출 및 발표 안내 | 수렴적 사고 | |

도입

① 이번 시간에 해야 할 일 안내

• 모둠별 보고서 및 발표물 작성

모둠 활동

② 보고서 작성하기

③ 발표물 작성하기

• 모든 학생이 참여할 수 있도록 유도한다.

• 평가 요소를 반드시 숙지하게 한다.

• 모둠원들이 가장 잘하고 쉬운 방법을 선택한다.

• 형식보다 내용에 더 중요도를 두고 제작하게 한다.

정리

④ 보고서 제출 및 발표 안내

• 보고서 제출 방법: 다음 교과 시간에 제출

• 발표 방법: 모둠별로 10분 이내 발표

## 4) 4차시: 보고서 제출 및 발표

| 학습과정 | 교수 - 학습 활동 | 창의·인성 교육 요소 | 지도상의 유의점 |
|---|---|---|---|
| 도입<br>[2분] | ① 이번 시간에 함께 해야 할 일 안내 | | • 명료하게 발표하도록 한다.<br>• 다른 모둠의 발표에 경청하며 반성적 사고를 하게 지도한다. |
| 모둠별 발표<br>[43분] | ② 모둠별 발표하기(PPT, 인터뷰, 연극, 역사 신문 등 활용) | 열정, 논리·분석적 사고, 수렴적 사고 | |
| 학습 내용 정리<br>[5분] | ③ 이번 시간 발표 강평<br>④ 다음 시간 안내 | 수렴적 사고 | |

### 도입

**① 이번 시간에 함께 해야 할 일 안내**

• 다른 모둠의 작품을 평가할 준비를 한다.

### 모둠별 발표

**② 모둠별 발표하기(PPT, 인터뷰, 연극, 역사 신문 등 활용)**

• 채점표를 활용하여 다른 조의 우수한 점과 잘못된 점을 찾아 채점한다.

• 개인 및 모둠의 학습활동을 반성하고 상호평가한다.

• 다른 모둠의 내용을 참고하여 우리 학교 역사를 재구성하는 일이 다양하고 흥미로운 작업임을 깨닫는다.

### 학습 내용 정리

**③ 이번 시간 발표 강평**

• 평가지를 제출하도록 안내한다.

• 잘된 모둠 작품은 교지에 수록할 예정임을 공지한다.

**④ 다음 시간 안내**

• '평가 받기' 내용을 안내한다.

1차시 〈주제 결정하기〉는 학생들의 활발한 토론을 바탕으로 주제를 나열하고 가능성을 검토하도록 하는 과정으로 매우 의미가 있다. 그 과정에 학생들이 참고할 수 있는 예시를 제시할 수 있다. 주제는 우리 역사와 세계사, 시대사 및 지방사와 관련이 있는 주제로 일반적인 학교의 역사를 파악하는 내용을 선정하도록 한다. 또한 지역, 학교, 학급, 학생의 특성에 따른 차별화된 주제도 의미가 있다. 예를 들어 속진 과정과 조기 졸업을 운영하는 학교의 경우, 해당자의 연도별 변화와 진로 방향을 조사할 수 있다. 동아리활동이 활발한 학교의 경우, 연도별 동아리명과 동아리 가입 학생 수의 변화도 의미 있는 해석이 가능하다.

주제를 선정할 때 학생의 역사적 사고 능력 및 지식의 함양과 관련된 여러 요인들을 고려해야 하는데, 특별히 다음 내용을 고려해야 한다.

- 학생들에게 흥미로운가?
- 자료가 학생들의 선행 지식을 끌어낼 수 있는가?
- 학생들이 낯익은 지식에 자료의 견해, 사건, 개념을 연계할 수 있는가?
- 인지적으로 적합한가?
- 학생이 맥락적 이해를 심화할 수 있는가?

학교의 역사가 짧은 학교의 경우는 학교의 자료와 역사를 정리하는 차원에서 주제를 선정하도록 한다. 〈활동 계획하기〉는 선정된 주제를 갖고 구체적인 활동 방향을 결정하는 만큼 집약적으로 집단 사고활동이 이루어지도록 지도·조언을 해야 한다. 특히 자료를 선정하고 탐색하는 과정이 어렵기 때문에 교사의 조언과 도움이 필요하다.

2차시 〈자료 찾기〉는 1차시에 작성된 '모둠 활동 계획'을 참고하여 학생들이 자기주도적으로 자료를 탐색하는 과정이다. 학생들의 발품만으로는 한계가 있기 때문에 교과 담당 교사나 동창회의 도움이 필요하다. 문서 서고를 조사하거나 개인정보 유출 여부를 판단할 때는 교사가 도움을 주어야 한다. 이 프로젝트 수업은 학생들이 흥미 있는 주제를 갖고 활동하지만, 교사가 단계별로 적절히 개입을 해야 내실 있는 활동 결과가 가능하다. 자료를 찾다 보면 뜻대로 자료가 정리되어 있지 않거나 남아 있지 않아 주제 접근 방법을 수정해야 할 경우도 있다.

자료를 선정할 때 역사적 가치와 학생의 역사 지식 및 사고에 잠재적으로 기여하는가를 기준으로 삼아야 한다. 역사적 가치는 ①자료가 역사적 이슈나 시대 구분의 핵심을 나타내고 있는가? ②입장이 생생해서 다른 자료들이 이를 뚜렷하게 반박하거나 지지할 수 있는가를 준거로 삼아야 한다.

〈자료 분석 및 자료 종합하기〉는 자료를 수집하여 분석하고 학교 역사와 관련된 의미를 파악하는 활동이다. 학생들의 조사한 사실들을 체계적으로 엮고 추론할 수 있는 능력을 신장시키기 위해 교사는 순회 지도를 하면서 적절한 조언을 해야 한다. 특히 사회 변화와 연관하여 해석하는 작업에는 교사의 조언이 필요한데, 세세한 개입보다는 방향성을 제시하는 수준으로 이루어져야 할 것이다.

3차시 〈보고서 작성 및 발표물 제작하기〉는 학생들의 협동 작업이 잘 드러나는 단계이다. 워드나 멀티미디어 프로그램 활용 기술과 효과보다는 주제와 관련된 체계적이고 일목요연한 내용 정리가 필요함을 강조해야 학생들이 작업을 효율적으로 할 수 있다.

4차시 〈보고서 제출 및 발표하기〉는 모둠원의 담당 내용이 잘 드러날 수 있도록 지도한다. 경직된 분위기에서 긴장감을 갖고 진행하지 않도록 개방적이고 참여적인 분위기를 조성해야 한다. 교과 수업뿐 아니라 학교 행사와 관련하여 별도 시간을 확보(학교 축제, 동창회 행사, 조사 및 연구발표대회 등)하여 활용해도 좋다.

## 가) 학습활동지 1_ 모둠 활동 계획서

| 모둠 활동 계획서 | | | | |
|---|---|---|---|---|
| 모둠명 (      )     학년    반     모둠 구성원: | | | | |
| 탐구 주제 | 주제명 | | | |
| | 주제 선정 이유 | | | |
| 활동 주제 | 활동 내용 | | | 참고사항 |
| 활동 계획하기 | 모둠 활동 계획 | 조사 내용 | 자료 수집 및 조사 방법 | |
| | 모둠원별 역할 및 담당 | | | |

나) 학습활동지 2_ 모둠 활동 자료 조사지

| 모둠 활동 (자료 조사 및 분석) | | |
|---|---|---|
| 모둠명 (       )     학년    반     모둠 구성원: | | |
| 탐구 주제 | | |
| 모둠원별<br>활동 내용 | 활동 내용 | 참고사항 |
| | | |
| 소감 | | |

다) 학습활동지 3_ 자료 분석 및 종합 보고서 양식

| 모둠 활동(자료 조사 및 분석) | | |
|---|---|---|
| 모둠명 (          )        학년        반        모둠 구성원: | | |
| 탐구 주제 | | |
| 자료 분석 및 종합 | **활동 내용** | **참고사항** |
| | 〈보고서 목차와 모둠별 담당 기록〉 | |

# 14장

# 영화를 활용한 사회과 개념 탐구학습 및 생활 속 실천 수업모델

박한철 · 김영순

# 1. 수업모델의 개요

## 1) 수업모델의 이해

이 장에서 다룰 창의·인성 수업모델은 영화를 통해 사회를 읽는 수업이다. 수업모델 구축을 위해 선정한 학습 내용은 중학교 1학년 사회의 일반사회 영역이며, 단원은 다음과 같다.

대단원: 2. 개인과 사회[33]
중단원: 2) 집단과 조직생활의 이해

이 수업모델에서 다루고자 하는 주제는 '관료제의 역기능 중 인간소외 현상 극복을 위한 생활 속 실천방안 모색'이다.

영화 〈모던 타임즈〉는 학생들이 피상적으로만 알고 있었던 '관료제', '포디즘', '인간소외' 등의 개념들을 실감할 수 있도록 도움을 주는 좋은 영상자료이다. 자동화된 기계 속에서 말살되어 가는 인간성과 산업사회가 가져다주는 필연적인 인간소외의 문제를 풍자적으로 잘 묘사하고 있다. 이 작품을 통해 우리들의 삶을 되돌아보고 인간소외 현상을 극복할 수 있는 대안을 모색해 볼 수 있다. 학생들은 영화와 우리의 삶, 그리고 사회문화 수업에서 배우는 내용들이 서로 연결되어 있음을 발견하는 것은 물론, 토론과 탐구, 생활 속 실천을 통해 그 연결고리 속에 담긴 세상의 지혜를 깨닫고 더불어 아름다운 세상을 만들겠다는 의지를 다질 수 있을 것이다.

이와 같은 주제 선정을 바탕으로 설계한 수업에서 학생들이 성취하도록 의도한 창의·인성 교육 요소는 다음과 같다.

| 수행 단계 | 창의·인성 교육 요소 |
| --- | --- |
| 준비 | 흥미, 개방성, 확산적 사고 |
| 주제 결정 | 문제발견, 상상력, 호기심 |
| 활동 계획 | 다양성, 열정, 확산적 사고 |
| 탐구 | 공정, 비판적 사고, 협동 |

---

[33] 2009 개정 교육과정에 따른 사회과 교육과정에서는 중학교 일반사회 영역 '(1)개인과 사회생활'에 해당한다.

| 표현 | 개방성, 배려(존중), 다양성 |
|------|---------------------------|
| 마무리(발표) | 다양성, 열정, 수렴적 사고 |
| 반성 | 열정, 흥미, 수렴적 사고 |
| 평가 | 열정, 논리·분석적 사고, 수렴적 사고 |
| 수업 중 규칙 | 공정, 약속, 배려 |
| 자신의 역할 | 책임, 협동, 자부심 |
| 모둠별 급우와의 관계 | 배려, 존중, 협동 |

이와 같은 창의·인성 교육 요소를 실제 수업의 흐름에서 어떻게 구현할 수 있는가를 차시별로 개요를 정리하면 다음과 같다.

| 1차시<br>영화와 나의 삶<br>연관 짓기 | • 영화에 관한 영상을 통해 흥미 유발하기<br>• 나만의 언어로 영화에 대한 생각 표현하기<br>• 영화의 매체적 특성에 대해 소개하기 |
|---|---|

⇩

| 2차시<br>영화 읽기와 토론<br>수업을 위한 준비 | • 영화 읽기를 위해 필요한 질문 소개 및 확정<br>• 토론의 규칙 및 모둠별 의견 나누기 연습<br>• 단편 애니메이션을 통한 영화 읽기 연습 |
|---|---|

⇩

| 3~4차시<br>영화 보기 | • 영화 소개하기<br>  - 영화의 배경, 영화사적 의미 전달하기<br>• 영화관람 시 유의할 점 전달하기<br>• 비판적으로 이해하고 분석하면서 영화 보기<br>• 수업 블로그에 영화비평 자료 올리기<br>• 영화 읽기 질문지 작성 과제로 제시하기 |
|---|---|

⇩

| 5차시<br>영화에 대한<br>비판적 이해와 사회과<br>관련 개념 학습 | • 영화 읽기를 위한 질문을 중심으로 토론하기<br>• 영화와 사회과의 관련 개념 연결하기<br>• 수업 블로그에 조별 의견 정리해서 협력영화비평문 올리고 다른 모둠의 글에 댓글 달기를 과제로 제시하기<br>• 댓글을 쓸 때의 유의점도 함께 블로그에 올리기 |
|---|---|

⇩

| 6차시<br><br>영화 속에 등장한<br>사회과 개념 집중 탐구 | • 영화 속에 등장한 사회과 개념의 특징, 내용에 대해 학습하기<br>• 영화 뒤집어 보기 질문하기<br>　- 오늘의 내가 감독에게 질문하는 형식<br>　- 기자회견 방식을 통해 질문하고 답변하기<br>• 생활 속에서 파악한 사회과 개념 조사 과제로 제시하기 |
|---|---|

⇩

| 7차시<br><br>수업의 내용을<br>생활과 연결하고<br>바람직한 대안 모색 | • 생활 속에서 파악한 사회과 개념에 대한 조사 발표<br>• 사회과 개념과 생활 연결하기<br>• 생활 속의 사회과 개념 관련 문제점 개선을 위한 UCC 만들기 |
|---|---|

⇩

| 8차시<br><br>발표 및 평가 | • 조별로 만든 내용 발표하기<br>• 한 학기 동안 실천할 수 있는 장기 과제 제시하기<br>• 개인 및 모둠 활동 반성하기 |
|---|---|

영상세대인 요즘 학생들은 문자로 된 의미 전달에는 느리게 반응하는 반면 영화에 대한 이해는 대단히 빠르다. 하지만 오락 영화의 빠르고 쉬운 영화문법에 익숙한 아이들은 흥미 위주로 영화를 보는 경향이 있다.

영화와 함께하는 사회과 개념 탐구 수업 및 생활 속 실천 모델은 영화에 인스턴트적으로 반응하는 학생들이 영화라는 문화예술의 한 영역에 진지하게 접근하도록 하는 데 도움을 준다. 또한 학생들은 영화 읽기와 토론을 통해 사회과 교과서의 관련 개념을 체득하고 이를 생활 속에서 적용할 수 있게 된다.

이 수업모델에서 가장 중요한 부분은 영화와 교과서의 개념을 연관 지어 공부하는 것이다. 그러나 단순히 어떤 영화가 어떤 개념과 관련되어 있다는 정보를 제공하는 차원이 아니라, 구체적이고 실천적인 질문과 토론을 통해 학생들이 개념을 체득할 수 있도록 하는 것이 이 프로그램 목표 중의 하나이다. 더불어 영화의 내용과 언어를 이해하고, 그 안에 담긴 의미를 비판적으로 인식하며, 영화를 통해 능동적이고 창조적인 즐거움을 향유할 수 있도록 돕는 것도 이 프로그램의 또 다른 목표이다. 마지막으로 이 수업은 영화 수업을 통해 체득된 지식과 지혜를 생활 속에 적용하고 실천할 수 있도록 돕는 데에도 목표의 한 축을 두고 있다. 참여, 공유, 개방의 정신을 담고 있는 창의적인 UCC 제작을 통해 나와 사회의 문제점을 발견하고, 우리가 나아가야 할 방향을 다양한 방식으로 표현함으로써 사람들과 소통하는 방법을 배우고 사회를 변화시킬 수 있는 기초를 마련할 수 있을 것으로 기대한다.

## 2) 수업의 목표와 평가

이 수업모델에서 다루고 있는 구체적인 학습단원은 다음과 같다.

| 대단원 | 중단원 | 차시 | 학습 제재 | 주요 학습 내용 |
|---|---|---|---|---|
| 2. 개인과 사회 구조 | 1) 개인생활과 사회구조의 탐구 | 1~4 | | - 개인과 사회의 관계, 사회화, 지위와 역할 |
| | 2) 집단과 조직생활의 이해 | 5~6 | • 사회집단의 의미와 종류 | - 사회집단의 의미와 종류 |
| | | 7~14 | • 사회조직과 관료제 | - 영화와 나의 삶 연결하기<br>- 영화 읽기와 토론 수업을 위한 준비<br>- 모던 타임즈 영화 보기<br>- 영화와 포디즘, 인간소외, 관료제의 개념 연결하기<br>- 영화 속에 등장한 관료제 집중 탐구<br>- 생활 속에서 파악한 관료제에 대한 조사 발표<br>- 생활 속 관료제의 문제점(인간소외 현상) 개선을 위한 새로운 다짐을 담은 UCC 만들기 및 발표 |
| | | 15~16 | • 탈관료제 현상과 자발적 결사체 | - 탈관료제화 현상, 자발적 결사체의 사회적 역할 |
| | 3) 사회계층 현상의 이해 | 17~20 | | - 계급과 계층, 사회이동, 사회계층 구조 |

∴ 음영 처리가 되어 있는 부분이 수업모델에 활용된 제재이다.

교과 학습목표 및 그것과 연관 지어 이 수업에서 중점을 둔 창의·인성 요소를 기르고자 설정한 수업 목표는 다음과 같다.

- 관료제의 발달 배경을 토대로 관료제의 특징과 장단점을 지적할 수 있다.
- 영화 〈시민헤롤드〉, 〈모던 타임즈〉의 장면과 관료제의 개념을 연결시킬 수 있다.
- 사회 수업 블로그에 올려진 영화비평문에 대해 상대방을 배려하면서도 자신의 생각을 담은 댓글을 작성할 수 있다.
- 생활 속에서 경험한 관료제 조사활동을 통해 관료제 조직의 문제점을 발견할 수 있다.
- 관료제의 역기능 중 인간소외 현상을 극복하기 위한 대안으로서의 UCC 만들기 활동에 다양한 방식으로 즐거움을 가지고 참여할 수 있다.
- UCC 제작에 협동심과 책임감을 가지고 적극적으로 참여할 수 있다.
- 관료제와 인간소외 현상을 생활과 연결시켜 파악할 수 있고 인간소외 현상 극복을 위

한 바람직한 대안을 모색, 실천할 수 있다.

다음은 창의 · 인성 수업의 평가 계획이다. 평가 계획은 수업의 목표와 밀접하게 연결된다. 수업의 평가 목표는 다음과 같다.

- 영화를 활용한 사회과 개념 탐구학습을 통해 영화에 대한 이해와 더불어 영화와 사회과 교과서 내의 개념을 연결시키고 실천적인 조사활동과 토론을 통해 개념을 체득할 수 있다.
- 창의적인 UCC 제작을 통해 나와 사회의 문제점을 발견하고 우리가 나아가야 할 방향을 다양한 방식으로 표현할 수 있다.
- 협동심과 책임감을 가지고 남을 배려하는 태도를 지닌다.

다음의 표는 평가 영역과 성취 기준을 제시한 것이다. 기존 수업에서는 교과 학습목표만 제시되지만, 창의 · 인성 수업에서는 창의성 교육 목표와 인성 교육 목표가 부가된다.

| 평가 영역 | 성취 기준 | 평가 척도 | | | | |
|---|---|---|---|---|---|---|
| | | 매우 잘함 | 잘함 | 보통 | 부족 | 많이 부족 |
| | | 5 | 4 | 3 | 2 | 1 |
| 교과 학습 목표 | • 관료제의 발달 배경을 토대로 관료제의 특징과 장단점을 파악하고 있는가? | | | | | |
| | • 영화 속 장면을 중심으로 관료제의 역기능을 설명할 수 있는가? | | | | | |
| | • 관료제 붕괴 현상의 원인과 관료제의 문제점 개선을 위한 새로운 조직 문화에 대해 설명할 수 있는가? | | | | | |
| | • 영화 속 장면과 관료제 관련 개념들을 잘 연결시켰는가? | | | | | |
| 창의 인성 목표 | • 영화 읽기를 위한 질문을 작성할 때 적극적으로 참여하였는가? | | | | | |
| | • 토론의 규칙은 잘 지켰는가? | | | | | |
| | • 모둠별 의견 나누기 시간에 상대방을 배려하고 합의를 이끌어 내기 위해 노력하였는가? | | | | | |
| | • 사회 수업 블로그에 올려진 영화비평문에 대해 상대방을 배려하면서도 자신의 생각을 담은 댓글을 작성하였는가? | | | | | |
| | • 생활 속에서 경험한 관료제 조사활동을 독립적이고 독창적으로 수행하였는가? | | | | | |

| | | | | | |
|---|---|---|---|---|---|
| 창의<br>인성<br>목표 | • 관료제의 역기능 중 인간소외 현상을 극복하기 위한 대안으로서의 UCC 만들기 활동에 다양한 방식으로 즐거움을 가지고 참여하였는가? | | | | |
| | • UCC 제작에 협동심과 책임감을 가지고 적극적으로 참여하였는가? | | | | |
| | • 모둠 활동 중 각 개인의 능력에 맞는 역할을 분담하여 책임감 있게 운영하는가? | | | | |
| 교사<br>의견<br>및<br>채점평 | | 합산 | | | |

평가할 때는 다음 사항에 유의한다.

- 평가가 학생들의 모둠별 활동 과정, 교사의 관찰, 개별 과제, 모둠별 결과물 등 다양한 항목에 대해 이루어지므로, 학생들 모두 골고루 책임을 맡아 자신이 맡은 부분을 성실히 수행할 수 있도록 교사가 격려하고 조언한다.
- 영상 촬영한 내용을 추후 모니터링하며 평가의 근거로 사용한다.
- 오프라인에서의 평가뿐만 아니라 수업 블로그에서도 적절한 피드백을 통해 수업이 개선될 수 있도록 지도한다.

## 2. 수업지도안의 실제

### 1) 1차시: 영화와 나의 삶 연관 짓기

| 학습과정 | 교수 – 학습 활동 | 창의·인성 교육 요소 | 지도상의 유의점 |
|---|---|---|---|
| 도입<br>[10분] | ① 동기 유발 | 흥미, 호기심 | |
| | ② 학습목표 확인 | | |
| 활동<br>[35분] | ③ 【활동 1】나만의 언어로 영화 표현하기 | 시각화 능력, 다양성 | • 영화와 우리의 삶, 그리고 사회과 수업에서 배우는 내용들이 서로 연결되어 있고, 그 연결고리를 찾아 세상을 이해하고 세상을 변화시켜 가는 지혜를 얻고자 하는 것이 이 수업의 목적임을 충분히 고지시킨다. |
| | ④ 【활동 2】영화의 매체적 특성에 대한 강의 | | |
| 정리<br>[5분] | ⑤ 정리 | 수렴적 사고 | |

도입

① 동기 유발

- 영화 〈시네마 천국〉에서 중년이 된 주인공 토토가 낡은 필름을 보는 장면을 짧게 편집해서 보여 준다.
- 영화와 우리의 삶의 관련성에 대한 짧은 글을 읽는다.

② 학습목표 확인

- 영화와 내 삶의 연관성을 파악하고 영화를 나만의 언어로 창의적으로 표현할 수 있다.
- 영화의 매체적 특성을 이해하고 영화에 대한 나의 생각을 친구들과 나눌 수 있다.

활동

③ 【활동 1】 나만의 언어로 영화 표현하기

- "영화란 나에게 ○○이다."라는 질문을 학생들에게 던지고, 학생들이 생각하는 영화를 한 단어, 한 문장, 하나의 그림으로 큰 도화지에 표현하도록 한다.
- 자신의 생각을 같은 모둠 친구들 앞에서 발표한 다음, 발표문을 회람하면서 상대방의 글이나 그림에 자신의 생각을 담은 댓글을 한 줄로 간략하게 쓰도록 한다.
- 교사는 그중 몇 개를 뽑아 전체적으로 발표한 다음, 영화에 대한 학생들의 생각을 정리해 준다.

④ 【활동 2】 영화의 매체적 특성에 대한 강의

- 사회 수업 블로그에 미리 내용을 제시해 주고, 수업 시간에는 PPT를 통해 간략히 정리하는 형식으로 진행한다.
- "영화는 상업적 매체이다. 영화는 이데올로기의 전파자이다. 영화는 사회화의 기관이다."에 대해 설명할 때 〈모던 타임즈〉나 찰리 채플린을 예로 들어 설명한다.

정리

⑤ 정리

- 교사가 준비한 '함께 생각해 볼 문제'들 중에 몇 개를 선정하여 학생들의 의견을 들어 보고, 영화가 우리의 삶에서 아주 중요한 역할을 하고 있으며 영화는 보는 것뿐만이 아니라 담긴 내용을 읽어 내는 것이 필요하다는 사실을 인식시킨다.

## 2) 2차시: 영화 읽기와 토론 수업을 위한 준비

| 학습과정 | 교수–학습 활동 | 창의·인성 교육 요소 | 지도상의 유의점 |
|---|---|---|---|
| 도입<br>[10분] | ① 동기 유발 | 흥미, 호기심 | • 주어진 질문을 활용하여 우리들만의 영화 읽기, 영화 분석의 틀을 확정한다.<br>• 분석의 결과를 모둠 친구들과 함께 나누고, 친구들과 어떤 의견의 차이가 있는지 파악하고 서로 다름을 인정하면서, 서로의 다른 생각을 존중할 수 있는 태도를 기른다. |
| | ② 학습목표 확인 | | |
| 활동<br>[35분] | ③ 【활동 1】영화 읽기를 위한 질문 소개 및 확정 | 다양성, 문제해결력 | |
| | ④ 【활동 2】〈시민 헤롤드〉 다시 보기 | 문제해결력, 책임, 배려 | |
| 정리<br>[5분] | ⑤ 정리 | 수렴적 사고 | |

**도입**

**① 동기 유발**

- 무력한 소시민이 관료체제에 대항하여 좌절하는 이야기를 다룬 NFBC(캐나다 국립 영화위원회)가 제작한 단편 애니메이션 〈시민 헤롤드〉(Citizen Harold)라는 작품을 본다.

**② 학습목표 확인**

- 〈시민 헤롤드〉 안에 담긴 의미를 비판적으로 이해하고 분석할 수 있다.
- 영화 읽기를 위한 질문을 스스로 만들어 보고 이것에 창의적으로 답해 봄으로써 영화 속에 담긴 의미를 파악하는 방법을 체득할 수 있다.

**활동**

**③ 【활동 1】영화 읽기를 위한 질문 소개 및 확정**

- 학생들에게 영화 읽기를 위한 필요한 질문에 대해 소개한다.
- 항목을 정할 때 지켜야 할 토의·토론의 원칙과 방법에 대해 설명한다.
- 질문에 추가할 내용이나 삭제할 내용은 없는지 모둠별로 함께 의논한다.
- 전체 토론을 통해 최종 영화 읽기 항목을 결정한다.

**④ 【활동 2】〈시민 헤롤드〉 다시 보기**

- 〈시민 헤롤드〉를 다시 보여 주고, 【활동 1】에서 확정한 질문을 토대로 영상을 분석하게 한다.

- 포스트잇에 항목별로 자신의 창의적 의견을 써서 B4 용지에 붙인 다음, 자신의 생각을 표현해 보고 모둠별로 생각을 정리해 본다.

정리

⑤ 정리

- 영화를 단순히 보는 것과 읽는 것의 차이점에 대해 설명하고, 영화를 비판적으로 분석할 필요성에 대해 간략히 설명한다.

  ### TIP

  1. 〈시민 헤롤드〉 상영 전에 애니메이션 내용에 대해 간략히 설명한다.
  2. 관료제에 대한 위밍업인 만큼 관료제는 거대한 조직을 효율적으로 관리하기 위해 등장한 조직이라는 것과, 장점도 있는 반면 애니메이션에서 보듯이 단점도 존재함을 간략히 설명한다. 소시민으로서 그러한 조직과 소통하기 어려웠던 헤롤드의 마음이 어떠했을지에 대해서 함께 생각하고 공감해 보는 시간을 갖는 것이 좋다.
  3. 영화 읽기를 위한 질문은 10개 이내가 적절하므로 주어진, 항목과 학생들이 생각한 항목을 조합하여 10개 이내로 확정한다. (일반적인 질문과 구체적인 개별 영화에 대한 질문, 수업 시간에 배우거나 배운 내용과 관련된 질문들이 포함될 수 있도록 지도한다.)
  4. 토의·토론의 규칙, 모둠별 의견 나누기와 정리 방법에 대해서는 사전에 미리 교육할 필요가 있다.(수업활동 자료 참고)

## 3) 3~4차시: 영화 보기

| 학습과정 | 교수 – 학습 활동 | 창의·인성 교육 요소 | 지도상의 유의점 |
|---|---|---|---|
| 도입<br>[10분] | ① 동기 유발 | 흥미, 호기심 | • 줄거리는 자세히 이야기하지 말고, 중요한 내용은 적으면서 보도록 지도한다.(영화 읽기 항목들 참조)<br>• 수업 시간에 배웠거나 앞으로 배울 여러 가지 개념과 관련된 내용이 등장함을 예고하고, 어떤 장면이 학생들이 배운 개념과 연결되는지를 찾아보도록 지도한다. |
| | ② 학습목표 확인 | | |
| 활동<br>[85분] | ③【활동 1】영화에 대한 소개 | | |
| | ④【활동 2】영화 보기 | 비판적 사고, 흥미 | |
| 정리<br>[5분] | ⑤ 정리 및 과제 부여 | 누딤직 사고 | |

도입

① 동기 유발

- 지난 천년을 빛낸 세계 100인 중 95위에 뽑힌 찰리 채플린에 대한 다큐멘터리 영상을 보여 주고, 찰리 채플린에 대해 간략히 설명한다.

② 학습목표 확인
- 영화 〈모던 타임즈〉를 비판적으로 이해하고 논리적으로 분석하면서 관람할 수 있다.
- 지금까지 배웠던 사회과의 주요 개념과 관련지어 영화를 관람할 수 있다.

활동

③【활동 1】영화에 대한 소개
- 영화의 배경과 〈모던 타임즈〉와 찰리 채플린이 영화사적으로 어떤 의미를 지니고 있는지 설명한다.
- 영화를 관람할 때 유의할 점을 전달한다. (영화 읽기를 위한 질문지를 함께 배부한다.)

④【활동 2】영화 보기
- 지난 차시에 확정한 영화 읽기 질문을 참고하면서 영화를 관람하게 한다.
- 단순한 관람이 아니라 영화를 비판적으로 이해하고 분석하면서 보도록 지도한다.

정리

⑤ 정리 및 과제 부여
- 영화가 끝나면 영화에 대한 소개 유인물을 나눠 주고, 영화의 주제와 의미 등에 대해 다시 정리한다. (사회 수업 블로그에 올린 추가 자료를 소개한다.)
- 다음 시간까지 영화 읽기를 위한 우리들만의 질문지에 자신의 생각을 담아 정리해 오도록 지도한다. (영화에 대한 추가 자료도 조사하게 한다.)

## 4) 5차시: 영화에 대한 비판적 이해와 사회과 관련 개념 찾기

| 학습과정 | 교수–학습 활동 | 창의·인성 교육 요소 | 지도상의 유의점 |
|---|---|---|---|
| 도입<br>[5분] | ① 동기 유발<br>② 학습목표 확인 | 흥미, 호기심 | • 사회 수업 블로그에 올려진 영화비평문에 대해 상대방을 배려하면서도 자신의 생각을 담은 댓글을 작성할 수 있도록 한다. |
| 활동<br>[35분] | ③【활동 1】영화 읽기를 위한 질문을 토대로 토론하고 발표하기 | 책임, 확산적 사고 | |

| | ④【활동 2】영화와 사회과 의 개념 연결하기 | | |
|---|---|---|---|
| 정리 [5분] | ⑤ 정리 및 과제 부여 | 배려, 책임, 협동 | |

도입

① 동기 유발

- 영화 〈모던 타임즈〉 DVD에 수록되어 있는 삭제 장면 중 찰리의 '넌센스 송(nonsense song)'을 컴플릿 버전(complete version)으로 보여 줌으로써 영화의 장면들을 회상시킨다.

② 학습목표 확인

- 영화 읽기를 위한 질문을 토대로 영화를 비판적으로 이해하고 분석할 수 있다.
- 영화를 통해 사회과의 관념 개념들을 이해할 수 있다.

활동

③【활동 1】영화 읽기를 위한 질문을 토대로 토론하고 발표하기

- 숙제로 작성해 온 질문지를 토대로 모둠별로 토론을 진행한다.
- 토론 방식은 〈시민 헤롤드〉를 통해 연습했던 방식을 따른다.
- 모둠별로 정리된 내용을 발표한다.
- 지난 차시에 나눠 주었던 자료와 블로그에 올린 비평문을 토대로 영화 〈모던 타임즈〉가 우리에게 시사하는 바를 간략히 정리해 준다. (DVD에 수록된 다큐멘터리 'Chaplin Today'의 내용을 정리해 주는 것도 좋다.)

④【활동 2】영화와 사회과의 개념 연결하기

- 영화 속 장면들을 회상하며 포디즘, 인간소외, 관료제의 개념을 간략히 설명한다.
- 영화 속에서 다루고 있는 사회문제(빈곤, 실업, 파업, 경제적 불평등), 과거와 오늘날의 공통점과 차이점은 무엇인지 함께 생각해 보는 시간을 가진다.

정리

⑤ 정리 및 과제 부여

- 영화 〈모던 타임즈〉 DVD에 수록되어 있는 다큐멘터리 'Introduction by David Robinson'를 통해 채플린의 일생과 영화 〈모던 타임즈〉의 의미를 정리한다.

- 사회 수업 블로그에 모둠별 의견을 정리해서 협력 영화비평문을 올리고, 다른 모둠의 글에 댓글을 달게 한다. (댓글을 달 때의 유의점을 블로그에 함께 올린다.)

TIP

1. 영화 〈모던 타임즈〉 DVD에 수록된 다양한 부록들을 활용하면 큰 효과를 얻을 수 있으므로 교사가 꼼꼼히 살펴보면서 필요한 자료들을 챙겨 두는 것이 좋다.
2. 2차시에 학습한 토의·토론의 방법이 익숙하지 않으므로, 중간 중간 적절한 가이드가 필요하다.
3. 사회 수업 블로그에 반드시 접속해서 교사도 댓글을 남기도록 한다.


## 5) 6차시: 영화 속에 등장한 사회과 개념–관료제– 집중 탐구

| 학습과정 | 교수–학습 활동 | 창의·인성 교육 요소 | 지도상의 유의점 |
|---|---|---|---|
| 도입<br>[5분] | ① 동기 유발 | 흥미, 호기심, 자부심 | • 조정 경기와 레프팅의 비교를 통해 관료제의 특징을 창의적으로 생각해 본다. |
| | ② 학습목표 확인 | | |
| 활동<br>[35분] | ③【활동 1】관료제의 등장 배경, 특징, 역기능에 대해 교과서로 공부하기 | 유추·은유적 사고, 독창성, 다양성 | |
| | ④【활동 2】영화 뒤집어 보기 질문(오늘의 내가 감독 채플린에게 던지는 질문)을 통해 관료제의 영향력 파악하기 | | |
| 정리<br>[5분] | ⑤ 정리 및 과제 부여 | 책임, 배려, 비판적 사고 | |

도입

① 동기 유발

- 학생들이 사회 수업 블로그에 작성한 협력 영화비평문과 댓글을 소개하면서 학생들을 칭찬한다. 선생님의 댓글도 소개한다.
- "이것은 공업화되어 가는 각박한 사회 속에서 행복을 찾으려 노력하는 사람들의 이야기다."라는 영화의 소개 화면을 떠올리게 하며 영화의 의미를 다시 한 번 확인시킨다.

② 학습목표 확인
- 관료제의 등장 배경, 특징, 역기능에 대해 설명할 수 있다.
- 영화 뒤집어 보기 질문을 통해 관료제가 우리 사회에 어떤 영향을 주었는지 함께 의견을 나눌 수 있다.

활동

③【활동 1】관료제의 등장 배경, 특징, 역기능에 대해 교과서로 공부하기
- 관료제의 특징을 조정 경기와 레프팅의 비유를 통해 설명해 준다.
  - 장기와 바둑의 비유를 통해 학생들이 생각해 보도록 유도한다.
- 교과서에 제시된 관료제의 등장 배경, 특징, 역기능에 대해 간략히 설명하되 영화 속 장면들을 예로 들어 설명한다.
- 준비된 활동지에 내용들을 스스로 정리하도록 한다.

④【활동 2】영화 뒤집어 보기 질문(오늘의 내가 감독 채플린에게 던지는 질문)을 통해 관료제의 영향력 파악하기
- 모둠별로 채플린 역할을 담당할 사람을 결정하고, 관료제나 수업 시간에 배운 내용을 토대로 질문을 던져 채플린의 의견을 듣는다.
- 학생들의 이해를 돕기 위해 교사가 예시 질문을 두 개 정도(관료제와 부유한 중산층의 등장, 소품종 대량생산체제가 가져다준 장점) 준비해서 학생들에게 먼저 질문을 던진다.
- 2차시에서 소개한, 포스트잇을 사용하는 토의 방식을 사용한다.
- 기자회견 방식을 통해 질문하고 답변하는 시간을 갖는다.(동영상 촬영)

정리

⑤ 정리 및 과제 부여
- 생활 속에서 파악한 관료제에 대해 조사하고 긍정적인 측면과 부정적인 측면에 대해 살펴보고 바람직한 개선방안은 무엇인지 조사해 오도록 한다. (양식을 나눠 주고 설명한 다음, 과제 내용을 사회 수업 블로그에 PPT형식으로 사전에 올리도록 한다.)
- 영화 뒤집어 보기 토론에 관한 내용을 사회 수업 블로그에 올리고 댓글을 달게 한다.

## 6) 7차시: 수업의 내용을 생활과 연관시키고 바람직한 대안 모색하기

| 학습과정 | 교수-학습 활동 | 창의·인성 교육 요소 | 지도상의 유의점 |
|---|---|---|---|
| 도입 [10분] | ① 동기 유발 | 호기심, 자부심 | • 시간이 부족하면 【활동 3】의 경우에는 취지만 설명하고, 기획서와 스토리보드 작성, 그리고 포스터 제작에 대한 부분은 과제로 부여한다. |
|  | ② 학습목표 확인 | | |
| 활동 [35분] | ③【활동 1】생활 속에서 파악한 관료제 발표 | 문제해결력, 독창성 협동, 책임 | • UCC를 제작하기에 앞서 UCC의 의미, 제작 시 유의점 등을 공지한다.(수업 블로그에 관련 자료 제시) |
|  | ④【활동 2】관료제 붕괴 현상의 원인과 관료제의 문제점 개선을 위한 새로운 조직문화 이해 | | |
|  | ⑤【활동 3】인간소외 현상 극복을 위한 새로운 다짐을 담은 UCC 제작 | | |
| 정리 [5분] | ⑥ 정리 및 과제 부여 | | |

### 도입

**① 동기 유발**

- 기자회견 방식으로 진행된 지난 시간의 토론 장면을 편집해서 보여 주고, 더불어 학생들이 사회 수업 블로그에 작성한 댓글을 정리해서 보여 준다.

**② 학습목표 확인**

- 생활 속에서 파악한 관료제에 대한 자신의 생각을 자신 있게 발표할 수 있다.
- 관료제 붕괴 현상의 원인과 관료제의 문제점 개선을 위한 새로운 조직문화(팀제)에 대해 말할 수 있다.
- 생활 속 관료제의 문제점(인간소외 현상) 개선을 위한 새로운 다짐을 담은 UCC를 만들 수 있다.

### 활동

**③【활동 1】생활 속에서 파악한 관료제 발표**

- 사회 수업 블로그에 올린 PPT를 교사가 사전에 확인한 다음, 소재의 중복을 피해 교사가 발표 순서를 정해 준다.
- 하나의 발표가 끝날 때마다 질의응답 시간을 갖고, 교사가 간단한 코멘트를 한다.

(개념의 오류가 있을 경우에는 교정해 준다.)

④【활동 2】관료제 붕괴 현상의 원인과 관료제의 문제점 개선을 위한 새로운 조직문화 이해

- 교과서에 나온 내용을 간략히 설명하되 장기와 바둑, 농구를 통한 비유를 통해 설명한다.
- 탈관료제 현상의 배경, 관료제 한계의 극복을 위한 노력(비공식적 조직의 증가, 팀제와 네트워크 조직과 같은 새로운 사회조직 형태의 등장), 탈관료제화 현상의 특징 등을 중심으로 설명한다.

⑤【활동 3】인간소외 현상 극복을 위한 새로운 다짐을 담은 UCC 제작

- 관료제의 역기능 중 인간소외 현상에 대해 간략히 설명한다.
- UCC와 패러디, 패러디 포스터 만들기 절차에 대해 간략히 설명하고 모둠별로 브레인스토밍을 통해 스토리보드를 작성하게 한다.

정리

⑥ 정리 및 과제 부여

- 생활 속에서 파악한 관료제 발표 내용에 대한 댓글 달기
- 컴퓨터 편집을 통해 모둠별로 패러디 포스터 마무리하기
- 사회 수업 블로그에 올린 UCC 관련 자료 읽고 오기

## 7) 8차시: 발표 및 평가

| 학습과정 | 교수-학습 활동 | 창의·인성 교육 요소 | 지도상의 유의점 |
|---|---|---|---|
| 도입<br>[10분] | ① 동기 유발 | 흥미, 자부심 | • 이 수업은 인간이 소외되는 각박한 사회 속에서 행복을 찾으려고 노력하는 우리들의 이야기임을 강조하는 것이 중요하다. (〈모던 타임즈〉 영화에 대한 소개 화면과 연관 짓는다.)<br>• UCC 제작은 이 수업의 마무리가 아니라 새로운 시작임을 인식시킨다. |
| | ② 학습목표 확인 | | |
| 활동<br>[35분] | ③【활동 1】영화 포스터 패러디 UCC에 대한 모둠별 발표 | 비판적 사고, 확산적 사고 | |
| | ④【활동 2】인간소외 현상 극복을 위한 사랑의 피라미드 과제 부여 | 약속, 책임, 배려, 용기 | |
| 정리<br>[5분] | ⑤ 정리 및 과제 부여 | | |

① 동기 유발

- 그동안의 제작 과정을 담은 사진을 슬라이드쇼 형태로 보여 준다. 사회 수업 블로그의 주요 내용도 함께 이미지로 보여 준다.

② 학습목표 확인

- 패러디 UCC에 담긴 메시지를 읽어 낼 수 있으며, UCC를 통해 세상과 소통할 수 있다.
- 인간소외 현상 극복을 위해 내가 할 수 있는 일들에 대해 생각해 보고 실천을 다짐할 수 있다.

활동

③【활동 1】영화 포스터 패러디 UCC에 대한 모둠별 발표

- 모둠별로 설명이가 나와 자신들이 만든 기획서, 스토리보드, 제작 과정, 결과물에 대해 설명한다. (인간소외와 관련지어 UCC의 의미, 다짐, 표현전략 등)
- 학생들로부터 질문을 받고 답변한다.
- 학생들은 미리 배포한 평가지에 UCC별로 자신의 생각을 적는다.
- 모둠별 발표가 끝나면 개별 UCC에 대한 학생들의 의견을 들어 보고 선생님이 전체적으로 코멘트한다. (UCC 가이드라인, CCL 소개)

④【활동 2】인간소외 현상 극복을 위한 사랑의 피라미드 과제 부여

- 영화 〈아름다운 세상을 위하여〉 예고편을 보여 주고, 사랑의 피라미드 수행평가 과제에 대해 설명한다. (한 학기 동안의 실천이 필요하다.)
- 내가 관심을 가지고 사랑하고 배려해야 할 세 명을 선정하도록 하고, 선정 이유에 대해 발표하도록 한다.

정리

⑤ 정리 및 과제 부여

- 기존 영화 포스터를 패러디하기, UCC 블로그에 올리고 댓글 달기(기획서, 스토리보드 모두 포함해서 올리도록 한다.)
- 개인별 수행평가 계획서를 블로그에 올리도록 한다.

## 가) 1차시: 영화와 나의 삶 연관 짓기

### (ㄱ) 영화는 우리 삶에 어떤 영향을 미치는가?

우리는 영화를 통하여 삶의 시야를 넓히게 된다. 이웃의 번민과 희열, 그리고 다양한 많은 사람들의 삶의 고뇌와 보람과 같은 그 모든 것에 생각을 열고, 마음을 마주하려 애쓰고, 또 함께 공유하는 여유를 갖는다. 그래서 문득 자신의 아집과 좁은 세계를 벗어나 우주 속의 나를 감지한다. 자신의 삶이 다른 사람들의 삶의 이야기들과 함께 호흡하고 있음을 확인하게 된다. 결국 우리는 영상 속에 담긴 무척이나 다채로운 삶의 모습들, 그것들에 내재하는 심오한 의미에 눈과 귀와 마음을 활짝 열면서 비로소 우리가 살고 있는 세계를 한꺼번에 끌어안을 수 있는 가능성을 알게 된다.

### (ㄴ) 글과 그림으로 표현하는 영화

• "나에게 영화란 ○○이다"

▶ 사람들은 영화를 정의할 때 '영화는 삶이다', '영화는 사랑이다'라고 표현하곤 합니다. 여러분들이 생각하는 영화는 무엇인지 글로 표현해 보세요.

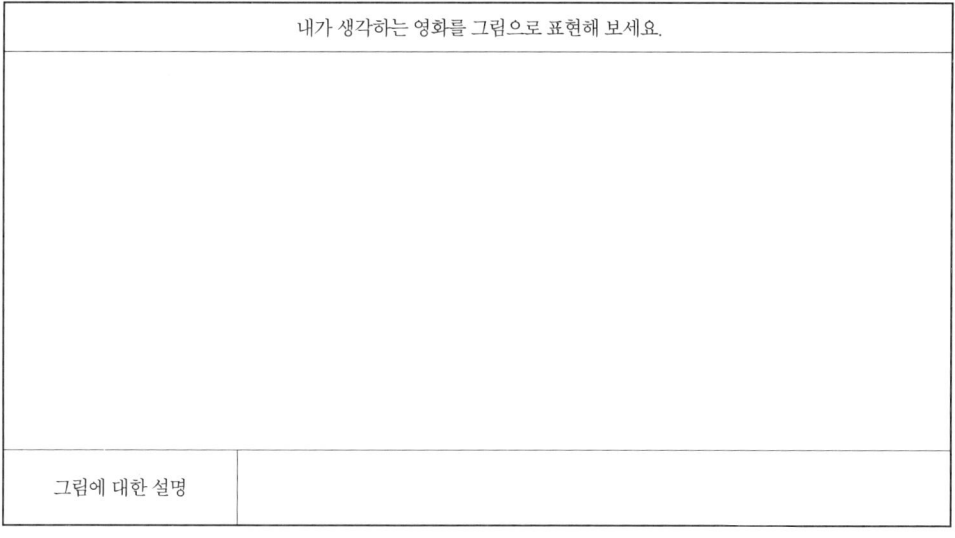

| 내가 생각하는 영화를 그림으로 표현해 보세요. |
| --- |
| |
| |
| 그림에 대한 설명 |

### (ㄱ) 영화 〈시민 헤롤드〉

'단편 애니메이션 걸작선'이라는 DVD에 수록된 작품으로, 무력한 소시민이 관료체제에 대항하여 좌절하는 이야기를 담고 있다. 소음 공해로 시청에 민원을 제기해서 해결해 보고자 하지만, 소시민인 헤롤드로서는 관료제의 벽을 넘기가 쉽지 않다. 이 영화는 캐나다 국립영화 제작소 NFBC의 작품이며, 억제된 캐릭터의 동작과 리미티드된 음향 및 효과들의 배합을 통해 더욱 극대화된 스토리의 인식 효과를 보여 주고 있다. 뉴욕영화제 외 2개의 국제상을 수상했으며, 관료제에 대한 이해와 더불어 영화 읽기를 위한 질문을 연습해 볼 수 있는 적절한 작품이다.

### (ㄴ) 영화 읽기를 위한 질문지 작성에 필요한 기초 자료

| 번호 | 점검 내용 | 나의 생각 | 최종 확정 |
|---|---|---|---|
| 1 | 영화를 통하여 우리들에게 들려주고 싶은 이야기는 무엇입니까? | | |
| 2 | 우리의 관심을 사로잡는 이 영화만의 독특함이 있었나요? | | |
| 3 | 만든 이의 경험과 마음이 잘 담겨져 있나요? | | |
| 4 | 만든 이의 마음을 전달하기에 적절한 소재와 표현방식을 선택했나요? | | |
| 5 | 내가 만들었다면 어떤 방식으로 내 마음을 담아냈을까요? | | |
| 6 | 이 영화를 칭찬한다면 어떤 점을 칭찬하고 싶나요? | | |
| 7 | 이 영화를 비판한다면 어떤 점을 비판하고 싶나요? | | |
| 8 | 영화를 만든 사람의 마음과 내 마음이 닿는 부분은 어디입니까? | | |
| 9 | 영화를 만든 사람의 마음과 내 마음의 거리감이 느껴지는 부분은 어디입니까? | | |
| 10 | 영화 속에서 세상과 현실은 어떻게 묘사되고 있나요? | | |
| 11 | 영화의 핵심적인 사건과 그 의미는 무엇인가요? | | |
| 12 | 영화를 만든 감독과 배우, 그리고 제작자들은 누구이며, 그들의 세계관과 가치관은 어떠했나요? | | |
| 13 | 영화 속에 등장하는 배경을 통해 관객들에게 전달하고자 했던 의미는 무엇일까요? | | |
| 14 | 그동안 사회과 수업 시간에 배운 지식과 영화 속의 내용을 연결해 한 문장으로 표현한다면? | | |
| 15 | 사회과 수업을 위한 토론 자료로 이 영화를 사용한다면 어떤 주제로 토론이 가능할까요? | | |
| 16 | 헤롤드는 왜 무력함을 느꼈을까요? | | |

| 17 | 우리들은 보통 영화 속 헤롤드와 같은 사람을 소시민이라고 부릅니다. 영화의 어떤 장면을 보고 소시민이라고 불렀을까요? | | |
|---|---|---|---|

**(ㄷ) 토의·토론의 규칙 및 모둠별 의견 나누기 방법**

토의·토론의 규칙은 토의·토론 방법에 따라 다소 다르겠지만, 일반적인 규칙을 정한 다음에 진행하면서 추가하는 방식이 바람직하다. 이번 차시는 영화 읽기를 위한 질문 항목을 정하고 영화 〈시민 헤롤드〉에 대한 자신의 생각을 표현하고 나누는 시간이므로, 4~5명 정도로 한 모둠을 구성하고 다음의 순서를 참고하여 학급의 상황에 맞게 지도하면 된다. 여기에서는 영화 읽기를 위한 질문 항목을 정하는 것에 초점을 맞춰 작성하였다. 모둠 구성원이 어느 누구도 소외되지 않고 힘을 합쳐서 모둠 과제를 완수하는 것에 초점을 둔 카간의 '모둠 문장 만들기 토의·토론'(Spencer Kagan, 1994)과 독일에서 개발된 브레인라이팅을 참고했다.

㉠ 일반적인 규칙에 대해 알려 준다. (담당 교사에 따라 규칙은 변경 가능하다.)

- 모든 사람에게 말할 기회가 주어진다.
- 모든 사람에게 차례로 의견을 물어 볼 수가 있다.
- 모든 사람은 의견을 공유한다.
- 다른 사람의 발표를 잘 들어야 한다.
- 다른 사람의 의견을 존중한다. (의견은 다르지만 타인의 권리를 존중해야 한다.)
- 누구나 대안을 낼 수 있다.
- 충분히 생각해 보고 자기의 의견을 표현해야 한다.
- 자신의 의견을 수정할 수 있다.
- 왜 그렇습니까? 찬성합니까? 어떻게 생각합니까? 당신의 의견은 무엇입니까? 등 분명한 질문을 해야 한다.

㉡ 개인별 역할을 정한다.

자유롭게 토의·토론에 참여하는 것이 바람직하지만, 초기에는 역할을 정해 참여하게 하는 것이 효과적이다. 수업 주제에 맞게 역할을 정한다. 이끔이(모둠의 과제, 시간, 목적, 흐름 등을 재확인시켜 주고 지적하는 사회자), 기록이(모둠 활동 기록자), 부름이(심부름하는 이), 도우미(활동을 도와주고 칭찬하는 이)가 대표적이며, 설명을 담당하는 설명이, 아이디어를 비판하는 역할을 담당하는 비판이, 발표자의 의견에 좀 더 많은 정보와 의미를 보태어 주는 확산이, 여러 발표자의 의견을 하나의 의견으로 통합하는 뭉침이 등을 활용해도 좋다. 특히 사회자는 토론과 토의의 허브 역할을 담당하는 만큼 교사가 미리 학생을 선발하여 훈련시키는 것이 필요하다.

ⓒ 포스트잇과 B4 용지를 나눠 주고, 교사가 토의·토론 과제를 제시해 준다.

교사는 부름이를 불러 포스트잇(3가지 색깔 각 3장씩 총 9장)과 B4 용지를 모둠별로 3장 나눠 준다. 영화 읽기를 위한 질문지 작성에 필요한 예시문항도 이때 함께 배부한다. 그 다음, 영화 읽기를 위한 분석의 틀이 필요하다는 사실을 설명하고 토론을 통해 10개 내외로 확정할 것임을 주시시킨다. 이 세상의 모든 영화를 읽어 내기 위한 공통적인 질문과 〈시민 헤롤드〉에 대한 질문, 사회 수업 시간에 배우거나 배울 내용과 관련된 질문 등 세 가지 형태로 작성할 것을 당부한다. 필요하다면 질의·응답을 통해 학생들의 궁금증을 해결한다.

ⓓ 학생은 먼저 개인적인 의견을 포스트잇에 적는다.

자기가 생각하고 있는 아이디어를 항목별로 3개씩 총 9개를 적도록 한다. 아이디어는 포스트잇에 하나씩만 쓰게 한다. 써내지 않는 학생이 없도록 세밀하게 관찰한다.

ⓔ 학생이 적은 포스트잇을 B4에 항목별(색깔별)로 붙인다.

학생들은 질문 쪽지를 함께 보면서 왜 이런 아이디어를 냈는지 이야기하고, 토의·토론을 통해 다양한 질문들을 같은 성격을 지닌 몇 개의 주제로 재분류하며 대표 질문을 만들어 간다. 교사는 이때 순회 지도하면서 각 모둠이 가지고 있는 포스트잇과 다른 색의 포스트잇을 나눠 주고, 합의하여 새롭게 만들어진 질문들을 적게 한다. B4 용지 3장을 동시에 시작하지 말고 하나씩 차근차근하게 진행하는 것이 좋다.

ⓕ 소집단별로 발표한다.

합의된 질문지 작성이 완성되었으면 각 모둠의 대표(설명이)가 나와 전체 학생을 대상으로 발표할 기회를 갖도록 한다. 시간이 허락되면 결과뿐만 아니라 합의가 도출된 과정도 설명한다.

ⓐ 우리 반만의 영화 분석을 위한 질문 항목을 최종 완성한다.

소집단별로 발표된 항목을 취합하되, 각 모둠의 이끄미들이 모여서 최종 조율하는 것이 좋다. 이때 교사가 판단하여 영화 읽기의 특정 부분이 빠져 있을 경우에는 보완할 수 있다.


## 다) 3~4차시: 영화 보기

### (ㄱ) 다큐멘터리 〈1000년을 빛낸 세계의 100인〉

지난 천 년을 보내고 새로운 천 년을 맞이하는 의미에서 2000년에 히스토리 채널(미국의 역사 전문 케이블 방송국)이 제작한 다큐멘터리 영상물로, 정치가, 과학자, 예술가, 철학자 등 지난 1000년 동안 역사에 큰 발자취를 남긴 다양한 분야의 인물 100명을 소개하고 있다. 이들은 저명한 학자, 언론인, 예술가, 시민운동가, 시청자를 대상으로 설문 조사를 벌여 선정됐다. 95위를 차지한 찰리 채플린에 대해서는 약 3분 정도 소개하고 있으며, 채플린에 대해 이야기하는 스티븐 스필버그의 인터뷰가 포함되어 있다. 이 100명 중에 어떤 사람들이 있을지 학생들에게 질문하면서 궁금증을 유발해 보는 것도 좋다. 참고로 1위는 인쇄술을 발명한 구텐베르크이다.


### (ㄴ) 영화 〈모던 타임즈〉

영화 〈모던 타임즈〉는 그동안 학생들이 피상적으로만 알고 있었던 '인간소외' 개념이 피부에 와 닿을 수 있도록 도움을 주는 좋은 영상자료이다. 의외로 〈모던 타임즈〉 영화를 처음부터 끝까지 본 학생이 많지 않다. 수업 시간에 전편을 보여 준 다음, 영화의 장면을 토대로 포디즘, 인간소외, 군중 속의 고독, 관료제 등의 개념들을 설명해 주면 좋은 교수·학습 방법이 될 것이다.

　찰리 채플린의 〈모던 타임즈〉는 지금도 많은 학자들을 영화 속으로 끌어들인다. 영화학은 물론 역사학, 경제학, 경영학, 사회학, 노동학 관련자들이 자신의 글에 이 영화를 인용하고 있다. 대량생산의 포문을 연 포디즘을 배경으로 궁극적인 인간의 가치가 무엇인지를 탐구하고 있는 이 작품은 '컨베이어 벨트 앞에 서서 기계와 하나가 된 인간은 행복한가?'라는 질문을 우리에게 던지고 있다. 물론 영화 속에서 채플린이 내놓은 정답은 '아니다'이다. 기계를 떠나야 한다는 강한 메시지를 담고 있으며, 때로는 지나치게 부정적이라는 느낌도 든다.

영화가 진행되는 동안 카메라는 기계화, 표준화, 익명화된 산업사회 노동자의 불행을 놓치지 않는다. 채플린은 훗날 "자동화 공장에서 일했던 적지 않은 노동자들이 정신병을 앓았다는 사실에 착안했다."고 회고했다. 아마도 같은 동작을 수없이 반복하는 노동자의 모습이 예술가 채플린에게 현기증을 불러일으켰을 것이다.

찰리 채플린의 재능이 집대성된 1936년 영화 〈모던 타임즈〉는 불황과 경제공황에 멍든 미국의 자화상을 풍자적으로 그리고 있는 작품이다. 특히 자동화된 기계 속에서 말살되어 가는 인간성과 산업사회가 가져다주는 필연적인 인간소외의 문제를 빠른 템포의 팬터마임과 몽타주 수법들을 동원하여 생생한 블랙 유머로 잡아내고 있다.

### (ㄷ) 사회 수업 블로그에 올릴 찰리 채플린 관련 평론

헐렁한 바지에 꼬질꼬질한 와이셔츠, 우스꽝스러운 콧수염과 작은 중절모, 그리고 낡은 구두와 그 구두와 옷차림에 걸맞은 코믹한 걸음걸이, 그러면서도 영국 신사의 이미지를 잊지 않는 지팡이와 우산. 상상만 해도 단번에 찰리 채플린을 연상할 수 있고 웃음이 절로 나온다. 이러한 의상과 미장센은 산업혁명 시대를 풍자하기에 부족함이 없다. 영국 신사의 외형을 갖추었지만 산업사회의 굴레를 벗어날 수 없는, 점차 산업화되어 참 인간의 모습을 잃어가는 인간상을 풍자한 것이다.

1936년도에 만들어진 영화 〈모던 타임즈〉는 시계추처럼 돌아가는 공장 속에서 혹사당하는 인간의 모습, 24시간 감시당하는 생산체계, 심지어 점심시간조차 정해 놓은 시간에 먹어야 하는 냉혹한 공장 산업의 세계를 여과 없이 보여 준다. 물론 이 안에서도 사랑과 꿈이란 소재를 코믹 요소와 풍자와 함께 드러내 줌으로써 그 속에서도 결코 희망의 끈을 놓지 않는, 아니 놓을 수 없는 인간의 모습을 나타낸다. 하지만 결국 노동자들은 거리에서 시위를 벌인다. 배고파 빵을 훔치는 사람, 시위 중에 총을 맞아 죽는 이, 이들을 강력히 억압하는 경찰. 주인공 채플린은 이 시대를 살고 있는, 억압받는 노동자로서의 삶에 순응할 수밖에 없는 산업화 시대의 희생양으로서의 모습을 잘 보여 준다.

물론 비판도 거세게 받았다. 〈모던 타임즈〉가 공산주의를 표방한다는 이유로 말이다. 독일과 이탈리아에서는 상영이 금지되었을 뿐만 아니라 오스트리아에서는 붉은 깃발을 들고 뛰는 장면이 검열로 인해 삭제되었다고 한다. 또 그 후 만들어진 〈위대한 독재자〉, 〈베르두 씨)의 좌파적인 경향으로 매카시 광풍이 몰아쳤을 때 채플린은 미국에서 추방되기도 했다. 그렇지만 채플린의 시대 풍자와 인간으로서의 희망의 끈을 놓지 않는 영화는 첨단 현대를 사는 우리에게 아직도 감동을 주고 논란거리를 던진다.

## 라) 5차시: 영화에 대한 비판적 이해와 사회과 관련 개념 찾기

**(ㄱ) 이 영화에서 컨베이어 벨트가 의미하는 바는 무엇일까? 이것과 연결된 개념은 무엇이 있을까?**
컨베이어 벨트(conveyor belt)는 이 영화의 주제를 대변하는 가장 중요한 소재이다. 노동자는 컨베이어 벨트를 따라 운반되어 오는 상품에 나사못을 조이는 일을 하고 있다.

컨베이어 벨트의 특성상 연속적으로 일해야 하기에 그의 작업이 1초만 늦어도 작업은 엉망이 된다. 그는 벌을 쫓아버릴 수도, 잡을 수도 없다. 그가 할 수 있는 것이라고는 그저 컨베이어 벨트위에 흘러가는 나사못을 조이는 것뿐이다. 그의 단순하지만 기계적인 손놀림은 마치 그가 기계의 일부, 기계에 속한 존재, 혹은 기계를 돌리기 위해 필요한 하나의 도구로 전락해 버린 것 같은 착각을 불러일으킨다.

산업화가 급속하게 진행되던 그 시대 노동자들은 인간이 아닌 도구였고, 그들의 일거수 일투족은 자본가에 의해 감시받아야 했다. 그 감시망에 일조를 한 것이 바로 컨베이어 벨트이다. 포드나 테일러로 대변되는 산업화 시대의 자본가는 노동자들이 하는 작업의 시간을 측정하여 그들이 할 수 있는 일의 양을 정하고 목표량을 달성하도록 하는 방법을 고안해 냈다. 그들은 컨베이어 벨트가 돌아가는 속도를 조절해 노동자들의 작업을 관리자의 손을 빌어 자신의 의지대로 통제하려 했다. 작업 속도는 바로 그들 부의 성장에 정확히 비례했기 때문이었다.

포디즘이란 컨베이어 벨트를 활용한 조립라인의 설치에 의한 생산방식을 말한다. 1913년 포드 자동차회사에서 처음 시작되었다. 과거의 자동차 조립은 노동자들이 이곳저곳을 다니면서 차체를 조립했지만, 포디즘은 이와 반대로 차체가 조립 라인을 따라 움직이고 노동자는 특정한 장소에 고정되어 전문화된 일만 하는 방식으로 생산성의 극대화를 달성하고 대량생산을 가능하게 하였다. 그러나 이러한 생산 체계는 인간을 기계화시키고 작업 자체가 단조로워 노동자들의 창의성이 발휘되지 못하는 문제점이 있다.

**(ㄴ) 인간소외 현상, 비인간화 현상을 잘 표현한 장면을 찾아 그 이유를 설명해 본다면?**

매일 아침 출근하면서 타임카드를 찍고, 반복되는 단순 업무에 시달리며, 자동급식기계의 등장으로 점심시간까지 통제받는 찰리 채플린, 그런 그가 공장에서 나사를 조이는 작업을 반복하던 도중에 기계 속으로 빨려 들어가는 장면이 있다. 인간이 아닌 기계의 부품으로 전락하는 모습을 익살스럽게 표현한 것이다. 주어진 업무만을 획일적으로 반복하여 수행하는 가운데, 조직 속에서 수동적인 존재로 전락하고 부품화·수단화되고 있는 인간의 모습을 그린 대표적인 장면이라고 생각한다. 관료제의 대표적인 역기능 중의 하나라고 말할 수 있다.

**(ㄷ) 〈모던 타임즈〉가 다루고 있는 사회문제들을 찾아보면?**

|  | 영화 속 관련 내용 | 오늘날의 모습 | 과거와 현재의 공통점과 차이점 |
|---|---|---|---|
| 빈곤 |  |  |  |
| 실업 |  |  |  |
| 파업 |  |  |  |
| 정치적 불관용 |  |  |  |
| 경제적 불평등 |  |  |  |

**마) 6차시: 영화 속에 등장한 사회과 개념–관료제– 집중 탐구**

**(ㄱ) 수업 시 유의점**

㉠ 관료제의 개념. 등장 배경, 특징, 역기능들은 교과서와 영화 속 장면 중심으로 설명하되, 과제로 부과할 '생활 속에서 경험한 관료제'에 대한 조사를 염두에 두고 일상생활 속에서 접하기 쉬운 사례도 함께 다루어 주는 것이 좋다.
㉡ 오늘의 내가 감독 채플린에게 던지는 질문은 관료제나 수업 시간에 배운 내용을 중심으로 하되, 기타 영화를 보며 궁금했던 점도 함께 다룰 수 있다.

**(ㄴ) 관료제의 등장 배경, 특징, 역기능에 대해 교과서로 공부하기 예시**

| 항목 | 내용 | 영화 속 관련 내용 | 우리 생활 속 사례 |
|---|---|---|---|
| 관료제의 등장 배경 | • 산업화로 소품종 대량생산의 일반화<br>• 대규모 조직의 효율성 관리 필요성 대두 | | |
| 관료제의 특징 | • 업무의 분화<br>• 조직 내의 과업을 전문화(효율성)<br>• 엄격한 위계질서(피라미드형 조직)<br>• 공식화된 규칙과 절차에 따른 업무수행 (개인적인 감정이 개입될 여지 축소 및 업무의 지속 가능성)<br>• 경력 및 연공서열에 따른 보상과 신분 보장 | | • 조정 경기와 레프팅 경기<br>• 장기와 바둑<br>• 종합병원 진료 절차<br>• 이동통신회사 고객 센터의 전화 받는 방식 |
| 관료제의 역기능 | • 창의성과 개성의 소멸<br>• 목적전치 현상<br>• 인간소외 현상<br>• 무사안일주의<br>• 소수로의 권력집중 심화 | | • 빽빽이 숙제<br>• 학교의 시험제도<br>• 관료제 속에서 소외 되는 개인(국민일보 2001년 4월 1일자 기사 「바뀐 업무 부적응 자살 - 업무상 재해」) |

**(ㄷ) 영화 뒤집어 보기: 오늘의 내가 감독 채플린에게 던지는 질문?**

【질문 1】

우리는 오늘 교과서에서 "관료제의 등장은 중산층이라는 계층을 탄생시켰다."라고 배웠습니다. 포드는 새로운 관료제 시스템에 적응하지 못하고 회사를 떠나는 노동자들을 붙잡기 위해 임금을 두 배로 올렸다고 합니다. 중산층이라는 부유한 노동자 계층이 생겨난 것도 바로 그 덕분이구요. 중산층의 등장은 우리 사회를 긍정적인 변화시킨 면도 있는 것 같은데요, 채플린 당신은 이 부분에 대해 어떻게 생각하나요? 진지한 답변 부탁드립니다.

【질문 2】

감독님의 컨베이어벨트 씬(scene)은 제게는 너무 인상 깊은 장면이었습니다. 산업사회의 대량생산 체제 속에서 더 많은 이윤 추구를 위해 거대한 공장의 컨베이어 부속품으로 전락해 버린 노동자의 모습을 잘 묘사한 명장면이라고 생각합니다. 소품종 대량생산 체제는 감독님이 지적한 대로 인간을 부품화하고 원자화시켰다는 점에서 비판받고 있으나, 우리들에게 물질적인 풍요를 가져다준 것 또한 사실입니다. 감독님이 생각하는 소품종 대량생산 체제의 장점은 무엇이라고 생각하십니까? 그리고 최근에는 다품종 소량생산 체제가 자리를 잡고 있는데, 감독님의 마음에 드시는지 궁금합니다.

| 오늘의 내가<br>감독 채플린에게 던지는 질문 | 채플린의 답변 | 답변에 대한 나의 댓글 |
|---|---|---|
|  |  |  |

### (ㄹ) 생활 속에서 파악한 관료제 조사 노트 예시

| 조사<br>장소 | 조사<br>대상 | 조사<br>방법 | 관찰 내용<br>또는 조사 내용 | 조사 대상자와<br>의 인터뷰 내용 | 수업 시간에<br>배운 개념과 연<br>결하기 | 내가 느낀<br>긍정적 측면<br>(좋은 점) | 내가 느낀<br>부정적 측면<br>(부족한 점) | 내가 생각한<br>개선방안 |
|---|---|---|---|---|---|---|---|---|
| 종합<br>병원 | 초진<br>접수<br>받는<br>사람 | 참여<br>관찰<br>면접 | 학습된 말투,<br>시간의 흐름<br>에 따른 표정<br>의 변화, 반복<br>되는 업무 | 경력, 일의 만<br>족도, 어려운<br>점 등 |  |  |  |  |
| 통신사<br>고객<br>센터 | 상담원 | 전화<br>녹취<br>전화<br>면접 | 똑같은 형식<br>의 훈련된 대<br>화 패턴 |  |  |  |  |  |
| 회사 | 아버지 | 질문<br>지법<br>심층<br>면접 | 회사 속의 엄<br>격한 위계질<br>서 |  |  |  |  |  |
| 학교 | 학생 | 관찰<br>면담 | 형식적인 숙<br>제 베끼기 | 목적전치 |  |  |  |  |

## 바) 7차시: 수업의 내용을 생활과 연관시키고 바람직한 대한 모색하기

### (ㄱ) 장기와 바둑, 농구를 통한 관료제와 팀제의 비유적 설명

팀조직의 특성을 파악하기 위하여 비유적으로 장기판과 바둑판을 예로 들기로 한다. 장기는 각자의 위치와 가는 길이 정해져 있다. 바둑에도 규칙이 있지만 각 돌의 자리가 정해져 있는 것은 아니며, 필요한 경우에 아무 데고 가서 자리를 잡을 수 있다는 점에서 볼 때 장기 조직이 전통적인 위계조직이라면 바둑 조직은 팀제의 조직에 비유될 수 있을 것이다. 조직 속에서의 개인의 역할과 기능이란 측면에서도 양자는 다르다. 장기에서는 마, 포, 상이 존재하는 의미를 그 자체에서 찾기는 어렵다. 반면에 바둑에서는 바둑돌 하나하나가 모두 존재 의미를 갖는다. 아주 결정적인 순간에는 한 개의 바둑돌이 판세를 역전시키듯이, 팀 조직에서는 종래의 기능 조직에서 볼 수 없는 특성을 지니고 있다.

장기는 바둑에 비하면 상대적으로 장군에서 졸까지 수직 계층화되어 있어서 운신의 폭에 차이가 있는 계급사회를 연상시키는데 반하여 바둑돌은 모두 평등하다는 점에서도 양자의 차이가 존재한다. 각자가 다른 사람의 휘하에 들어감이 없이 자기의 재능과 적성을 발휘할 수 있는 조직이 설계된다면 그것은 바둑판 조직과 흡사할 것이라고 이해된다. 그렇다고 완전 독립하여 각자가 따로따로 행동하는 것이 아니라, 멀리 있으나 가까이 있으나 서로 연결되어 있고 크게 보아도 어떤 축에 의해서 전체가 통일을 이루어 목표를 달성한다는 점이 팀 조직이 갖는 중요한 특성이다.

팀이라 하면 어떤 목표를 완수하기 위해, 혹은 목표 완수를 위한 부차적 목표를 이루기 위해 함께 일하면서 그들의 작업을 개선하고 문제를 처리하고 작업을 계획·통제하는 것이다. 그러므로 하나의 팀은 어떤 작업을 수행할 뿐만 아니라 스스로 관리·계획·통제하는 책임도 지는 것이다. 전통 조직의 기능부서는 규모의 경제를 감안하여 업무수행의 여러 과정 중에서 자꾸 되풀이되는 부분들을 독립시킨 것이다. 그러나 기능부서들은 업무의 전체 과정을 파악하지 못하므로 상위조직 단위가 전체 업무에 대한 조정을 해야 하고, 따라서 강력한 통제 기능을 갖지 않을 수 없는 것이다. 그러나 팀은 자체 내에 완결된 업무과정을 내포하며, 팀 사이에는 네트워크적인 관계만이 성립한다. 업무과정이 팀 내에서 완결된다는 특징이 있다. 따라서 팀은 종래 위계조직의 기능부서와는 달리 독자적인 유기체로서의 성격을 가지는 조직으로서 기능하게 된다고 말할 수 있다.

다음은 농구팀에 대한 설명이다. 이를 조직 원리로 활용한다면 관료제의 어떤 점을 극복할 수 있는지, 어떤 장점이 있는지를 생각해 보자.

첫째, 팀장은 감독이 아니라 농구팀의 주장이다. 팀장은 현장에서 같이 뛰면서 자기도 하나의 포스트에서 그에 걸맞은 역할을 맡아 하면서 각 선수들을 연결하고 감독의 작전 지시를 실현하면서 팀을 리드한다. 둘째, 선수는 감독과 주장의 판단에 따라 수시로 자유롭게 교체가 가능하며, 이를 위해 결재를 받거나 어떤 공식 절차를 거치지 않는다. 셋째, 개인 성적보다 팀 성적이 훨씬 중요하다. 넷째, 감독이 작전은 지시할 수 있지만 직접 팀원의 일에 일일이 간섭하지 않는다. 다섯째, 주장과 선수의 관계는 지시 – 복종의 관계가 아닌 파트너 관계로 서로 대등하다고 할 수 있다. 여섯째, 팀은 그 종류에 따라 팀의 구성, 규모, 경기방식, 개개 선수의 처우 등이 천차만별이다. 일곱째, 인원 개개인은 일전다기형(一戰多技型)의 인재가 필수적이다. 리바운드는 잘하는데 슛을 할 줄 모른다거나, 슛은 잘하는데 패스를 할 줄 모르는 사람은 팀에 별 도움이 안 된다.

## (ㄴ) 인간소외에 대한 설명

인간소외에 대한 다음의 자료들을 간략히 설명하고. 공식적 조직 내에서 과업 수행과 별개로 1차적 인간관계 형성, 공통의 취미나 관심사를 실현하기 위한 목적으로 형성되는 조직인 비공식 조직이 관료제 조직의 인간소외 극복에 많은 기여를 했다는 사실을 강조한다.

〈인간소외 현상〉

19세기에는 '신이 죽었다'는 것이 문제였지만, 20세기에는 '인간이 죽었다'는 것이 문제이다. 독일의 사회심리학자인 에리히 프롬(Erich Fromm, 1900~1980)이 남긴 말이다.

현 지구상에는 40억에 가까운 형형색색의 인간들이 숨을 쉬며 살아가고 있다. 이렇게 많은 사람들이 엄연히 숨을 쉬며 살아가고 있는데도 현대의 인간을 두고 '죽었다'라고 진단을 내리는 것은 대체 어떠한 뜻에서일까? 아마도 그것은 현대의 인간이 점점 자아의 감정을 잊어버리고, 일종의 정신분열증적인 자기소외의 상태에 떨어짐으로써 인간답지 못하게, 즉 비인간적으로 되어 가고 있기 때문일 것이다. 프롬의 눈에 비친 현대의 인간은 바로 이와 같이 죽어 있는, 즉 일종의 로봇으로 변해 가는 인간의 모습이었던 것이었다.

프롬이 말하는 인간소외는 인간이 자기 자신을 한 사람의 이방인으로 경험하는 것을 의미한다. 인간이 자기 자신으로부터 멀리 떨어져서 소원해진 것이라고 말할 수 있을 것이다. 인간은 자기 자신을 세계의 중심이라든가 자기 행위의 창조자로서 경험하는 것이 아니라, 자기 행위와 그 행위의 결과가 도리어 주인공이 되고 인간은 이것에 복종하며, 심지어 그것을 숭배하기까지 하는 것이다. 소외된 인간은 자기 자신을 자기의 힘이나 객관화의 적극적인 담당자로서 느끼는 것이 아니라, 그의 생생한 본질을 투사하여 객관화한 한 개의 물체, 즉 자기 외부의 힘에 의존하는 한 개의 빈약한 물체로서 느끼게 되는 것이다.

요컨대 소외된 인간이라는 것은 비인간적인 상태, 즉 개성을 상실한 상태에 있는 인간이라고 할 수 있다. 그런데 현대의 이른바 시장지향형의 인간은 이와 같은 개성을 상실한 비인간적인 상태에 떨어지기 쉽다고 프롬은 지적하고 있는 것이다.

### (ㄷ) UCC와 패러디에 대한 설명 예시

㉠ UCC, 그것이 궁금하다

UCC란 User Created Contents의 약자로 이용자들이 직접 제작한 동영상, 글, 사진 등 다양한 소재의 콘텐츠를 의미합니다. 오래전부터 우리 곁에 있었던 낙서, 친구들에 대한 험담, 인터넷 게시판에서의 댓글, 쇼핑몰에서의 상품평도 모두 UCC입니다. 웹 2.0이 추구하는 참여, 공유, 개방의 정신에 따라 사용자가 상업적인 의도 없이 제작한 콘텐츠를 인터넷을 통해 공개할 때 UCC라 부릅니다. 순수하게 창작된 것이 아니더라도, 이전에 만들어진 창작물에 일정 수준 이상의 창의적인 노력을 덧입힌 것도 UCC라 말할 수 있습니다.

즉, UCC란 말 속에는 사용자가 직접 제작했거나 다른 사람이 제작한 것을 수정하여 올렸다는 의미를 포함하고 있습니다. 따라서 다른 사람이 만든 콘텐츠를 그대로 베끼거나 독창성 없이 단순히 조합한 것은 불법 저작물일 뿐 UCC가 될 수 없습니다. UCC는 인터넷을 통해 공개하고 개방하는 것을 전제로 하고 있기 때문에 소유권은 개방적이며, 인터넷 미디어의 특성상 형식이나 내용에 있어 기존의 미디어들에 비해 자유롭습니다. 휴대전화와 디지털 카메라, 편집 프로그램의 보급으로 누구나 쉽게 사진이나 영상을 촬영하고 편집할 수 있게 되면서 블로그와 미니홈피 등 웹 사이트를 통해 공개되는 UCC는 기하급수적으로 증가하고 있습니다.

㉡ 영화 포스터의 의미

영화 포스터는 한 장의 사진에 불과하지만 2시간여 동안에 펼쳐지는 영화의 이야기가 함축되어 있는 청사진입니다. 영화 포스터를 어떻게 만드느냐에 따라 영화 흥행이 좌우되기도 하기 때문에 제작진들은 포스터 한 장면을 위해 영화 내용에 없는 촬영을 따로 하기도 합니다. 일반적으로 상업영화는 보통 편당 적게는 수십억에서 수백억이라는 막대한 제작비가 들어갑니다. 그러니 영화의 얼굴이라 할 수 있는 포스터엔 얼마만큼의 공을 들일까요? 상상할 수 있겠지요? 제작진들은 영화의 얼굴인 포스터의 배경색, 인물 구성 방법, 인물 동작 형태, 문구 등 하나 하나에 온갖 공을 들였을 것입니다. 그러므로 영화 포스터를 보면 영화가 어떤 의미를 전달하려 하는 것인지를 미루어 짐작할 수 있습니다. 포스터는 시각적으로 자극시켜 강한 선전 효과와 전달 효과를 거두는 기능적 특징을 지닌다고 합니다. 이러한 과정은 사람들이 포스터를 보는 상황을 고려해 볼 때 순식간에 일어나야 합니다. 따라서 짧은 시간에 강한 설득력을 지니기 위해서 제작자들은 우리의 감각이 인식하고 받아들일 수 있는 기호들을 잘 사용하고 배치하는 방법으로 제시하게 되는 거죠. 이제부터 영화 포스터를 볼 때 그냥 가볍게 스쳐볼 수는 없겠지요?

ⓒ 패러디란?
패러디는 다른 사람의 특정 작품 소재나 문체 등을 흉내내어 재미있게 바꾸거나 변형하는 일을 말합니다. 시사적인 문제나 다른 사람의 결점을 다른 것에 빗대어 비웃거나 폭로하는 풍자도 일종의 패러디입니다.

ⓔ 패러디의 역할?
첫째, 패러디는 웃음을 선사합니다. 패러디를 만들고 즐기는 사람은 "그 어느 것도 신성하지 않다."고 말합니다. 모든 엄숙한 것에는 우스꽝스러움이 숨어 있고, 이것을 다 뒤집어서 웃음을 선사하는 것이 패러디라는 것입니다. 둘째, 패러디는 원작자의 의도에 상관없이 그 대상에 논리적으로 숨어 있는 가능성으로서의 의미를 재발견해 내는 역할을 하기도 합니다. 여러분들이 어렸을 적 읽었던 아름다운 동화책을 새롭게 바꾸어 잔혹하게 바꾸어 놓은 '잔혹한 동화'나 권선징악의 교과서인 「흥부전」을 '흥부 비판'으로 재해석한 「놀부전」 등도 변모한 사회상과 윤리관을 반영한 패러디물이라 할 수 있습니다.

ⓜ 좋은 패러디가 되기 위한 원칙
첫째, 원작과의 관계인데 누가 보아도 패러디한 작품의 원작이 무엇이라는 것을 알 수 있어야 합니다. 둘째, 원작과 다른 의미를 담고 있는 독창적인 창작물이어야 합니다. 원작의 메시지와 같은 의미를 전달하는 내용의 작품은 패러디가 될 수 없습니다. 셋째, 재미를 가지고 있어야 합니다. 또한 원작의 비판으로 시작된 패러디는 그 원작을 비틀어야 합니다. 특히 대중

미디어에서 변용된 패러디는 비판적 성향보다는 그 작품을 보고 느낄 수 있는 새로운 느낌이 있어야 하겠지요? 넷째, 패러디할 대상의 초상권을 침해하거나 명예를 훼손해서는 안 됩니다. 패러디의 힘과 재미는 '반전과 뒤집기를 통한 새로운 의미의 창조'에 있다고 할 수 있습니다.

ⓑ 패러디 속에 담긴 뜻 읽기

| 명품 상품 광고 | 패러디 광고 |
|---|---|
| 무한도전!<br>나는 가수다! | 무한봉화!<br>나는 교사다! |

• 위의 패러디 광고를 만든 사람은 패러디를 통해서 무엇을 말하고 싶었을까요?

ⓐ 영화 패러디 포스터 UCC 기획안 작성

| 항목 | 토의한 내용 | 확정된 의견 |
|---|---|---|
| • UCC의 제목은? | | |
| • UCC의 장르(표현 형태) | | |
| • 포스터의 크기는? | | |
| • 보여 줄 대상은? | | |
| • 왜 이 UCC를 만들고자 하는가? (기획 의도) | | |
| • UCC를 통해 말하고자 하는 주제는? | | |
| • 사전 조사는 어떻게 할 것인가? | | |
| • 어떤 구조로 UCC를 만들 것인가? | | |

UCC를 만들기 위한 기획안을 작성하는 것은 마치 건물의 설계도를 그리는 것과 같습니다. UCC에 대해 가능한 한 정확하고 상세하게 자기의 계획을 적는 지혜가 필요합니다. 다음의 기획서 예시를 참고하여 우리가 만들 UCC의 기획안을 작성해 봅시다.

◎ 스토리보드(storyboard)란?

영화의 스토리보드는 촬영을 쉽게 할 수 있도록 촬영대본을 그림의 형태로 그려 놓았다고 생각하면 됩니다. 패러디 포스터의 경우에는 원작 포스터의 내용을 어떻게 바꿀지를 구상하는 스케치 정도로 생각하는 것이 좋겠습니다. 애니메이션이나 사진, 포스터와 같은 작품에서는 해당되는 그림의 내용이나 글을 정확하고 세밀하게 설명하거나 그려야 하므로 내용이 빠짐없이 기록되도록 주의합니다.

포스터의 스토리보드를 그릴 때에는 그림을 바꾸는 것도 중요하지만, 포스터의 문구나 내용 속의 소품, 배경 등 영화를 소개하는 전반적인 것을 살펴보고 고쳐야 합니다. 그러므로 원작의 포스터를 잘 살피고 어느 부분을 고쳐야 할지를 친구들과 의견을 나누는 시간을 가져 보시기 바랍니다. 예시 주제는 '인터넷 속에서의 만남'이랍니다.

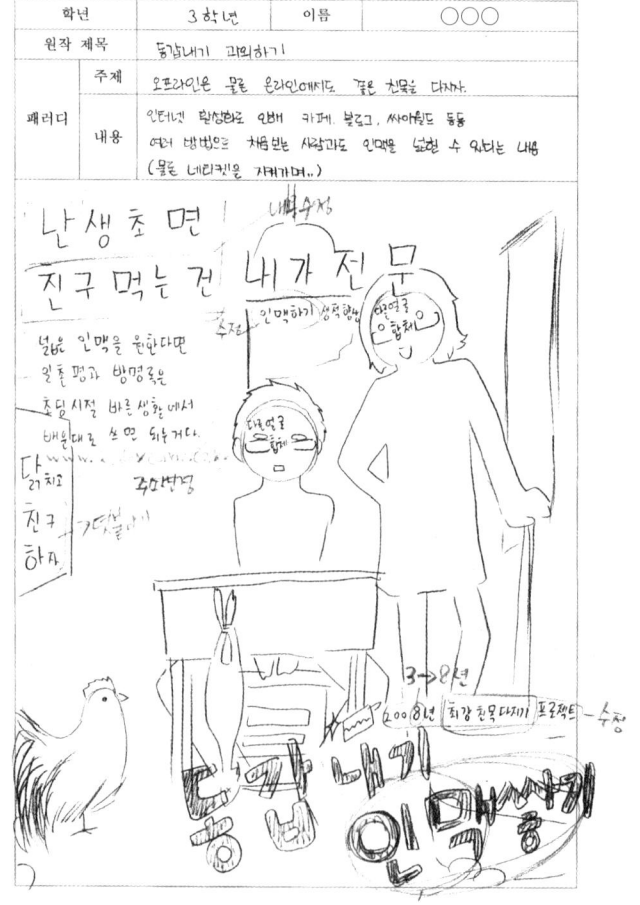

▶ 스토리보드 양식

| 학년 | | | 모둠 이름 | |
|---|---|---|---|---|
| 원작 제목 | | | | |
| 패러디 | 주제 | 인간소외 현상 극복 | | |
| | 내용 | | | |

## 사) 8차시: 발표 및 평가

### (ㄱ) UCC 가이드라인 및 CCL 점검하기

UCC는 자신의 생각을 담아 인터넷을 통해 다른 사람들과 쉽게 공유할 수 있다는 장점이 있다. 그러나 때로는 근거 없는 소문으로 인한 명예훼손이나 사생활 침해 등 UCC의 어두운 면도 존재한다. 따라서 건전한 UCC 문화를 정착시키기 위해서는 우리가 만든 UCC를 인터넷에 올리기 전에 꼭 확인해 볼 필요가 있다.

| 건전한 UCC 문화를 위한 체크리스트<br>– UCC 이용자들을 위한 실천적 가이드라인 | | ✔ |
|---|---|---|
| 제작할 때 | • 자신이 제작하고자 하는 UCC를 이용하는 대상에 미성년자나 청소년이 포함되어 있나요? | |
| | • 제작하고자 하는 UCC가 다른 사람의 저작권리를 침해하지 않았나요? | |
| | • 제작하고자 하는 UCC가 다른 사람의 명예, 사생활, 프라이버시 등을 침해하고 있지는 않나요? | |
| | • 사회적 미풍양속을 해치는 내용을 담고 있지 않나요? | |
| | • 제작하고자 하는 UCC가 거짓을 포함하고 있지는 않나요? | |
| | • 자신이 만든 저작물에 대한 권리 표시 및 이용 범위 등에 대한 표시를 하였나요? (CCL을 붙였나요?) | |
| 인터넷에<br>올릴 때 | • 퍼나르기를 할 게시물에 대해 댓글 등의 의견을 올릴 수 있는 공간이 있나요? | |
| | • 게시물이 다른 사람의 저작물에 대한 권리를 침해하고 있지는 않나요? | |
| | • 게시물에 대한 자신의 사회적 책임성을 알고 충분히 이해하고 있나요? | |
| 이용할 때 | • 불법·불건전 정보를 담고 있는 UCC 정보를 발견했을 때 이를 신고하였나요? | |
| | • 개인의 권리를 침해받았을 때 구제받을 수 있는 절차를 알고 있나요? | |

### (ㄴ) CCL(Creative Commons Lisense) 점검

CCL이란 자신이 만든 창작물을 사용할 때는 '이런 조건에서만 자유롭게 이용하세요'라고 지정해 주는 일종의 라이선스 표시이다. UCC가 추구하는 개방과 공유의 정신을 실현하면서도 자신의 권리를 표시하는 의미 있는 행위라 할 수 있다. 현재 국내에서 채택하고 있는 CCL은 다음과 같다.

 ㉠ 저작자 표시 – "제 이름을 밝혀 주세요!"

내가 만든 UCC를 다른 사람이 이용할 때 꼭 내가 만들었다는 표시를 해 주어야 한다.

 ㉡ 비영리 – "상업적으로 이용할 수 없어요!"

내가 만든 UCC를 돈을 벌 목적이 아닐 경우에만 이용을 할 수 있다는 뜻이다. 만약 돈을 벌기 위한 목적으로 이용하길 원할 경우에는 따로 계약을 해서 대가 를 받고 이용을 허락할 수 있다.

 ㉢ 변경 금지 – "바꾸지 말아 주세요!"

내가 만든 UCC를 이용하여 새롭게 다른 UCC를 만드는 것뿐만 아니라 UCC 의 내용, 형식 등의 어떤 변경도 할 수 없다.

 ㉣ 동일 조건 변경 허락 – "처음과 똑같은 규칙으로!"

내가 만든 UCC를 이용하여 새로운 UCC를 만들 수 있다. 그렇지만 그 UCC에 대하여는 처음 UCC와 똑같은 내용의 라이선스를 적용하여야 한다는 뜻이다. 예를 들어, '저작자 표시-비영리' 조건이 붙은 UCC를 이용하여 다른 작품을 만들었다 할지라도 그 UCC도 역시 '저작자 표시-비영리' 조건을 붙여야 한다.

**(ㄷ) 사랑의 피라미드 과제**

영화 〈아름다운 세상을 위하여〉의 주인공 소년 트레버는 아름다운 세상을 만들기 위한 방법 을 다음과 같이 설명한다. "세상을 바꾸기 위한 나, 트레버의 아이디어는 이것입니다. 제가 세 사람에게 아주 좋은 일을 해 주는 거예요. 그런 다음 그 사람들이 어떻게 은혜를 갚으면 되느냐고 물어 보면, "PAY IT FORWARD!", 즉 다른 사람에 베풀라고 요구하는 거죠. 그러면 세 사람이 각각 세 사람씩 돕는 거예요. 그럼 9명이 도움을 받게 되겠죠? 그 다음에는 27명이 도움을 받게 될 거구요. 순식간에 도움을 받는 사람의 수가 엄청나게 늘어날 거예요" 이 수 행평가 과제는 영화 속의 소년처럼 오늘부터 내가 관심을 가지고 사랑하고 배려해야 할 세 명을 선정하여 선정 대상, 이유, 실천할 내용 등을 친구들에게 발표한 다음, 한 학기 동안 실 천해 보는 프로젝트 수업이다.

# 15장

# 핵심역량 함양을 위한
# 디베이트 수업모델

김소영

# 1. 수업모델의 개요

## 1) 수업모델의 이해

이 장에서 다루게 될 창의·인성 수업모델은 토론 수업 중 디베이트 모델으로 구성된 것이다. 수업모델 구축을 위해 선정한 교과 내용은 중학교 2학년 1학기 사회과 역사 영역이며, 단원은 다음과 같다.

> 단원: 6. 조선의 성립과 발전[34]
>
> 제재: 일본이 독도를 가지고 싶어 하는 진짜 이유를 찾아라!

교육의 근본 목적은 미래를 살아갈 수 있는 힘을 키우는 것으로 급변하는 21세기를 살아가야 하는 학생들이 마주치게 될 다양한 기회와 도전의 역량을 갖추도록 준비시켜야 한다. 따라서 미래 교육은 '집어넣는 교육'이 아니라 '끄집어내는 교육'이 중심이 되어야 하며, 학생들의 잠재력과 바람직한 가치관을 '찾고 키워 주는' 교육이 필요하게 되었다. 국가의 경쟁력은 결국은 창의적 인재의 양성에 승패가 좌우되며, 기업과 같은 인재의 최종 수요자도 창의성과 인성을 겸비한 '훌륭한 전문인'을 요구하고 있다. 게다가 입학사정관제의 확대에 따라 교과 성적만 아니라 학생의 창의성·인성·잠재력 등도 대학 입학을 결정하는 중요한 입시 요소로까지 등장하였다.

그러나 우리나라의 교육 현실은 창의·인성 교육을 받아들일 준비가 미흡한 교사의 풍토와 체계적 프로그램이 절대적으로 부족하고, 지역사회의 교육 인프라 또한 학교와의 연계가 원활하지 못하다. 또한 학부모는 교육열에 비해, 실제 가정교육, 학교교육, 교육정책 등에서 수동적이고 소극적이면서 모든 책임은 학교와 국가에 미뤄버리는 무책임한 분위기가 만연해 있다.

이 수업모델은 '역사 교육을 중심으로 한 융합 수업모델 개발'을 주제로 한다. 이 주제를 중심으로 학습 내용을 재구성하여 다양한 활동의 창의·인성 수업의 보다 빠른 안정화를 꾀하고자 한다. 이러한 주제 선정을 통해 수업 개발자들이 의도한 창의·인성 교육 요소는 다음 표와 같다.

---

34 2009 개정 교육과정에 따른 사회과 교육과정에서는 중학교 역사 '조선 사회의 변동'에 해당한다.

| 수행 단계 | 창의·인성 교육 요소 |
|---|---|
| 토론 자료 수집 | 흥미 |
| 자료 정리(한국 입장) | 문제발견 |
| 추가 조사(일본 입장) | 열정, 확산적 사고 |
| 토론(디베이트) | 비판적 사고, 논리·분석적 사고 |
| 발표 및 과제 평가 | 공정, 약속 |

먼저 토론 자료 수집을 통해 막연한 독도 문제에 대해 흥미를 이끌 수 있고, 보다 깊은 자료 수집을 통해 문제발견과 확산적 사고, 열정의 창의적 요소를 기를 수 있다. 그리고 토론 과정에서는 비판적 사고, 논리·분석적 사고가 길러질 수 있다고 예상할 수 있다. 그밖에 공정과 약속의 창의·인성 요소의 함양도 기대해 볼 수 있다.

'독도는 우리 땅'이라는 주장을 한국 사람들은 너무도 당연시하고 있다. 왜냐하면 너무도 명백히 우리의 영토이기 때문이다. 하지만 세상은 합리적인 논리와 외교적으로 통용될 수 있는 타당한 증거를 원하고 있다. 그렇다면 우리도 일본인의 주장에 대해 다양한 반박의 증거가 있는지, 그 증거가 정확한 자료인지, 어떤 주장에 대한 반론의 자료로 활용하면 좋은지 등을 살펴봐야 한다.

이러한 객관적이고 합리적인 사고, 논리·분석적인 사고를 할 수 있는 계기를 마련하려면 넉넉하게 2차시의 시간을 할애해 자료 수집을 할 필요가 있다. 인터넷만 치면 바로 찾을 수 있는 당연한 한국인의 생각만을 공유해서는 합리적인 결론으로 나아갈 수 없다. 상대방의 생각을 찾아보고, 그들처럼 생각해 보는 등의 다각적인 활동이 정말 중요하다.

따라서 한 시간의 자료 수집 결과에 대한 약간의 상호평가와 함께 격려하는 과정이 반드시 필요하다. 더 나은 자료를 찾으려는 선의의 경쟁이야말로 몰입으로 들어가도록 유도하는 최고의 방법이다. 1차시와 2차시는 반드시 연이어 할 필요는 없다. 오히려 1주일 정도의 생각할 시간을 주는 게 더 나았다는 경험이 있다. 생각이나 아이디어는 4시간을 준다고 해서 그 즉시 4배의 효과를 끌어내지는 못하기 때문이다.

| 토론 자료 수집 | • 자료 정리(한국 입장)<br>　- 미리 제시된 질문에 자신의 의견 준비하기<br>　- 그룹별 예비 토론하기(앞뒤 4명의 친구와 토의)<br>　- 의문점 찾기<br>　- 자기의 견해 다지기<br>• 추가 조사(일본 입장)<br>　- 추가 증거 수집하기<br>　- 인터넷과 도서관, 가져온 자료 등 활용 가능<br>　- 상대방의 입장되어 생각해 보기<br>　- 일본 사이트 검색하기 |
|---|---|

⇩

| 토론(디베이트) | • 토론<br>　- 한국팀과 일본팀 뽑기<br>　- 한 팀에 2명씩 총 5명이 토론하기<br>• 발표 및 과제 평가<br>　- 역할 카드에 따른 역할놀이 해 보기<br>• 토의 및 평가 단계<br>　- 각 갈등 사례에 적절한 해결방안을 제시하였는지 평가하기 |
|---|---|

⇩

| 발표 및 과제 평가 | • 토의 발표<br>　- 자신의 모둠을 제외한 다른 모둠의 토의 심사하기<br>　- 양 팀 중 누가 이겼는지만을 판단하기<br>　- 잘한 팀의 좋은 점에 대한 평가글 쓰기<br>• 자료 검색 결과 제출<br>　- A3 크기의 종이에 토론을 준비하면서 새롭게 알게 된 사실을 정리하기 |
|---|---|

⇩

| 반성(개별 과제) | • 교지에 수록하여 입학사정관제 포트폴리오로 활용하기 |
|---|---|

## 2) 수업의 목표와 평가

　　중학교 2학년 사회(역사) 교과의 단원별 교과 내용을 분석하여 창의·인성 수업의 구현을 위해 학문간 융합 주제를 중심으로 정리하였다. 통합 교육을 실시하기 위해서는 인접한 교과를 중심으로 각 주제에 대한 내용 분석이 선행되어야 한다. 다음은 사회과 인접 학문간 융합 주제를 선정한 사례이다.

| 시기 | 단원 | 학문 간 융합 주제 | 비고 |
|---|---|---|---|
| 3월 | 1. 문명의 형성과 고조선의 성립 | • 빗살무늬토기의 바닥은 왜 뾰족할까? | 역사 + 지리 |
| | | • 제헌절의 노랫말과 단군신화의 의미는? | 역사 + 정치 |
| 4월 | 2. 삼국의 성립과 발전 | • 부여(동예,옥저)와 고구려(백제)의 차이점은? | 역사+문화+지리 |
| 5월 | 3. 통일 신라와 발해 | • 발해와 신라의 관계는? (화친 / 단절) | 역사 + 정치 |
| 6월 | 8. 다양한 문화권의 형성 | • 진정한 문화사절단이란?(다문화이해 교육) | 역사 + 문화 |
| 7월 | 5. 고려 사회의 성립과 발전 변천 | • 세계에서 고려청자가 으뜸인 이유를 찾아라. | 역사+문화+미술 |
| 9월 | 6. 조선의 성립과 발전 | • 일본! 독도가 가지고 싶은 진짜 이유? | 역사+지리+일본어 |
| 10월 | 7. 통일제국의 형성과 세계 종교 | • 이순신의 거북선 해외 원정기를 쓴다면? | 역사 + 지리 |
| 11월 | 9. 교류의 확대와 전통 사회의 발전 | • 시민과 세계시민은 무엇이 다른가?<br>(민주 시민 교육) | 역사 + 일반사회 |

∴ 음영 처리가 되어 있는 부분이 수업모델에 활용된 교육 내용이다.

2009 개정 교육과정에 따른 창의·인성 요소를 기르고자 수업 목표는 다음과 같이 정하였다.


【교과 학습목표】
• 임진왜란의 과정과 임진왜란 이후 한일관계에 대해 말할 수 있다.
• 독도의 소중함을 인식하고, 조상들의 국토관을 계승·발전시키면서 향토애와 국토애를 기른다.


【창의·인성 목표】
• 독도에 대한 일본의 논리적 오류를 찾을 수 있다.
• 독도에 대한 외교적으로 반박할 수 있는 근거와 증거를 제시할 수 있다.


기존 수업에서는 교과 학습목표만 제시되지만, 창의·인성 수업에서는 창의성 교육 목표와 인성 교육 목표가 평가에 부가된다. '독도는 우리 땅이다' 디베이트 수업의 평가 영역과 성취 기준은 다음과 같다.

| 평가<br>영역 | 성취 기준 | 평가 척도 | | | | | |
|---|---|---|---|---|---|---|---|
| | | 매우<br>잘함 | 잘함 | 보통 | 미흡 | 미완성 | 미제출 |
| | | 5 | 4 | 3 | 2 | 1 | 0 |
| 교과<br>학습<br>목표 | • 임진왜란의 과정과 임진왜란 이후 한일관계에 대해 말할 수 있다. | 별도의 서술형 평가 문항지로 평가한다. | | | | | |
| | • 독도의 소중함을 인식하고, 조상들의 국토관을 계승·발전시키면서 향토애와 국토애를 기른다. | | | | | | |
| 창의<br>인성<br>목표 | • 독도에 대한 일본의 논리적 오류를 찾을 수 있다. | | | | | | |
| | • 독도에 대한 외교적으로 반박할 수 있는 근거와 증 거를 제시할 수 있다. | ◎ | | | | | |
| | • 책임감: 각 개인 능력에 맞는 역할을 분담하여 책임감 있게 운영하는가? | | ◎ | | | | |
| | • 배려, 협동심: 수업활동 중 나와 다른 의견이 있을 수 있음을 인정하고 배려하면서 협동적으로 활동을 수행하였는가? | ◎ | | | | | |
| | • 그밖에 모둠별 활동 수행 과정에서 추가할 만한 바람직한 인성적 사례가 있는가? | 특수반 학생을 배제하지 않거나 다리 아픈 학생의 역할을 바꿔 주거나 하면 가산점을 준다. | | | | | |
| 교사<br>의견<br>및<br>채점평 | 예시)<br>• 토론활동을 통해 일본 입장을 잘 정리하였으나, 이를 종합하여 자신의 입장을 표현하는 능력이 부족하다.<br>• 청각이 나쁜 친구들을 위해 영상에 자막처리를 해 온 과제물이 인성적인 면에서 우수하다. | 합산 | 15점+ 4점 + @ = 총점<br>서술형 평가 + 수행점수 + 추가 인성적 요소 | | | | |

# 2. 수업지도안의 실제

## 1) 토의 안내

| 학습과정 | 교수–학습 활동 | 창의·인성 교육 요소 | 지도상의 유의점 |
|---|---|---|---|
| 토의 안내 | ① 토의에 대한 주제 제시 | 흥미, 열정 | • 학습독서활동이 정착되도록 격려한다. |
| | ② 프로젝트 결과물 제출 방법 안내 | | |
| | ③ 채점 기준 안내 | | |
| | ④ 질문하고 대답하는 시간 갖기 | | |

① **토의에 대한 주제 제시**

- 일본! 독도를 가지고 싶어 하는 진짜 이유는?

② **프로젝트 결과물 제출 방법 안내**

- A3 크기의 우드락에 발표할 때 보여 줄 자료를 준비해 온다.

③ **채점 기준 안내**

- 입론과 반론 준비
- 한국 측과 일본 측 입장 둘 다를 생각해 보고 올 것
- 채점 기준을 이해하고, 앞으로의 토의의 전체적인 흐름과 평가 기준을 숙지한다.

④ **질문하고 대답하는 시간 갖기**

- 절차에 대한 안내와 채점 기준에 관한 이해를 돕기 위한 질문과 대답의 시간을 갖는다.

## 2) 토의 진행

| 학습과정 | 교수-학습 활동 | 창의·인성 교육 요소 | 지도상의 유의점 |
|---|---|---|---|
| 토의 준비 | ① 사회자 교육 | | • 사회자는 중립의 의견으로 양팀의 발언을 잘 정리해서 끝까지 듣고 이해를 할 수 있어야 한다. |
| | ② 토의 시작을 알림 | | |
| 입론 | ③ 일본팀 입론 I | 흥미, 수렴적 사고, 공정 | |
| | ④ 일본팀 입론 II | | |
| | ⑤ 한국팀 입론 I | | |
| | ⑥ 한국팀 입론 II | | |
| 심문 | ⑦ 일본팀, 한국팀에 공격하기 | 문제해결력, 논리·분석적 사고, 약속 | • 사회자는 심문할 때 반드시 근거를 제시하여 발표를 할 수 있도록 유도한다. |
| | ⑧ 한국팀 방어하기 | | |
| | ⑨ 일본팀, 한국팀에 공격하기 | | |
| | ⑩ 한국팀 방어하기 | | |

| 팀별<br>자유토론 | ⑪ 사회자의 토론장 정리 | 공정, 책임 | • 상대방의 입론과 주장에 대한 우리 팀의<br>의견을 최종적으로 정리해서 발표한다. |
|---|---|---|---|
| | ⑫ 팀별 자유토론 | | |
| | ⑬ 사회자의 토론장 정리 | | |
| | ⑭ 최후 발언 | | |
| 토론의 판결 | ⑮ 토론의 판결 | | |

## 토의 준비

### ① 사회자 교육

- 중립적인 입장을 강조한다.
- 토론할 때 양쪽의 의견을 고루 발표하도록 권한을 부여한다.
- 모든 토의자가 고르게 발표할 수 있도록 기회를 배분한다.
- 사회자는 토의 참여자의 입론과 반론의 자료를 미리 간략하게 조사하고 시나리오를 정리한다.

### ② 토의 시작을 알림

- 각 팀의 팀원을 소개한다.
- 토의의 규칙을 양 팀에 소개하고, 손을 들어 발언의 기회를 얻도록 주의를 준다.

## 입론

### ③ 일본팀 입론 I

- 첫 번째 토론자 발언: 국제재판소에는 왜 안 나오시는 겁니까? 질 것이 분명하니 안 나오시는 거겠지요?
- 계속 발언: 엄연히 일본 땅임을 알면서 왜 무단으로 점거하고 있습니까? 돌려주십시오. 독도는 일본 땅입니다.

### ④ 일본팀 입론 II

- 두 번째 토론자 발언: 일본의 고지도에 엄연히 독도가 정확히 그려져 있는데, 조선의 지도에는 독도가 없지 않습니까? 이 둥근 섬은 도대체 울릉도와 독도 중 어느 섬이란 말입니까?
- 계속 발언: 울릉도 도해 금지령에 울릉도 근처는 가지 말라고 했으나 독도는 거기에서 제외되어 있습니다.

⑤ 한국팀 입론Ⅰ

- 첫 번째 토론자 발언: 한국의 고지도를 준비해 왔습니다. 다 함께 보시지요. 한국에는 무수히 많은 고지도가 있습니다. 독도는 한국 땅입니다.

- 계속 발언: 안용복의 사건을 보아도 일본이 독도가 조선의 땅임을 인식하고 있었음을 알 수 있습니다. 16세기 도해 금지령 때문에 처형당한 사람의 역사를 어떻게 없는 걸로 만드시겠습니까?

⑥ 한국팀 입론Ⅱ

- 두 번째 토론자 발언: 샌프란시스코 조약에는 일본이 빼앗은 모든 영토를 돌려주라고 되어 있는데, 왜 독도만은 돌려주지 않습니까? 우리나라에는 3,600여개의 섬이 있습니다. 그 섬들은 왜 돌려주셨나요? 당신들의 논리로 말하자면, 큰 섬 5개 이외에는 안 돌려주셔도 상관없었는데 말입니다.

- 계속 발언: 독도를 시작으로 조선의 영토를 송두리째 빼앗았던 과거의 침략전쟁의 야욕을 버리지 못한 것은 아닙니까? 1870년에 대마도를 일본 영토로 강제 편입시킨 후 1904년 독도를 시마네 현으로 복속시키고, 1910년 조선의 본토를, 1930년에는 만주를 점령했습니다. 따라서 1904년부터 독도의 영유권을 인정한다는 시마네 현의 문서는 침략의 시작을 알리는 것입니다. 1870년 이전의 문서가 없다면 인정할 수 없습니다.

심문

⑦ 일본팀, 한국팀에 공격하기

- 일본 측 심문: 한국은 왜 국제사법재판소에 이런 문제를 제소하지 않으십니까? 그리고 한국의 고지도에는 왜 독도가 하나의 섬으로 그려져 있습니까? 한국의 제일 훌륭하다는 대동여지도에는 독도가 아예 그려져 있지도 않습니다. 한국팀 대답해 주십시오.

⑧ 한국팀, 방어하기

- 첫째, 국제재판소에는 나갈 이유가 없어서 안 나가는 것입니다. 당연히 우리의 땅이니까 말입니다. 둘째, 독도는 울릉도 옆에 하나의 섬으로 그려졌지만, 엄연히 독도가 맞습니다. 동해상에는 울릉도 이외엔 독도뿐이니까요. 일본도 죽도라고 써 놓으셨던데, 울릉도 옆 죽도를 가리키는 게 아닙니까? 셋째, 대동여지도는 축척을 아는 최고의 근대 지도입니다. 1:160,000 축척의 지도에 독도가 그려지려면 얼마나

커야 하는지 아십니까? 그런데 일본은 울릉도에서 독도가 보이고 독도까지 우산국에 포함되는 것을 모르십니까?

⑨ 일본팀, 한국팀에 공격하기

- 그럼 대마도도 부산에서 보이는데, 왜 한국 땅이라고 우기지 않습니까? 중국에서 압록강 넘어 북한이 보인다고 다 중국 땅입니까? 냉정을 찾으세요. 다케시마는 분명 일본 땅입니다. 일본의 고지도에는 정확하게 독도를 두 개의 섬으로 그리고 있습니다. 보여 드리지요. 고지도에 그렇게 관심이 많다고 주장하시는데, 일본의 고지도 수준도 한번 보여 드리겠습니다. 한국은 단지 일본에 지기 싫어서 또 침략을 받았다는 사실 때문에 무턱대고 우기고 있는 것 아닙니까?

⑩ 한국팀, 방어하기

- 지금 한국 고지도에 독도를 제대로 못 그린다고 말씀하셨는데, 일본은 독도의 이름도 제대로 모르시면서 이 자리에 나오신 것을 압니까? 일본 고지도에 독도라고 주장하는 2개의 섬을 무엇이라 적었는지 읽어 보십시오. 여기 증거물을 한번 살펴보시지요. 이건 [죽도]가 아니라 [송도], 이렇게 읽습니다. 맞습니까? 그렇다면 [다케시마]가 아니라 [마쓰시마]라고 해야 하는 것 아닙니까? 섬의 이름도 제대로 못 읽으면서 무엇을 주장하고 계십니까? 한때 우리가 일본의 식민지였긴 하지만, 우리나라 문화의 지배를 받았던 일본이 아직까지 그 생각에서 못 벗어나는 건 너무 무례하신 것 아닙니까?


팀별 자유토론

⑪ 사회자의 토론장 정리

- 사회자: 네, 뜨거운 토론으로 손에서 땀이 나려고 합니다. 이제 각 팀의 심문을 이 정도에서 마무리를 짓고, 팀별로 자유 토론을 해서 최종 발언을 준비해 주시기 바랍니다.

⑫ 팀별 자유토론

- 사회자: 지금부터 팀별로 오늘 토의내용을 정리하여 최종 발언을 준비해 주시기 바랍니다.
- 자유 토의 진행: 상대방의 입론과 주장에 대한 팀의 의견을 최종적으로 정리한다.

⑬ 사회자의 토론장 정리

- 사회자: 각 팀의 마지막 결론과 앞으로 글로벌 리더로서의 자세에 대해 최종 발언

을 해 주십시오. 한국 측부터 발표를 하도록 하겠습니다. 다음은 일본 측 최후 발언 부탁드립니다.

⑭ 최후 발언

- 한국 측 최후 발언: 누가 무엇이라고 해도 일본은 억지를 멈추지 않으시는데, 엄격히 한국 땅임을 인지하셨으면 이제라도 정신 차리시길 바랍니다. 처음부터 지금까지 독도는 한국 땅입니다. 처음에는 조경수역으로 어업 관련 분야에서 욕심을 내시더니 요즘은 지하자원까지 탐을 내 일본 극우에서 독도의 소유권 주장을 하시는 것 같습니다만, 이제 제국주의의 야심은 그만 접고 세계평화에 협조하면서 선진국답게 한국 땅임을 인정하십시오.

- 일본 측 최후 발언: 한국은 사법재판소에 제소도 못할 정도로 자신이 없어 보입니다. 대동여지도를 비롯한 어떤 고지도에도 나타나 있지 않는데, 눈에 보이기 때문에 자기 땅이라고 우기는 일은 말도 안 된다고 생각합니다. 광고나 K-POP 등 사법재판소 외부 플레이를 이 정도에서 멈추시길 바랍니다. 다케시마는 일본 땅입니다.

토론의 판결

⑮ 토론의 판결

- 토론 후 이긴 팀을 발표한다.

## 3) 토의 정리

| 학습과정 | 교수-학습 활동 | 창의·인성 교육 요소 | 지도상의 유의점 |
|---|---|---|---|
| 토의에 대한 정리 활동 | ① 토의에 대한 반성<br>② 토의활동으로 느낀 점 발표<br>③ 토의 결과물 제출 방법 확인 | 흥미, 열정 | • 학습독서 활동이 정착되도록 격려한다. |

토의에 대한 정리 활동

① 토의에 대한 반성

- 토의에서 가장 힘들었던 점을 이야기한다.
- 토의 시간 중에 하지 말았으면 하는 행동에 대해 이야기한다.

- 가장 바른 태도를 보인 친구를 뽑는다.

- 다음 토론의 주제로 선정하고 싶은 것에 대해 이야기한다.

② **토의활동으로 느낀 점 발표**

- 사회자, 일본 대표, 한국 대표로 활동하면서 느낀 점을 발표한다.

③ **토의 결과물 제출 방법 확인**

- A3 크기에 발표 내용 정리

- 에듀팟 탑재 안내

- 에듀팟에 토의활동으로 새롭게 느낀 점을 중심으로 탑재

## 가) 도입[5분]

**사회자** 안녕하십니까? 힘없는 우리나라, 하지만 사람이 자원인 나라~ 이제는 창의·인성을 키울 때입니다. 다양한 창의·인성 요소 중에서 토의·토론 수업을 통한 비판적 사고력을 기르려고 합니다. 한국과 일본은 물론 아직도 여러 나라에서 민족주의와 자민족중심주의라는 문제가 만연해 있습니다. 사람들은 자신의 국가나 집단을 다른 국가나 집단보다 더 좋게 생각하도록 교육 받으며, 실제로 그렇게 생각하는 경우가 많습니다. 이것은 인간의 자연스러운 성향이며, 이러한 성향은 대부분의 문화 속에서 함양됩니다. "우리가 최고야. 우리가 첫 번째야. 우리는 정의, 진리, 자유를 위해 일해. 우리나라의 생각에 동의하지 않는 나라가 있다면 그 나라가 틀린 거야. 그들은 우리의 적이야. 우리를 질투하는 거야." 일본 사람들은 이런 자민족중심주의에 빠져 있는 것은 아닐까요? 한국 사람에게는 민족주의의 흔적이 남아 있지는 않을까요? 지금부터 한·일 간 영토 분쟁을 일으키고 있는 독도를 중심으로 '일본이 독도를 가지고 싶어 하는 진짜 이유'를 토의·토론 수업을 통해 찾아보도록 하겠습니다.

## 나) 토의 수업 1[5분]

**사회자** 토의의 진행에 앞서 한국팀과 일본팀을 가위·바위·보로 정하겠습니다. 이긴 팀이 한국팀, 진 팀이 일본팀으로 선정되었습니다. 우선 자신의 이야기를 할 때에는 순서를 잘 살피고, 다른 사람의 이야기를 잘 들어야 합니다. 발언을 하고 싶으면 손을 들어 주십시오. 오늘은 다양한 토의·토론 수업모델 중에 '교실 밖 현실 세계의 문제를 다루는 과정으로서의 토론 수업'을 해 볼까 합니다. 토론의 기법을 배운다기보다 사회문제에 대한 민감성을 기르고 학생의 흥미를 자극할 수 있는 시사문제를 다루는 것이 이 토론의 특징입니다. 시작해 볼까요? 오늘의 주제는 '일본! 독도를 가지고 싶어 하는 진짜 이유'입니다. 먼저 오늘 함께 자리하신 학생 패널들의 생각부터 이야기해 보도록 하죠. 시간은 30초 드리겠습니다.

**일본 학생 1** 저는 한국인들이 참 이상해요. 독도는 엄연히 일본 땅인데 독도를 한국 땅이라 주장하니 말입니다. 독도가 한국 땅임을 고증하는 다양한 역사적 자료가 있다면서도 한국은 왜 국제사법재판에 넘기지 않는지 이해가 되지 않아요. 정말 그 많은 자료가 조작되지 않았다면, 사법재판소에 제소하지 못할 이유가 없는 것 아닌가요? 질 것이 분명하니 못하는 것입니다.

**사회자** 그 의견은 정말 예리하십니다. 일본인으로서는 왜 한국인이 제소를 하지 않는지 참 의문이시겠네요. 그럼 일본팀에서는 한국팀에서 제소하지 않는 이유가 무엇이라고 생각하는지 말씀해 주십시오.

**일본 학생 1** 저는 한국인들이 일본의 지배를 받았던 과거 역사를 이용하여 억울하다는 입장을 부각시키려고 소란을 피운다고 생각합니다. 사실이 아니기 때문에 재판에서 질 것이 두렵고, 진 이후에는 국제적으로 망신을 당할 테니 함부로 나서지 못하는 것이라고 생각합니다. 그렇지 않다면 왜 국제재판에 회부를 안 하겠습니까?

**사회자** 또 다른 일본 학생의 의견을 들어 보겠습니다. 짧게 한 말씀만 해 주십시오.

**일본 학생 2** 샌프란시스코 강화조약 당시 미국이 일본에게 돌려주어야 한다고 명시한 조선의 땅에 독도는 없었습니다. 미국 역시 독도를 당연하게 일본 땅으로 인식했기 때문이 아닌가요?

**사회자** 그럼, 이번에는 한국의 입장에 대해 살펴볼까요?

**한국 학생 1** 저는 일본인의 억지 논리에 왜 대답을 해야 하는지 모르겠습니다. 1905년부터 독도가 일본 영토였다고 주장한다면, 이는 일본이 조선 침략을 계기로 독도를 찬탈했다는 말이 됩니다.[35] 1905년은 러·일 전쟁 중이었고, 조선은 손을 쓸 수 있는 상황이 아니었습니다. 제대로 조사를 안 하고 말씀하시면 곤란합니다. 자료를 함께 보면서 말씀드리겠습니다. 샌프란시스코 조약은 카이로와 포츠담 선언과 맥락이 통하는 조약입니다. 1951년 샌프란시스코 조약 직후에 일본 마이니치신문에 실린 지도를 보시면 더 확실하게 알 수 있습니다. 또 조선의 다양한 자료들은 절대 조작된 것이 아닙니다. (다양한 고지도 사진을 보여 준다.)

**사회자** 네, 준비를 많이 해 오셨군요. 한국팀의 추가 발언 부탁드립니다.

---

35  http://blog.naver.com/correctasia?Redirect=Log&logNo=50112476791

**한국 학생 2** 1695년 안용복의 활약으로 한·일 양국의 영토문제가 불거졌고, 돗토리번에 영토 확인을 거쳐 1696년 막부에서는 도해 금지령을 내렸습니다. 그리고 죽도와 송도가 강원도 영토임을 확인하는 문서도 일본에 남아 있습니다. 그런데 어찌 말도 안 되는 주장을 하십니까?

## 다) 토의 수업 25분

**사회자** 지금까지 독도에 대한 학생들의 생각을 들어 보았습니다. 그럼 지금부터는 오늘의 주제 '일본! 독도를 가지고 싶어 하는 진짜 이유'에 대한 토론을 시작하겠습니다. 시간은 2분씩 드리겠습니다. 그럼, 이번에는 한국 학생부터 시작을 해 볼까요?

**한국 학생 1** 과거에 일본은 조경 수역으로 어자원이 풍부한 동해에서 해적질을 일삼았습니다. 자국민의 생명을 보호하기 위해 조선에서는 공도 정책(섬의 주민들을 본토로 이주시켜 섬을 비우는 정책)을 펼칠 수밖에 없었지요.

**한국 학생 2** 요즘에 와서는 어자원보다 바다 깊은 곳의 심층수나 하이드레이트의 자하자원 등의 경제성에 대해 많이 이야기하곤 합니다. 인공위성과 같은 분야에서 우리보다 앞선 기술력을 갖고 있는 일본이 동해에 매장되어 있는 지하자원에 대해 모를 리 없습니다. 동해에 대한 욕심이 생겨 역사와 자료를 조작하면서까지 국제 사회의 질서를 흔들고 있는 것입니다.

**사회자** 네, 한국 학생들의 준비도 만만치 않은 것 같네요. 그럼 이번에는 일본 학생의 반론을 들어 볼까요?

**일본 학생 1** 저희 일본에서는 당연히 독도가 일본 땅이므로 되찾으려는 생각이 제일 큽니다. 한국의 무단 점거로 그곳에서 살지 못하기 때문에 주소나 본적만이라도 옮기려는 노력을 하지요.

**일본 학생 2** 독도는 1905년 이후에 사람이 살지 않아 비워져 있던 섬으로, 역사적으로 보나 정황상으로 보나 한국이 무단 점거하고 있는 일본의 영토임에 분명합니다. 역사 왜곡은 한국에서 하고 있는 것입니다. 무엇보다 문화적으로 일본보다 앞서 있던 한국은 '왜놈이다', '왜구다' 하면서 우리를 비하하고 무시해 왔습니다. 일본의 어업권을 방해하는 것도 모자라 물을 얻는 등 꼭 쉬어 갈 수밖에 없는 상황에서조차 정박을 허락하지 않았습니다. 그러니 우리가 노략질을 할 수밖에 없었습니다.

**사회자** 아~ 이런 논리도 있었군요. 한국이 문화 강국임에도 불구하고 일본이 노략질을 할 수밖에 없도록 압력을 행사했다는 말씀이군요. '일본! 독도를 가지고 싶어 하는 진짜 이유.'에 대한 조금 더 깊은 이야기를 해 볼까요? 그럼, 일본인은 독도를 되찾으시면 어떤 일을 제일 먼저 하고 싶으십니까?

**일본 학생 1** 지하자원 개발, 접안시설 확충, 좀 더 다양한 자원 개발과 지구 환경에 대한 관리를 해야 합니다. 한국은 환경 관리를 잘 못하는 것 같습니다. 일본은 막대한 예산을 들여서라도 더욱 일본해를 관리하고 아낄 것입니다. (생략)

**일본 학생 2** 당연히 어자원 보호, 생태계 보호이지요. 일본해가 일본인은 물론 세계인의 사랑을 받는 바다가 될 수 있도록 어자원은 물론 생태계 보호에 만전을 다할 것입니다. (생략)

**사회자** 그럼, 한국에서는 만약 일본이 독도를 차지하면 어떤 일을 할 것으로 예상하십니까?

**한국 학생 1** 오직 지진과 경제위기로 흔들리는 일본의 문제를 영토 확장으로 해결하려고 하는 것 같습니다. 칠레와 미국에서는 일본인들이 구입하는 땅이 해마다 늘어나고 있습니다. (생략) 아마 독도를 얻게 된다면, 비싼 지하자원을 개발하여 그 수익으로 더 많은 토지를 구입하거나 전쟁을 준비하는 데 활용할 것 같습니다. (생략)

**한국 학생 2** 네, 옳습니다. 과거의 잘못에 대한 반성없이 지금도 우익을 중심으로 침략을 준비하고 있는 것은 아닙니까? 특히, 1905년 이후 일본은 갑자기 이름을 송도에서 죽도로 바꾸어 기록한 지도에 대한 언급을 회피하고 있습니다. 그러면서 1905년부터 독도를 영토편입한 사실에 대해 부끄러워할 줄도 모릅니다. 지금 한국인과 평화를 사랑하는 유엔은 일본의 체계적이고 끈질긴 행동의 근원적인 이유를 잘 살펴보아야 한다고 생각합니다. (생략)

라) 토의 수업 3(5분)

**사회자** 이제 시간이 많이 흐른 관계로 각 팀의 의견을 종합적으로 정리해 보겠습니다. 일본

팀의 최후 발언 부탁드립니다.

**일본 학생 1** 네. (생략)

**사회자:** 한국팀의 최후 발언 부탁드립니다.

**한국 학생 1** 네. (생략)

## 마) 정리

**사회자:** 사회학자 섬녀[36]는 『습속』이라는 책에서 자민족중심주의를 언급하고 있는데, 모든 집단의 구성원은 집단의 이익을 옹호할 것을 학습하고 집단의 힘 역시 집단 이익의 강화를 위해 사용된다고 합니다. 애국적 선입견은 우리가 교육을 통해 배운 것들과는 배치되는 사상과 싸우도록 가르칩니다. 애국주의가 불한당들의 마지막 안식처라 불리는 까닭은 악한 행동들이 애국주의라는 이름 밑에서 자행되기 때문만이 아니라 애국주의적 열정이 도덕적 기준 자체를 없애 버릴 수 있기 때문이다. 한국과 일본, 중국의 자국중심주의의 좋은 점과 잘못된 점을 찾아보고, 우리나라가 반성할 일은 반성하고 되찾을 것은 되찾는 비판적 사고를 해 보는 경험의 시간이 필요합니다. 무작정 무시를 한다거나 감정을 분출한다거나 하는 행동은 국제 사회에서 더 이상 좋은 의미를 부여받을 수는 없습니다. 소리치지 않고 울지 않아도 우리의 영토와 역사 그리고 평화를 지키고 주변 국가의 체면도 세워 줄 수 있는, 동북아시아 3국이 모두 원-윈(win-win)하는 방법을 찾아야 합니다. 이번 시간 이후에도 계속 비판적인 사고를 연습하셔서 앞으로 우리나라는 물론 세계의 평화까지도 지켜 줄 수 있는 글로벌 리더로 성장하기를 기대해 봅니다. 오늘 수업은 여기서 마치겠습니다. 감사합니다.

---

36 미국의 사회학자인 윌리엄 섬너(William Graham Sumner)는 1875년 세계 최초로 사회학 강좌를 개설하였다. 그의 사회학은 인류학적 경향을 띠고 있는데, 집단에 공유되고 사회질서 유지의 힘이 되는 '습속(習俗)'이라는 개념을 처음 내놓았다.

가) 토의 수업의 일본 측 주장

## 한국은 독도가 어디 있는지도 모르고 허위주장을 한다!

1. 일본에도 고지도가 많다.
2. 일본의 고지도에는 독도와 울릉도가 더 정확하게 그려져 있다.
3. 일본의 고지도에 독도는 정확하게 동도와 서도를 그렸다.
4. 고대부터 독도 주변에서 어업을 해 왔다.
5. 우리가 독도를 되찾아 오려고 하니, 한국에서는 무조건 반대를 위한 반대만 하고 있다.
6. 한국의 고지도에 우산국은 정확하게 그려져 있지도 않다.
7. 한국의 자료는 모두 조작된 것이다.
8. 과거 일본의 침략을 빌미로 한국은 일본의 영토를 무단점거하고도 약자인 척한다.

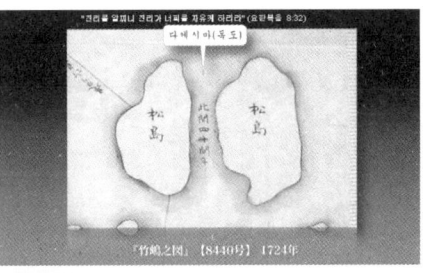
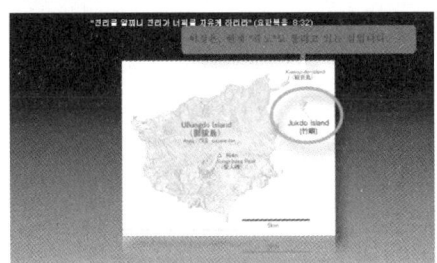
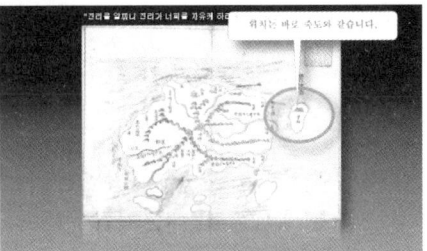

## 나) 토의 수업의 한국 측 반박

### 독도는 엄연히 한국 땅인데, 일본은 왜 우기느냐?

1. 일본은 1945년 포츠담 선언을 지켜야 한다.
2. 일본 고지도는 독도를 죽도(竹島)가 아니라 송도(松島)라고 기록하였다.
3. 일본인이 정말 가고 싶어 하던 섬은 울릉도였고, 울릉도까지 간 일본 배들이 잠시 쉬어가고 싶어 하던 섬도 죽도였다.
4. 울릉도와 죽도에는 지천으로 널려 있는 대나무가 독도에는 한 그루도 없다

> **TIP**
>
> • 포츠담 선언
>
> 1943년 11월 20일 미국의 루스벨트, 영국의 처칠, 중국의 장개석이 카이로 회담에서 '카이로 선언'을 발표하였는데, 이 선언은 만주, 타이완 등 1894년 이후에 일본이 약취한 모든 지역과 한국의 독립을 국제적으로 보장하였다. 1945년 미국, 영국, 소련이 독일의 포츠담에서 가진 정상회담에서 카이로 선언의 모든 조항이 이행되어야 함을 재확인하였고, 일본의 주권을 혼슈, 홋카이도, 규슈, 시코쿠와 연합국이 결정하는 작은 섬들로 제한하였다.

## 다) 17세기 말 울릉도와 독도 영유권 논쟁

일본의 고지도에는 독도를 송도라고 적은 경우가 많다. 그리고 예부터 일본은 울릉도와 죽도를 묶어 다케시마(죽도)라 불렀다. 안용복 사건이 있기 전까지 죽도는 울릉도를 의미했다. 그 증거가 바로 '울릉도 정계'이다. 그런데 일본이 한국을 침략하면서 착오가 생겨 1905년 시네마 현이 지금의 독도를 다케시마(죽도)라 명한 것이다.

• 울릉도 쟁계

17세기말 숙종 때 안용복의 거센 항의로 영유권 논쟁이 발생하였는데, 에도 막부가 울릉도를 조선의 영토로 재확인하면서 종결된 사건이다. 이것을 우리나라는 '안용복 사건'이라고 하고, 일본은 '다케시마 일건'이라고 한다.

17세기 말 조선은 울릉도를 쇄환, 수토정책으로 관리하였다. 이에 일본 어부는 울릉도가 빈 섬임을 알고 당시 쇄국정책을 펴던 에도 막부에게 다케시마(울릉도) 도해 면허를 신청하였다. 에도 막부는 이들에게 죽도(울릉도) 도해 면허를 1625년에 내주었다. 이들은 울릉도와 독도 부근에서 전복, 강치, 벌목 등을 하였고, 수확물은 막부에 바치기도 하였다. 그러나 안용복의 강력한 건의로 에도막부는 자체조사를 실시하였고, 1696년 1월 일본 어부들의 '울릉도·독도 출어금지령'을 내렸다.

∴ 안용복 공술 조서, 조선지팔도, 다케시마 도해 금지 나무판(출처: 천재교육 고등학교, pp.68~71.)

## 라) 배려와 비판적 사고력을 기르는 토의·토론 수업의 주의사항

1. 좋아하는 사람끼리 모둠을 만들되, 새로운 친구도 자연스럽게 함께할 수 있는 간단한 게임을 한다.
2. 모둠 이름 정하기: 모둠원들의 특징을 잘 살린 이름으로 결정하며, 전원 참석의 원칙으로 정한다.
3. 전체 감점 요인
   1) 옆 모둠에게 방해가 될 정도로 고성을 지름 – 배려 위반
   2) 제출 기한 어김 – 약속 위반
   3) 모둠원의 합의를 이루지 못함 – 협동 위반
4. 개별 감점 요인
   1) 토의할 의사가 없는 경우
   2) 껌을 씹거나 교과서, 준비물이 미비한 경우
   3) 기타 학습·토의에 방해를 하는 경우

## 마) 토론할 내용 기록장

### (ㄱ) 디베이트 1차 모둠별 연습

| 일본팀 | 토의 1 | 한국팀 |
|---|---|---|
| 제1주자 입론 | 입론 내용을 기록하세요 | 제1주자 입론 |
| 제2주자 입론 | | 제2주자 입론 |
| 추가 입론 | | 추가 입론 |

## (ㄴ) 디베이트 실전 기록

| 일본팀 | 토의 2 | 한국팀 |
|---|---|---|
| 제1주자 | 심문 내용을 기록하세요 | 제1주자 |
| 제2주자 | | 제2주자 |
| 일본팀 | 반박 내용 | 한국팀 |
| | 팀별 협의 | |
| | 최후 발언 | |

# 독도는 항상 언제나 한국 땅입니다!

○○○중학교 2학년 △반 □□□

독도, 독섬이라고도 불리며 울릉군에 속해 있는 엄연하고 자랑스러운 한국의 섬. 그러나 언제부터였는지 일본은 독도가 자신들의 영토였다고 우기고 있습니다. 이른바 '다케시마의 날'을 정하더니, 교과서에 독도가 일본의 영토라는 내용을 실으려고 합니다. 그런데 기가 막힌 사실은 일본은 독도에 관련된 내용은 충실하게 소개하고 있으면서도 정작 대지진으로 인한 후쿠시마 제 1차 원전사고에 관하여 서술한 교과서는 전체 교과서의 7%도 안 된다는 점입니다. 그렇다면 일본은 어째서 자꾸 독도를 탐내는 것일까요? 저는 여러 가지 자료들을 찾아보았습니다. 제가 찾은 자료 속의 독도는 누구나 욕심을 낼 만하다는 것입니다.

첫째, 어업과 어장의 가치입니다. 독도가 있는 곳은 한류와 난류가 교차하는 지역이면서 청정한 물이 존재함으로써 많은 플랑크톤이 생성되어 해산물이 다양하고 많이 잡히는 황금어장인 것입니다. 둘째, 지하자원적 가치입니다. 모두가 잘 알고 있는 하이드레이트 때문이죠. 하이드레이트는 '불타는 얼음'이라고도 불리며, 21세기의 새로운 에너지원으로 손꼽히는 자원입니다. 옛날부터 일본은 이 자원의 가치를 알고 개발하려고 힘쓰고 있기 때문에 일본이 독도를 노리고 있는 이유로 추측되고 있습니다. 셋째는 일본이 독도를 가지게 되면 센가쿠 제도와 쿠릴 열도의 영토문제에 연결시키려고 하는 것입니다. 일본은 현재 센가쿠 제도를 놓고 중국·대만과 영토 분쟁을 하고 있고, 쿠릴 열도 남단 도서를 놓고서 러시아와 영토 분쟁을 벌이고 있습니다. 따라서 독도문제에 승리함으로써 다른 두 건의 분쟁을 치르고 있는 상대국에게 시위 효과를 거둘 수 있다는 것입니다. 마지막으로 언젠가는 벌이게 될 영토의 경계선 협상 문제 때문입니다. 한국과 일본은 영토의 구체적인 경계를 설정할 날이 왔을 때 일본이 유리한 위치를 차지하려고 체계적인 정치계의 준비를 시작했다는 것입니다. 독도를 일본이 차지한다면 그 주변의 바다들도 일본의 것이 되고, 그렇게 되면 일본의 영토는 더욱 넓어지는 것입니다.

최근에 가수 김장훈 씨가 뉴욕타임즈에 독도 광고를 싣고, 북한에서도 독도를 건드리면 가만히 안 둔다고 입장을 밝히는 등 독도에 대한 관심이 다시 뜨겁습니다. 또한 츠보이 씨, 와다 하루키 씨, 나이토 세이츄 씨, 호사카 유지 씨는 일본인 학자이지만 독도를 한국땅이라고 인정하고 한국의 땅임을 알리기 위해 힘을 합치고 있습니다.

독도가 어째서 우리나라 영토인지 제대로 설명하지 못하는 사람들이 많습니다. 그러므로 앞으로는 화형식과 같은 집단적·감정적 대응을 하지 말고, 독도에 대한 자료들을 찾아보고 진지하게 생각해 보아야 합니다. 한국이 힘으로 다케시마를 뺏어갔다거나 학교에서 그렇게 배웠기 때문이라는 등의 이유로 독도를 자기네 영토라고 우기는 일본인들에게 사실을 정확하게 알려주고 홍보하는 것이 필요합니다.

한국에 거주하고 있는 홍대 앞 외국인 UCC를 보셨습니까? 이 UCC에서 '독도는 누구 땅이었으면 좋겠습니까?' 라는 질문을 하였는데, 한국이 좋아 한국에 온 외국인들은 더 깨끗한 질서를 유지하는 일본인이 독도를 소유하는 것이 독도를 위해 더 낫겠다는 의견들을 말하는 것을 보고 깜짝 놀랐습니다.

한국사람, 외국사람, 그리고 언제 어디서라도 "독도는 엄연한 한국 땅입니다."라는 대답을 들을 수 있도록 안창호 선생님의 가르침을 본받아 우리 가까운 주변부터 돌아보는 것이 우리 청소년이 해야 할 일입니다.

독도는 항상 언제나 우리 땅입니다.
감사합니다.


## 사) 독도 관련 사이트 안내

독도경비대 http://dokdo.gbpolice.go.kr
독도수호대 www.tokdo.co.kr
독도 의용수비대 기념사업회 www.dokdofoundation.or.kr
외교통상부 독도 http://dokdo.mofat.go.kr
사이버 독도닷컴 www.cybertokdo.com
독도연구소 www.dokdohistory.com

# 창의 · 인성 수업, 저는 이렇게 했어요!

- 일시: 2012년 8월 27일 (월) 19:00-21:00
- 장소: 인천광역시 숭덕여고 교장실
- 참석자: 김영순 교수, 홍배식 교장, 김소영 교사, 홍윤희 교사, 조영철 교사, 박상훈 교사

이 대담은 교육과학기술부와 한국과학창의재단의 창인 · 인성 교육 연구 사업의 일환으로 수행된 '사회과 창의 · 인성 수업모델 개발'에 참여했던 일선 학교 교사들이 창의 · 인성 수업모델 개발 과정과 이 모델들을 현장에서 적용한 경험을 독자들과 공유하려고 마련한 것이다.

**김영순**　09년 개정 교육과정에 따라 창의 · 인성 교육이 실시되고 있는데, 학교 현장에서는 개정교육과정 문서도 보지 않고 또 교육과정이 어떻게 흘러가는지 모르는 선생님들도 많은 것 같습니다. 창의경영학교 정도가 창의 · 인성 교육을 적극적으로 수행하고 있는 수준이고, 교사의 측면에서 보자면 관심 있는 교사가 실천하는 수준입니다. 또한 각 교과의 창의 · 인성 연구회에서 수업지도안을 개발하는 수준이었습니다. 오늘 모이신 선생님들은 사회과 창의 · 인성 교수－학습모델 개발 사업에 참여하셨고, 평소에도 창의 · 인성 수업을 진행하고 계십니

다. 그래서 좀 더 많은 현장의 선생님들이 구체적으로 도움을 받을 수 있도록 창의·인성 수업의 경험들을 함께 나누는 시간을 갖기로 하겠습니다. 미래 시민 양성을 위해 창의·인성 교육이 왜 필요한지, 수업을 진행하면서 느꼈던 애로사항, 수업지도안을 위한 준비 과정, 수업 지도안 작성 노하우 등을 중심으로 이야기하는 게 어떨까요? 그런데 구체적인 경험을 듣기에 앞서 먼저 창의·인성 교육의 필요성에 대해 말씀해 주십시오.

**홍배식** 일단은 2009 개정교육과정에서 고시되고, 교육과학기술부 추진 사업이기에 학교들은 의무적으로 시행하고 있습니다. 즉, 창의·인성 교육이 현장의 자발적인 인식에서 비롯된 것이 아니기 때문에 현장의 분위기는 소극적인 것 같습니다. 창의·인성 관련 모델학교나 시범학교를 10곳 이상 방문했는데, 모델학교들도 제대로 하고 있는 곳이 거의 없을 정도로 아직은 미비한 수준입니다. 이미 창의·인성 교육을 현장에서 적용하고 있던 것들도 있고, '좋은 학교 박람회' 등을 통해서 창의·인성 교육 관련 훌륭한 모델들이 많이 전파되고 있지만, 창의·인성 교육에 대해서는 모델이 되는 학교가 아직 부족한 실정입니다.

저희 숭덕여자고등학교의 경우를 말씀드리면, 수업지도안은 되도록 창의·인성 수업지도안으로 작성할 수 있도록 권장하고 있으며, 전 교사가 최소 한 학기에 한 번만큼은 창의·인성 수업을 실시하고 있습니다. 처음부터 너무 많은 수업을 하게 되면 교사들이 힘들어서 시작도 하기 전에 포기할 수 있기 때문에 부담을 최대한 덜어 주는 선에서 창의·인성 교육을 진행하고 있습니다. 비록 교사 한 사람이 하는 창의·인성 수업은 한 학기에 한 번이지만, 학생의 입장에서는 협동학습, 프로젝트학습 등 다양한 교사들로부터 수업을 제공받을 수 있습니다. 1학년을 예로 들면, 8개 교과이므로 최소 8번은 창의·인성 수업을 경험할 수 있게 됩니다. 다른 학교에 비하면 상당한 경험을 하는 셈이죠. 물론 한 학기에 한 번도 부담이 되는 교사들도 있기에 학교 차원에서도 마인드맵 경진대회와 같은 수업을 진행하여 교사 개인이 창의·인성 수업을 준비할 수 없는 상황을 보완해 주기도 했습니다. 학기말 성적 처리 후 방학 전까지 1주일 정도 수업이 잘 이루어지지 않는 경향이 있는데, 이 시기에 마인드맵 창의·인성 수업을 진행하니 교사, 학생 모두 상당히 긍정적인 반응과 만족도를 보였습니다. 학생들이 한 학기 동안 무엇을 배웠는지 정리해 보는 주제를 가지고 마인드맵 기법을 활용한 수업을 진행했는데, 기대했던 것 이상의 훌륭한(창의성·인성 측면에서) 학생들의 작품을 보고 굉장히 놀랐습니다. 수학의 경우를 보면 똑같은 삼각함수더라도 한 학기 수업 내용을 정리하여 표현하는 방식이 모둠별, 개인별로 매우 다양하게 나왔습니다.

**홍윤희** 마인드맵 수업을 할 때 학생들에게 보상을 해 주니 굉장히 동기 유발이 잘 되고, 모둠원이 함께하는 협동학습의 결과 배려와 책임의식 등 다양한 인성도 잘 길러진 것 같습니다. 배웠던 것을 하니까 학생들 입장에서는 수월하기도 했습니다.

**김영순** 이와 같은 창의·인성 수업을 할 때 선생님은 어떤 역할을 하셨나요? 그리고 어떤 준비를 했나요?

**홍윤희** 학습 관련 주제를 정해 주지는 않고, 학생들이 선택하게 했습니다. 물론 한 학기 동안 배운 내용 중에서 선택하도록 했습니다. 저는 돌아다니면서 모둠별로 마인드맵을 어떻게 했나 보니, 성적이 낮은 학생들은 남의 것을 보고 베끼더라고요. 그래서 옆에서 지도를 해 주어야 했습니다. 마지막 발표를 준비하게 했더니 왜 이렇게 시작했고, 왜 이런 가지치기를 했는지 등 다양하게 설명을 하더군요.

**김영순** 학생들의 흐름과 방향을 주도하려면 계획이 필요합니다. 숭덕여자고등학교에서는 창의·인성 교수학습지도안 준비를 잘하고 있고, 창의·인성 수업 또한 잘 시행하고 있는 것 같습니다. 다른 학교에서는 창의·인성 수업의 필요성에 대해 어떻게 생각하는지 궁금합니다.

**박상훈** 창의·인성 교육은 학교 교육이 제자리를 찾아간다는 면에서 중요합니다. 저는 창의·인성 교과연구회에서 활동하면서 학생들과 지역봉사활동을 해 본 경험이 많습니다. 방과 후에 학원 갈 시간을 할애하여 했는데도 학생들의 생각이 커지고 만족도가 높게 나왔습니다. 일단 학교의 수업은 교사 주도라는 생각이 있는데, 지역사회의 독거노인 봉사활동을 하니, 학생들이 자기주도적으로 지역사회를 이해하게 되는 경우가 있었습니다. 지역사회 독거노인이라고 하면 막연한 점이 있었는데, 지역 센터에서 소개를 받았습니다. 3평짜리 쪽방에서 살아가는 독거노인들 중에는 자존심 때문에 도움을 요청하지 않는 분들이 많았습니다. 처음에는 봉사활동이라고 하면 막연히 청소를 해 주거나 음식을 제공하는 정도로만 생각했다가 주민복지센터 사회복지사를 통해 상대방의 상황을 이해하게 되었습니다. 그리고 그들의 필요로 하는 것들을 채워 주는 것이 적절한 봉사라는 것을 알게 되었습니다. 이때부터 아이들이 달라지기 시작했습니다. 부모님께 받은 용돈을 쪼개 도움이 필요한 분들에게 기부를 하기 시작했거든요. 그러는 과정 속에서 아이들의 얼굴이 밝아졌고, 마음도 편안해 보였습니다. 무엇보다 아이들의 자존감이 높아진 듯했습니다. 아이들에게는 자신이 좋은 일을 하고 있다는 것 자체가 주민센터 직원들이나 학교 선생님에게 칭찬을 받는 것보다 더 의미 있는 일이었으리라 생각합니다.

김영순  창의·인성 교육 프로그램의 도입 전후로 학생들과의 관계는 어떻게 달라졌나요?

박상훈  처음에는 아이들은 아이들대로 "우리 선생님 잘난 척하셔.", 학부모들은 "학교 공부하기도 바쁜 애들에게 또 무얼 하라고 하시는지.", "애들 성적이나 올려 주시지." 등등 의견이 분분했지만, 봉사를 반복하면서 방과 후에 하는 활동들이 누군가에게 의미가 있다는 것을 학생들이 알게 되면서 시너지 효과가 있었습니다. 주민센터에서는 여러 명이 한꺼번에 가는 것을 부담스러워했기 때문에 팀별로 방문을 했는데, 그 팀에 먼저 들어가려고 학생들이 경쟁을 하기 시작했습니다. 수업에 더 집중하는 등 여타의 수업에까지 긍정적인 영향을 끼쳤습니다.

김영순  요즘에 그런 수업을 하는 분들도 있지만, 기존의 수업 방식을 유지하는 분들도 있지 않습니까? 어떻습니까? 다른 반 선생님들이 창의·인성 수업의 노하우를 묻거나 궁금해하셨습니까?

박상훈  우리 반의 수업 태도가 좋다는 말도 많이 들었습니다. 다른 교사들로부터 "초빙교사니까 그런가 봐." 하는 식의 질투도 있었습니다. 교원다면평가에서도 학생들의 교사에 대한 만족도가 4점을 넘기도 했습니다. "왜 이렇게 힘들게 사세요?"라고 말씀하시는 동료 교사도 있었습니다. 교과연구회라고 하면 500만원 지원된다니까 "나도 한번 해 볼까?" 하는 생각들도 하시지만, 수업을 창의·인성적으로 설계해야 한다고 하면 회피합니다.

김영순  조영철 선생님은 창의·인성 수업에 대해 어떤 생각을 가지고 계시는지요?

조영철  교육의 가장 중심이 되는 교사와 학부모의 입장에서 생각해 보면, 교과서라는 정형화된 틀을 벗어나서 다양한 체득 교육을 할 수 있어 창의·인성 수업이 상당히 효과적인 교육 방법이라 생각됩니다. 초등 6학년 사회의 경우 어떤 내용은 3쪽의 분량이지만 실제 배워야 할 내용은 몇 십 배 이상의 내용인 경우도 있고, 반대로 교과서에 너무 많은 내용이 소개되어 생략해야 하는 경우도 있습니다. 그런데 창의·인성 수업을 통해 폭넓고 다양한 지식과 경험을 융통성 있게 교육할 수 있어 좋습니다. 학습량이 많을 때는 교사와 학교 재량으로 줄일 수 있고, 양이 적을 때는 그 반대로 다양한 자료를 가져오는 등 교과서를 하나의 도구로 활용하고 체득 교육을 할 수 있는 창의·인성 수업은 교사·학생 모두에게 필요한 수업입니다. 지식뿐 아니라 경험을 줄 수 있다는 점에서, 교육을 재미있는 놀이처럼 할 수 있어 만족하고 있습니다. 반면, 학부모의 입장에서는 학생들의 미래를 바라보며 진로를 위해 교육열을 보일 수밖에 없는데, 그래서인지 처음에는 창의·인성 수업에 대해 부정적인 반응을 보였습니다. 창의·인성 교육이 교과부 차원에서 강조되기 전에 영화를 활용한 미디어 교육을 많이 적용해 보았는데, 어떤 학부모는 "선생님이 수업을 안 하고 매일 영화만 본다."고 항의 전화를 하기도 했습니다. 창의·인성 수업이라는 말이 등장하면서 그런 항의는 없어졌습니다. 인식이 변한 것 같습니다. 그리고 입시 위주 풍토 아래에서 학습만을 강조할 수밖에 없다고 하지만 꼭 그렇지만은 않은 것 같습니다. 저희 반의 경우 1학기에 처음 시험을 봤을 때, 사회 교과에서 1등을 했습니다. 저는 창의·인성 수업을 많이 하는 편인데, 실제 시험에서 요구하는 이론을 모두 교육하기에는 시간이 부족합니다. 대신 다른 학급에 비해 많은 학습지를 제공해 주어 교과 시간에 못 배운 내용이 있는 경우 스스로 더 학습할 수 있도록 유도하였습니다. 물론 1학기에 바로 그 효과가 나타나지는 않았습니다. 그러나 점차 창의·인성 수업에 대한 만족도가 높아지며 자기주도학습 능력이 향상되어, 2학기 말에는 사회 교과에서 저희 반이 다시 1등을 했습니다. 그러다 보니 학부모 만족도도 어느 정도 높아졌습니다. 진로와 관련된 경험을 많이 제공한다는 이유도 컸습니다.

김영순 　김소영 선생님의 경우 일선 학교 교사의 반응은 어떠하며, 창의·인성 교육이 왜 필요하다고 생각하십니까?

김소영 　공교육의 정상화란 측면에서 찬성합니다. 문제해결력은 미래의 힘입니다. 선생님이 어떤 이야기를 하면 학생들이 그것을 무조건 받아 외우는 것은 옳지 않다고 생각합니다. 한 번은 공부를 못하는 학생의 부모가 항의를 하러 학교에 온 적이 있었습니다. 학교 선생님이 자신의 아이를 못살게 군다고 오해했던 것이죠. 학교에서 쓸데없는 것을 가르치면서 그걸 아이가 따라가지 못한다고 다그친다는 것이었습니다. 장사를 하며 살아가는 데는 지금 학교에서 배우는 것들이 별로 필요 없다는 생각을 갖고 계셨습니다. 그래서 저는 창의·인성 교육이 도입된 것을 환영합니다. 공부 못하는 아이도 환영 받는 학교 말이죠. 아이들에게 문제해결을 상상해 보자라고 하면 아이들은 "이거 시험에 나와요?"하고 물어봅니다. 시험에 안 나오고 수행평가가 아니라고 하면 안 합니다. 그것이 마음이 아팠습니다. 아는 것을 실천하는 참교육이 창의·인성 교육이라고 생각합니다.

**김영순** 학교에 창의·인성 교육을 적극적으로 실천하려는 교사들이 있습니까?

**김소영** 저희 학교도 박상훈 선생님 학교의 경우처럼 싫어하는 분들이 많습니다. 업무 과중을 이유로 듭니다. 창의·인성은 동료 교사들과의 관계에 있어서도 도움이 될 것이라고 생각했는데, 업무 증가라고 생각하는 분들이 있어서 관계가 불편해진 적이 있었습니다. 풍토가 중요하다고 생각합니다. 반면에 저희 학교가 창의·인성 교육이라는 다른 학교와 차별화된 교육을 실시한다고 생각하여 학부모들은 긍정적으로 평가합니다. 학생들도 이것이 트렌드이고 자신의 학교 선생님들이 앞서 나간다고 여깁니다. 학교 교육은 30~40년을 바라보고 씨앗을 심는 것이라고 학부모님들에게 이야기합니다. 좋은 학교에 진학을 하는 것도 중요하지만, 인성적으로 키울 필요가 있다는 걸 강조합니다. 하지만 아직도 미래에 대해서는 불안해합니다. 어서 빨리 창의·인성 교육이 제도적으로 자리를 잡았으면 좋겠습니다.

**김영순** 지금까지 창의·인성 교육의 필요성, 학생들과 학부모의 반응에 대해 살펴봤는데, 보충하실 말씀이 있으신가요?

**홍배식** 간단하게 말씀드리면, 창의·인성 교육은 미래형 인재를 키우는 데 필요한 것입니다. 외국에서도 핵심역량 교육을 하고 있습니다. 우리도 그쪽으로 나가야 합니다. 또한 입학사정관제를 대비하는 것 등이 창의·인성 교육에 대한 일반적인 수요를 낳을 수 있습니다. 초등학교가 쉽고 고등학교가 어려울 것 같지만, 입학사정관을 염두에 두면 고등학교가 더 잘 받아들이고 운영도 더 잘되리라 봅니다. 초등학교에서는 원하는 선생님들만 창의·인성 수업을 하는 분위기이지만, 고등학교에서는 '우리가 이것을 하지 않으면 학생들이 대학에 가기 어렵다'고 생각합니다. 입학사정관제는 어떤 학습 프로그램을 체험했는가에 더 관심이 많습니다. 대학에서도 입학사정관제 평가 간 수업에서 학생들이 어떤 창의성과 인성을 배웠는가를 좀 더 본다면 창의·인성 교육이 더 잘되지 않을까 생각합니다.

**김영순** 교과에서의 창의·인성 교육 기능에 대한 평가는 대학입시 면접에서 학생에게 어떤 수업을 받았느냐는 질문을 함으로써 이루어질 수 있을 것입니다. 즉, 국어국문학과에 응시한 학생에게 국어 수업을 하면서 역할극이나 스토리텔링을 했느냐고 물어보는 것입니다.

김소영  이번 핵심역량 중심의 교육과정도 창의·인성 교육을 더욱 부각시키려고 하는 의도 같습니다.

김영순  그렇습니다. 각 교과 수업은 물론 창의적 체험활동 안에도 창의·인성 목표를 넣습니다.

김소영  그렇군요, 창의·인성 교육이 자리를 잡아 가는 과정 중의 하나라고 생각합니다.

홍배식  그런데 많은 일선 교사들이 아직 이런 창의·인성 교육의 대세적 흐름에 대해 인지를 못하고 있습니다.

김영순  다시 본론으로 돌아가서 말씀드리면, 교육대학 및 사범대를 가게 되면 교육의 정의에 대해 듣게 됩니다. 일반적으로 교육은 학습자를 정해진 목표로 이끌어 가는 의도적인 행위라고 합니다. 창의·인성 수업도 교육의 정의적 측면에서 보자면, 교육 행위, 즉 교수학습 활동을 위한 계획서인 교수학습지도안을 가지고 있어야 할 것입니다. 블록 타임제를 한다든지 하면서 다양한 수업 기법이 나와야 하고, 결국에는 수업지도안이 나와야 합니다. 여기 계신 선생님들이 모두 그러한 창의·인성 수업모델을 연구하신 분들인데, 작성하면서 겪었던 어려움을 말씀해 주십시오.

김소영  창의·인성 요소를 뽑고 수업을 하라고 하니, 그 요소를 뽑는 것이 어렵다고 합니다. 대부분의 교사들이 스스로 창의·인성 요소를 채택하고 이를 교과와 연계하여 학생들에게 가르치는 것을 어려워합니다.

김영순  단원에서 내용을 가르칠 때, 창의성과 인성을 높일 수 있는 수업 기법을 통해서 교과 내용을 가르치자는 것이거든요. 단원 내용에서 창의성·인성 요소를 추출하면 됩니다. 혹은 없으면 교사 자신이 기획해서 하는 것입니다.

김소영  창의·인성 요소를 기준으로 뽑아야 하는데, 그것이 '내 임의대로 하는 것이 아닌가'

하는 부담감이 있습니다. 3시간 중에 2시간은 압축적으로 핵심을 전하고, 나머지 시간에는 다른 활동들을 합니다. 창의·인성 수업을 잘하려면 교사 연수 기간에 선생님들은 실습생이 되어 새로운 수업 기술을 배울 수 있어야 합니다. 다양한 경험을 쌓아 학생들에게 줄 수 있어야 하는 것이지요. 교사 연수가 필요하다는 것은 인정하지만, 그 강의 방식이 너무 전통적입니다. 그런 방식으로 배운 교사가 창의·인성 수업을 진행하려니 힘이 드는 겁니다. 백가지 직업이 있다면 백가지 직업을 모두 체험해 봐야 할 것입니다. 교사 자신의 창의성을 키우는 것에는 소홀하면서 학생들의 창의성을 키우는 데 중점을 두고 있는 한계가 있습니다.

김영순    직접 지도안을 짜면서 느꼈던 애로사항이나 수업을 진행하면서 어려웠던 점은 없으셨나요?

김소영    대학교 학부과정에서 배운 것만으로 교사로서 교육을 한다는 것에는 한계가 있다고 생각합니다.

김영순    홍윤희 선생님의 경우 창의·인성 수업지도안을 준비할 때의 애로사항은 어떤 건가요?

홍윤희    다른 학교에서는 창의·인성 수업에 과원 교사가 들어가야 하니까 부담을 느끼더라고요. 그래서 그냥 기존에 하던 대로, 창의·인성 시간에 책을 읽고 독후감을 쓰는 식으로 운영이 되었습니다. 저희 학교에서는 한 학기에 한 번 정도는 해야 한다는 의무감이 있습니다. 옆 반 교사가 하면 우리 반 아이들이 "우리 반은 왜 안 해요?" 하는 것이 부담이 됩니다. 어찌 보면 긍정적인 부담감인 것 같습니다. 하지만 스스로 하는 풍토로 바꾸어야 합니다.

김영순    홍윤희 선생님, 숭덕여고 홍배식 교장 선생님께서는 창의·인성 교육 전문가이신데, 같은 교사 입장에서 홍 교장 선생님의 창의·인성 교육을 강조하는 학교 운영에 대해 어떻게 생각합니까?

홍윤희    개정 교육과정에서 창의·인성 교육이 중요하다는 것은 많이 인식하고 있습니다. 3월 초에 동아리 개편이 있었을 때 정말 말이 많았는데, 지금은 학생들에게서 교사의 기대 이상으로 결과물이 나오니까 교사들이 깨닫고 있습니다. 물론 아직도 과중하게 부담이 된다고 하는 분들도 있습니다. 마인드맵 대회 같은 경우 '큰 일이 내게 떨어졌구나.' 하고 생각하는 경향도 있었지만, 막상 해 보니 학생들이 좋아하고 결과물이 좋아서 교장선생님의 창의·인성 교육 강조 방향에 대해 동의하는 등 기존의 부정적인 생각들이 바뀐 것 같습니다.

김영순   교장 선생님께서는 외부에서 하는 이런 강의를 재직 학교 교사 대상으로 해 본 적이 있습니까?

홍배식   해 봤습니다. 그런데 부장들 사이에서 "공부를 해야지, 수업을 그렇게 해서 학생들이 대학에 갈 수 있겠느냐?"는 반응도 있었습니다. 그러나 선생님들은 창의·인성 수업을 하고 싶어도 어떻게 해야 할지 몰라 어려움을 겪는 듯했습니다. 동료 교사 수업을 보면서 수업 방법을 찾기도 하는 것 같습니다. 한 학기에 한 번씩 하라고 했는데, 결과적으로 창의·인성 수업을 진행한 선생님도 계시고 진행하지 않은 선생님도 계셨습니다. 그래서 제가 들고 나온 것이 마인드맵을 활용한 수업이었습니다. 이 수업을 시작하면서 교사 중심이 아니라 학생 중심으로 해 보도록 했습니다. 학생들이 직접 주제를 잡고 외부 강사를 불러 마인드맵에 대해 강의하는 시간을 가졌습니다. 어떤 교사는 외부 강사가 강의를 할 때 와서 듣기도 했습니다. 창의적 사고기법을 적용하는 수업에 대해 이미 모든 교사가 한 번 씩 경험할 수 있었던 계기입니다.

김영순   조영철 선생님은 어려운 점이 없으셨습니까? 또 결과적으로 얻은 게 무엇이라고 생각하십니까?

조영철   가장 어려운 것은 예산입니다. 2011년도에는 창의·인성 교과연구회 예산을 활용했는데, 6학년 5개 학급이 박물관 체험활동을 각각 8시간 했습니다. 처음에 이 지도안을 짜고 박물관에서 교육기부금 500만 원을 체험 교육 지원금으로 준 것이 전부였습니다. 그 예산에는 교통비가 포함되지 않았습니다. 교통은 대중교통으로 해결해야 했는데, 결국에는 제가 5만 원씩 지원을 해 줬습니다. 그러니까 다들 협조를 하더군요. 어떤 반은 추운 날씨에 가게 되어 제 차로 학생들을 데려다 준 적도 있습니다. 예산이 없다 보니까 외부 장소로 이동하여 체험하는 데 어려움이 있습니다. 창의·인성이 수업 속에 녹아들어 가 모든 교과 및 교육과정에 적용되어야 하는 것인데, 별도 활동으로 여겨 부담을 갖습니다. '내가 하는 수업은 수업대로 하고, 창의·인성 교육은 따로 해야 한다.'고 생각하는 분들도 있습니다.

김영순    우리가 개발한 사회과 창의·인성 수업지도안에 대해 동료 교사들은 어떻게 생각했습니까?

조영철    아이디어를 얻을 수 있어서 좋았지만, 외부 활동이나 체험활동이 많아 추진하는 데 부담을 갖는다는 의견이 있습니다. 뭔가 혼자 이상한 것을 한다고 생각하는 경우도 있습니다.

박상훈    자기 역량을 충분히 발휘해 학교 업무를 하지 않으면서 학교 밖에 에너지를 쏟고 있다고 비판적으로 보는 것 같습니다.

김영순    창의·인성 교육 수업모델을 봤을 때 어떤 생각이 들었습니까?

홍윤희    교사들도 자기만의 방식을 갖고 있어서 본인의 성향에 따라 달라집니다. 모델이 아니라 예시일 뿐이라고 봅니다.

박상훈    저희 교과연구회에서 처음에 작업한 양식이 있었는데, 저는 그것을 따라 하고 싶었습니다. 하지만 동료 교사가 수업모델 개발팀에서 개발한 자료를 보고는 그 양식을 따라 하자고 해서 결국에는 그것을 하게 되었습니다.

김영순    책의 서문에 우리가 제시한 모델이 정답은 아니며 예시일 뿐이라는 말을 넣어야 할 필요가 있을 것 같습니다.

홍배식    기본은 창의·인성 목표가 제시되어야 한다는 것입니다. 그것이 잘 녹아나는 수업 활동을 제시하는 게 중요합니다.

김영순    우리가 소개하고 있는 창의성 요소나 인성 요소는 교사들이 이미 알고 있는 것들이 아닙니다. 창의·인성 교육을 연구하고 있는 전문가들이 선정한 것들이고, 우리는 그 요소들이 발달단계별로 어떻게 적용될 수 있는지, 또 어떤 수업모델을 쓸 수 있는지를 제시하고 있는 것입니다. 교육의 형식적인 틀 내에서 우리의 수업모델은 잘 구현되었다고 볼 수 있습니다.

홍배식    지금까지 교사들이 창의·인성 교육을 하지 않은 것은 아닙니다. 다만 핵심 창의·인성 요소를 강조하여 수업을 계획하자는 것입니다. 제가 지금까지 컨설팅하면서 강조하는 것은 창의·인성 수업을 처음부터 디자인하는 것이지 교과 수업을 하다가 우연하게 교사가 덧붙이는 것이 아니라는 것이죠.

김영순   모든 교과가 창의·인성 수업을 하면 교과 특성이 뭐냐는 질문이 있습니다. 창의·인성 수업이 중심은 아닙니다. 예를 들어, 사회과의 경우 '민주 시민 양성'이라는 내용을 가르칠 때 그에 적절한 수업 기법을 적용하는 것이 창의·인성 수업이라고 생각합니다.
　　　　마지막 질문입니다. 실제 어떤 수업 기법을 적용했는지, 설정된 창의·인성 교육 요소를 잘 수행했는지 등 수업에 대한 평가와 함께 아이들의 성취에 대해서 말씀해 주십시오. 교사 스스로 반성적으로 반응하고 좋은 감정을 가졌는가에 대해서도 말씀해 주십시오.

조영철   저 같은 경우는 두 가지 프로젝트수업 프로그램을 실행했습니다. 첫째는 인천 어린이박물관과 연계하여 박물관에서 체험활동 수업을 했습니다. 사회 교과를 중심으로 음악, 미술 교과와 통합하여 진행했습니다. 저는 프로젝트 수업을 좋아하는데, 모둠에 각 역할들이 주어져서 마지막 결과물이 나오니까 대부분의 수업에 쉽게 적용할 수 있기 때문입니다. 두 번째는 인하대 시각정보디자인과 학생들과 북성포구에 가서 수업을 했습니다. 사회와 미술을 통합한 수업인데, '사라져 가는 전통문화를 어떻게 계승할 것인가'라는 주제를 전통 재래시장이라는 소재로 기획했습니다. 시각화, 확산적 사고, 배려, 책임을 중요하게 생각하여 설계했는데, 만족도가 높은 수업이었습니다. 학생들이 교실에서 책, 인터넷으로만 수업을 하다가 선상 판매를 직접 보고 스케치하는 활동을 통해 체득 교육을 하다 보니 재미있고 효과적으로 수업 목표를 달성할 수 있었습니다.

김영순   학교관리자, 즉 교장 선생님 및 교감 선생님의 시선은 어떻습니까?

조영철   관리자분들 모두 협조적이시고, 긍정적으로 허락을 해 주셨습니다.

김영순   특히 김소영 선생님의 토의·토론 수업은 어떠셨나요?

김소영   독도를 둘러싼 한·일 간 갈등을 중심으로 토론 수업을 했는데, 모든 학생들이 당연히 독도는 우리 땅이라고 생각해서 토론 진행이 잘 안 되었습니다. 그래서 일본의 의견에 귀를 기울여 보라고 했더니, 학생들이 번역기를 사용하여 일본의 사이트에서 네티즌들의 의견을 듣기도 했습니다. 자료와 근거를 바탕으로 논쟁을 하다 보니 학생들이 진지하게 수업에 임하더군요. 무엇보다 '소유'라는 인성이 잘 강조된 것 같습니다. 다른 학생이 발표한 것을 내 것인 양 말할 수 없다는 인식이 생기고, 자신의 자료를 다른 아이에게 주면서 팀워크를 위해 배려하는 모습을 볼 수 있었습니다. 발표를 잘 못하는 학생들에게 도움을 주어 발표를 도우려는 모습도 볼 수 있었습니다. 학생들의 능력이 교사보다 더 많다고 생각합니다. 저의 기대 이상으로 수업의 결과물이 나왔습니다. 처음에는 "일본 사람은 이상한 사람들이에요."에서 시작했는데, 나중에는 일본 사람들의 말도 일리가 있으므로 이것을 깨기 위해 더 노력해야 한다고 결론을 맺어 만족스러웠습니다.

**홍배식**  제가 개발한 것은 중학교의 수업모델이었지만, 학생들이 실천에 기반을 둔 학습을 했다는 데 의미가 있을 것입니다. 사회과 수업은 앎에서 그치는 것이 아니라 실천으로 나아가야 합니다. 수업을 통해 창의·인성 교육을 잘할 수 있는 수업모델을 창출하고 창의·인성 요소를 개발하는 것이 목적이었는데, 어떤 주제에 맞는 창의·인성 기법을 찾는 것이 아니라 창의적 사고 기법을 가지고 거꾸로 가는 활동을 해 봤습니다. 마인드맵을 하면서도 수업 내용의 정리와 다양한 창의적인 수업이 가능하였습니다.

**김영순**  모둠별로 주제가 다른데, 평가는 어떻게 합니까?

**홍배식**  모둠의 결과를 설명합니다. 상상화 능력, 확산적 사고, 협동심과 배려 등 다양한 창의성과 인성을 이 수업활동 하나만으로도 모두 기를 수 있다는 것입니다.

**김영순**  마인드맵 하나만으로도 다양한 창의·인성 요소를 기를 수 있다는 것은 흥미롭군요. 마지막으로 창의·인성 수업의 기대 효과나 본인들의 소감 등을 말씀해 주십시오.

**홍윤희**  저는 학교 오리엔테이션부터 에듀팟과 창의·인성에 대해 이야기했기 때문에 학생들의 수용 속도는 빨랐습니다. 그런데 아이들은 받아들일 준비가 되어 있지만 교사가 준비가 되지 않았다고 생각합니다. 최상위권 학부모와 상담을 했는데, 논현동에 있는 학교들은 저희만큼을 하지 않고 있다고 합니다. 그래서 학생이 학교에 대해 자부심이 있어서 어머니에게 "엄마 우리 학교는 시키는게 많은데 그만큼 선생님이 추가로 더 노력하는 거야."라고 했다고 합니다. 학생은 학교가 변화기를 바라고 있다는 것입니다. 그리고 학부모들은 믿고 맡기게 됩니다.

**김영순** 좀 구체적으로 질문하겠습니다. 숭덕여고 학생들에게 AP과정을 통해『사회학 동아리가 선정한 경제용어 100가지』자료를 만들어 주었을 때 반응이 어땠습니까?

**홍배식** 매우 좋았습니다.

**김영순** 교사들의 반응은 어떠했는지요?

**홍배식** 제가 아이들에게 "출간 돼서 기쁘지?"라고 했더니, 학생들은 자신들이 했던 것에 비해 부족하게 나왔다면서 반성적 사고를 했습니다.

**김영순** 이제 대담을 정리할 시간입니다. 혹시 교과 창의·인성 교육이나 창의적 체험활동에 대해 현장 교사로서 하시고 싶은 말씀이 있으면 편하게 해주시기 바랍니다.

**박상훈** 저는 교사가 된다는 것, 학생들에게 가르침을 준다는 것에 대한 기대감이 컸습니다. 그러나 제도적인 측면에서 저의 생각과 행동들은 많이 도드라지고, 교사 사회에서도 잘난 척한다는 식으로 비추어질 때도 있었습니다. 그래서 교직을 그만 둘까 고민한 적도 있습니다. 그러다가 교직이 천직이라는 생각을 갖게 되면서 제 소신을 갖고 몰입할 수 있게 되었습니다. 교과연구회를 통해서 실천해 볼 수 있다는 것이 감사했습니다. 이제는 교사도 자기성찰을 통해서 자기계발을 한다면 역량을 펼칠 수 있고, 후회 없는 교사 생활이 가능할 것 같습니다. 미국에서의 교사 연수 기간에 미국의 선진화된 교육 시스템을 접하면서 마냥 부럽기만 했는데, 이제 그것들이 한국에서도 실현될 수 있고 내가 기여할 수 있는 부분이 있다는 것에 자부심을 느낍니다.

**조영철** 저는 가장 좋은 것이 학생들이 체험을 통해서 체득 교육이 실현될 수 있다는 것입니다. 경험을 통해서 산지식을 가슴으로 얻는 것이죠. 또한 배운 것을 소유하게 되고, 무언가를 새롭게 만들어 냄으로써 교육이 이어진다는 것을 체감할 수 있어서 좋습니다. 그 전에는 수업 시수로 인정이 안 되었거나 부장님들의 허락을 받아 했던 활동들이 이제는 나라에서 인정하는 수업이 되어서 굉장히 만족합니다.

홍배식　많은 학교에서 창의체험 시간을 어떻게 보내는지 궁금합니다. 아직도 많은 학교에서도 책을 읽고 진로에만 집중하는 수준에 머무르고 있거나 교과와 상관없이 창의체험을 따로 운영하는 식으로 이루어지고 있는데, 교과와 창의체험이 함께 운영이 되어야 완전한 창의·인성 수업이 될 것이라고 생각합니다.

김영순　이제 마무리하겠습니다. 오늘 저도 많이 배우는 자리였습니다. 대학에 있다 보면 현장을 잘 모르는데, 이 자리를 통해 현장의 목소리를 들을 수 있었고, 학교 현장의 창의·인성 교육의 실태를 살펴볼 수 있었습니다. 정치인이 세상을 변화시키는 데 걸리는 시간이 길어야 10년 이내라고 합니다. 그런데 교사가 임용돼서 정년이 될 때까지의 시간은 30년이 훨씬 넘습니다. 보이지 않게 서서히 진행되는 변화의 주도자가 교사임을 감안할 때 미래 대한민국호를 이끌어 갈 지금의 청소년들에게 현장 교사들은 매우 위대한 역할을 해야 한다고 생각합니다. 바쁘신데도 불구하고 창의·인성 교육의 경험을 공유하고자 오늘 대담에 참여해 주신 선생님들께 감사드립니다.

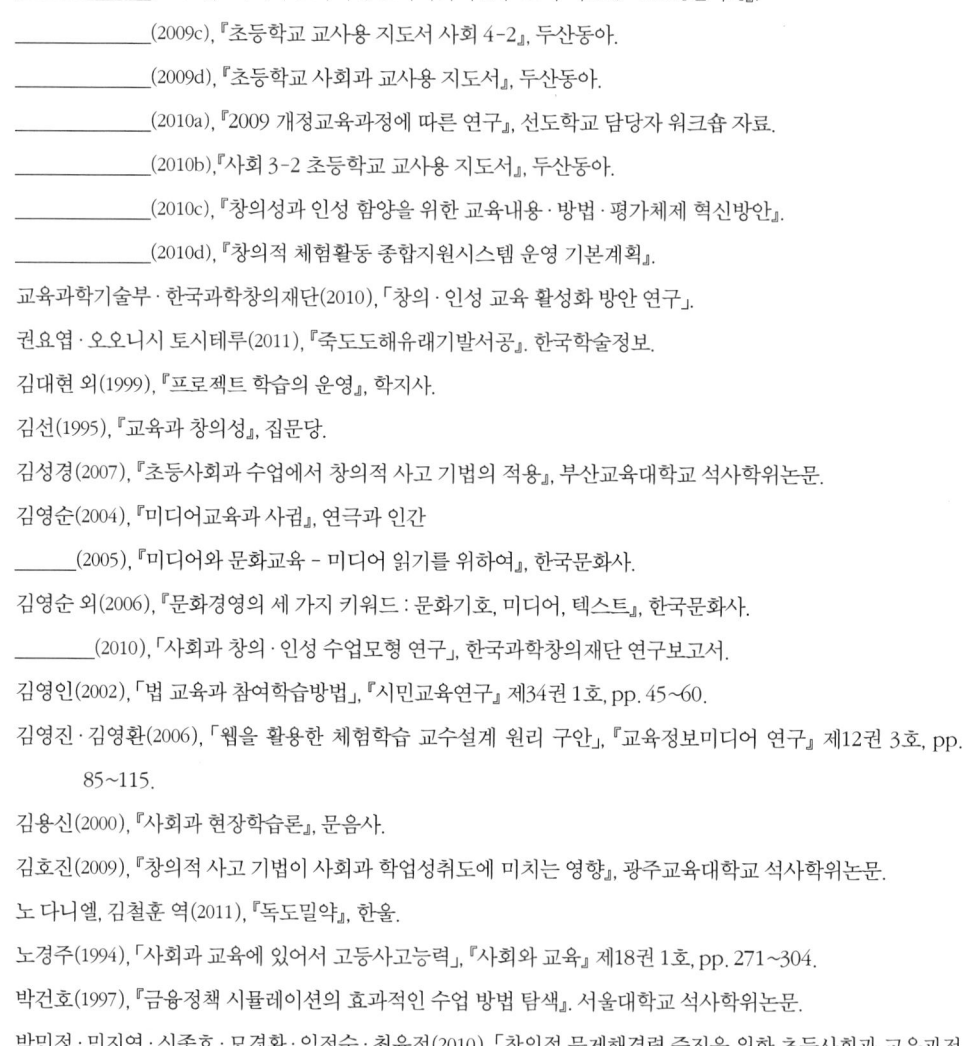

교육인적자원부(2007), 『사회과 교육과정 편성·운영의 실제』.

교육과학기술부(2009a), 『2009 개정교육과정(2009.12.23 고시)』.

_____(2009b), 『사회과 교육과정 교육과학기술부 고시 제2009-10호[별책7]』.

_____(2009c), 『초등학교 교사용 지도서 사회 4-2』, 두산동아.

_____(2009d), 『초등학교 사회과 교사용 지도서』, 두산동아.

_____(2010a), 『2009 개정교육과정에 따른 연구』, 선도학교 담당자 워크숍 자료.

_____(2010b), 『사회 3-2 초등학교 교사용 지도서』, 두산동아.

_____(2010c), 『창의성과 인성 함양을 위한 교육내용·방법·평가체제 혁신방안』.

_____(2010d), 『창의적 체험활동 종합지원시스템 운영 기본계획』.

교육과학기술부·한국과학창의재단(2010), 「창의·인성 교육 활성화 방안 연구」.

권요엽·오오니시 토시테루(2011), 『죽도도해유래기발서공』, 한국학술정보.

김대현 외(1999), 『프로젝트 학습의 운영』, 학지사.

김선(1995), 『교육과 창의성』, 집문당.

김성경(2007), 『초등사회과 수업에서 창의적 사고 기법의 적용』, 부산교육대학교 석사학위논문.

김영순(2004), 『미디어교육과 사귐』, 연극과 인간

_____(2005), 『미디어와 문화교육 - 미디어 읽기를 위하여』, 한국문화사.

김영순 외(2006), 『문화경영의 세 가지 키워드 : 문화기호, 미디어, 텍스트』, 한국문화사.

_____(2010), 「사회과 창의·인성 수업모형 연구」, 한국과학창의재단 연구보고서.

김영인(2002), 「법 교육과 참여학습방법」, 『시민교육연구』 제34권 1호, pp. 45~60.

김영진·김영환(2006), 「웹을 활용한 체험학습 교수설계 원리 구안」, 『교육정보미디어 연구』 제12권 3호, pp. 85~115.

김용신(2000), 『사회과 현장학습론』, 문음사.

김호진(2009), 『창의적 사고 기법이 사회과 학업성취도에 미치는 영향』, 광주교육대학교 석사학위논문.

노 다니엘, 김철훈 역(2011), 『독도밀약』, 한울.

노경주(1994), 「사회과 교육에 있어서 고등사고능력」, 『사회와 교육』 제18권 1호, pp. 271~304.

박건호(1997), 『금융정책 시뮬레이션의 효과적인 수업 방법 탐색』, 서울대학교 석사학위논문.

박민정·민지연·신종호·모경환·임정수·최유정(2010), 「창의적 문제해결력 증진을 위한 초등사회과 교육과정 개발 연구」, 『교육과정연구』 제28권 1호, pp. 179~201.

박정민(2007), 『초등사회과 경제개념 학습을 위한 시뮬레이션 - 게임의 개발 및 적용』, 한국교원대학교 석사학위논문.

배창호(2006), 『초등사회과 창의성 교육 프로그램 개발과 적용』, 한국교원대학교 석사학위논문.

부산광역시교육청(2006), 『창의적 재량활동의 실제 자료집』.

서울특별시교육청(1999), 『연구운영보고서』, 동명초등학교.

송병기(2010), 『울릉도와 독도, 그 역사적 검증』, 역사공간.

오카지마 마사요시, 권오엽 편주(2011), 『岡嶋正義古文書: 일본 고문서의 독도』, 선인.

온정덕(2009), 「역사적 탐구와 통합된 지역사회봉사학습 프로그램의 교사평가 및 실행사례 분석」, 『시민교육연구』 제41권 4호, pp. 81~105.

윤기옥 외(2002), 『수업모형의 이론과 실제』, 학문출판.

이경우·서영숙 역(1991), 『유아를 위한 사회교육』, 교문사

이광성(1997), 「고급사고력 향상을 위한 교수학습방법에 관한 연구」, 『사회와 교육』 제25권 1호, pp. 369~388.

이순연(2003), 『창의력이 세계로 흐른다』, 열린아트.

이영기(2005), 『시각문화 관점에 의한 초등미술 교수학습 모형 개발 연구』, 홍익대학교 박사학위논문.

이오덕(2002), 『어린이책 이야기』, 한길사.

이원수(2001), 『아동문학입문』, 소년한길.

전충진(2011), 『여기는 독도』, 이레.

정문성(2004a), 『협동학습의 이해와 실천』, 교육과학사.

_____(2004b), 「토의·토론 수업의 개념과 수업에의 적용 모델에 관한 연구」, 『열린교육 연구』 제12권 1호, pp 147~168.

_____(2006), 『협동학습의 이해와 실천』, 교육과학사.

최용규 외(2004), 『살아있는 사회과 교육』, 학지사.

한면희 외(1997), 『사회과교육론』, 갑을출판사.

전라남도교육청 특별연구교사 장학자료, 「창의성 촉진을 위한 각 교과별 발문법」.

조국남·박성혁(2005), 「사회과 교육을 통한 창의성 교육」, 『시민교육연구』 제37권 2호, pp. 107~113.

차경수·모경환(2008), 『사회과 교육』, 동문사.

크리스틴 베넷, 김옥순 외 공역(2010), 『다문화교육: 이론과 실제』, 학지사, pp 598~599.

한국교육과정평가원(2011), 「교과별 핵심역량 제고를 위한 정책토론회 연구 자료」.


Banks, J. A.(1999), *Teaching strategies for the social studies*(5th edition), New York: Longman.

Beal, C., Bolick, C. M. & Martorella, P. H.(2009), *Teaching social studies in middle and secondary schools*(5th ed.), Boston: Allyn & Bacon.

Buck Institute for Education(2003), *Project-based learning*(2nd edition), BIE.

Dewey, J.(1909), *How we think*, Boston: Heath.

Intel Education(2008), *Designing effective project: planning projects*, Intel.

Joyce, B., Weil, M.& Calhoun, E.(2004), *Models of Teaching*(7th edition), Allyn & Bacon.

Martorella, P. H.(1991), *Teaching social studies in middle and secondary schools*, New York: Macmillan.

Maxim, G. W.(2006), *Dynamic Social Studies for Constructivist Classrooms*, Pearson Prentice Hall.

Newmann, F. M.(1990), "Higher order thinking in teaching social studies: A rationale for the assessment of classroom thoughtfulness," *Journal of Curriculum Studies* 22, 41-56.

_____(1991), "Promoting higher order thinking in social studies: Overview of a study of sixteen high school departments," *Theory and Research in Social Education* 19(1), 32-340.

Resnic, L. B.(1987), *Education and learning to think.* Washington, DC: National Academy Press.

Shaftel, F. R. & Shaftel, G.(1982), *Role Playing In the Curriculum*, Englewood Cliffs, N.J.: Prentice Hall.

Woolever, R. & Scott, K. P.(1988), *Active learning in social studies*, Clenview, IL: Scott, Foresman and Company.

〈참고 사이트〉

http://book.naver.com

http://edu.humanrights.go.kr/kids/main.jsp

http://mfsc.familynet.or.kr

http://www.dokdomuseum.go.kr

http://www.cybertokdo.com

http://mfsc.familynet.or.kr